U0903245

百年甘南实录

༄ ལོ་བརྒྱའི་ཀན་ལྷོའི། ཡུལ་རྒྱུས་ངེས་ཐོ།

4

中国人民政治协商会议甘南藏族自治州委员会 编

民族出版社

《百年甘南实录》编委会

第三届（2023 年 4 月 — ）

名誉主任：何谋保　杨　武

主　　任：仁青东珠

副 主 任：胡晓华　左　龙　梁维吉　王　力　杨卓玛　丁科仓
周　梅　孟艳琳　韩明生　白留祎　王　俊　鲁　毅
李世忠　王国庆

编　　委：郭　路　先木道尔吉　胡林俊　王培林　房登云
杜成杰　陈克仁　胡寿红　顾　玮　牛述林
文建斌　才让吉　黄万民　更　尕　范小平
房小东　杨世栋　朱成花　范卫平

编辑部主任、主编：陈克仁

第二届（2017 年 5 月 — 2023 年 4 月）

名誉主任：俞成辉　赵凌云

主　　任：徐　强

副 主 任：王　勇　范武德　杨卓玛　赛仓·洛桑华丹　王亚男
赵宏才　丁科仓　杨晓南　安旭林　董振国　敏占彪
李维平

编　　委：高晓东　全永康　索新明　于建国　陈克仁　夏家立
牛述林　房登云　程岳峰　党　智　楞本塔　尕藏南杰
王永祯　杨小强　房小东　卢菊梅　徐　进　范卫平

编辑部主任、主编：陈克仁

第一届（2016 年 2 月 — 2017 年 5 月）

名誉主任：俞成辉　赵凌云

主　　任：杨继军

副 主 任：车建军　赛仓 · 洛桑华丹　丁目迪　王春华　王亚男
赵宏才　丁科仓　才　尕　杨晓南　李维平

编　　委：安旭林　董振国　杨振林　陈克仁　夏家立　牛述林
冉毅峰　周恒亮　楞本塔　尕藏南杰　王永祯　宝　珠
梁吉效　朱凤翔　徐　进　范卫平

编辑部主任、主编：陈克仁

编辑部组成人员

主　　编：陈克仁

特聘专家：洲　塔　尕藏才旦　杨士宏　索　代

特邀编辑：张来成　吴建国　祁殿臣

编　　辑：冉毅峰　马廷义　王　力　虎玉生　马胜杰　敏建新

史料编校：冉毅峰　敏建新　陈　晖　拉毛草　马胜杰（部分参与）
王　莉（部分参与）

参与征文：旺　杰　虎玉生　杜　娟　包文文

编　　务：陈　晖　拉毛草　才让卓玛　王晓薇

书名藏文翻译：尕藏东知

封面藏文题签：桑吉扎西

扉页图片摄影：后　俊

目录

甘南解放

回忆侦察岷县、卓尼的情况

/张火明　口述　　朱克勤　整理 …………………… 3

回忆杨复兴派我去岷县送信联络起义及拉运子弹的经过

/陈世昌　口述　　朱克勤　整理 …………………… 8

杨复兴与周祥初同时起义

/陆聚贤　口述　　朱克勤　整理 …………………… 11

卓尼起义前后/朱克清 …………………… 14

卓尼和平解放纪实/杨复兴　杨生华 …………………… 23

西固起义前后/裴卷举 …………………… 28

孙铁峰在西固县率部起义的经过/王瑾璧 …………………… 59

夏河和平解放经过/贡保甲　徐海金 …………………… 65

拉卜楞藏区解放片断/张子丰 …………………… 73

临潭解放简记/彭尚义 …………………… 79

建政经过

中央和西北军政访问团在甘南/丁玉珍 …………………… 85

甘南藏族自治州的成立/吴杰 …………………… 95

甘南解放初区乡政权建设的经过及特征／赵瀚豪 …………… 100
甘南解放初期各县整党综述／赵瀚豪 …………………… 115
党的民族政策在甘南藏区的早期实践／赵浩瀚 ………… 120
甘南州民族区域自治制度的建立和发展／白全忠 ……… 134
临潭县解放及建政、支前情况／李春育　高志铭 ……… 148
卓尼地区建政情况简述／朱克勤 ………………………… 155
我所了解的解放初期卓尼县情况／马永寿 ……………… 160
西固县解放后的接管建政／何德明　裴卷举 …………… 163
碌曲建政工作组开辟双岔、西仓纪事／刘奎 …………… 165
玛曲县建政工作纪实／陈忠仁 …………………………… 172
1962 年黄正清和赵子康的玛曲之行／白全忠 ………… 175
甘南工作团第一分团在卓尼／格日才让 ………………… 194

社会变迁

剿灭马良股匪中的支前工作／白全忠 …………………… 201
甘南牧业互助合作化回顾／张玉香 ……………………… 211
甘南农业合作化述略／宁生才 …………………………… 226
甘南镇压反革命运动述略／宁生才 ……………………… 238
甘南州第一个五年计划的执行梗概／宁生才 …………… 249
甘南藏区第一个民族联社试办记／张元清 ……………… 256
1959 年甘南“反右倾”斗争简述／刘奎 ………………… 268
1962 年甘南贯彻“八字”方针综述／丁玉珍 …………… 273
甘南忆事／孙立新 ………………………………………… 285
牧区社教运动在甘加／张玉香 …………………………… 292
甘南森林植物考察事辑／陈雪玉 ………………………… 304
河南省向甘南草原移民的经过／贺涤新 ………………… 311
岷县西泥沟村土改纪实／卢永斗　口述　　杨建国　整理 …… 315

兰郎公路的初期修建／于涌泉 …………………………… 318
临潭县土地改革综述／丁玉珍 …………………………… 322
夏河县阿木去乎三乡社教述略／张玉香 ………………… 332
卓尼县人民公社化运动梗概／朱克勤 …………………… 342
英明政策 果断措施——土改运动轶事
／彭尚义 遗稿 彭明 整理 ………………………… 348
解放初洮河木材的采运／陈星 ………………………… 350
甘南各族人民支援抗美援朝／龚国栋 …………………… 367
我参加解放战争和抗美援朝战役的回忆
／杨秉茂 口述 施万明 整理 ……………………… 375

城乡记忆

草原新城——合作／王淑兰 苗志礼 ………………… 381
合作的新集日／孙储元 ………………………………… 384
春到卓尼／杨述炯 ……………………………………… 385
草原上新兴的玛曲城／段耀 …………………………… 387
繁荣的临潭旧城／李维纲 ……………………………… 389
打破语言的界限／克俭 王钊 ………………………… 391
今日柳林——卓尼县首府纪行／洪渊 ………………… 392
上海来的姑娘／李维纲 ………………………………… 395
五十年代末甘南牧区大办农场纪实／刘奎 …………… 397
卓尼县农牧村生产关系的变革／杨永毅 ……………… 404
呼儿村的岁月／陈朝阳 ………………………………… 411
留居夏河的尼泊尔人／陈世明 ………………………… 415
在引洮工地上／闫继祖 口述 范学勇 整理 ………… 417
牧业"赶贡巴"始末／罗爱昌 ………………………… 421
初到碌曲／陈朝阳 ……………………………………… 428

完尕滩的今昔／严浩 …… 443
新币发行的第一天／段琳 …… 445
洮河放筏／赵新峰 …… 446
童年时的故乡／敏建新 …… 448
1968 年，我到博峪藏乡当知青／刘启舒 …… 454

甘南解放

回忆侦察岷县、卓尼的情况

张火明　口述　　朱克勤[1]　整理

解放前我在陇右工委搞地下工作，一直承担侦察任务。1949年7月间，陇右工委在天水安排王耀华为岷县地委书记；刘余生为专员，赵毓文为副专员；李启贤为军分区副司令员，毛德功为副司令员；贺子明为公安处长。当时岷县还被国民党占据，我们进不了城，暂移到陇西开展工作。大约在7月中旬，组织派我和高空彦、冯永炳，还有一个姓李的（名字记不起，号称李麻子）四人到岷县侦察国民党军队的驻防及活动情况。我们化装成小商贩，带了些针头线脑和土食盐之类的简单货物到达岷县。岷县城内驻着国民党甘肃保安副司令兼师管区司令周祥初部；二郎山驻着一二〇军周家彬部；飞机场一带驻着一一九军王治岐部。四城门紧闭，难以进城，我和高空彦住在雷家庄，冯永炳和姓李的住在陈家街，一面售货一面侦察情况。

岷县自卫队内有一名地下党员，叫傅居亭，担任连长，率部队驻守西城门，此人我熟悉。一天我卖货走到西城壕，被傅居亭从城墙上看见，叫我到城墙根，撒下绳子将我吊上城墙，我们交谈了情况后，傅派了一个班到陈家街、雷家庄，将冯永炳等三人接进城。傅居亭向我们介绍了岷县城内敌军活动的情况，策定将

---

① 朱克勤，卓尼县党史资料征集办公室原主任，离休，已故。

傅的部队交给高空彦（以上级派来的营长为名）指挥，其余由傅居亭带路到城内侦察。

经过几天的侦察了解，掌握了周祥初的两处军械库。一处在二郎山一家回民店里，藏子弹约有二万发，以后给了卓尼；一处在城内大巷子张杰生家，藏有一部分枪弹，以后由乔志刚拉到公安处。

我们到岷县后不久，陇右工委配备给岷县地、县的领导工作人员陆续进城，我记得第一次进城的有赵毓文、贺子明、齐俊孝、张凌云等。他们到后不几天，夜间枪响了，二郎山周家彬的迫击炮射向城内，城内周祥初部也乱打一通，伤了不少无辜的百姓，这时贺子明将我肩上拍了一掌说："你说没问题，现在这个样子怎么办?"我说："从北门突围。"正准备开门，枪声停了（大约混战了十分钟左右）。

又一次，岷县南关的回族听到"共产党要清洗回民"等反动宣传骚动起来，准备外逃。组织派我去做安定工作，我奉命通过城内的哥老会头子王寿山、奚保山、孙彦清等召集群众到礼拜寺开会，讲了我党的民族政策，并向群众保证共产党决不侵犯回民利益，他们才安定下来。正在开会时，来了两架敌机，轰炸了一阵，死了不少人。

8月上旬，王治岐、周家彬等溃军逃窜洮州一带，据推测有通过藏区逃往四川的可能，组织上决定分别进行侦察，叫我去卓尼一带（当时化名王光明）。我接受任务后仍装成小贩，背了货箱，手提把郎从岷县出发沿洮河西上，进入卓境。沿途设有关卡，戒备森严。行至木桥，这里由卓尼司令部一连长安仁寿率兵把守。他们盘问我："你从哪里来，到哪里去？王军在什么地方？共产党到什么地方?"我以"不知道"作了答复，他将我拉到洮河边吓唬："你不老实，就抛到河里去!"我说："我不知道王军在哪儿，什么叫共产党我没听见过，我是做生意的，若不信请看货箱。"他们将我的货箱检查了一番，未发现破绽才放行。

到了卓尼，城周围设帐篷九处，都有藏兵把守。街上行人多系藏兵，我因语言不通，工作难开展，返回嘛又去不了。正在这时碰见了1940年通过刘维汉在兰州认识的郑廉，他将我叫到家里吃茶。到了家里他用忧愁的口气问我："共产党什么时间来呢，你知道吗？"我说"不知道"。他又说"早来好，王军骚扰的很……共产党来了，杨家是不会打的。"我顺势问了一些情况，问到司令部时，听他说三个团长中雷兆祥是拿大权的。我就重视了这一点。从郑家出来，又碰上了老熟人马轶（一连长）引我到他连部，他问我："你现在干什么勾当？"我说："我还是搞那行道工作。"他是知道我的身份的，我因搞地下工作，一九四三年在岷县坐过牢，马是看守我的，我们很熟悉，就对他直说："我是来了解这里的情况，再看王军在这里有无活动。"马说："我们这里戒备森严，紧张得很，藏兵都调齐了，主要防王军，不打共产党。"我接着问："司令部有个雷团长吗？""有，他是一个团长，掌握北山一带的藏兵。""能不能见见他？""你怕不敢去吧？"他担心地问我。我也估量了形势，事情成了成，不成他不会杀我吧？当晚他把我安置在禅定寺。

第二天我到他连部，他说："我已和雷团长联系了，同意接见你。"于是马轶引我到了雷兆祥家里，雷给我倒茶、递烟，很热情，没有敌意，我就直接发问："甘肃大部分地方已经解放，共产党已到岷县，你们司令是起义，还是对抗？"雷兆祥沉思一会说："这里谈话不便，院子里还住下了一个副司令，到外边去。"把我引到后花园僻静之处畅谈多时。他先问我："解放大军现到啥地方了？"我开门见山地回答："王震将军率解放大军已到临洮，还有六十二军快到武都了，卓尼很快就受包围。若起义就马上联系……"。雷又问："现在岷县有多少兵？"我答："现在岷县全是国民党的兵，他们若不起义，就会被消灭。"雷表示同杨、赵两个团长商量，请示司令再作决定。

雷停了一会问我："你是什么人?"我说："我就是共产党。"谈到这里他从家里拿来一件皮大衣筒子送我，我即宣传共产党不拿群众一针一线的道理，婉言谢绝。他接着提出："你们能不能给我们两万发子弹?"我说："只要起义不要说两万发子弹，两万支枪也能办到，你要子弹打谁?""对付王军。"我说："周祥初那里多得很，你们派人拉去。"最后他关心地说："这里王军、周军派来的人很多，你要小心。"

谈完后我去马轶处，经马联系住在了陈世昌家里。两三天后，马轶对我说："司令部派陈副官去岷县，你们一同去。"晚上陈世昌说去岷县出差，向我告别。我说："我家也在岷县，现在兵荒马乱，放心不下，想去看一趟，我们一同走。"第二天拂晓起程，陈骑马我步行。到岷县后一同住在旧报社，在闲谈中，向他说明我的身份，并安慰他："不要怕，我们共产党保护你，你不要随便上街去。"接着我问他："你来岷县干啥事?"他说："我们司令叫给周祥初送信，联系起义，同时叫和共产党取得联系。"他便拿出信叫我看，我接信，交给冯永炳等同志拆看后，仍封好交给陈世昌，信的大意是联络周祥初起义，信纸很小，共有两页。

组织上研究，叫陈世昌汇报了卓尼的情况，并对汇报的情况又向我作了了解后，才将陈世昌引到周祥初司令部。同时，对雷团长提出要子弹的事，我向组织作了汇报，组织上同意给子弹，做工作叫周祥初将二郎山回民店里的两万发子弹给了卓尼，由陈世昌拉走。

9月中旬，卓尼司令部杨复兴率三个团长、参谋长等多人来岷县，住在福音堂。11日，周祥初、杨复兴等开会宣布联合起义。12日，向一野彭总发出通电。下午组织派我和高空彦、齐俊孝、冯永炳、傅居亭跟随分区副司令员李启贤带一班战士护送杨复兴一行返回，当晚因天下雨，住在新城。第二天到达卓尼，一到上卓沟口，由刘济清带领部队职员和僧俗群众夹道迎接。十四日在寺院上召开了庆祝解放的大会，李启贤、杨复兴分别讲了话。

在此期间接管了国民党设治局、党部、三青团、银行、镇公所等。还在禾驼寺查收了王军设的电台一部。

1985年8月30日

本文选自中共甘南州委党史资料征集办公室:《甘南党史资料》，第一辑，1988年4月。

回忆杨复兴派我去岷县送信联络起义及拉运子弹的经过

陈世昌 口述 朱克勤 整理

我在解放前任洮岷路保安司令部副官，一直跟随杨复兴司令。记得在1949年8月中旬的一天晚上，十二点左右，赵国璋（团长）叫我到杨复兴司令的卧室，在场的有雷兆祥（团长）、杨景华（团长）。雷兆祥首先对我说："有一重要任务要你去完成。明天到岷县去一趟，这是一件很重要的事，关系重大，天不亮就要离开卓尼，不能叫别人看见，你骑的马我已叫杜爷（杜爷是当时马号的负责人）准备好了。你到岷县后去周祥初司令部，他要我们司令派一名可靠的人，在他那里住下，以便联络起义之事。司令和我们考虑研究，只有你最合适，信已写好，你带去面呈周祥初。其次，你到岷县后，想方设法与共产党人直接见面联系，了解共产党对起义人员的政策、法令，如果他们问到司令和卓尼地方的情况时，你可以如实告诉，不可编造，要取得共产党人的信任。总之你要机灵慎重。"杨复兴插话说："路上小心点，眼要放亮。"雷兆祥又说："衣服穿整齐，把枪带上，到纳浪后叫总官给你派一名回马的乌拉（民夫）。"接着杨景华又叮咛了一番，把信交给我。最后雷还说："到岷县得到情况后，回卓尼面报，现在就去准备。"

当晚回家准备，第二天拂晓启程，当天住纳麻那旗小板子庄。第三天离开卓尼地界，沿途村庄不见行人，满目凄凉，王军败逃抢劫后的情景不堪入目。下午两点抵岷，西城门紧闭，我们绕到东门，始见城门半掩，就乘机而入，住旧报社。

我为什么住旧报社呢？在三四天前，卓尼保安司令部特务营第一连连长马季超（马轶）对我说："我的朋友王光明由岷县来卓尼，我这里住不大方便，是否可以在你家住一两天？"我答应让王住在了我家。当时关于王的情况我不了解，外表像做小生意的。在我奉命准备赴岷县当晚向王光明告别时，王对我说："我家也在岷县，现在兵荒马乱，放心不下，去看一趟"。我信以为真，就答应同路。到岷县后由他指引我们一同住进旧报社。晚上相谈之中，始知王光明非经商之人，他向我说明了他来卓尼的任务和个人身份，我看他所谈都是认真恳切之词，才将杨复兴派我赴岷县的任务，详细说给王光明，最后王应允翌日他向组织请示汇报。

到岷县的第二天，由王光明介绍，我就和冯永炳、高空燕等见了面，我将杨复兴准备起义和地方武装力量、司令部的编制人员、藏区的民情风俗等作了详尽的汇报，并将杨复兴写给周祥初的信给他们看了。他们还问了好多问题，我都作了答复，他们听后表示满意。冯永炳问我："你准备待多长时间？"我说："起义成功为止。"冯说："那好。"最后将信交还了我。在旧报社住了六天左右，我去见周祥初，周看信后很高兴，并说："我等你们很急，现在你就住下，不要远离。"二十天左右后，王光明和我接头，指示我回卓尼给杨司令汇报，说共产党对起义投诚是很欢迎的，既往不咎，尤其对少数民族特别优待，会一切按党的民族政策办事的。希望你们千万不要听信反动宣传，请杨司令不要有任何顾虑，速来岷县商谈。随之我立即回卓尼，向杨复兴汇报了详细情况，杨和团长们都很满意。

回卓尼住了两天，雷团长又命令我去岷县，向周祥初要步枪子弹。雷说："数字越多越好，明天就动身，我叫李亚子把车准备好。"(杨司令在场) 我乘车到岷县后就去见周祥初，周问到杨复兴及卓尼治安情况，我如实作了回答，并说："关于起义之事，我们杨司令一定按照你的意见进行，请周司令放心。"接着我提出要子弹之事，周满口答应，问我们要多少？我说："请周司令酌定。"周很慷慨地说："两万发行不行?"我说行，他就亲笔向军械处写了条子交给我。我告辞后，和李亚子开车前往军械处装了子弹，当日返回。子弹拉回卓尼，杨司令和团长们对我称赞不已。在这期间，杨复兴和团长们积极商讨起义事宜。

9月初，周祥初派陆聚贤、杨子华，还有一个名字记不起了(王克仁，编者注)，三人来卓尼。被招待在禅定寺木耳当囊缠住下，由雷团长等接洽，约住两天后返岷。

9月10日，杨复兴亲自率领雷兆祥、杨景华等十多人赴岷县，商谈一切，我也去了。11日宣布起义。向一野彭德怀司令通了电。第二天我们同李启贤同志回到卓尼，14日在禅定寺召开了起义大会，改换了部队番号。10月，杨复兴、赵国璋和我率藏族代表四十名，先到岷县，由我从专署领了款赴兰州学习。到了兰州，我们见到在杨复兴驻兰办事处门上已用红纸贴写了"此系杨土司办事处，我军加以保护"，落款是第一野战军政治部。在办事处住了四五天。一野政治部通知杨复兴及随从人员到西北大厦学习。赵国璋领40名代表在革命大学第三部学习。年底结束。

1983年7月2日

本文选自中共甘南州委党史资料征集办公室：《甘南党史资料》，第一辑，1988年4月。

杨复兴与周祥初同时起义

陆聚贤　口述　　朱克勤　整理

1949年夏，中国人民解放军第一野战军，在解放西北的战争中，于陕西扶郿大胜，给国民党胡宗南部以致命的打击后，乘胜长驱西进追敌二千余里。蒋介石企图继续维持在西北的统治，任命原青海省主席马步芳担任西北军政长官，踞守兰州，准备与人民解放军顽抗到底。

国民党甘肃省保安副司令兼甘肃师管区司令周祥初，虽在国民党军队中任职多年，因为不是蒋介石的嫡系，常因杂牌受到歧视，得不到蒋介石的重用，牢骚满腹，情绪消极。

周祥初的部属康君实是地下党员，在日常工作的接触中得悉了周祥初的思想状况，汇报给兰州地下党组织皋榆工委负责同志罗扬实。取得党组织的同意后，康婉言劝导周祥初认清形势，及早起义。

当解放大军西进之际，周祥初在康君实、李榘木、李占春等同志的劝导下，摆脱马步芳的阻挠，将师管区搬迁至岷县，伺机起义。

1949年7月，国民党一一九军在陕西扶郿溃败后，军长王治岐率残部经陇西至岷县，副军长蒋云台率另一部分经西和县至武都。当王军到岷县后，周祥初想与王治岐、蒋云台共同起义，经秘密联系，王治岐不愿及早起义。

8月，王震将军率部经陇西、渭源、漳县、临洮，包围解放兰州。驻漳县三岔一带的周祥初的三个团，被康君实、李槃木等从中策动，与王震将军联系，首先起义。这三个团起义后，岷县国民党驻军闻风骚动，王治岐星夜率残部逃至临潭。这时乘王军慌乱之机，周祥初与康君实等人研究派人混入王军内部笼络人心，采取分散瓦解的办法为周祥初扩充实力壮大起义力量。王军残部到达临潭县内，群众四处逃跑，王治岐看到走投无路，又折回，经岷县开往武都时被周军瓦解，残部寥寥无几。

1949年9月2日中国人民解放军第一野战军彭德怀司令员派代表任谦同志到达岷县协助周祥初筹备起义。因为周祥初曾任平凉专员兼平凉保安司令，当时任谦是保安副司令，一同共过事，同时在亲属关系上任谦是周祥初的舅父，关系至密，有利帮助周祥初起义。

任谦到岷县与周祥初见面后，遂与地下党员康君实等同志共同研究联合洮岷路保安司令杨复兴一同起义。起义方案决定后，派我到临卓联络。我即于9月4日早晨起程，密带王震、任谦、周祥初联名劝杨复兴起义的信件，由王克仁（洮河林场技术员，对卓尼熟悉）、杨子华（曾和任谦在鲁大昌部共过事，这时在岷坐家）带路，排除沿途国民党残部的阻挠，当天中午到达临潭县府所在地新城，在这里说服了该县县长杜凌云等，商定起义事宜后，于五日下午由杜凌云派兵护送我们至卓尼。到卓尼的当天晚上，被接住在禅定寺木耳当囊缠，由洮岷路保安司令部团长雷兆祥、杨景华、赵国璋，书记官吴国屏，参谋张志平等代表杨复兴设宴招待，并在寺院大门设岗放哨，保护我们的安全。第二天杨复兴在私寓接见了我，详阅了王震将军及周祥初、任谦的信件后表示同意起义。并说："卓尼是藏区，我同意起义就行了，不需要举行什么仪式。至于起义时间由周司令、任代表决定。"

9月7日，杨复兴派副官贾世杰带领战士数人护送我们一行沿洮河东下至岷县野狐桥分手告辞。我到岷县后将去临卓情况汇报了周祥初、任谦、康君实，他们表示高兴，即着手筹划整编驻岷军队。

9月8日，就起义时间问题派康君实同志二次赴卓尼与杨复兴会谈，约定9月11日正式起义。10日，杨复兴带参谋长杨生华，团长雷兆祥、杨景华、赵国璋等十多人来到岷县，11日召开会议通过通电宣誓起义。

1949年9月12日，以甘肃省保安副司令兼师管区司令周祥初、第一区专员兼保安司令孙伯泉、洮岷路保安司令杨复兴等全体官兵名义，给中国人民解放军副总司令兼第一野战军司令员彭德怀，副司令员张宗逊、赵寿山发了起义通电。14日，彭德怀、张宗逊、赵寿山复电庆贺。

1985年9月31日

本文选自中共甘南州委党史资料征集办公室：《甘南党史资料》，第一辑，1988年4月。

卓尼起义前后

朱克清

卓尼地处甘肃南部，西、南邻四川阿坝、松潘，西接碌曲，西北连夏河，北毗临潭，东壤岷县。在白龙江、洮河上游，为藏族聚居区域，从明代起由杨土司管辖，历代世袭相承。解放前卓尼（包括今迭部县的大部，舟曲县的插岗、铁坝和临潭县的一些村庄）共四十八旗，二万余户，近十万人。杨复兴是二十世土司。

1937年8月，在军阀鲁大昌策动下，杨土司部下姬从周等人发动兵变，杀害了第十九世土司兼洮岷路保安司令杨积庆。同年十月，国民党甘肃省政府派国民党中央委员、甘肃省府委员田昆山查处，决定由其子杨复兴承袭土司，继任洮岷路保安司令部司令。

一

杨积庆被杀害后，国民党政府在卓尼成立了设治局，作为设县的过渡。卓尼土司和上层人物为维护他们的统治地位，对设治局的成立有抵触情绪；藏族群众因将受到土司和设治局的双重剥削，更加反对设治局的建立。因之设治局的政令不出卓尼城郭，大都通过司令部行使。但是，设治局极力要设法扩大权力，企图达到“改土归流”。他们对司令部的权力和行动，经常注视并设法予以限制，用“以马代丁”对藏族人民勒索敲诈，引起和加深了司令部官员和群众的不满，纷纷出谋献策，企图摆脱设治局的羁绊，另找出路。

为巩固世袭土司的权力地位，摆脱地方政府的歧视、压迫，司令部计划结交国民党上层，寻找政治靠山，遂决定趁抗战胜利之机，到南京晋见蒋介石。可是在当时去南京是件不容易的事，首先要层层疏通，疏通就需要经费，钱从哪里来？正好在头一年，国民党甘肃省保安司令部借口“加强反共力量，充实地方武装”，发出“自卫特捐”命令。卓尼设治局提出要司令部向群众摊捐三万银元。司令部实际只捐集了两万多元，除购买步枪二百支、子弹两万发充实民兵武装外，其余的四千多元，购备了鹿茸、麝香、狐皮等土特产作为活动礼品，余款作为去南京的经费。

1947年春，杨复兴同参谋长杨生华、团长雷兆祥、驻兰办事处处长姚天骥及总管十余名组成“卓尼四十八旗晋京代表团”，首先到兰州拜见了国民党甘肃省政府主席郭寄峤，同时向郭提出去南京见蒋介石的要求。郭寄峤唯恐杨复兴一行到南京给他带来麻烦，其意不去为好。杨等后给省政府秘书长丁宜中送了礼，请丁从中斡旋，以少数人去南方一带观光，开阔眼界，增长见识为名，郭才答应了杨复兴、杨生华、姚天骥三人去南京的要求。

这时，夏河县黑错（合作）寺院活佛锁藏和翻译吴振刚也到兰州，要求随同杨复兴一起去南京观光，经协商同意以“卓尼四十八旗晋京代表团”的名义去南京。他们一行五人乘民航飞机到南京，住在蒙藏委员会。经蒙藏委员会委员长许世英从中帮忙，蒋介石在国民政府国防部接见了杨复兴、杨生华等五人。接见时，杨复兴首先报告了卓尼藏区的情况；然后提出上陆军大学深造的要求。蒋介石将杨复兴上下打量一番后说：“可以考虑”。同时让代表团到泸杭一带游览参观。接见毕，代表团与蒋介石一同照了相。南京各报纸为此而刊载了消息。为了扩大政治影响，代表团还召开了记者招待会，国民党元老于右任、邵力子也来参加。会上他们介绍了卓尼四十八旗的情况，控诉了军阀鲁大昌欺压卓尼藏族人民的罪行，引起舆论界的注意。

同年冬，国民党国防部电调杨复兴赴南京陆军大学受训。司令部接电后，鉴于杨复兴年轻，需要人照护，研究决定由姚天骥和连长杨国华陪同前往。到了南京，杨复兴上陆大乙级将官班，杨国华上步兵学校，姚天骥住蒙藏委员会招待所照顾杨复兴。

1949年初，杨复兴陆大毕业后，飞返兰州见了甘肃省党政军领导人物，同时电告卓尼洮岷路保安司令部。司令部派副官贾世杰带领藏民代表赴兰迎接。继由团长雷兆祥和杨景华调集各旗青年骑兵一千多名，赴岷县迎接。杨复兴到了岷县，岷县专员孙阳升也召集各机关团体和群众举行了欢迎大会，并盛宴招待。到卓尼后受到司令部官兵、设治局官员和僧俗群众的热烈欢迎。四十八旗先后派代表送礼物、献哈达，表示庆贺。

这一来，杨复兴在卓尼僧俗群众中的威望空前提高，在外界也有了一定的声誉，不但卓尼设治局不敢再随意施加压力，就是国民党岷县专署的官员们也都刮目相待了。

这时，甘肃省保安司令部派刘济清来卓尼任洮岷路保安司令部副司令。杨复兴在副司令刘济清和参谋长杨生华的协助下，成立了特务营，举办了“军官训练班”。从本县和临潭、岷县招收了汉、藏族学员六十名，训练四个月后分配到特务营任职。特务营辖三个连，共三百多名士兵，都是从民兵中选拔的义务兵，规定一年一换。

特务营成立后，枪支、弹药不足，司令部派刘济清去西安晋见胡宗南，请求配发“中正”式步枪一百二十支、子弹一万二千发。四月间，杨复兴借去兰州参加郭寄峤召开的军事会议之机，要求省保安司令部配发步枪一百支，子弹一万发。这些武器连同以前用“自卫特捐”购买的步枪和子弹一并运回卓尼。这样，洮岷路保安司令部直属特务营初具规模了，民兵团也补充了一些枪弹，壮大了司令部的武装力量。

二

正在杨复兴及其部属经过一番努力，政治地位有了提高，军事力量有了发展的时候，国内政治形势发生了巨大变化。1949 年 5 月，中国人民解放军解放了胡宗南老巢西安市，部署西征。蒋介石妄图靠地方反动军阀挽救败局，任命马步芳为西北军政长官。马步芳就任后，不仅宣布了“破产保护，拼命保命，挽救危机，确保西北”的反动口号，为行将灭亡的蒋家王朝做绝望的挣扎，对非自己嫡系的、稍有实力威望的军事势力，不择手段地采取一律消灭的政策。杨复兴在卓尼藏族中有较高的威望，也掌握一部分兵力，同时，在临、卓历史上曾发生过回、藏之间的民族矛盾。鉴于这些因素，杨复兴预料马步芳对他绝无好意，不但得不到马步芳的信任，而且有被吃掉的可能，从而产生等待观望态度。

7 月，扶郿战役结束后，第一野战军主力向甘肃进军。驻在武都的国民党陇南绥靖行署主任赵龙文惶恐不安，急电令洮岷路保安司令杨复兴率部撤退到迭部，与解放军抗衡。在这样一个政治巨大转变的关键时刻，杨复兴持慎重态度，召集参谋长和团长等主要官员参加会议反复研究考虑，认为解放军以排山倒海之势，长驱挺进，所向披靡，国民党的千军万马都被击溃，如以洮岷路保安司令部所辖数百名民兵进行抵抗，犹如以卵击石，自取灭亡。撤退迭部，也是死路一条。由于当年红军长征经过卓尼地区，到处书写标语，宣传民族团结政策，纪律严明，秋毫无犯，在藏族群众中留下了深刻的印象。鉴于过去的历史，共产党、解放军来了，估计对藏民不会有什么伤害，大家思想上一致倾向共产党。

在这种思想指导下，杨复兴一面复电赵龙文“我们准备撤退”，表面应付，一面设法与共产党联系。1949 年 8 月，解放军一野第一兵团司令员王震率部向临夏进军时，派军部政工人员刘育华同志和会川土司赵天乙秘密来到卓尼，首先在木耳村会见了杨生华。尔后杨生华奉杨复兴的指示，在柳林一个碉堡里同刘、赵进行秘谈。开始，双方在互不了解的情况下，赵天乙以探问的口气，指着刘育华说：“这是我的侄儿，随我来看你们。现在快要解放了，你们打算怎么办？”杨生华原同赵天乙相识，就开门见山地回答：“我们卓尼和你们一样，都是历代的土司制度，只要解放军来了不妨害土司制度，不侵犯藏民的权益，我们就投诚。我们是不敢抵抗解放军的。历史上我们没有和红军打过仗，也没有迫害过共产党员和进步人士，今天更不敢反抗解放军。”这一说，刘育华才放心了，从棉衣夹缝中取出了王震司令员给杨复兴和杨生华的信，说明了自己的身份和来意，并拿出解放军进军布告和有关民族政策的宣传品，接着说了党对少数民族和起义人员的政策。提出让杨复兴、杨生华等即去临夏商谈起义事宜。双方谈毕，第二天天不亮由司令部民兵营长杨才华护送刘育华去夏河。

8 月中旬，岷县地下党组织派工作人员张火明同志来卓尼与司令部团长雷兆祥接头，动员雷兆祥劝杨复兴司令及早起义。接着，雷兆祥派副官陈世昌去岷县联系。陈世昌到岷县由张火明指引与地下党员赵毓文、冯永炳等同志见面，汇报了卓尼的一些情况。赵毓文同志向陈讲了党对起义人员的宽大政策，并请杨复兴速来岷县商谈。

9 月 3 日，第一野战军彭德怀司令员派任谦同志为军代表，应国民党甘肃省保安司令部副司令兼师管区司令周祥初之请赴岷联系商讨周等起义事宜。任谦同志到岷后，决定联合洮岷路保安司令部司令杨复兴一同起义。9 月 5 日派陆聚贤同志（我地下党工作人员）带了王震、任谦和周祥初的联名信，由杨子华、王克仁带路到达卓尼。7日上午会见了杨复兴，说明了来意，面交了信件。杨复兴看完了信，很干脆地说："我已决定起义，至于时间问题，请任谦代表和周详初司令决定。"陆聚贤一行返岷向任谦同志汇报后，就起义时间问题，于9日又派地下党员康君实同志来卓，同杨复兴、杨生华面谈，定于9月11日起义。

三

起义时间确定后，洮岷路保安司令杨复兴和参谋长杨生华，团长杨景华、雷兆祥、赵国璋，参谋张志平，副官陈世昌以及禅定寺头目乔都盖等十多人于9月10日前往岷县。到岷县后受到党组织的热情接待。11日在箭营校场召开大会，正式宣布起义。会上首先宣读了通电，然后任谦同志以军代表的身份宣讲了人民解放军的性质、宗旨和任务。根据一野首长指示，将驻岷县周祥初所领导的保安团等地方部队和其他部队改编为人民解放军西北独立第一军；洮岷路保安司令部直属特务营暂改为西北人民武装。

12日，向一野总部发出起义通电。电文如下：

彭副总司令，张、赵副司令员：

任谦代表到岷县后，洮岷党政极为兴奋，在九月十一日举行起义，加入人民解放军，今后誓愿站在人民立场，服从中共中央毛主席、朱总司令与西北军政诸首长领导，根据人民解放军的宗旨及人民解放军宣言所载之各项基本政策，整编部队为人民军队，打倒美帝国主义，肃清反动残余，以期早日成立全国统一的民主联合政府，为民族独立、民主自由、民生幸福及全国人民的彻底解放而忠诚奋斗，实现新民主主义，完成全国人民之愿望，兹当起义之初，部队改编待命之时，特电奉告，并盼指导。

甘肃省保安副司令兼师管区司令周祥初率一七三师，甘保二团、五团，师管区直属一、二大队，补训第四团，省骑兵大队，第一行政区保安大队暨代理第一区专员兼保安司令孙伯泉，洮岷路保安司令杨复兴等全体官兵同叩。

九月十二日[①]

彭副总司令、张宗逊、赵寿山副司令员复电称：

周祥初司令、孙伯泉司令、杨复兴司令：

申文电欣悉。当此胡马匪军面临最后覆灭，西北人民接近全部解放之际，你等率领起义，加入人民行列，前途光明，殊堪庆贺。

彭德怀　张宗逊　赵寿山

9月15日，《甘肃日报》头版头条发表了“周祥初、孙伯泉、杨复兴等起义”的消息。

杨复兴在岷县宣布起义后，13日由岷县军分区司令员李启贤同志陪同回到卓尼。到上卓沟口，司令部全体官兵、设治局全体职员、学校师生和僧俗群众夹道欢迎。

14日在禅定寺召开了庆祝大会。会上李启贤同志和杨复兴司令分别讲了话，各族代表都表示欢迎解放军，拥护共产党。

接着成立了军管会，接收了设治局、国民党局党部、三青团

---

① 根据《甘肃文史资料选辑》第五辑载周祥初《我在岷县起义前后》一文，1949年9月15日岷县起义通电署名的有：前甘肃省保安副司令兼师管区司令周祥初，173师师长陈叔钵，保二团团长张令仁，保五团团长高搴桂，补四团团长雍国栋，直属第一团团长周占魁，第二团团长王尚元，代理第一区专署专员兼保安司令孙伯泉，代理岷县县长高天光，临潭县县长杜凌云，卓尼设治局局长薛进文，洮岷路保安司令杨复兴。（原书编者）

卓尼分团、银行办事处、农林公司等机关单位。

10月下旬，杨复兴和杨生华率赵国璋、吴国屏、姚天骥、陈世昌等同各族代表四十多人赴兰州致敬。之后，一野政治部通知杨复兴、杨生华、吴国屏、姚天骥等到西北大厦学习，赵国璋带各族代表到革大三部学习。年底学习结束，除留杨生华同志在革大三部工作外，其余先后回卓工作。

卓尼和平解放后，岷县专署于11月先后派十九名干部，由杨培才同志带领到卓尼开展工作。

鉴于卓尼是民族地区，新的组织形式、政权机构名称尚未确定，干部职务也未任命，只作了大体分工，负责组织、青年、妇女工作的干部各一名，负责民政、文教工作的各三名，负责财政工作的两名，负责秘书工作的四名，公安五名，干训班两名。工作重点是“团结上层，了解情况，宣传政策，深入群众”。

为了培养干部，开展工作，举办了干训班。共办了两期，培训干部四十七名，陆续分配到各机关工作。

对原洮岷路保安司令部和卓尼设治局旧职人员七十五人，组织学习党的政策，提高思想觉悟，协助进行工作。

1950年杨复兴同志自动宣布在卓尼废除封建制度。10月1日正式成立中共卓尼工作委员会和卓尼自治区行政委员会。工委书记赵毓文，秘书杨炳文，组织部长王永德，宣传部长曹文蔚，妇联主任杨木兰。行政委员会主任杨复兴，秘书刘欣，民政科长杨景华，副科长刘维汉，财政科长赵国璋，副科长安邦翰，文教科长姚天骥，副科长康达，农牧科长雷兆祥，副科长樊毅，税务局长刘玉林，公安局长冯永炳，法院院长杨复兴（兼），副院长陈聚贤。原洮岷路保安司令部改编为中国人民解放军甘肃军区卓尼民兵司令部，司令员杨复兴，政委赵毓文，副政委霍学浩。

同时，给卓尼境内的六个乡镇（柳林、洮南、洮北、北山、贡巴、录竹）派了工作组，逐渐开展建政工作。

至此，相沿几百年的世袭土司制度彻底废除，各族人民在党和人民政府的领导下，开始了建设自己幸福家园的战斗。

（1983 年 12 月 2 日）

本文选自中国人民政治协商会议甘南藏族自治州委员会文史资料研究委员会编:《甘南文史资料选辑》，第三辑，1984 年 7 月。

卓尼和平解放纪实

杨复兴[①]　杨生华[②]

卓尼为甘南藏族聚居区，从明代起沿袭土司制度。解放前卓尼所辖地区，包括迭部县，临潭、舟曲两县的一部分。土司衙门即洮岷路保安司令部，除了三百人的警卫营外，没有正规部队。有三个民兵团的组织，历史上一直采取“寓兵于农”的办法，有事时自备枪马，招之即来，参加打仗；事毕遣去，务农放牧，最多时可集合四五千骑兵。没有进行过正式军事训练，国民党也不发粮饷，主要作用是保卫地方和维护土司制度。杨复兴为二十代土司，当时兼任国民党委派的洮岷路保安司令。

1949 年下半年，中国人民解放军以排山倒海、雷霆万钧之势进军西北，国民党部队无论嫡系杂牌，有的一触即溃，有的望风而逃，有的迫于形势，放下武器，向人民军队投诚。与此同时，国民党西北军政中心兰州，也面临行将被围的局面。国民党统治区一片混乱，人心惶惶。投降或是顽抗到底的问题，摆在国民党部队和军政人员的面前。何去何从，必须认真考虑，迅速决定，否则将遭灭顶之患。

那时候，我们经常收听共产党电台的新闻和战况广播。在中

① 杨复兴，甘肃省人大常委会原副主任，已故。
② 杨生华，甘肃省文史馆原馆长，已故。

国人民解放大军迅猛推进的形势下，1949年7月间，驻在武都的国民党陇南行署主任赵龙文惶惶不安，急电洮岷路保安司令杨复兴，以目前形势紧迫，电令杨复兴速率卓尼地区党政军职工，迅速撤退迭部，以作后图。杨复兴当即召集参谋长杨生华，民兵团长雷兆祥、杨景华、赵国璋进行商讨研究，采取对策，最后取得一致意见，认为中国人民解放军以排山倒海之势，长驱挺进，所向披靡，中国大部地区，宣告解放。国民党美式装备的数百万军队，都被一一击溃，我们区区武力，进行抵抗，犹如以卵击石，自取灭亡。如果根据赵龙文的命令，撤退迭部的话，卓尼军政职工连同家属不下千人，即使想法通过险山栈道，抵达迭部，由于道路险阻，运输困难，生活就会发生问题。再则将来迭部四周解放，虽有天险，也只好坐以待毙，撤退迭部不是办法。其次，当年红军长征经过卓尼地区，所到之地，到处书写标语，宣传民族平等团结政策，纪律严明，秋毫无犯。红军在卓尼紧邻临潭一带休整一个多月，也因遵守民族政策，没有到藏民地区来过。听说老土司杨积庆不仅在红军经过迭部时没有进行截堵，而且暗中开仓供应粮食。估计解放军来了，不会对我们藏民为难的。鉴于以往历史，今天共产党解放军如此强大，受到全国人民的拥护，必有取得辉煌胜利和日益强大的道理，不是偶然的。根据以上分析，我们决定不去迭部，解放军来了准备迎接、投诚。

在这种思想指导下，我们一面复电应付赵龙文，说“正在设法准备撤退迭部”。一面通过各种渠道，秘密接头联系。第一次联系在八月间，一野第一兵团司令员王震率部经过临洮向临夏进军时，派军部政工人员刘育华和会川土司赵天乙秘密来卓尼，首先在卓尼郊区木耳庄会见了杨生华。而后杨生华奉杨复兴的指示，夜晚在柳林碉堡内同刘、赵进行密谈。开始时互不知底，赵天乙指着刘育华说：“这是我的侄儿，给我作伴来的。现在快要解放，你们怎样打算？”杨和赵天乙本来熟识，就开门见山地回答：“我们卓尼和你们一样，都是土司所辖的藏族地区，只要解放军不妨碍土司地位，不侵犯藏民的权益，保障我们的安全，我们就投降。我们的老土司当年给红军暗中供粮，我们卓尼历史上没有和红军打过仗，也没有抓捕关押过流落红军，现在还有流落红军在司令部当兵，我们也没有在卓尼发现过共产党，今天，更不敢和解放军作对。”这一说，刘育华才说明了自己共产党员的身份，是奉命策动起义来的。并从棉衣夹缝中取出王震司令员给杨复兴、杨生华的两封信和解放军进军布告以及有关民族政策宣传品，并且对我们讲了共产党对少数民族和起义人员的宽大政策。提出让杨复兴和我到临夏商谈起义事宜。杨说由于国民党溃军留在卓尼附近，地方上很不安静，目前不能去临夏，一俟条件许可，即准备起义。双方谈毕，第二天黎明由司令部民兵营营长杨才华带了几个民兵，把刘育华、赵天乙送到夏河，联系起义。后来听说他们和夏河的黄祥、吴振刚、韩志华等人接过头，商谈了夏河县和平解放的问题。

9 月 3 日，第一野战军彭德怀司令员，派军代表任谦同志赴岷动员帮助国民党省保安司令部副司令周祥初起义。任谦同志到岷县和周祥初商量，决定联合洮岷路保安司令杨复兴一同起义，即于 9 月 5 日派陆聚贤同志，带有王震、任谦和周祥初的信，由杨子华、王克仁带领到卓。7 日上午会见了杨复兴，杨随即答复他们：“我们已决定起义，至于时间问题，请任代表、周司令决定。”陆聚贤一行返岷县向任谦同志汇报后，就起义具体时间问题，于九日又派地下党员康君实同志来卓，同杨复兴、杨生华面谈，商量好我们到岷县去，于 9 月 11 日起义。

起义时间确定后，司令杨复兴，参谋长杨生华，团长杨景华、雷兆祥、赵国璋以及参谋张志平，副官陈世昌，禅定寺头目乔都盖等十余人前往岷县，到后受到党组织的热情接待。11 日在箭营校场，召开大会，正式宣布起义。会上首先宣读了起义通电。然后任谦同志以军代表的身份，宣讲了人民解放军的性质、宗旨和任务。根据一野首长指示，将驻岷旧部改编为人民解放军西北独立第一军。洮岷路保安司令部暂改为西北人民武装。

12日向一野总部发出通电，电文如下：

彭副总司令，张、赵副司令员：

任谦代表到岷县后，洮岷党政极为兴奋，在九月十一日举行起义，加入人民解放军，今后誓愿站在人民立场，服从中共中央毛主席、朱总司令与西北军政诸首长的领导，根据人民解放军宣言所载之各项基本政策，整编部队为人民军队，打倒美帝国主义，肃清反动残余，以期早日成立全国统一的民主联合政府，为民族独立、民主自由、民生幸福及全国人民的彻底解放而忠诚奋斗，实现新民主主义，完成全国人民之愿望，兹当起义之初，部队改编待命之时，特电奉告，并盼指导。

甘肃省保安副司令兼师管司令周祥初率一七三师，甘保二团、五团，师管区直属一、二大队，补训第四团，省骑兵大队，第一行政区保安大队暨代理第一区专员兼保安司令孙伯泉，洮岷路保安司令杨复兴等全体官兵同叩。

九月十二日

彭副总司令，张宗逊、赵寿山副司令员复电称：

申文电欣悉。当此胡马匪军面临最后覆灭，西北人民接近全部解放之际，你等率领起义，加入人民行列，前途光明，殊堪庆贺。

彭德怀、张宗逊、赵寿山

杨复兴司令在岷县率部起义后，即同岷县军分区司令员李启贤一同返卓，进行新的整编工作。9月下旬，在卓尼禅定寺召开了千人大会，表示军民联合起义的诚意，庆祝解放。会上解放军代表李启贤和杨复兴分别讲了话。各旗与会代表也表示了拥护和平解放的态度。从此，卓尼各族人民，在中国共产党的英明领导下，走上了民族平等团结的新的历程。

本文选自《甘肃文史资料选辑》，第二十二辑，兰州，甘肃人民出版社，1985。

西固起义前后

裴卷举

一、西固起义前的陇南形势

中国人民解放战争进入1949年后，以出人预料的速度，席卷大西北、大西南。西北战场相继解放了西安、天水、兰州、西宁、银川等重镇。国民党川、陕、甘边区绥靖公署主任胡宗南，从西安仓皇逃出，龟缩至陕南汉中。为加强陇南防务，阻止解放大军入川，胡于7月间成立了陇南分署，派其秘书长赵龙文为分署主任，坐镇武都，总揽一切军政大权，重新部署防线。赵到武都后，遂将其所带三三八师布防武都至宕昌公路沿线。8月初，王治岐率一一九军军部和所属二四七师，从天水经甘谷、武山撤到岷县。蒋云台率二四四师经西和、礼县撤到武都，该师因遭胡部一三三师排斥，后迁驻安化。不久，十二师也由成县开到武都附近，对二四四师进行监视。9月中旬，王治岐率军部抵达武都。

这个时期，国民党的溃军、官员和特务均集中在这一地区，企图凭藉陇南山区，踞险扼守，苟延残喘，做最后挣扎，妄想控制住甘肃通往四川的这一战略要地，阻止我解放大军入川，解放大西南。

当时，中共甘南工委（武都地下党）为配合我军大迂回、大包围、大歼灭、解放大西南的决策，坚持“放手发展组织，武装工作第一”的原则，历经艰难险阻，积极发展地下党组织和武装力量，促成国民党地方政权和军队起义，以配合我军主力，打好内线基础，为解放大西南和夺取全国最后胜利，提供了有利条件。

二、孙铁峰转变过程

孙铁峰，原名逢泰，武都县孙家磨人。历任国民党部队司务长、排长、连长、营长、参谋长、副官、上校副团长、团长、副司令等职。1930—1932年在国民党中央军官补习班学习，后又于南京高级工兵学校毕业。先后参加过三青团、国民党、军统和红帮、复兴社等反动组织。1935年，在鲁大昌部下当营长时，曾驻防西固，受命堵截我红军北上。后红军突破天险腊子口，又撤至岷县，扼守二郎山阵地，因“战斗”有功，于1936年被提升为一六五师（十四师改编番号）九八五团中校副团长，后派往陇东庆阳一带阻击我东进红军部队。1939年夏，在山西中条山与日作战后，提升为九八五团中校团长。此后在河南渑池和陕西洛川、黄陵、耀县一带警戒河防，封锁我陕甘宁边区政府和防御我军一切活动。因失事而被削职，辗转至武都。1948—1949年任甘肃省第八区上校保安副司令，并参加“保密小组”。7月，任该区献旗代表团团长，赴兰给马步芳献旗。1949年8月代理西固县县长，组织和领导了西固起义。

孙铁峰组织领导西固起义，绝非偶然之举，他是在政治上遭受挫折，思想上经过斗争，并经我地下党的多次教育和争取，特别是解放战争的急剧发展，促进了他的态度转变，终于举起义旗，投向人民，走上革命道路的。

早在1947年解放战争初期，孙铁峰任一六五师团长时，在陕西洛川石底镇阻抗我军的一次战斗中，因防守不严，闪开空隙，使我军得以趁机越过敌封锁线而失战机，没有完成阻击任务，被胡宗南以“通共”罪名，行将枪毙，幸而被部下闻讯连夜放走，几经周折，潜逃兰州。当夜，找到我在兰州做地下党工作的王锐青同志。王和孙同乡邻村，自幼相识。他看到昔日显耀一时的国民党团长孙铁峰，落到如此下场，认为趁此机会，可以争取，于是和孙经常往来。两人在谈话中所涉及共产党革命和解放战争形势方面的内容较多。孙当时认识到共产党将来一定要在全国范围内取得胜利，国民党注定要失败。但一提到共产党的政治主张和方向，以及他的打算和今后所应走的道路时，孙就连连摆手说：“只能谈到这里，再不能往下谈”。这样谈过几次，都无结果。

孙铁峰逃出虎口后，胡宗南立即派出几股侦缉队，紧紧追踪缉拿，孙遂在兰州被捕入狱，后又被飞机解送西安。孙在兰州、西安两地监狱中受到了共产党人李兴初、要海良（女）等人的关照和启发教育，始有初悟。

孙铁峰在兰州、西安蹲监狱期间，在兰州住闲的尚佐周（与孙同学好友）和王锐青同志多方活动，通过寇永吉（省财政厅长、地方势力派）斡旋，经王治岐、郭寄峤（甘肃省政府主席）等多人给胡宗南多次说情保释，才免一死。孙出狱后仍回到兰州。国民党在甘肃的统治集团看到大势已去，准备放弃辖地，“鸣起身炮”，寇永吉向郭寄峤力荐，安置孙到武都任第八区专员公署保安副司令。在此之前，王锐青同志也回到武都。

1948 年初，孙铁峰回武都任职后，同王锐青同志秘密接触的次数比过去多，孙已知王有革命关系，但不知道具体情况。王和孙闲谈中，经常谆谆规劝，叫他走向人民，走向革命。孙的内心始终矛盾重重，犹豫不决。不过王和武都地下党几次组织鼓动武都中学闹学潮之事，孙本来知其内幕，却置若罔闻，未加制止，并暗暗为之掩护，后赵龙文追查此事，孙都以谎言瞒过，未受深究。

一次，赵龙文在绥靖分署召开“保密小组”会议，会上有人提出王锐青有共产党嫌疑，赵当即命令全城戒严，出动部队逐户搜捕，并严令不得走漏风声。会散之后，孙当机立断，不顾自己安危，夤夜奔赴王的住处，通风报信，令其化装出城，脱离险境。

1949 年春季的一天，在城外隐蔽开展地下工作的王锐青同志冒着危险，偷偷进城再次找孙铁峰谈话，观察他的态度，孙仍无明确表示。

1949 年 6 月，西安第一野战军政治部范明部长，派陈子平同志（化名“陈达”）利用来武都与蒋云台联系之隙，动员孙铁峰早日投身革命。陈对当前形势的分析和对他的劝导，对孙有一定的启发。孙当即向陈达表示：“愿意弃暗投明，立功赎罪”。为了以后便于联系，隐蔽工作，陈给孙化名“赵顺”，并报告了西安。不久西安一野政治部指示孙“竭尽全力组织力量，随时策动地方武装起义，做好迎接解放军解放武都的内应工作。”自这以后，孙一方面应付保安司令部的事务，一方面考虑陈达提出的问题和西安一野政治部的指示。

8 月初，孙铁峰在包头部队中的一位挚友俞有如突然给孙来电说“带些青年速到我这里来”。孙即同王锐青同志研究，王当时分析：“北平已解放，包头一带住的全是傅作义的部队，起义不成问题。”并认为孙去包头后可能会起些作用。此时，恰逢八区五县组织代表团，要去兰州给马步芳献旗，武都专员宋宗濂要孙铁峰当团长，孙认为借此机会，可以顺便去包头，便欣然应诺。到兰州后，孙即找借口去俞的办事处发了电。回电说：“孙铁峰来包有重要职务，即与周祥初（国民党甘肃保安副司令）洽商”。周因听到宝鸡已经解放，从时间上算，已不容再到包头去。结果仅仅谈了些会后的打算，孙表示随着周的决定干。

献旗后，孙铁峰回到武都，将他不能去包头同周祥初商定的事，一一向王锐青同志作了汇报，王鼓励孙在武都好好干一场。没过几天，武都增设了一个警备司令部，孙暗暗地把保二团蒲有连营长和保三营自卫队的杨风鸣联络好，掌握在他手上，一有举动，可以听他指挥。

8月上旬，岷县专员孙阳升同保二团长窜至武都，准备伺机南逃。为了扣留即将逃跑的国民党军政人员，我地下党工作人员龙一飞（龙的隐蔽身份是第八区保安自卫队团长）、李忠孝联络好孙铁峰，经请示隐蔽在乡下的王锐青同意后，在武都县参议会召开武装暴动会议，会议拟以孙铁峰为暴动起义总指挥。龙一飞主张马上行动，孙坚持当时时机不成熟，分区机关未到礼县（礼县8月17日解放），我军主力才到天水，各种条件不备，此时起义凶多吉少，不可轻举妄动。会议决定应积极组织力量，在武都专员和警备队临近逃跑时，再见机行动。由于这次会议组织不严，与会人员复杂，忽略了会议人员的身份，如警察局长林××等都参加了，其结果被宋宗濂和警备司令龚某发觉，逮捕了有关人员。龙一飞乘机溜出，在全城紧急戒严前，化装逃出县城。

龙一飞在临离城前向孙说："我已暴露了身份，生命交给你，组织给我的任务也交给你。"并说："你的命都差点送在胡宗南手里，到现在还不悔悟转变过来，等待何时，不过在目前你要保住我们的秘密。"孙认真地答道："这一点请你放心，你们搞这些事，我老早就知道，如果我害你们，早就害了。"随后孙把龙一飞送出城门，脱离了险境。

孙铁峰参与地下党预谋的武装暴动暴露，赵龙文、宋宗濂对孙顿生怀疑，认为把孙留在武都，对他们不利。第二天，宋宗濂、龚某把孙叫去说："西固县长赵宏璋因病在兰，无人理事，在此动乱期间，许多事情急需办理，我们报请省政府批准，派你去代理西固县县长，当日赴任"。他们派卡车一辆，两排武装士兵护送。名为护送，实为押送，其目的是调虎离山，消除后患。

三、孙铁峰在西固组织革命力量

孙铁峰被调为西固县长后，思绪万千，不能平静。首先是赵龙文和宋宗濂对他怀疑，把他排斥在外，使他感到焦虑。其次是解放战争的急剧发展，迫使他应立即采取行动，有所表示，以免坐失良机。另外他虽放外任，但和武都近在咫尺，在赵龙文和宋宗濂直接控制之下，随时可以监视，一有举动即遭扼杀。所有这些都需要慎重考虑，具体分析，做好应变准备。

8月中旬，兰州战事告急，省政府官员纷纷潜逃河西，准备退往新疆。在省建设厅任秘书的尚佐周（前静宁县长）也携眷回家，路经官亭时和沈容海（县参议会议长）密谈了起义一事，两人意见一致，确定由尚佐周进县城与孙铁峰联系。由于孙与尚以往的特殊关系，相见之后倍加亲热，话题投机，不谋而合。但孙在激情之余，尚有顾虑，主要是怕一举事，住在武都县城的家属，首先罹难。经尚分析了形势后，才消除了孙的顾虑，两人研究后决定先设法把家属弄到西固，然后再举行起义。

孙铁峰在西固任县长，中上层人士中熟人颇多，除房存义、尚维周（尚佐周之弟、县参议会副议长）、沈容海、王玺（省参议员）外，还有自卫队的干部，有的是亲戚，有的是部下，有较深厚的社会基础，比武都当光杆司令条件更为优越，起义不成问题，这进一步增强了他靠近革命的信心。

沈容海在尚佐周来西固的第二天也匆匆赶来。于是，他们便进一步地作了详细周密的研究。决定了起义前的准备工作和实施步骤：第一，扩大武装力量，在原来只有一个自卫中队的基础上，再组织增加一个；第二，找党的地下组织，接上关系，以便接受领导。后一条商议结果是立即派尚维周去武都北部高山一带，寻找陇南地下党负责人王锐青同志（王与尚是师生关系）。

四、岷县起义与国民党二四七师进驻西固

二四七师是国民党一一九军所辖的一个步兵师。一一九军是1949年4月蒋介石嫡系部队，被人民解放军消灭殆尽，反动政权在行将灭亡的情况下由甘肃保安团改编成二四七师，后连同二四四师在天水拼凑而成的。军长王治岐，副军长蒋云台（兼二四四师师长），参谋长郭宝贤，政工处长边固。

一一九军成立于西安告急之日。该军一成立就拨归裴昌会兵团指挥，于5月19日（西安解放的前一天）奉命出发防守灵山及清水县马鹿镇，旋又奉命东进援陕，攻占了我已解放的有些地区。

7月上旬，我关中大军开始向西出兵。中旬初，一一九军二四七师等部队被胡宗南指调武功、长宁镇一带担任左地军区防卫任务的第一线警戒。我一野大军出兵神速，迂回作战，当国民党第一线警戒部队处于无戒备状态，还没有完全清醒过来之时，就被解放军第四军的三面围击，敌防守部队不战全线溃退而撤。后与我军扶、郿之战，国民党军大败。我军截断宝咸公路和通西铁路，二四七师等部在无退路绝望之际，抢渡渭河，向西南撤退。

扶、郿战役，二四七师损失惨重，死伤、失踪及渡河淹毙的官兵约在3/4以上，剩余人员尚不足2000人。师长陈棹在撤退逃亡中精神失常，其余部跟随军部辗转甘谷、武山、漳县后到了岷县。在后撤途中，骑兵团团长赵禹亭在武山率部起义，师长陈棹畏惧潜逃，副师长李惠民旋升任师长。

一一九军驻岷县后，把骑兵学校撤退到这里的300多人马收编为骑兵团。

与此同时，国民党甘肃省保安副司令周祥初逃至岷县，成立了“国民党甘肃自卫总司令部”，自任司令，以作后图。此时我地下党和人民解放军派出工作人员，对周部展开分化瓦解工作，规

劝周祥初要以人民利益为重，顺应时势，早举义旗。

在周祥初决定联合卓、洮、岷地方军政人员共同起义时，驻兰州的彭德怀司令员派军代表任谦同志前来岷县协助举事。赵龙文闻知此事，即让一二〇军团长陈叔钵当师长，妄想以此笼络陈心，遂使陈与赵派往岷县的一群特务密谋事变，企图加害任谦和周祥初、孙伯泉等，幸被在武都的蒋云台将有关情况告周祥初注意，严加防范。同时派政治处长马锡玉星夜赶赴岷县，要周立即采取措施，提高警惕，联合杨复兴一致行动，并对一一九军和二四七师做说服工作。马锡玉在岷县会晤了解放军第一野战军联络部派来的宋子贤同志，交谈了一一九军起义的问题。

9月中旬，周祥初联络卓尼杨复兴、临潭杜凌云以及岷县等地方军政势力，共同起义。王治岐拒绝周祥初的联举，率二四七师到武都。赵龙文将王留驻武都，想利用王控制一一九军。以后二四七师调驻西固。

9月上旬末，李惠民率二四七师约1000余人进驻西固，分别驻扎在县党部、广坝中学、西街小学等地，有的住在民房，成天要粮要草，要鞋袜，人民负担沉重，地方不得安宁。

孙铁峰、尚佐周等为了促成西固县整个军政起义，一心想把李争取过来，曾经做了许多工作。孙、尚二人多次邀请李惠民在王玺家中赴宴吃酒拉关系，藉机劝导李联合举事。李不但执迷不悟，反倒动员孙带自卫队、警察到二四七师给他当副师长。他们看到李的态度顽固，便想法分化他的部下，经试探后，骑兵团副团长牟克俭口气较软，唯步兵团团长刘亨岭态度强硬，并说："谁要再说共产党好，哪怕是我的老子也要枪毙"。结果，他们虽然费尽心机，始终未做成联合二四七师起义之事。

礼县解放以后，王锐青同志转移礼县，向武都地委汇报后，派常某去西固与孙铁峰联系。地委会议对西固起义工作做了分析研究，吴治国、郭宜民等同志认为起义可能性不大。王锐青对孙铁峰的情况比较清楚，认为他们已是日暮途穷，几经碰壁，寻找革命、积蓄力量、等待时机发动起义是完全可能的，但派去西固联系的老常同志尚未返回，还不能做完全肯定的估计。会议最后决定："看效果，以他们的行动决定我们对待他们的态度。"会后地委书记黄恩明通知王锐青："叫西固准备起义的队伍先拉出来，准备再派人去西固。"正在确定派员时，去西固联系的老常回到了礼县。

老常去西固之时，正是二四七师李惠民盘踞县城、骚扰百姓的时候。老常与孙铁峰秘密接触，作了简短谈话后，常提出要枪支和钱。此时，李惠民的部下正在县政府纠缠，孙不能与他长谈，草草招待了他便催促迅即离开，嘱咐他回去告诉王锐青："只要时机成熟我们就开始动作。"结果孙没敢给枪，只给了 15 块白洋作路费，派人绕东山下化马送到武都高山。没想到送他的人一回去，常突然改变主意，跑到沙湾买大烟，被敌三三八师的官兵扣留起来。当时敌团长在电话上告诉孙铁峰："抓到你的一个部下，作何处理?"孙给解释后常被放走。

五、赵龙文怀疑孙铁峰

孙铁峰来西固任职不久，陇南绥靖分署主任赵龙文于 8 月下旬召他去武都会商事宜。孙接到通知后，进退两难，犹豫不决，考虑起义之事可能被赵察觉，如果去了落入他的网罗怎么办？不去没有理由推却，又在人家管治之下，无力抗衡。晚上他就去找房存义。以往他们关系很好，过从甚密，平日有事常互相商量。当晚经他们二人长时间地反复推敲后，认为不去倒会加深赵对孙的怀疑，后果一定不好。最好装作没事，如期赴会，使他没有藉口，同时还可表示对他恭顺，能听他的话，从而减少赵的疑心。至于到武都后的情况，可以根据赵的态度，随机应变，灵活对付。

第二天，孙铁峰带了几名警卫到了武都，只身去公署晋谒赵龙文，一见面，赵态度阴沉，一言未发。好在这时在座的还有赵的参谋长齐鹏飞和张旭东，这两个人和孙是早年南京高级班的同学，还有三三八师师长王宪彬，当年在八十军与孙一起当团长时在中条山同八路军作过战。这些人都和孙是老相识，久别重逢，格外亲热，他们同孙握手让座，问长问短，追叙旧情，赵看到如此光景，怒容顿霁，对孙也表示谦让，大厅中的紧张气氛为之缓和。此后这些人给赵介绍了孙的情况，并说了许多好话，这才解除了赵龙文对孙的一团疑虑。

会议期间，着重研究了各县防务组织和发展火枪队的问题，孙铁峰对赵龙文事事表示恭顺，他表态西固上河和官亭方面由他全盘负责，通力协作，保证圆满完成任务。会议结束后孙准备回县时，赵龙文还给孙配发了 5000 发子弹，作为送行礼，孙暗自称喜。

孙铁峰一回到西固，给赵龙文、齐鹏飞各买了一匹骡子，又给王宪彬代买了一匹马派人送去，暂时稳住了赵的疑心。不久寇永吉在河西也给孙铁峰和尚佐周来电说：“我把你俩介绍给了赵龙文。”

9 月，陈达同志在两水一带开展地下活动，已动员好三三八师的一个营长策划两水暴动起义，必要时将队伍拉到西固和孙铁峰联合。不料，在陈达离开两水到西固联系孙铁峰的那天，两水三三八师的那个营长的行迹暴露，被部下秘密告发，连同一个连长被活埋了，行刑前那个连长还供出了陈达的活动去向。当晚，赵龙文给孙来电说：“陈达到西固活动，望即捕送武。”陈在西固住了一夜，给孙交待了任务后，于第二天黎明就离开了。孙担心陈在途中被守敌扣留，急派杨为柱带一兵去探情况，以便营救。杨为柱二人乘夜色朦胧混过两河口，黎明前赶到上堠子孙铁峰岳丈家。幸好，陈此夜也住在那里。他们去时陈正备驴启程，杨为柱叫他换上便衣走高山到礼县去，不能再去两水。陈坚持要去两水看个虚实，经大家再三规劝，才改变主意去礼县。

杨为柱送走陈达即回县报告孙铁峰，孙已放心，便派警察佯装四处缉捕，并电告驻在沙湾的三三八师的团长代扣陈达。敌团长和孙铁峰是同一时间接到赵的电话的，后孙将未捕到陈达的情况电告赵龙文，赵即复电说：“万无徇情，务要捕陈送武。”

由于形势剧变，武都军特云集，补给严重不足。赵龙文派车来西固运粮和提取银行存款，并电令孙铁峰：“派人运解武都。”为不影响全盘计划，孙只好应付，按赵的电令办事。

自陈达从西固走脱后，赵龙文生疑，即派特务头子兼武都县长姜化轩到西固侦察。此时，二四七师李惠民部全部驻扎县城，孙铁峰束手就擒乃意中之事，不过孙对此早有应变措施，就在接到赵龙文要他捕获陈达的第二次电话后，遂将靠近县政府的驼岭山上久闭不开的东城门打开，后又把县长室后门与自卫队隔墙打通，以备万不得已时好向外冲。一切准备工作就绪，孙召来刘奠基说：“要是敌人把我架上汽车时，死活也要抢下来。”结果姜化轩带一个警卫，一挺卡宾枪和十多个便衣特务，闯进县政府巡查了一阵就出去了。晚上，姜一行人在二四七师师部与李惠民密商了半夜，第二天一早离开了西固，孙铁峰这才松了一口气。

9月中旬，岷县周祥初派代表曹远峰（孙的同学）到西固做孙铁峰的起义工作，孙表示欢迎，即接受了曹的意见。在这以后，周祥初凡要送文县的布告和王泽勉的信，孙都一一派人送到文县。

六、大军解放官亭

10月1日，中华人民共和国庄严宣告诞生，孙铁峰在兴奋之下一连开了几个会。他们想早日宣布起义，因考虑到敌强我弱，不可轻举。李惠民全师虽只有一个团的兵力，但装备上比自卫队精良，下设机枪连、炮兵连、骑兵营和步兵营，且有作战经验，李本人凭此有恃无恐，非常顽固。孙铁峰不敢轻易以装备低劣的两个自卫中队的兵力，消灭眼前这股顽敌。

为了保存力量，保证起义的胜利，孙铁峰抓紧训练部队，等待大军南下，相机行事。

10月下旬，我六十二军派曹远峰等4人来西固疏通孙铁峰，让孙动员老百姓修架被敌三三八师南撤时破坏的北路临江、通北口桥，以便大军南下。孙铁峰通知官亭镇长杨佐廷与岷县军部联系，抢修桥梁。临江桥修好后，杨佐廷、沈璞、邱玉龙到官亭蒿地子迎上了南下的六十二军先遣部队。沈、邱向部队报告了驻守官亭的敌三三八师兵力和装备情况，请求派兵解放官亭。六十二军五团做好直取官亭的计划，请示军部，军部派出二〇四师的一个连向官亭移动。

10月22日，解放官亭的部队在距官亭约15华里的甘江头集中，兵分三路向官亭进发：一路由罗世祥和邱玉龙带路，从三盘子进沟经马圈到董家山后，由贾家山下山直取官亭；另一路顺沟而下，绕至官亭镇公所背后山上林子内埋伏；一路由沈璞带路，从池家山经侯家崖翻山到邓桥的王家山村，饱食后再翻远门山经埈坎山抵达官亭斜对面的青林村埋伏，封锁敌人南逃退路。

23日拂晓，我进击部队配合杨佐廷领导的守镇自卫队，摸索进入镇子，出其不意地首先解决了哨兵，接着解放军冲击敌人住所。敌军正在梦乡，听到枪声和“缴枪不杀”的喊声后，闻风丧胆，看到已被包围，只有缴械投降。另有几处敌人听到枪声，慌乱中冲出门外，在街上胡乱放枪，经我军勇猛还击，均被消灭。守山的一个排发现激烈战斗场面后，想夺路逃跑，也被截击俘虏。至此，官亭解放。

原来在距官亭5华里的观音阁隘口，敌驻有一个排的兵力，踞险把守邓邓桥。我军在解放官亭的同时，派“老虎”连以奇袭制胜的战术，从观音阁头顶的陡峭崖壁攀登而上，也于是日拂晓前迂回到敌背，居高临下，向山下敌人喊话，敌闻声先开枪，我军牺牲2人。解放军见劝降无效，便冒着随时都有滑落山下的危险，急速逼近敌群，经猛烈射击和轰炸，敌尸枕藉，未击毙者，全部投降。固守在对面山上的敌人向西山逃窜，我小分队紧追不舍，均归消灭。邓邓桥隘口打通，我解放大军畅通无阻。

官亭解放后，两河口吃紧。赵龙文不时地在电话筒上责备孙铁峰，孙已料到起义迫近，经与尚佐周缜密计划后，根据李惠民师屡受重伤、惊悸不定的心理状况，散布假消息说："两河口解放了，西路的解放军已至峰迭，大军即将进攻西固城了。"这一着果然有效，"谣言"散出后，满城风雨，到处传说，李惠民心神不定，内部都惊慌起来。

10月26日下午，李惠民要准备撤出县城。县政府也在这天宴请师部人员。席间，李的参谋长与其几个团长窃窃私语："少喝酒，今晚有要事"。宴毕后，孙铁峰与尚佐周密议，将东城门打开。晚七时许，把自卫队和警察全部集中到驼岭山，紧守营垒，加强戒备，以观动静。李惠民就在这一晚上率领全部人马打上灯笼火把，连夜撤出县城，过后坝桥开往南峪。李惠民在撤走前曾将孙铁峰和尚佐周召去开会，约定由孙带领自卫队和警察一同南撤，并对准时间，在午夜12时和他会面。在此之前，李已给王治岐说好要孙给他当副师长，其实孙早就另有打算，他的这一着终于落空。

七、龙山寺武装起义

10月26日，李惠民中了孙铁峰所设的计策，率部撤至白龙江南岸后，望眼欲穿地等待孙率队归来。而孙在李部撤离之后，即派自卫队拆除了南桥，并留一部分人守御驼岭山，将其余自卫队撤到城北的三眼峪。李绝望后，东驻南峪寨，陈兵河南一线，派兵去两河口打探我军行踪，并未见解放军到达两河口，方知上当，于是气焰又嚣张起来，连日派骑兵过江来城内抢粮食，糟害百姓，并到处寻找孙铁峰。在此期间，赵龙文也给孙来电话，口气非常强硬，指责："如不归顺李惠民，必将血洗西固城。"孙含糊地在话筒上应答。

李惠民撤到南峪后，粮食给养困难，就派骑兵进城抢粮，初期来时打开仓库，驮去四五石粮食。孙铁峰按照王锐青同志原来布置的要保护好粮食和防御李惠民突然袭击的指示，除在南山和东山加强巡逻外，又在南峪至城内的尖子石公路要冲，修筑了坚固的防御工事，派一排兵力驻守。另外，命南峪乡乡长姚生辉组织东山民兵，截断公路，挖好陷坑，在山上备好滚木和礌石，严阵以待。

数月以来，孙铁峰在武都绥署主任赵龙文严密监视和二四七师李惠民重兵威胁的情况下，起义活动一直在秘密进行。由于李惠民早已由赵龙文授命坚决顽抗，许诺入川后将他提升为军长，李希图军长职位，故态度极为顽固，虽经孙等多次争取，但毫无结果。以后孙对李便采取回避态度，一般事情均委之其他人虚与周旋。自李部撤到南峪后，双方已成敌对状态，起义也就成为公开事实。

11 月 1 日下午 1 时许，国民党西固县县长孙铁峰率领警察和党、政、军人员 300 余人，在驼岭山北峰龙山寺举行了全县范围的武装起义仪式。正式宣布脱离国民党反动政权的统治，接受中国共产党和毛主席的英明领导，以实际行动响应党的一切号召，并拟电文报告一野彭德怀总司令和驻岷县的六十二军军部。起义电文为："雄师西指，解民倒悬，云霓指望，遐迩同心。地处边陲之西固人民，三十年以来受尽国民党反动派之剥削压迫，人民负担奇重，实无喘息之余地。铁峰等不忍坐视民疾，遂率西固军民高举义旗，欢迎解放大军，并正式脱离国民党反动政府统治，在军座领导下为人民服务。临电迫急，不胜待命之至。"在电文末署名的有西固县县长孙铁峰，西固县参议会议长沈容海，西固县党部书记长李春森，省建设厅秘书尚佐周，国大代表刘克仁、房存义，省参议员王玺，自卫大队长韩廷俊，自卫中队长刘奠基、杨为柱等。

会议商讨了对付二四七师的战术措施，大家要求积极组织扩展训练队伍，由孙铁峰指挥进行游击活动，扰乱敌人部署，切断一切供给，与李惠民作坚决斗争，迎接解放大军到来。

商定起义重大问题后，孙铁峰派自卫分队长王丕显星夜兼程翻山去岷县给六十二军送呈起义电文，同时又派孙玉书去上河与六十二军先头侦察部队联络通讯。

武装起义原定配合人民解放军解放西固同时行动，由于当时西固处于自卫队和警察武装力量被二四七师包围吞并的险恶形势之下，为防止李惠民的突然袭击和消灭，争取时机，临时决定了提前起义。

此日上午，晴空碧蓝，尖子石山以东的谷道上踏尘飞扬，二四七师的一支骑兵队向县城急驰而来。守卫在尖子石工事里的兵民个个摩拳擦掌，严阵以待。趾高气扬的敌骑兵队步入山下我伏击圈时，自卫队长喊了一声“打！”开始发出了第一枪，紧接着长枪、土枪一齐猛烈开火，手榴弹、石块、滚木、礌石砸向敌群，山下人马哀嚎嘶鸣，骄横的敌人吓昏了头脑，再未敢进城，纷纷折马夺路回逃，撒了一路的麻袋与衣物。以后几次李派骑兵前来抢粮，均被击退，未能得逞。

孙铁峰率众起义后，宣传革命，教育人民，并积极动员和组织群众做好解放支前准备工作。这些举动惊动了撤驻碧口的陇南绥署主任赵龙文，他给驻在武都的王治岐和南峪的李惠民挂了长途电话，责令他们立即进军，彻底歼灭孙铁峰领导的这股起义武装力量。

同时，一支随同孙铁峰来西固驻守河南村且拥有3挺机枪、

50多支步枪的五六十人的原武都保安团队突然变卦。这支队伍来西固后经教育，约定与孙同时起义，不料，李惠民过河后，几番诱迫并向南山拉跑，孙派兵截击未果，结果归附了李惠民。

八、解放军侦察部队初进西固

11月3日，驻岷县六十二军刘忠军长接到西固起义电信后，复信通知孙铁峰和尚佐周到军部汇报开会。此时，由于李惠民受孙铁峰愚弄被阻隔在白龙江南岸，又挨了我起义队伍的几次袭击，恼羞成怒，不甘心被人捉弄。他屯兵南岸，虎视眈眈地直盯着起义队伍，伺机报复，企图一举剿灭起义武装力量。就在孙接到六十二军刘军长召他去岷县开会并决定当日率员前往的时候，察闻二四七师蠢蠢欲动，集结南峪，声言出兵“收复”西固，活捉孙铁峰。在这紧要关头，孙经与尚佐周等商议决定，派二中队队长杨为柱代表孙与沈容海、尚佐周同往岷县，谒见六十二军刘军长并参加起义汇报会，孙与尚维周等留守警备，监视二四七师的动向。

尚佐周一行三人到达宕昌，军部汽车早在那里迎候。他们到岷县后受到刘、方军长和鲁政委、政治部主任以及岷县专员刘雨声等的热烈欢迎，在互相介绍和简短谈话后共进晚餐，盛情款待。刘军长向他们扼要地讲了邀请他们参加会议的目的。席间，尚佐周同志就军首长要了解的情况作了简要汇报。接着，刘军长向他们布置交待了必须立即着手开展的工作，除了摸清敌方各种情况为大军南下准备外，更重要的是让他们积极组织人力、物力，搞好支前和恢复交通通讯工作，抽调人力协助已下去的工兵营准备充足的木料以铺路架桥。刘军长还强调了如何完成工作任务，应在回县后和县上领导同志研究办理的事项。事后，又征询他们有什么问题和困难，尚提出官亭一带常有散匪出没，而那里地方武装力量很单薄，请求把官亭杨佐廷缴获的敌三三八师的两挺机枪配发给地方部队，刘军长欣然同意。接着尚又请求军团部派一团兵力增援起义部队，进驻西固县城。刘军长意味深长地向他们阐明了西固进军与解放大西南一起行动的战略意义，指示放弃县城，把部队撤到宕昌。

11 月 4 日，我军侦察部队桂殿参谋一行 7 人由马如麟、孙玉书作向导和洛达赵德昌率领的 20 多个藏兵来到县城。县城人民闻讯大喜，男女老幼都跑到西关幡场寺去迎接，解放军侦察队和藏兵队驻扎在驼岭山城隍庙。

11 月 5 日，派了一班藏兵协助扼守尖子石阵地。城内贴出了使用人民币的布告。

11 月 6 日，桂参谋派藏兵队长安代九协助赵德昌随同孙铁峰的自卫队员到南山姚家楞一带游击侦察时，与二四七师游动部队遭遇开火，敌连长被我击毙。不幸的是藏兵队长安代九同志也光荣牺牲。事后，县城内开了隆重的追悼大会，沉痛悼念这位为解放事业贡献出自己宝贵生命的优秀藏族青年。

当晚，孙铁峰派部分自卫队员协同东山民兵向南峪寨二四七师发动突然袭击，李惠民误认为解放大军已到，策马欲逃，后听清没有重武器，知道是民兵乘夜黑骚扰，便组织火力抵抗。桂参谋亲临前线观察，自卫队参战士兵受到极大鼓舞。敌人手脚慌乱，枪声渐渐稀疏下来。这时天已破晓，自卫队不敢恋战，撤回县城。

11 月 7 日，桂参谋准备要回岷县，行前，察看了尖子石以东的地形，指示孙铁峰：“城东地形不利于守城，只凭控制这一孔道是不能阻遏二四七师进攻的，万勿固守县城。”他叫部队尽快做好撤离县城的准备，不要和李惠民硬碰，以免遭受损失，必要时由东山向官亭转移。孙最后向桂参谋请求说：“仓库里还有 3000 多石粮食，如果这些粮食丢了，事情严重，拿什么支援大军呢？望你请示军首长，一定派部队来。”桂参谋说：“上级有整个计划，勿担忧”。桂参谋回到驼岭山驻地后，孙给刘军长写了一份报告让桂参谋带给军部，请示派兵，进驻西固，解放武都。孙铁峰还绘了进军路线图，分三路进军：正面沿甘川公路直下武都；西路进两河口，过南峪桥，翻过安扎梁、插岗岭经文县包抄碧口；东路进良恭（宕昌南阳）经草川崖抄武都侧背。

送走桂参谋后，去岷县六十二军部汇报工作的尚佐周等三人回到了西固，向孙铁峰汇报了军首长的重要指示，孙即召开了军事会议，传达了上级指示，部署了“退”的准备工作。

九、二四七师反扑县城

李惠民自他的连长去南山侦察时被我自卫队打死后，耿耿于怀，随时准备与孙铁峰决一死战，以泄其愤。他利用了一个南峪的老婆子，使其假装进城卖土盐，打探我方实际军事情况，得知城内并无解放军的实况后，便召集连级以上军官参加的军事会议，布置他的作战计划，并一面电告碧口赵龙文，请示机宜。

11 月 8 日，驻碧口的赵龙文电令三三八师的一个团和武都专员李永瑞，新任西固城防司令兼县长边固火速到达南峪，协同二四七师作战。午夜，援兵到达，李出动二四七师全部兵马组成三路，连夜向西固县城进发。三路兵力部署是：南路为一线，由炮兵团开到县城对岸的阳边山头一字儿摆开，死死盯住县城，时间一到，进行炮击；北路为三线，由刘亨岭团攀越东山，经马莲坪、罗家峪迂回到城北的黄土山，形成对县城的大包围；中路为二线，由骑兵连和三三八师的团队正面沿公路推进，直奔县城。并约定北路兵抵达黄土山后即发出信号，三面同时进攻，包抄西固县城，一举消灭起义武装力量，活捉孙铁峰。

为防止敌兵侵袭，早在李惠民撤离县城后，孙铁峰即对通向南峪的交通要道加强了戒备。并在东山盘道子顶上设有火警的联络信号，凡发现敌兵必点燃一堆草，敌人多了燃两堆，敌大举进攻时燃三堆，以此示警县城。原先预定好8日晚试验，不料，半夜已发现大批敌兵速移，正式点火。孙铁峰和自卫队还以为是试验。接着山上不停地燃起三堆火时，大家开始疑惑。孙派分队长石琳带一队员速往侦察，鸡鸣头遍时，东山枪声激烈。石琳刚到山冈，被敌人发现开了枪，他还了两枪后回撤下山。这时敌兵已把通往官亭的道口卡断了。

孙铁峰已知敌兵要大举进攻县城，当即命令自卫队、警察发动和帮助城内群众急速疏散。并令镇守南山和尖子石的部队火速撤离，转移坪定集合。城区暂留一小部分队员监守城头，掩护群众出城。黎明前，城区群众基本上逃离县城，转移到安全地带。

东方吐白，敌军步、骑、炮配合，大举进攻县城，步枪、机枪和六〇、八二炮弹，集中火力向县城扫射轰炸。适逢这天早上天亮前后，大雾迷漫，笼罩整个县城和周围大小山丘，使敌人无准确射击目标，胡乱开枪放炮。迨至10时左右雾散时，我军民已安全地退出县城。此次敌人攻城，因我军与敌人未作正面接触，故未伤一兵一卒，俟敌人进城时，只剩一座空城，一无所获。两个无辜老百姓被敌弹击中身亡，1个被炮弹炸死，1人重伤，并炸毁民房多处。

李惠民第二次进县城后，挨门逐户搜查孙铁峰和起义部队，并抄了有些重要起义人员的家。他们向百姓摊粮款、要柴草，任意宰杀群众的猪、羊、鸡等各类畜禽，购置商品不按价格或不付钱，大部分商号店铺关了门，不敢营业。城门和城墙上以及各交通要道都设立岗哨，盘问和检查来往行人，老百姓言语含糊便遭毒打，闹得满城恐慌，鸡犬不宁。二四七师在城内未捕到孙铁峰和自卫队员，遂分兵三路昼夜清剿，西固百姓再度陷入白色恐怖之中。

孙铁峰和起义部队自撤离县城后，路经西半山转至坪定柳坪，在这里住了一夜，第二天便翻山经九原转移黑峪寺。孙到后便立即给刘忠军长写信，报告西固失陷、起义部队突围情况，而后派人到上河组织民兵，对追剿之敌展开了斗争。

在敌军大举进攻的这一夜，驻守在罗家峪村的两个班的小分队准备一有情况便掩护自卫队、警察部队及孙铁峰等起义人员上东山向官亭转移。结果后半夜忽听山上有枪声，并同时发现了不寻常的火警，始觉情况不妙。大家正在急商对策、踌躇不安之时，便接到东山民兵“情势危急，突围不利”的告急情报。分队长决定抓紧时机，向翠峰山方向转移。电台台长王瑾璧把电台和孙铁峰的家眷让群众藏起来。此时，敌军已摸黑猛扑下山，开始向村落和可疑之处猛烈攻击，拉开半弧形大网，层层搜索合围。此时小分队的退路已被敌卡断，四面临敌，无路可夺。分队长急令几个队员向敌开枪，掩护分队突围，试了几次都无济于事，已有几个队员负伤。最后分队长命队员用仅有的几颗手榴弹找准围敌薄弱部分，炸开一条血路突围出来，赶至坪定与大队会合。敌军在罗家峪村庄和山崖沟壑到处搜寻，只搜出了电台，孙铁峰家眷被群众安置在崖坎下而未被查获，后转移至官亭。

西固县城经过李惠民二四七师二次围攻后，大部分群众都逃到乡下躲避，只剩下一些老弱妇孺看守门户，因此，城区人烟稀少，市容萧条。代理西固县县长边固随军到任后，首先写信把躲藏在翠峰山的刘克仁（两人过去交往甚密）派人叫回来，同时召回了一些群众。李惠民为了虚张声势和炫耀他的战功，还召开了所谓“庆祝大会”，拼凑和强迫一部分群众为其捧场凑体面。李惠民、边固和刘克仁还先后讲了话，因参加人数不多，随后草草收场。

李惠民限令边固在两日内罗列出起义人员名单、罪状，描绘出孙铁峰、尚佐周、尚维周、孙玉书等人的相貌，而后在武都、在西固县各乡张贴布告，悬赏捉拿起义领导者及其家属。派出特

孙铁峰等给杜师长作向导向武都挺进，沈容海等给林师长带路沿白龙江西进。

二四七师李惠民当此大军压境，在前不能进取、后无退路的情况下，还执迷不悟，死守孤城，作困兽犹斗的挣扎。他督促部下构筑工事，设置据点，将精锐兵力部署在南峪和大川，并在南峪至大川的通道两侧制高点上安置了多处据点和暗堡火力点，企图阻止我军西进。

我解放军林师部队西进至大川时，大川守敌不战而溃，全部西逃，我军尾追。不料，守踞在大川西头炭窑山古刹中的敌人竟然向我骑兵部队疯狂地扫射，紧接着对岸暗堡中的火力也向我军射击，被我紧追的逃敌也掉转马头向我先头部队扑来。我解放军战士面临三面火力阻击，不能继续前进，有的中弹倒下。此时，已近黄昏，为了减少损失，师部命令部队撤回大川和土桥子。

7日凌晨，方副军长派人到武都找蒋云台联系，并将6日李惠民部队在大川阻击我军西进的情况，向蒋作了介绍，问他怎么办？蒋令二四四师七三二团团长杨伯达将他的命令即刻转给二四七师骑兵团副团长牟克俭，命他立即停止战斗，将部队向西固撤退集结，让解放军通过，并转告其他部队撇开李惠民，一切听他指挥。同时要杨伯达将这个情况告知方副军长。蒋云台发给牟克俭的电报，最后落到了李惠民手中，李将此电急转赵龙文邀功，赵又急转王治岐，王问蒋："这究竟是怎么回事？"蒋说："王军长怎么忘了，我们和李惠民3人前几天在这里不是已经决定在任何时候，任何情况下都要一致行动吗？他为什么突然变卦了？"接着，蒋就把已命令部队撤退、集结、让路有关情况告知王，并说："事到如今，你我只能如此"。王此时已无能为力，一切只有听任蒋云台处置。

林师侦察部队的夜战连、老虎连由起义部队的王喜德等作向导，于7日晚从化马过河攀山翻越东山境地东头的晚霞山，绕道大川北山顶隐蔽。8日午后，两连队按3人一组分编，匍匐下山，不顾四肢磨破出血，继续下伏移动。晚饭时分，侦察部队已贴近公路和大川炭窑山的安家寺附近埋伏。

我埋伏在安家寺附近的侦察部队，不料为寺内的敌人发现，我官兵不顾一日一夜跋涉的疲劳，即与敌展开了激烈战斗，用一排兵力将寺院四面紧紧包围。敌人还企图顽抗，用机枪向我军射击，我侦察部队机智勇敢地冲进寺院，向敌猛烈攻击。首先将向我军射击的敌人和机枪手解决，然后迫使隐藏在大殿内和两厢的全部敌人缴械投降。战斗结束，缴获敌人机枪4挺，卡宾枪几十支，子弹十几箱和一些手榴弹，胜利地控制了南峪以北的制高点。紧接着我侦察搜索部队的老虎连、夜战连急速地沿高地向西隐进，迅速控制了南峪江北山坡，警视南峪寨内和桥头敌人的动静。

南峪寨位于距西固城东20华里的白龙江南岸，依山傍水，地势险要。寨边白龙江上架一木板拱桥，是通向四川的主要隘口之一。李惠民在大川西山头设的"最可靠"的火力点被我侦察部队强取之后，急令驻守县城的部队撤出，火速向南峪附近集结。敌军人马在惊乱之中，未等就地待命，即争先恐后地抢渡木桥，夺路逃命，有的被挤下桥面，掉入江中。

我侦察部队为了钳制敌人，保护南峪木桥，趁天黑之际，派部分战士下到公路，伪装混入敌群过了木桥，隐蔽暗处监视敌人行动，防止破坏。

江北李惠民的部队还未过完桥，敌人便开始硬行拆桥。隐藏监视桥头的我侦察兵用报话机报告了部队。眼看所有桥板都被敌人丢入江中，只剩下仅有的两根桥梁时，我几名夜战战士迅即跳出跃上桥头，与拆桥敌人厮拼起来。此时侦察部队大喇叭里广播出李惠民逃窜的消息。敌人听到广播，皆纷纷弃寨向磨儿沟逃窜，聚守桥头的敌人在两处火力掩护下还在强行毁桥。当此紧急时刻，我部队在几挺机枪掩护下向桥上发出冲锋，英勇的解放军战士冒着敌人的枪林弹雨，奋不顾身地冲上桥去，击翻拆桥的敌人后，急速地从两根横木上强行匍匐前进。敌人的火力直向桥面扑来，伏行中的战士有的中弹牺牲，落入江涛中。隐蔽在南岸的战士已经暴露，敌人向他们扑来，于是展开了一场激烈的白刃格斗。

敌人完全拆桥不成，便扛来汽油桶欲泼汽油纵火焚烧木桥。我一战士眼明手快，一个箭步奔上桥头，将正泼油的敌人连桶一起踢翻江中。与此同时，我战士已摸进敌火力阵地，用手榴弹炸毁冒着火舌的一挺机枪，另一机枪也失去作用，敌人抱着机枪拼命逃窜。敌火力一停，我军开始全面攻击，敌无心恋战，且战且退，纷纷顺磨儿沟安扎梁方向逃窜。我侦察连留少数战士和当地群众一起架设桥梁，大部即尾追逃敌。

南峪争夺战结束后，全寨群众皆出门慰问急行军的解放军，战士们的布袋里装满了乡亲们强塞的干粮，其中还有干柿子和煮熟的鸡蛋。大家都称赞人民解放军的纪律严明，作风正派，确实是人民的子弟兵。

南峪作战中，李惠民觉察到他已不能完全控制官兵时，吩咐副师长王灏鼎最后收容部队，撤至南坪，他自己带了七八名警卫抄小路翻山向西南沙滩密林中窜去。

南峪激战前，林师大部队已渡过大川，从梁家坝小木桥取道三角坪，进入峡子沟，翻越安扎梁、插岗梁，向文县挺进。

9 日黎明前，追击二四七师的我军两个侦察搜索连队抵达哈河坝村庄。正在做早饭的逃兵一见我军冲下山来，丢下饭碗没命地逃跑。我军将敌人做好的饭饱食后，继续追击。当天中午，林师大部队也到达插岗。

9 日夜，正在插岗梁丛林中露宿的敌人一发现我军追来，皆急忙取枪应战，敌仅有的一挺机枪，也在林中盲目地扫射。林师先头部队抢先截断敌退路，将其包围。部分顽敌企图与我拼命，我战士早已摸进敌群，夺取了机枪。此时，敌发疯似地扑向我战士，双方展开激烈拼杀，敌人伤亡惨重，全部缴械投降。

我军乘胜下山，天亮时接近博峪的地里坎。二四七师先遣部队人马正在这里休息，一听我军到来，副师长王灏鼎便将所有部队集合向我林师长投诚，林师长向全体投诚官兵讲了话，随后同往文县。

南峪激战前，李惠民在县城的后卫部队约 100 余人，撤出后没有来得及过南峪桥，转向西撤，窜至县城西南的马土山，知道县城已解放，他们无路可逃，便进城向我军投诚，在广坝先举行投诚仪式，后在忠烈祠院内，解放军首长给该部全体官兵讲了话，并宣传了我军对起义投诚者和俘虏的有关政策，城关群众都跑去观看。

沈容海等在完成给部队带路任务返回途中，从武坪抓获临解放时的西固县县长边固，押送县上，后又解往武都。原来李惠民让边固带一连队伍在巴藏一带清剿没有结果，他回县走到沙川时，得知县城已经解放，便急忙爬上马土山，从南山绕道跑到武坪隐蔽。

12 月 9 日，王治岐、蒋云台通电起义，归向人民，六十二军进入武都，从此，甘肃全部解放。国民党的“西南防线”“建都重庆”的梦想彻底破灭。

十二、西固县解放后的接管建政

西固县解放以后，县委和县政府工作人员于 12 月 10 日进入县城，开始工作。这天，县城人民群众欢欣鼓舞，载歌载舞，热烈庆祝县委、县人民政府成立。解放军桂参谋和县委、县人民政府领导同志在庆祝大会上宣传了党中央的方针政策和民族政策，进行阶级诉苦教育，使受尽苦难的各族人民看到了新生，看到了光明。

1949年11月1日国民党西固县党政军警武装起义位置图

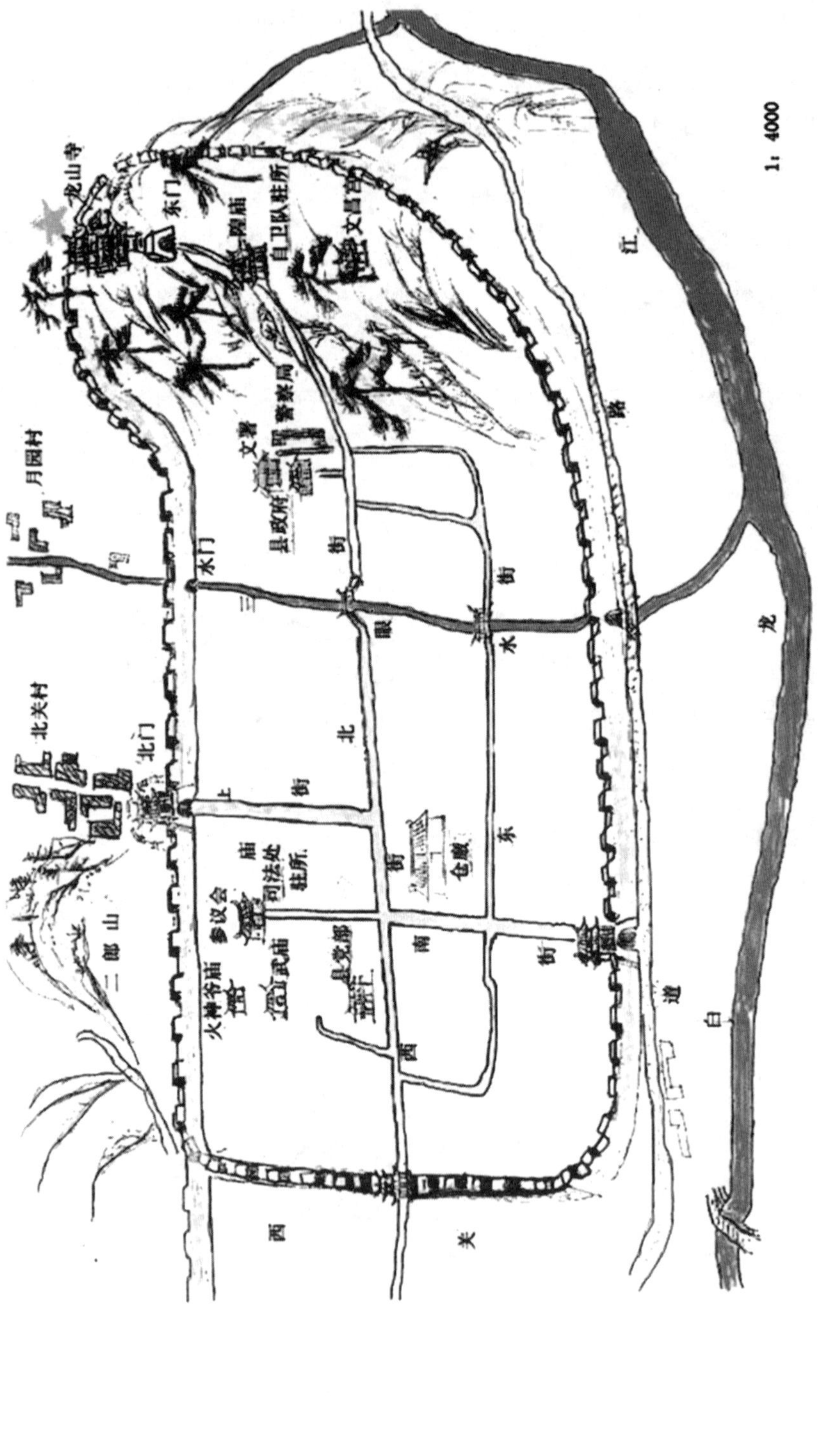

接着，成立了接管委员会，全面负责接管工作。委员会由如下同志组成：县委第一任书记石峻、县长李广植、副县长慕锡林、组织部长刘指民、宣传部长郭斌、民政科长卢泽民、财政科长黄臣福、教育科长梁忠俊、公安局长薛玉龙、法院副院长要长久、县大队长张玉山。下设武装治安、民政、财政、宣教四科。根据各科的业务范围，确定了接管任务。武装治安科接管警察局、自卫队、县党部和其他组织；民政科接管民政科、司法处、参议会、邮电、县农会、卫生院、看守所；财政科接管财政科、合作社、银行、县联社、田粮科、丰黎义仓；宣教科接管教育科、县中、周报社、教育会、福津镇第一、二中心国民学校、翠峰女子中心国民学校。

接管委员会的同志正确执行党的方针政策，严格遵守入城原则，有条不紊地进行了接管工作，同时向移交人员宣传了党的政策，排除了一些干扰，解除了疑虑，从而使接管工作进行得很顺利。

接管手续严格，登记造册，账物对照，准确无误，损失者注明原因，不清之处由移交人写出保证。接管工作结束时，公布清单。接管工作于年底结束。

接管工作进行的同时，配合支前、剿匪，建立了区、乡政权。

西固原有福津（城关）、官亭、南峪、富坪、沙湾、武坪、峰迭、立节 8 个乡（镇），60 个保，768 甲，11034 户，60387 人。

根据武都专署指示，依照人口多少、地区大小、管理方便，减少支出四条原则划分为城关、沙湾、官亭、联合（峰迭）4 个区，23 个乡。城关 6 乡，沙湾 7 乡，官亭 5 乡，峰迭 5 乡。

与此同时，在官亭区狮子乡猪坡山一带发现匪患。该地为岷县、西固、武都、礼县诸县交界，常为土匪出没之地，清剿不易。为了彻底歼灭这股土匪，由官亭区和狮子乡负责同志刘国召、任耀华、罗世祥会同岷县、武都、礼县成立了联防委员会，狮子乡成立了火枪中队，在四县配合清剿下，彻底消灭了这股土匪，保障了该地区人民生命财产的安全。

以后，县委还根据武都地委的几次指示，做了对原西固县工作委员会全部党员的清理工作。

西固县解放和新政权的建设，彻底摧毁了西固县数千年的封建统治，各族人民在党和政府的领导下，建设自己幸福的家园。

本文原载《舟曲文史资料》，第一辑，1987 年。

孙铁峰在西固县率部起义的经过

王瑾璧[①]

1949年9月孙铁峰的率部起义，是中共甘南工委领导下的革命行动。这个行动有它的革命因素和内在基础。因我和他是至亲，也是起义成员之一，知之较详，现述如下：

孙铁峰起义的历史背景

孙铁峰，甘肃武都县人，解放前曾在国民党队伍任职多年。解放战争开始，孙在胡宗南部任上校团长，驻陕西洛川时，以“通共”罪名被撤职法办。胡宗南原打算将孙就地枪毙，以收“杀一儆众”之效。孙的部下闻讯后连夜秘密将其放走。1947年又在兰州被捕，飞机解送西安狱中。在监狱受到共产党人李兴初、要海良（女）等启发，对革命有了认识。

孙铁峰

1948年被营救出狱，回到武都后受

① 王瑾璧，男，汉族，武都区人，约出生于1925年。民国末年随孙铁峰到西固县（今舟曲），曾任西固县政府无线台台长，并随孙起义。解放后参加革命工作。已去世。

到甘南工委地下党负责人王锐青的指导，参加革命组织。

1949年4月，中国人民解放军第一野战军政治部派陈子平（化名陈达）到武都动员孙（孙的化名赵顺）参加革命，因陈在西安知道孙的遭遇和所受的迫害。通过他对组织反映，组织才派他来的。当时孙任甘肃第八区保安副司令，孙表示愿意参加革命。之后孙得到指示，组织力量随时作解放军的内应。

孙出任西固县长后，得到地方进步人士的影响和帮助，为率部起义打下了基础。

武都暴动与西固发展组织

1949年7月，孙铁峰任甘肃省第八区保安副司令，曾同我地下组织的李忠孝、龙一飞等人参加了在武都县召开的暴动会议。参加会的还有保二团营长蒲郁连以及武都自卫大队长任廷杰等人。目的是扣留企图逃往四川的国民党岷县专员孙阳升和保二团团长郑兆其。会上决定，组织力量，待机行动。后被武都专员宋宗濂和武都警备司令龚某发觉，逮捕了有关人员。地下工作人员王锐青、龙一飞当晚离开了武都县城。

武都暴动未遂，宋宗濂和龚司令请孙铁峰谈话，说“西固县长赵宏璋因病在兰，动乱时期，我们报请省政府派你去代理西固县县长，即日到任去”。随派汽车一辆，武装兵一排，名为护送，实为押送，其目的是调虎离山，清除祸害。他们认为孙去西固，人地生疏，起不了什么作用。相反，孙到西固后利用职权，积极组织革命力量。在西固的上层人士尚佐周、沈容海、房存义、王玺、尚维周都是孙的老朋友，自卫队长杨为柱、分队长杨运隆是孙的老部下。孙当时派尚维周去巩家庄见王锐青建立组织关系，成立支部，发展组织，准备与徐良谟联络。

孙铁峰与赵龙文的斗争

孙铁峰到西固不久，地下工作人员陈子平动员了国民党部队的一个营长，拟在两水暴动，必要时向西固靠拢。陈来西固告知孙。但这个营长被告发，连同一个连长被枪毙。陇南绥署主任赵龙文给孙来电报说："共军谍报员陈子平到西固活动，望即捕送来武。"孙接电话时陈已于上午走了，孙当即派自卫队长杨为柱带兵一名，佯称到沙湾催粮，混过两河口三三八师岗哨，赶到董家庄（孙的岳父家），促陈换上便衣去礼县（时礼县已解放，武都专署暂驻礼县）。

8月中旬，绥署主任赵龙文召孙去武都开会。孙猜疑赵龙文对他的行动是否发觉，又考虑为摸清赵的意图，不得不去。此时沙湾、两河口沿途都驻有国民党三三八师的部队。孙顺便走访了一些军官，他们对地方官抱着联络的态度。到武都后见过赵龙文，当时在场的有文县县长王译勉、武都县长李永瑞。赵的参谋长齐鹏飞和孙是南京工兵高教班的同学。三三八师师长王宪斌同孙在中条山一起抗击过日寇。通过这些同学和朋友的关系，解除了赵龙文对孙铁峰的怀疑。开会期间赵龙文要各县组织火枪队，孙竭力应从，并表示西固上河一带归他完全负责。孙回西固时赵还给了孙两千发步枪子弹，齐参谋长和王师长托孙给他们买马，孙都照办，和赵龙文的紧张关系，暂时得到了缓和。

孙铁峰与李惠民的斗争

国民党二四七师师长李惠民率残部千余人，于1949年9月上旬来到西固县。该部有轻机枪三百多挺，一个骑兵连驻扎在城区附近。他们认为这样的势力可以左右一切，横行霸道。粮秣由仓库的存粮供应，柴草由四乡供给。李惠民是青海省人，企图拉孙与他共进退。孙劝他不要离开西固，李摸不清底细。9月某日西固县官亭镇长杨佐廷给驻在临江铺一带的中国人民解放军六十二军的部队带路，解决了驻扎官亭的三三八师一个连（跑掉一个排）。李惠民十分惊慌，要孙给他当副师长，并让孙带上自卫队和警察队随他转移到藏区去，约定在夜里12时出发。孙佯装回去作准备，李派了一个副官跟着孙。孙回到县政府，指定自卫大队长韩廷俊，与李师长联系，叫炊事员做干粮。所有人员包括自卫队，随后退到城隍庙山上，必要时从北转移。李部十二时灯笼火把过了南桥。李惠民多次派人找孙，后来写信约孙见面，孙置之不理，从此与李断绝了关系。李部到距城20里的南峪寨，不时地派骑兵到城内驮粮，孙在距城5华里尖子石公路旁设了前哨阵地，与李形成对峙状态。

对敌斗争开始已久，由于战争紧张，未能公开宣布起义。实际起义时间，是1949年9月18日，听到西安人民广播电台广播后，孙、尚佐周、尚维周、房存义、刘奠基、杨为柱、沈容海、王玺等人密商后就起义了。面对敌人重重包围，敌我力量悬殊的情况，稳住阵脚，进行斗争。后又在龙山寺召开会议，将有上述人员参加的会议分别报告兰州一野总部和岷县刘军长。直至《甘肃日报》登了西固县起义的消息。

11月1日李部的骑兵大摇大摆地到城里来驮粮，遭到我尖子石前哨部队打击后，又被我东山的部队用准备好的滚木、礌石打得抱头鼠窜，丢了一路的军大衣和麻袋，从此李部再没敢来骚扰，而经常在南峪寨的端山阳山等处活动。

11月3日六十二军的任科长带侦察排和一队武装藏民（归赵得昌和安代九率领），由马如林和孙玉书领路从洛达到西固。任科长和孙铁峰住城隍庙。派侦察排的一个班，加强了尖子石前哨阵地的兵力。

11 月 5 日，藏民队长安代九率藏兵协助赵的部队进攻阳山村，打死李部一个连长，安代九不幸牺牲。6 日晚，起义部队同任科长配合东山民兵向南峪寨李部进攻。已攻至桥头，李部备好马准备逃跑，听见我方没有重武器，分析没有解放军，就住下来抵抗。我因天将破晓退回县城。这时任科长要回岷县，临行告诉孙说“如果敌人大举进攻，万不能守，必要时由东山向官亭转移。”孙当时给刘军长写了报告，请早日派解放军进驻西固为解放武都做准备。对进军路线孙还绘了详图。正面沿公路，右路由三角坪、武坪经插岗岭到文县碧口，左路由良恭（宕昌南阳）经草川崖到武都。

西固县城的失陷

任科长离开西固城的第二天，即是 11 月 8 日晚 12 点钟，赵龙文派三三八师一个团，协助二四七师李惠民进攻西固县城。东山是李部的刘亨岭团，正西沿公路是李部骑兵连和三三八师的大部队，南山有李部主力，对县城层层包围。当我方派警察队石巡官到东山侦探时，在盘道顶与李军前哨部队遭遇，双方开枪，我们听见枪声后，打开北城门，先让老百姓出城，并通知尖子石和南山的队伍，由坝里到坪定关集合，留一分队暂守城关。从 11 月 8 日夜 12 时打到 9 日正午，因敌我力量过于悬殊，县城终于失陷。敌人进城后，边固接任西固县县长。翌日出布告，悬赏缉拿起义要员 16 名。此役我方牺牲 7 人，打死老百姓 1 人。起义部队到坪定关的有 200 余人（包括所有起义人员）。敌又向坪定关进犯，我们随即转移柳坪、九原一带，第二天由九原转移到黑峪寺驻扎。

孙铁峰的家属和电台在北山下罗家峪由一分队守护。不料敌人的主力由东山下来，我只身由翠峰山赶到坪定关与孙见面。孙的家属藏在崖窟里，由村民早晚送干粮。最后孙的家属由罗家峪杨生辉连夜送到官亭。

配合解放军解放武都

11月中旬接宕昌解放军某部王团长和蒋政委来信："报告收悉，关于突围情况已转报军师首长，请到宕昌来，武都地委、军分区都来人了。"（原信还在保存着）孙接信后，带起义部队，由黄家路翻山越岭到宕昌，受到驻宕昌的党政军负责同志的欢迎。起义部队换上解放军的服装，参观演习，练习打靶。

1949年12月初，中国人民解放军六十二军刘忠军长率部由宕昌向西固、武都、四川进军，沈容海带路，由三角坪经插岗岭向文县前进，孙铁峰率起义部队给杜师长作向导，沿甘川公路，向武都前进。12月8日解放了武都。

地委书记陈治中、专员吴治国、军区政委李正庭3同志当天也到了武都。12月10日专区机关和军分区部队，从两水杜家沟到武都。

解放后孙铁峰担任武都专署建设科长、农林组组长、工交组组长、民委副主任等职。1980年古历正月初二去世。

本文原载《舟曲文史资料》，第八辑，2007年。

夏河和平解放经过

贡保甲　徐海金

解放前的夏河县指原拉卜楞地方，北至土门关接河州，南渡洮河、白龙江连四川，东邻洮岷，西连青海，清末民初为循化厅所属。

民国六年（1917年）宁海镇守使马麒藉故派军驻扎拉卜楞，横征暴敛，残杀掳掠，引起当地僧俗人民的极大愤慨，奋起反抗。后经地方人士公推僧俗代表赴兰州、宁夏等地向甘肃省军政当局申诉请愿，历时数年始脱离循化厅，由甘肃省直辖。民国十六年（1927年）冯玉祥督甘时，把宁海镇守使辖区，从甘肃分出去，成立青海省，拉卜楞地方也成立拉卜楞设治局，仍由甘肃省辖。民国十七年（1928年）改为夏河县。解放前拉卜楞地方实行的是“政教合一”制度。拉卜楞寺院的大活佛嘉木样既是当地宗教首领，又是当地政界首领。当时在拉卜楞寺管辖之下的各寺院的赤哇或更察布（代表）、各部落的郭哇（头人）大部分由拉卜楞寺院直接委派。拉卜楞地区的行政权力仍由拉卜楞寺院掌管。虽然设有夏河县政府，但它只管有千余户商业和手工业者的两条小街道。

1946年冬，中共甘肃工委决定陇右地区开展党的地下工作，成立陇右工委，夏河县也属陇右工委活动范围。由于拉卜楞地区是以藏族为主体的少数民族聚居区，所以陇右工委对拉卜楞地区的工作持慎重稳进的态度。现将陇右工委对夏河工作的前后及夏河和平解放经过概述如下：

一、中共陇右工委第一次与黄正清联系

1948 年夏，中共陇右工委决定在夏河藏区开展工作，并认为要做好这一工作，首先要做好黄正清的工作，决定派牙含章同志执行这项服务（因牙含章同志 1936 年曾在拉卜楞寺待过一年，熟悉夏河情况，并和黄正清认识）。牙含章同志到了兰州，在一个地下党员家中，偶然碰到 1936 年在拉卜楞认识的一个朋友赵侠兴（临夏人）。当时赵是夏河藏民小学的教员，而这个学校也正是黄正清办的（黄是学校的董事长）。赵侠兴同黄正清的私人交情还不错。牙含章认为巧遇赵侠兴，是难得的好机会，就直截了当地把当时全国的形势向赵侠兴作了概括的介绍，并且还给赵讲了“将来全国解放了，只要你愿意为人民教育事业服务，将会得到适当的工作，继续为人民的教育事业作出贡献。”赵侠兴听了牙含章这些话很感动，表示愿意做党的“朋友”，只要共产党有什么事情需要他帮助，一定竭力去办。即使办不到，也绝不会向国民党去告密。于是牙含章同志就乘机提出，请赵侠兴去夏河亲自给黄正清送一封重要信件。赵毫不犹豫地接受了这一任务。牙含章同志当时以个人名义，代表中共陇右地下党组织向黄正清写了一封简略的信，信的前一部分主要讲了当时全国的形势，概括地介绍了党的民族平等政策和宗教信仰自由政策，指出藏族人民只有跟着共产党走，才是唯一正确的道路。信的末尾明确表示，希望黄正清站在藏族广大人民的立场上，为藏族广大人民的利益着想，站到人民这方面来。将来全国解放后，不仅保证他的生命财产受到保护，而且政治上也会有适当的安排，给他为人民服务的机会。

赵侠兴带着牙含章同志的信件来到夏河见了黄正清，要求黄

正清约一个时间，有要事和他密谈。黄正清同意了。过了两三天，黄正清就在他的寝室里接见了赵侠兴。赵侠兴就把牙含章同志的信当面交给了黄正清，并转达了牙含章同志对黄的问候。黄正清看了信后，沉思不语，看来心情沉重，犹豫不决。过了片刻，黄向赵侠兴说，待他考虑后再同赵见一次面。过了四五天，黄正清派人找赵侠兴到他家给赵讲:“你回到兰州后，如见到牙先生，请代我向他问好!”然后说，“目前我的处境很困难，因此也就不便给牙先生写信了，你就说信已收悉。这件事只有我们三人知道就对了，望务必保密。”

赵侠兴回兰州后，向牙含章同志作了汇报。牙含章同志把这一情况向陇右工委汇报后，工委经过会议研究，认为黄正清目前尚举棋不定，还需要等待一个时期。所以，对黄正清的争取工作，暂放一时，看将来时局的发展再定。

二、陇右工委通过张子丰争取黄正清

1949年，当我人民解放军在辽沈、平津、淮海三大战役取得伟大胜利后，陇右工委已在兰州国民党部队中发展了一批地下党员，建立了党的支部，派钱平同志打入国民党部队，一方面作士兵工作，一方面负责兰州地下党的工作。钱平在兰州又发展了一批地下党员，其中有一个女党员叫常秋英。她的丈夫张子丰原在国民党杂牌军当过团长。日本投降后，蒋介石排除异己，勒令改编杂牌军队。1949年春，张子丰到西安军官总队办理退役手续，恰遇陇右工委委员肖焕章同志。他俩系知交。待张子丰说明情况后，肖劝说张不要退役，设法打入拉卜楞保安司令部做争取黄正清的工作，并掩护洮河流域一带地下工作同志。张子丰同意肖的意见，后由郑明轩(系黄正清亲友)介绍到黄正清处当了保安副司令。陇右工委根据这个情况，派常秋英做她丈夫的工作，要张完成说服黄正清起义归来的任务。常秋英来到夏河见到了张子丰，说明党的意图。张子丰表示，拥护共产党，服从党的决定，并要求党吸收他作一个共产党员。常秋英同志从夏河返回兰州，向陇右工委作了汇报。陇右工委经过反复讨论，决定吸收张子丰同志为中共候补党员，并且明确规定给张子丰同志三项任务：“第一，尽力说服黄正清不要上蒋介石的当，不要动员藏族民兵抵抗解放军，更不要逃亡到台湾去；第二，争取黄正清率部起义，站到人民方面来；第三，如果起义办不到，就争取黄正清在解放夏河时保持中立，他所部藏族民兵不要抵抗，争取和平解放夏河。”为此，陇右工委再次派钱平、常秋英两同志来夏河，向张转达了陇右工委的上述决定，宣布他为中共候补党员。张子丰表示一定尽自己的力量，完成党交给的任务。

由于张子丰同志做了工作，夏河解放时黄正清没有带领藏兵和解放军对抗，而带领司令部三百名警卫部队，还有夏河县长殷裕国、特党部书记长郑英等人，暂时撤退到夏河东南约一百华里的阿木去乎部落，等待解放。临夏解放后，黄正清就派张子丰、黄立中和拉卜楞寺义仓官员俄项三人为代表去临夏与王震兵团和临夏地委接头。地委召开了有党政军负责同志杨和亭、牙含章、高尚诗、鲁瑞林等参加的会议，专门讨论黄正清的问题。会议决定张子丰速去阿木去乎通知黄正清率领他的警卫部队及其他人员返回夏河。由临夏专署负责同志牙含章和刘光奇团长率兵一营去夏河接洽，协商有关接管事宜。

三、和平解放的经过

1949 年 8 月 22 日临夏解放，原夏河县县长殷裕国、拉卜楞保安司令黄正清等先后离开夏河。西北野战军第一兵团代表刘育华 8 月 31 日由卓尼来夏河，一面派人促黄正清率部返防，一面协助地方维持治安。

9月1日，原夏河县政府秘书黄宝元给王震司令员呈送报告，汇报了当时夏河的情况，并说明地方秩序暂由参议会议长黄祥维持。王震司令员于9月5日复信，对黄祥和黄宝元出面维持地方秩序表示嘉慰，并说明已转告临夏地委速派工作团赴夏河商组人民政府外，商定由黄祥暂代县长，继续维持社会安定。希望其与刘育华共同商洽，速派人召黄正清归来。同时说明对保护机关、档案、文卷、工厂、学校、仓库及一切资财等有功者奖，其阴谋破坏或搬运藏匿者，依情节轻重分别处罚，望转告各公务员工，各安本位，尽力保护，勿使破坏或损失。

根据王震司令员的复信，夏河县政府于1949年9月12日以祥秘字第1号向县属各机关、乡镇、学校发出代电，通告黄祥奉命暂代夏河县县长，并于9月9日到职视事。

在刘育华同志到达夏河后，王震司令员在临洮解放（8月16日）后又派李福林（原国民党起义人员）、杨贯一（临洮人，经商）两人来夏河给黄正清送信。王震司令员说，你们到拉卜楞地区转告黄正清先生，希望他从民族大局出发，回到人民大家庭里来。有什么要求、需要什么可提出来，一切均可得到解决。

李、杨两人来到夏河时，黄正清和国民党特党部书记长郑英、县长殷裕国等都已撤离夏河。李福林将王司令员给黄正清的信交给黄立中（拉卜楞保安司令部副官长）转交。于当晚召开了个现有人员座谈会。李福林在会上说，现在夏河社会秩序混乱，人心惶惶不安，希望在座的各位把档案和公共财产保护好。他提议选举县长先安定人心。结果推选李福林为县长，黄祥（藏族）、肖秀山（回族）为副县长。并推选韩志华、苏国仁、阴景元（原蒙藏委员会专员）三人为代表，前往临夏迎接人民解放军来夏河。

李福林等一行来夏河共三天（实际只住了一天），第三天即偕同韩志华等三代表去临夏。王震同志听了李福林的汇报后，严肃地指出：选县长是完全错误的，派你们去夏河是与黄正清等上层人士接头联系，不是选县长。之后，王震司令员分别接见了韩志华等代表，以及黄正清的代表张子丰、黄立中、俄项等。王震同志对代表们表示欢迎，并向他们讲述了全国形势，党的民族政策和统战政策。

与此同时，夏河进步青年吴振刚、班智达等人代表夏河美武土官（洪布）杨世杰从美武去临夏与解放军接洽，欢迎解放军尽快进军夏河帮助藏民翻身解放。当时王震司令员亲自介绍吴振刚同志入党，并托吴振刚给杨世杰带去一封信。同时派杜鹏程同志（当时是新华社随军记者，亦即后来《保卫延安》作者）和吴振刚、班智达等人先后来夏河。杜到夏河和黄祥会晤后，黄祥表示拥护解放军前来夏河，并以代理县长的身份，给王震司令员呈送于 9 月 9 日就任代理县长和奉命召黄正清司令归来的报告。

杜鹏程同志到夏河时，黄正清等仍在阿木去乎，杜正准备派人去请黄回来。这时黄正清响应王震司令员的号召，由阿木去乎回到夏河。黄正清在他的司令部接待了杜鹏程。杜转达了王震司令员的问好，讲了党的民族统战政策以及全国革命形势，希望他早日起义。黄正清表示同意，并欢迎解放军前来接管夏河。

1949 年 9 月 20 日，中共临夏地委和临夏专署派牙含章同志和刘光奇同志（解放军团长）率兵一营前来夏河进行接管工作。当牙含章、刘光奇以及解放军战士抵达夏河时，黄正清、黄祥、达吉等上层人士率保安司令部、县政府、参议会等旧职人员和各族各界群众以及周围部落的代表近万人在离夏河三四华里的大路两旁夹道欢迎，举行了隆重的欢迎仪式。以黄正清为首，向牙含章同志等献了哈达，黄祥、达吉等人都在场。欢迎仪式在拉卜楞地区是空前的。

为了庆祝和平解放夏河，举行了隆重的庆祝大会。参加庆祝大会的有数万名各族各界人士及群众。出席庆祝大会的有：牙含章、刘光奇、霍德义、杜鹏程、黄正清、黄祥、达吉、杨世杰、吴振刚等。会前鸣枪鸣炮，进行赛马、歌舞、秧歌、晚会等文艺活动，热烈庆贺。

夏河解放后，我党代表接管了夏河县政府、警察局、保安司令部、特别党部、县党部、三青团、参议会、邮政局、电讯局、医院、牧场、银行、贸易公司、合作社等机关的全部财产和档案。之后，逐步接管了所辖的共和、甘坪、清水、沙沟、卡加、陌务、黑错、加木、那义、博爱、阿木去乎、扎油、欧拉、示范等十四个乡镇及县属的十六个学校。据有关资料记载，当时夏河县人口总户数为14，213户，总人口为56，788人。其中男28，384人，女28，404人。接管工作结束后，对原107名旧职人员进行了安置和处理，其中分配工作51人，介绍去临夏、兰州学习的37人，老弱病残自愿要求回家的有19人。医院、邮局、电讯局、牧场等单位照常工作。师范学校、回汉子弟学校、藏民学校、黑错完全小学、卡加、陌务、麦希等7个小学开学上课。共有教员21名，学生350名。成立了中共夏河县工委，霍德义任工委书记，黑永华任组织部长，刘宁任宣传部长，张子丰为工委秘书，吴振刚（藏族）任团工委书记，常秋英（女）为妇联主任。

1949年9月22日，成立了夏河县人民政府。委派黄祥（藏族）为县长，张月胜为副县长。聘请黄祥（藏族）、张月胜、张怀玉、马明华（回族）、张崇德、环地才让（藏族）、郭都（藏族）、鸠美（藏族）、桑吉（藏族）、冯思福、吴振刚（藏族）、常秋英（女）、王成烈（藏族）、完的加（藏族）、南卦桑格（藏族）、尕尔麻（藏族）、杨世杰（藏族）、赞索巴（藏族）、贡去乎（藏族）、周西加（藏族）、更知布（藏族）等二十一人为县人民政府委员。黄正清调省工作。

改编了原拉卜楞保安司令部。成立了夏河县民兵司令部：司令员黄祥（藏族），政委霍德义，副司令员黄文源（藏族）、杨世杰（藏族），参谋长卫德堂。

解放后，中共夏河工委和县人民政府正确地执行了党的民族平等、宗教信仰自由政策，深受各族人民的拥护。

本文选自中国人民政治协商会议甘南藏族自治州委员会文史资料研究委员会编:《甘南文史资料选辑》，第三辑，1984年7月。

拉卜楞藏区解放片断

张子丰

1945年抗日战争胜利，蒋介石却要发动内战。他一面利用美钞美援，装备自己八百万嫡系部队，一面排除异己，遣散杂牌军队，勒令解甲归田。当时笔者在兰州东路指挥部任少将参谋处长，亦属遣散之列，于1947年元月即赴陕西省杜曲一带第二十四军官总队报到。到队后，每人交了履历表和所需证件，供作审核，再无别事。8月上旬中共地下党陇右工委委员肖焕章，密来西安找我筹集活动经费。几经波折，我将所筹之款连同我半生的积蓄共值十五两黄金的伪法币交于肖焕章同志。肖焕章在西安住我处，每日对我宣传共产党的方针政策，当谈到国民党当局要我退役一事时，他对我说："无论如何，不要退役，党给你的任务有二：一是设法到甘南去，说服黄正清同情并靠拢我党，站到人民一边来；二是掩护洮河流域一带地下工作同志。"于是我服从党的指示，没有去办理退役手续。经再三商研，我给郑明轩写信，请他给黄正清去信介绍我到黄处工作。因郑明轩与黄交好，可称莫逆。郑也是我在东路总指挥部的参谋长，平日相处，对我极好。给郑的信，我托肖焕章同志带回兰州，交我爱人常秋英转送郑明轩。郑接信后，慨然答应。黄正清给郑复信说："你信得过的人，我绝对信得过。"黄即给甘肃省政府去电要我。省政府即电陕西省军官总队，让我回甘办理手续，即赴黄处工作。我回甘向第八战区长官部报到，由战区介绍到甘肃省政府保安处办好手续，于10月10日到拉卜楞，当天午后即去黄公馆。黄见我很高兴，热诚接待，并邀我晚餐，让我担任副司令工作。据黄说在我去以前副司令一缺由其弟阿莽仓活佛兼代，因为他怕国民党中央派来副司令人员，所以就很快接受郑明轩介绍我来。他对我很放心，派人把我送到保安司令部住下。翌晨，黄正清即来司令部召集官兵开会，介绍我和大家认识，并将其保安司令部编制人数、任务和藏区人事制度都作了概要的介绍。当时保安司令部正副司令下设参谋、副官、军需、军医各处，直辖保安大队下设三个中队，并领导寺院附近三团藏兵，维持社会治安。其余的藏民不论住甘肃省或青海、四川省的统归拉卜楞管辖领导，约有三四万人。其军事制度系古代的寓兵于农，无事各居家中务农牧畜，有事每户自备枪马出兵，以备战用。拉卜楞地区得天独厚，水草丰茂，是一个极好的天然牧场，世世代代居住着勤劳勇敢的藏族同胞。此地系甘青川藏族人民聚居的三角地带，战略地位十分重要。因此，历代统治者都企图利用这里的民族矛盾维护其统治。国民党更是变本加厉，在这里实行残酷的民族压迫。广大藏民为反对这种压迫，曾不断进行斗争和起义。1935年毛泽东同志率领工农红军长征路经藏区腊子口和哈达铺一带，沿途宣传党的民族、宗教政策，红军纪律严明，秋毫不犯，给藏族同胞留下极深刻的印象。当时黄正清在拉卜楞执政，深感红军的民族宗教政策正确伟大。黄正清在甘南执政二十多年，对国民党的民族压迫，深有愤怨。黄正清的父亲黄位中（藏民总管）率领藏民抵御青海军阀马麒十团兵的进攻和吞噬，经激烈战斗，终因藏兵装备差、少训练而失败，其损失惨重不可估量。以后民族纠纷与战事连年不断，幕后均由国民党政府一手牵线操纵。黄正清出于爱国热情，在党的民族政策感召下，从1948年开始靠拢共产党。当时国内各战场的解放大军纷纷转守为攻，节节胜利，蒋介石为挽救西北失败，急调马步芳部队布防兰州临夏之线，企图凭天险黄河死守兰州。因拉卜楞距临夏很近，马步芳部队随时有窜扰的可能。这时我们认为黄正清起义的条件已基本成熟，所以陇右工委召集会议，研究了解放拉卜楞的事宜，以便为西进青海创造有利的条件。工委决定让我负责争取黄正清起义的具体工作。我当时在拉卜楞保安司令部任副司令一职，这个职位的谋取，也是陇右工委长期战略的设想。因为陇右工委活动的陇右、洮河、大夏河流域藏、回、汉聚居区是工委工作重点地区，加之1943年甘南农民起义的影响，所以在这些地区工作极为重要。另外，为了今后在这一带开展党的地下工作和在紧急情况下掩护地下党员，也必须积极作好争取黄正清的工作。陇右工委几位领导人经常在我兰州家中食宿，利用我的身份掩护他们进行工作，钱平同志就曾在我家住过三四个月。我自任副司令后，因我系黄的好友介绍，所以黄对我热情照顾。经过一段时间的接触，我发现黄正清在藏民中素孚众望，赋性善良，藏民都称为“佛爷”，号召力极大。黄正清平日为人敦厚热情，开明豁达，吸收新事物快。我每天和他一块，不是开会，就是视察，或谈工作，或谈时事，关系也很融洽。拉卜楞保安司令部，在国民党军队是杂牌中的杂牌，士兵生活极为贫苦，每月每人只给三升青稞，枪械极其窳劣，黄派我同甘肃省政府交涉，才批准每月每人给五斤面粉，并批发了一些枪支。1948年3月陇右工委派常秋英专程向我传达陇右工委的指示，工委命令我坚决完成任务。我奉指示后，积极进行了起义准备工作。黄正清和我私下言谈之中，常流露出对国民党政府的不满情绪，因此，我就利用这些时机，谈些目前形势，讲些党的有关政策，藉以加深黄的认识。藏民每年四五月间，习惯于野外搭帐篷浪山。1948年浪山时，我有意同黄正清住在一个帐篷内，我俩对国内、省内和拉卜楞形势，整整谈了一天，也作了详细的分析。都认为就蒋介石本人来说，独裁专横，嫉贤忌能，排除异己，为造成党政军清一色，不择手段，任意乱为，已搞得天怒人怨，众叛亲离；在军事方面蒋介石自挑起内战，仅仅一年多的时间，就损失 171 个旅，147 个师，约计一百多万人，已由战略上的攻势转为守势，嫡系部队，为保存实力，不愿牺牲，杂牌部队对自己的命运更为忧虑，因此各战场屡战屡败；政治方面，贪污枉法之风，胜于北洋政府时代，四大家族富连阡陌，人民贫无立锥，土豪劣绅集中了巨大的财富，苛捐杂税多如牛毛，征粮要兵，接踵而来，尤其金元券出笼，引起全国经济恐慌，通货膨胀，经济破产，民不聊生，愤怨四起，绝大多数人民陷于水深火热之中。这样下去党国前途不堪设想。任何问题，在比较之下，不难明确。当时我根据这种情况，趁机宣传共产党的政策，说明共产党大公无私，是解放中国人民的，是为人民谋幸福的；对放下武器的国民党官兵一律不杀不辱，愿留者收容，不愿留者遣散，对起义的蒋军部队，通予奖励。我还说，革命也是不分前后的。当谈到共产党的少数民族政策时，我说，蒋介石实行大汉族主义，对少数民族摧残镇压，无所不至，我们是杂牌，尤其是少数民族，内战打败了，我们同归于尽，就是打胜了，我们也是他们眼中钉、肉中刺，最终不免被消灭。跟蒋介石国民党政府，我们是没生路的，与其坐待灭亡，莫若及早自谋出路。自此黄正清有了毅然起义的决心。在起义问题上，黄正清的夫人策仁娜姆也起了一定的作用。

决定起义不久，我同黄研究召集了夏河各界会议，由黄首先讲话，他说："国共战争由开始到现在不到两年时间，而国军损失一百多万，失地也不少，我们拉卜楞没有外来驻军，我们的力量大家都很清楚，只有一点藏族民兵，一无训练，二无重兵器，只能维持治安，如何能对付战无不胜、攻无不克的人民解放军呢？"起义决定后我和黄正清决定移驻阿木去乎，因为我们考虑到：一，如战争接近，则将拉卜楞作为真空地带，双方进行和谈；二，临夏驻有马步芳的军队，如起义消息泄密，必遭受马军的突然袭击；三，马步芳部队败退之军过境，我们也无力抵抗。但我们在会上没有公开讲，只好说现在全国解放了不少的地方和城镇，按照各地的经验，我们移驻阿木去乎，在战争接近时便于进行和谈。这个意见大家一致通过。当时有人提出拉卜楞陷于真空，社会秩序有问题，我答复："社会治安，有我们负责。"1949 年王震兵团西进天水时，我曾要求前去接头，黄正清认为为时尚早。解放军神速进军，8 月 22 日解放了临夏，兰州已动摇了，青海直面兵锋。在此紧张情况下，我们按各界会议决定，迅速移驻阿木去乎，由我和黄立中（副官长）、寺院喇嘛俄项为代表，前去临夏见了王震司令员，说明我们极愿拥护中国共产党领导、坚决起义的态度。王司令员表示欢迎，开会时王司令员没参加，参加的是牙含章、杨和亭、高尚诗和兵团政委鲁瑞林，会上我谈了我与黄正清于 1948 年旧历五月间浪山时决定起义的经过，并表示如战争接近，我们将把拉卜楞作为真空地带；保安司令部和夏河各界移往阿木去乎，进行双方和谈等。会上决定我去阿木去乎叫回黄正清及同去的人，同时王司令员给黄正清写信："速返回，同我一块解放青海。"我们回到拉卜楞积极准备欢迎中国人民解放军解放拉卜楞并接管党政军各机关。我们对准备工作异常严肃认真，欢迎的当天藏兵集中在拉卜楞四面山头上，除执行任务的外，其余部队枪支分别集中，以防走火。不久牙含章同志和刘光奇团长率部队前来，当时以黄正清为首的夏河各界僧俗数万人夹道欢迎，盛况空前。当时还决定在藏民聚居的甘南和青海、四川的边界地方成立"东藏自治运动联合委员会"，并以天宝任主任，我任秘书长兼夏河县工委秘书。会上我们将马步芳在藏区强征的四百匹战马一律交牙含章和刘团长组建骑兵支援解放青海和新疆。同我去临夏的代表黄立中、俄项在临夏会后即去兰州见了彭德怀总司令。彭带口信并派一野联络部贾志珍同志专程到拉卜楞欢迎黄正清同志去兰州，黄去兰州时道经临夏同李司令员、兵团政委鲁瑞林还有杨和亭等都见了面。到兰州后在西北大厦谒见彭德怀司令员、习仲勋政委、贺龙、张德生等领导同志，他们对我们起义极表欢迎，在宴席间彭司令员讲了民族政策，强调民族团结的重要性，提出今后要合作共事，为人民服务等，当时黄正清要求学习后再工作，彭说："工作中学习一样，你是国民党中央委员，我是共产党中央委员，我们应当在一块学习。"遂即决定黄正清为甘肃省政府委员、西北军政委员会委员、省农林厅副厅长等职，黄正清夫人策仁娜姆为省妇联副主任（黄正清经临夏到兰州这一段情况是我到兰州革命大学学习时黄给我讲的）。后来拉卜楞保安司令部改为民兵司令部，黄祥兼司令，杨世杰为副司令，成立夏河县人民政府，任命藏民上层开明人士黄祥为县长，拉卜楞大寺达地为副县长，常秋英为县府委员和县妇联主任。同时对拉卜楞寺宗教信仰和宗教活动，政府尽量予以保护，并动员大批藏族劳动人民子弟到兰州民族学院学习，培养藏族人才，为建设藏区准备了力量，充分体现了党的民族政策。拉卜楞解放后，牙含章同志让我将"东藏自治运动联合委员会"所辖的藏族人民居住甘肃、青海和四川有关地方的人文地理等情况编写一个文献，用藏汉两种文字逐段说明。1949年我到兰州革大学习时，道经临夏兵团司令部，蒙兵团政委鲁瑞林和牙含章、杨和亭、高尚诗等热情招待，并留午餐。我将文献交给了牙含章。革大学习后我被分配到甘肃省监委会任秘书。

上述情况，系笔者1947年10月至1949年在拉卜楞工作的情况。由于时逾30多年，难免有遗漏不足之处，尚希知者予以补充和指正。

本文原载《甘肃文史资料》，第29辑，兰州，甘肃人民出版社，1989。

临潭解放简记

彭尚义[①]

1949年1月，中国人民解放军西北野战军在彭德怀、张宗逊、赵寿山等指挥下，解放宝鸡之后又在陇县固关歼灭了马步芳的一个精锐骑兵旅，于是进入甘肃，所向披靡，直指天水、兰州。7月间国民党的王治岐部一一九军，周嘉彬部一二〇军残部溃退到岷县，又从岷县溃退到临潭新城（当时是县政府所在地），企图在临潭稍事喘息后，按照1948年郭寄峤视察临潭时的计划，经甘南藏区逃往四川。王治岐、周嘉彬残部在新城的十几天中奸淫掳掠，无所不用其极，使临潭各族人民陷于水深火热之中。各乡群众唯恐遭受其更深更重的蹂躏，纷纷扶老携幼逃往附近卓尼地区（俗称"跑王军"），商店关了门，学校停了课，农民忍痛抛弃了到手的黄田，家中只留一两个中年男子看守。王治岐亲自到旧城、卓尼实地了解后，慑于草地的特殊情况，放弃原计划，于7月下旬率部折回岷县南去武都，周嘉彬部经莲花山走了和政、临洮。岷县专员赵龙文、临潭县长曹鼎也随王军而溜走。代理岷县专员孙伯全临时派杜凌云（原秦安县长，秦安解放后逃居岷县）代理临潭县

---

① 彭尚义（1922—1994），甘肃临潭人，1944—1957曾任临潭县旧城东街小学校长。1954年3月甘南藏族自治区成立时任自治区人民政府委员，20世纪80年代任临潭县政协常委。

长。国民党匪军走后，外逃群众陆续返回抢收黄田，社会秩序也逐渐安定，但从匪军的残暴行为中，亲眼看到了反动派的罪恶本质，无不期待着早日解放，过上安居乐业的日子。

王治岐部去武都后，逃在岷县的甘肃师管区司令周祥初、代理岷县专员孙伯全等在地下工作人员任谦的策动下，酝酿率岷县、临潭、卓尼三县党政军民起义。

9月3日，杜凌云接到任谦和孙伯全电话后，紧急通知新、旧城的头面人物限4日上午前齐集新城，说："岷县专署要来人有要事商量。"旧城镇镇长杨佐青、临潭县自卫队大队长王禹九等旧城代表中午到达新城后，便和新城各方代表去南沟口迎接专署的来人。约下午三时专署代表到达，是三人一马，经介绍身着国民党军官服的名叫陆聚贤，系任谦代表，其余两人系陆的向导——旧城拉扎河口林业站负责人王克仁，木材商杨子华。

当日傍晚杜凌云重点召集马志清、李识音、王禹九、丁立夫、马国璋等在住所——宋家花园为陆等便餐洗尘。杜凌云介绍了陆聚贤的来意，与会者一致表示响应任谦、周祥初、孙伯全的倡议，同意起义，脱离国民党反动派的统治，跟共产党走。第二天（9月5日）中午，在临潭一中教室召开了起义大会。参加会议的有：马志清（县参议会议长）、李识音（省参议员）、陡剑平（省参议会副议长）、李育庵（潭中校长）、寇乐山（潭中教导主任）、马翰臣（新城商会会长）、金握元（保四团大队长）、马国璋（新城南寺学东）、王禹九（县自卫队大队长）、杨佐青（旧城镇镇长）、丁劭民（旧城镇副镇长）、丁立夫（县参议员）、王志刚（旧城镇镇民代表）、敏盛德（旧城民众自卫队队长）、张永年（旧城南寺学东）、敏志澄（旧城三校校长）、王基周（新城南关校校长）、王仕瑾（新城东街校校长）、彭尚义（旧城一校校长）以及县政府部分职员、新城部分群众约四十余人。

会场没有任何布置，陆聚贤顺手用粉笔在黑板上写了"临潭县各界起义大会”几个字，接着讲述了全国解放战争形势，西北野战军攻打狗娃山、解放兰州的情况，以及共产党、人民解放军对起义投诚人员的政策。最后提出要保护好各机关的档案和粮食，维护好地方秩序，等候解放军或政工人员来接收。杜凌云代表临潭党政军民讲话：“竭诚响应任谦、周祥初、孙伯全的倡议，脱离国民党统治，拥护中国共产党和人民解放军，接受陆聚贤代表的意见，欢迎接管人员早日到来。”会议在欢腾的气氛中结束。

大会后与会者齐聚在东街李育庵家会餐，欢庆起义成功。在潭中开会的同时，王克仁、杨子华将陆聚贤于四日夜间写就的“庆祝临潭起义成功”“庆祝兰州解放”“中国共产党万岁”“中国人民解放军万岁”等十几张标语贴于鼓楼什字东西墙上，群众拥挤着观看标语，个个喜形于色，窃窃私语。

9月6日上午，杜凌云派人将陆聚贤等三人护送去卓尼，我们便兴高采烈地返回旧城。当时我们一致推测陆聚贤等去卓尼，肯定是做卓尼当局的起义工作，但之后并没有像临潭宣告起义的任何消息。九月初旬末（具体日期记不清了），杜凌云、王禹九、李识音等去岷县参加了岷县、临潭、卓尼的起义大会。大约一星期后，《甘肃日报》报道了周祥初、孙伯全、杨复兴等代表岷、临、卓三县党政军民起义的消息，并刊登出向彭德怀、张宗逊、赵寿山司令员的致敬电和彭德怀、张宗逊、赵寿山的嘉奖复电。不久以王禹九为首的临潭自卫队去岷县接受整编。

9月中旬，岷县军政委员会派以郭曙华为领队的工作组到达新城着手接管工作，由于县党政机关的档案及仓库粮食完整无损，接管顺利。接着于9月27日宣告临潭县人民政府成立。从此临潭历史翻开了新的一页，人民开始当家作主，迈向光辉灿烂的社会主义历史阶段。

几句跋言：

在历史的长河中，被压迫、奴役、掠夺的人民大众，在现实生活的启发下，认清社会发展的必然趋势，大无畏地破旧立新，走向光明，做历史的主人，这是多么艰巨而值得称赞和值得流芳百世的事。可是临潭人民的起义，由于事先没有周详的计划，仓促从事，只开了次大会，没有发出通电或代电，也没有成立过渡阶段的临时政权组织，以致没有文字依据，使这一历史的认定虚悬了三十五年之久。幸好在党的十一届三中全会精神的指引下，省里本着实事求是的精神反复查证之后，于 1986 年肯定了这一历史事实，并按有关文件规定对起义人员的善后问题作了相应的解决，得到了全县人民的称赞。

当此临潭起义（9 月 5 日）三十八周年之际，作为当年参与者之一，缅怀往事，记忆犹新，特写此记，聊表纪念之忱。但时隔三十八年，遗漏错误，在所难免，尚请知情者予以补充更正，俾历史面貌更臻完善。

1988 年 9 月 5 日于临潭城关舍中

建政经过

中央和西北军政访问团在甘南

丁玉珍①

1950年10月和1952年7月，党中央分别派出中央访问团和西北军政访问团到甘南，带来了党中央、毛主席对甘南藏区各族人民的亲切关怀和慰问，带来了党的民族政策和宗教信仰自由政策，并留调部分访问团成员，帮助地方进行基层政权建设、土地改革、剿匪反霸、禁烟、镇反和调解纠纷等工作，为甘南的社会主义革命和建设做了大量工作，作出了有益贡献。

中央民族访问团西北分团到甘南

中华人民共和国成立后，为了把党的民族政策及时地传达到广大少数民族群众中，党中央于1950年8月组织了以沈钧儒为团长和萨空了、马玉槐、彭斯克为副团长的中央民族访问团西北分团。访问团由医疗队、电影放映队、京剧团和行政工作人员共100余人组成。9月26日，访问团从北京出发抵达兰州。沈钧儒团长和萨空了、彭斯克副团长带领电影队及部分医务人员乘飞机前往新疆等地访问。马玉槐副团长在黄正清（藏）的陪同下，带领京剧团和其余医务人员及大部分行政工作人员，在兰州作了短暂的休

① 丁玉珍，中共甘南州委党史研究原副调研员，退休。

整后，10 月 14 日从兰州出发，经岷县于 15 日到甘南藏区的临潭进行访问。访问团在离京前，曾邀请当时在北京的“西北各民族致敬团”副团长黄正清等人，观看了准备的慰问礼品，征求他们对礼物品种的意见。访问的路线是：临潭、夏河、卓尼。访问时间共 7 天。其中临潭一天，夏河三天，卓尼两天。路途遇雨耽搁一天。访问的主要程序是：首先，向藏区广大牧民群众转达党中央、毛主席的亲切关怀，利用黄正清在甘南藏区的威望，同民族、宗教界中上层人士会面，与他们互赠哈达，表示友好；给他们赠送毛主席像、锦旗（藏族为红色、回族为绿色、蒙古族为黄色）、绸缎和茶叶等珍贵礼品；举行座谈会，宣传党的《共同纲领》和民族、宗教政策，对党的少数民族工作征求意见。其次是召开群众大会和各族各界人士代表会议，广泛宣传政策，深入座谈讨论建设甘南的大计方针，接受群众来访。三是让医疗队给各族群众免费治病。四是由京剧团为群众演出了 3 场精彩的文艺节目，著名京剧演员赵燕侠等登台献艺。

中央访问团每到一处，都受到甘南各族人民的热烈欢迎。人们身着节日盛装，手捧洁白的哈达，高擎“热烈欢迎中央访问团”的横幅标语，络绎不绝地从四面八方乘马涌来，热情欢迎来自党中央、毛主席身边的远方客人。10 月 21 日，访问团到达夏河县时，黄祥县长亲自带领县直机关工作人员和各民族、宗教界人士及数千名群众，夹道欢迎中央访问团的到来。由于时间紧迫，中央访问团主要在各县城进行活动。访问团的成员们克服了生活上的困难，学会了吃甘南藏区的手抓羊肉、糌粑，喝酥油奶茶等。崎岖的山路加上连绵阴雨造成的泥泞道路，使他们的汽车常常陷入泥坑，许多人克服高原反应给身体带来的不适，或填石推车，或徒步行走。他们怀着对甘南各族人民无比热爱的深厚情感，圆满完成了党中央赋予的这次访问任务。之后，访问团于 10 月 25 日离开夏河返回兰州。

西北军政访问团在甘南的活动

1952年6月，为了进一步宣传党的民族政策，普查和了解甘南的社情、民情等，帮助地方解决一些重大纠纷问题，西北军政委员会组成了一支有百余人参加的“西北军政委员会甘南藏区访问团”，从1952年7月15日至1953年1月5日，对甘南藏区的卓尼、临潭、夏河3个县和武都专区的武坪、洛大、坪垭3个区、乡，进行了为期5个多月的访问，共走访了25个区、乡、镇，51个大小部落，81座佛教寺院，29座清真寺。召开174次有土官头人和寺院僧侣参加的各种群众大会及妇女座谈会，与会人数达3万3千多人（次）。访问期间，共免费给各族群众看病8167人（次），治疗牲畜疾病1，372头（匹）；为群众无偿放映电影107场（次），观众达12万3千人（次）；向群众廉价出售了价值两万多元[①]的茶叶、布匹等生活用品；收购了群众的价值达5870元的各类土特产品。通过这次访问，使甘南藏区的广大牧民亲身体验到了党中央、毛主席对少数民族人民的无限关怀和温暖，也使党的民族、宗教和民族区域自治政策开始在甘南各族人民的心中扎下根来。

1952年初，甘南藏区虽已解放两年多了，但其政治、经济、文化和农牧业生产仍很落后，一些地方的基层区、乡、村人民政权还没有建立，依然保持着土司制和藏传佛教寺院政教合一的统治体制。当时，甘南藏区的经济虽以畜牧业为主，但缺乏科学的饲养管理，亦无防治畜病的兽医，牧业发展缓慢，农业生产因气候等条件的制约，只能种植青稞、玉米和豆类等，粮食不能自给。大量的畜产品和农副产品因交通等方面的原因无人收购，形成积

① 1955年2月以前，我国发行的旧人民币每1万元折合现币1元。本文全部采用折算后的新币。

压。文教卫生事业更是落后，发展极慢。多年来，许多部落之间因历史上形成的草山和民事纠纷，常常发生械斗，给广大人民群众的生命财产带来了严重损失。解放后，党和人民政府在甘南藏区境内的夏河、卓尼、临潭、西固4个县进行了许多工作，也取得了不小成绩，但整个甘南藏区因处地偏远，交通闭塞，工作基础薄弱，党和政府的各项方针政策及法令未能深入人心。有的地方如夏河县的三乔科、欧拉等部落和卓尼县的下迭等地区，党的工作未能伸展进去，干部从未去过。因此，许多群众对党和人民政府还不甚了解。同时，解放后从内地逃亡来的一些国民党残余军警、反革命分子、恶霸地主、武装土匪和兵痞流氓等，以匪首马良为代表，他们四处网罗反革命匪徒，组织所谓的“中华反共救国军第102路和第103路独立总队”等反革命组织，围攻部分区、乡政府，屠杀革命干部，蒙骗个别部落头人和一些群众，与解放军对抗，妄图颠覆和破坏新生的人民政权，严重扰乱了甘南藏区的社会治安，对各族人民的生命财产安全造成了很大威胁。

此外，1952年春天，驻扎在夏河县阿木去乎剿匪的解放军独立营某连，为了贯彻执行中央军委《关于一九五〇年军队参加生产建设工作的指示》精神，为便于长期侦察、掌握匪情，解决部队的部分给养，在甲尕滩一带开荒种地，同时还准备在阿木去乎寺院附近开垦荒地。由于区工作组个别负责人工作方法上的简单、粗暴，加之匪特的暗中造谣和挑拨，竟引起了寺院僧侣和当地部分群众的阻拦与抗议，形成了双方武装集兵的对峙局面。此后，县政府决定修筑阿木去乎至郎木寺的公路，马良股匪乘机造谣惑众，欺骗少数部落头人、僧侣和群众，又一次聚众反对，特别是他们集结西仓、双岔两个部落的千余名藏兵，与修路部队相抗，再次出现了双方对峙的严峻局势。马良股匪借机猖狂活动，不断偷袭部分区、乡人民政府，屠杀各族干部，抢劫国家和群众的财产，在郎木寺一带尤为猖獗。为了配合部队清剿国民党残匪，打击匪特的嚣张气焰，进一步稳定甘南的社会秩序，深入宣传党的民族政策，消除广大群众的疑虑，1952 年 6 月 13 日，中共中央西北局决定成立“西北军政委员会甘南藏区访问团”，由黄正清担任总团长，马辅臣、任谦、朱侠夫任副团长，朱侠夫兼任秘书长。总团下设两个分团：黄正清兼任第一分团团长，朱侠夫、马培清任副团长，张继祖任秘书长，于俊都任副秘书长；马辅臣任第二分团团长，任谦、杨复兴（藏）、马富春（回）、张杰任副团长，张杰兼任秘书长，杨生华（藏）任副秘书长。为了便于工作，两个分团又各自分成两部分，并设有医疗队、电影队和畜牧兽医组。1952 年 6 月 27 日，访问团由马辅臣带队从西安出发，于 7 月上旬抵达兰州，受到省委和省政府领导的热烈欢迎。访问团在兰州作了短暂的停留后，于 7 月 15 日赴甘南藏区，开始了为期五个多月的访问。访问团慰问的地区有夏河县的一、二、三、四、五、六区和桑科、甘加、科才直属乡及作格尼玛、欧拉、乔科等部落；卓尼自治区（县级）的柳林、洮南、录竹、贡坝、插岗铁巴、上迭布等区、乡；临潭县的西仓、双岔、牙关、同仁等乡和旧城市（区级）；武都专区的武坪、洛大、坪垭等乡。卓尼的下迭区访问团因故未去，但该地的土官头人们闻讯后特地派代表赶到县上，同访问团的同志见面畅谈。另外，访问团还接见了邻近甘南藏区的四川和青海的部分部落头人及寺院代表。

当访问团到达卓尼时，受到当地广大党政干部和各族群众的热烈欢迎，有的寺院还出动仪仗队鸣乐奏曲，把访问团赠给的锦旗和礼品恭迎到经堂里，供在金碧辉煌的佛龛中。许多欢迎群众纷纷煨桑、鸣枪、敬酒、献哈达，热情欢迎访问团的到来。有的还弹奏起民族乐器，跳起民族舞蹈。他们还满怀热忱地安排访问团的食宿。

访问团在甘南藏区主要做了以下几方面的工作：

第一，召开各种类型的民族、宗教界人士和部落头人座谈会，宣传党的民族政策和宗教信仰自由政策，为在甘南藏区建立统一战线创造条件。

访问团每到一地，首先是拜会当地的部落头人和寺院活佛及民族宗教中上层人士，并召开各种类型的民族、宗教界人士会议，向他们宣传党的各项民族政策，首先重点讲解《中华人民共和国民族区域自治实施纲要》，积极推行民族区域自治，提倡和号召各族人民自己起来当家作主，管理本民族内部的事务和参与管理国家事务，实现真正的各民族平等。其次，大张旗鼓地宣传党的宗教信仰自由政策，尊重各少数民族的宗教信仰和风俗习惯，保护寺院，不干涉僧侣们的宗教活动。三是明确宣布党在藏族聚居的农业区和牧业区不搞土改，在甘南藏区实行“不分不斗，不划阶级，牧工、牧主两利，扶持贫苦牧民发展生产”的政策。此外，访问团自始至终十分注意对土官头人和宗教界人士做耐心细致的思想工作，团结争取了一批民族、宗教界中上层人士，如拉卜楞寺院的阿莽仓活佛、双岔的阿才、西仓的环觉加等，为以后开展党的民族统一战线工作打下了良好的基础。

第二，利用多种形式，向广大群众开展宣传教育工作，反复说明党和政府“为人民服务”的宗旨，进一步扩大党在甘南藏区的影响。

访问团开展群众工作的主要途径有：一是免费给各族群众看病，为病畜防疫治疗。群众感激地说：“以前我们有了病，没法医治，只有硬扛。牲畜病了等着死亡。今天，毛主席派来的‘曼巴’不仅看病不收钱，而且还主动找上门来，这真是从来没有过的事！”医疗组免费治疗了 8 千余人。二是开展贸易收购，增加藏区农牧民的收入。贸易组廉价出售所带的商品。特别是民族日用品，如像砖茶、布匹等。售出的茶叶、布匹等商品价值达 2 万多元。收购了价值 5870 元的地方土特产品。三是广泛开展电影宣传，让广大藏族人民了解新中国成立以来的巨大变化，以此提高他们的思想政治觉悟。由于在此以前甘南藏区的农牧民从未看过电影，因此放映电影吸引了当地的许多男女老少。通过放映《中国人民的胜利》和《抗美援朝》等影片，真实、生动地介绍了新中国解放三年来的巨大变化和抗美援朝的伟大胜利，进一步宣传了党的方针政策，深刻地教育了各族群众，扩大了政治影响。四是深入各个牧区帐圈和农村的家庭院落，充分听取各族群众的意见和要求，进一步密切党群、干群关系。访问团妇女组的同志充分利用一切时机，采用多种方式接近当地妇女，并进行家访和召开小型座谈会等，了解少数民族妇女的苦衷，讲解早婚的坏处和提倡尊婆爱媳、夫妻和睦等新风尚，号召妇女自立、自强，走自己起来解放自己的道路。访问团共收集整理了269件各族群众的意见和要求。其中，涉及有关政权机构及隶属问题的30件；有关开荒、救灾和畜牧方面的48件；文教卫生方面的21件；宗教信仰方面的18件；剿匪肃特方面的20件；要求调处部落纠纷的38件；其他94件。对这些意见和要求，除部分作了适当解释和答复外，绝大多数呈报上级政府或转告当地政府解决。有些重大问题，如减轻公粮收购任务、对齐哈玛在部落纠纷中因损失惨重，群众生活较为困难需进行救济一事等，访问团均协助地方政府及时进行了调解。

第三，揭露匪特的破坏阴谋，教育广大群众与马良股匪划清界限，及时解决了阿木去乎和西仓、双岔等地的集兵及一些重大纠纷问题。

访问团在5个多月的时间里，重点帮助县、区人民政府解决了阿木去乎、西仓、双岔的集兵问题。1952年7月，西北军政访问团一分团到达夏河后，立即写信邀请阿木去乎的头人来夏河拉卜楞镇商谈。7月23日，阿木去乎头人来到拉卜楞，表示愿意解决阿木去乎问题，并邀请访问团去阿木去乎。是月25日，黄正清在拉卜楞主持召开了由阿木去乎“吉哇”部落头人等10余人参加的座谈会。他在会上反复宣传、解释党和政府的方针政策，使头人们有所觉悟和认识。7 月 29 日，黄正清、朱侠夫和甘肃省军区司令员徐国珍，率领访问团干部 20 余人到达阿木去乎。他们在阿木去乎拜访了部落头人和寺院（包括清真寺）的宗教界人士，并给头人、活佛和部分群众代表赠送了毛主席像和纪念品，同时分别召开了藏兵大会、六区群众大会、各部落头人座谈会和西仓、双岔头人代表会议（西仓、双岔的代表于 7 月 30 日到达阿木去乎），广泛宣传《民族区域自治实施纲要》和党的民族宗教政策，解释、说明了县政府和访问团对这两次集兵事件的态度及处理意见，对群众提出的部分问题和要求进行答复。通过召开各种会议和进行个别交谈，使大部分群众和头人的疑虑消除了。再加上医疗、贸易、电影等项群众工作的广泛开展，有力地配合了调解和宣传教育工作，使集兵问题基本上得到解决，避免了流血事件的发生。如医疗组在阿木去乎曾为一位 7 天不通大小便的人治好了病，病人十分感激，要赠给访问团 1000 块银元，以示谢意，但被医疗组的同志谢绝了。贸易组以低于夏河其他地区的价格向当地牧民出售布匹、茶叶等。电影队不顾疲劳，连夜给群众放映电影。访问团还主动给从马良残匪那里逃跑回来的 30 多名阿木去乎群众颁发了投诚证书，未没收他们的枪支和乘马，并鼓励和教育他们回家安心生产。

1952 年 9 月 4 日，西北军政访问团二分团的部分同志又来到双岔、西仓访问。时值收割大烟的季节，有的人不欢迎访问团的到来，怕政府进行土地改革，怕部队进行报复。对此，访问团又作了大量细致的宣传解释工作。朱侠夫副团长耐心地向群众讲解大烟的危害性，宣传禁烟的重要意义，解释党的禁烟政策，使许多群众解除了顾虑，主动起来铲除了种植的大烟。对于集兵问题，经过许多工作后，访问团按照阿木去乎、西仓和双岔群众的要求，遵照党的民族、宗教政策，结合当地的实际，经过充分协商，首先达成了双方满意的协议，然后又遵循“调解书”上的条款，妥善处理和解决群众要求最迫切的几件事：第一，保证今后不再在藏区开荒，已开之地，除给部队留少量菜地外，其余一律交给牧民；第二，建政不搞硬性，而是要在经过充分宣传教育后，努力启发提高广大群众的思想觉悟，并取得当地头人的支持后，在群众有强烈渴望和要求的基础上进行；第三，对一时受蒙骗参匪而又主动回来自首者，一律不予追究，给予宽大处理。访问团对上述这些群众最关心的几件实事的解决，进一步提高了党和政府在群众中的威信，扩大了党的政策影响，团结和争取了一批民族、宗教界人士及广大群众，孤立和打击了马良股匪，用实际行动体现了党的统战政策和民族政策的巨大威力。在解决阿木去乎和西仓、双岔两次集兵事件的过程中，黄正清团长起了很重要的作用。他以自己在甘南藏区的崇高威望和影响，多次组织和召开各种会议，同各阶层人士广泛接触、畅谈，交流思想，征求对党和政府工作的意见，耐心听取各族群众的要求。不论是在会上，还是在会下，他逢人便讲，一有机会就苦口婆心地宣传解释党的民族宗教政策和实行民族区域自治的好处。经过他和访问团全体同志的共同努力，在阿木去乎、双岔和西仓三个地方集结的藏兵全部解散回家了，从而及时制止了一场骚乱事件的发生，维护了夏河等地的社会稳定，维护了民族团结，阿木去乎至郎木寺的公路也开始复工修建。

此外，访问团还协助当地政府调解了夏河美武与卓尼北山、科才与齐哈玛、作格尼玛与青海河南县、曼日玛与四川辖买、色赤寺与茅尔底寺、欧拉与作格尼玛等部落间的纠纷，进一步维护了甘南藏区社会秩序的安定，巩固和加强了民族之间及民族内部的团结。

第四，帮助建立县级政权机构，组织召开甘南藏区各族各界联谊会，为甘南藏族自治区（州）的成立创造条件。

1952 年 7 月，西北军政访问团协助中共甘南藏区临时工作委员会，帮助建立了中共洮源、欧拉工作委员会（县级）和行政工作组。是年12月25日，访问团在做了大量工作的基础上，在夏河县的拉卜楞镇协助召开了甘南藏区各族各界联谊会，参加这次会议的有各民族中上层人士、部落头人、寺院代表、工商业者和妇女代表等，共246名。其中：藏族192人，汉族35人，回族19人。会议主要听取了西北军政委员会甘南藏区访问团团长黄正清作的报告和副团长朱侠夫的讲话，重申了党的民族政策和宗教信仰自由政策，讨论研究了实行民族区域自治、加强民族及部落间的团结和如何进行剿匪等问题；大会选举产生了甘南藏族自治区（地区级）筹备委员会，黄正清任主任委员，朱侠夫、杨复兴、黄祥（藏）任副主任委员。1953年元月3日，联谊会闭幕后，筹委会负责筹备成立甘南藏族自治区的各项事宜。

甘南藏区各族各界联谊会的召开是开辟藏区工作的良好开端，它为正式成立甘南藏族自治区人民政府打下了基础。会议结束后，遵照西北局的指示，将访问团的部分同志留调甘南，帮助筹建甘南藏族自治区，参加甘南农牧区的社会主义革命和建设。所留人员包括医疗、电影、畜牧、贸易和行政干部近40名。他们中的多数同志至今仍坚守在自己的工作岗位上，有的为甘南的社会主义革命和建设，贡献了青春年华乃至宝贵生命。他们为甘南的今天建树了不可磨灭的功绩。

1991年4月

本文选自中共甘南州委党史资料征集办公室：《甘南党史资料》，第三辑，1991年4月。

甘南藏族自治州的成立

吴杰

民族区域自治政策，是党运用马克思列宁主义关于民族问题的基本理论，结合我国社会历史情况而拟出的解决我国民族问题的基本政策。它保证了国家的统一和民族的团结，又保证了少数民族自治地方当家作主管理地方性事务的权利。民族自治地方的自治机关，作为国家地方政权，行使与一般地方政权的同等职权，这是它和其他地方政权具有的共同性；又作为自治机关享有自治权利，就是按照宪法和法律的规定，按照民主集中制的原则，遵循党的路线、方针、政策，根据当地的民族特点和地区特点，自主地解决当地政治、经济、文化事业中的问题，并且可以制定各项单行法规，这是不同于一般地方政权的特殊性。

解放后，我党根据这一方针，于1951年由中央民族访问团西北分团及西北军政委员会组织了甘南藏区访问团到甘南地区进行访问，并组织甘南牧区各民族代表到首都以及其他大城市、工厂、矿山、内蒙古自治区等处参观。经过与社会各方面人士的充分协商并取得他们的同意后，于1952年成立了中国共产党甘南工作委员会，领导甘南的各项工作。同时，西北军政委员会决定：将甘南藏区访问团（共分两个团）第二团的部分同志留在甘南，帮助甘南地区的各族各界人士进行甘南藏族自治区（相当于专区一级的自治区）的筹备工作。

筹备工作在党和上级政府的领导下，先召开“联谊会”。因为甘南是个以藏族为主的多民族聚居区，历史上多次出现过民族之间和民族内部不团结的现象。且藏族内部部落观念浓厚，领属复杂，关系交错，各自为政，互不相属。所以先召开联谊会，让各族各界代表坐在一起认真学习领会党的民族区域自治政策。

党的民族区域自治政策使各族各界代表终于坐在一起了。1952 年 12 月 25 日在夏河召开了甘南藏区各族各界联谊会。会上又进一步向各族各界代表们贯彻了党的民族平等团结及宗教信仰自由的政策，在牧区实行“不分不斗、不划阶级、牧工牧主两利”政策。出席这次会议的有各族各界代表 246 人；其中藏族 192 人，汉族 35 人，回族 19 人。会议讨论并议决了下列的工作：争取迅速剿灭匪特，安定社会秩序，增强民族团结，大力发展畜牧业，实行民族区域自治，成立甘南藏族自治区筹备委员会。推选黄正清（藏）任主任委员，朱侠夫（汉）、杨复兴（藏）、黄祥（藏）任副主任委员，杨生华（藏）任秘书长。

1953 年 3 月，甘南藏族自治区筹备委员会组织了甘南藏区工作团，包括西北局、甘肃省和甘南的各级干部以及各方面的代表人物 135 人，编为 12 工作队，深入藏区配合中国人民解放军甘青剿匪部队进行剿匪肃特工作。在不到 3 个月的时间歼灭了活动在甘南地区的美蒋直接支持的马良股匪，安定了甘南地区的社会秩序。工作团向群众广泛进行了爱国主义和民族区域自治政策、民族团结政策的宣传教育，前后历时 76 天，行程 6000 多里，经过上下迭部、欧拉、三乔科等 50 多个部落。甘南牧区各民族参观团归来后，利用各种机会和各种方式，向各族人民宣传祖国建设的伟大成就，祖国各族人民的团结友爱关系以及内蒙古等民族自治区的繁荣幸福生活。大大提高了各族人民的觉悟，加强了民族之间和民族内部的相互了解与团结。

4月3日筹备委员会拟定了“甘南藏族自治区计划方案”，报经甘肃省人民政府批准。

6月18日，召开了甘南藏族自治区筹备委员会第二次全体（扩大）会议。为了开好这次会议，筹委会事先曾派负责干部到岷县、西固、武都等藏区了解历史关系和区划情况，分别征求了各个代表人物和群众的意见，并由他们选派代表8人参加了筹备委员会第二次会议，使第二次会议不但具有广泛的代表性，而且更加全面地反映了各方面人士的意见。会上，大家广泛地交换了关于实行区域自治的意见，并在团结友好的气氛中经过民主协商和充分酝酿，对有关区域自治的一些主要问题，获得了一致看法。

在8个月的筹备过程中，一方面组织群众，配合解放军肃清了甘南地区的匪患，安定了社会秩序；另方面加强了各民族之间和民族内部的团结。在此基础上畜牧业和农业、医疗、贸易和文化教育工作，都有了发展，群众的生产积极性有所提高，各族人民的生活有所改善，爱国主义觉悟日益提高，在甘南藏区出现了一种欣欣向荣、不断进步的新局面。这表明，在甘南藏区建立区域自治的条件基本成熟了。

1953年9月25日—30日在拉卜楞召开了甘南藏区各族各界人民代表大会，正式成立甘南藏族自治区人民政府。代表大会在葆禄堂前一座特制的民族形式（上有五福捧寿图案）能容数百人的大帐篷内举行。四周帐篷林立，红旗招展，五彩缤纷。来自大夏河畔、洮河两岸、白龙江和黄河首曲的藏、汉、回、蒙、撒拉等各族各界代表321人，笑逐颜开，围坐在毛主席画像前，行使当家作主的权利。

中央民族事务委员会马凤舞副司长、甘肃省人民政府邓宝珊主席、中国共产党甘肃省委员会何承华秘书长，还有临夏专区代表王治国、四川省代表刘仁同志参加了大会并作了热情洋溢的讲话。大会还收到了中共中央西北局、西北行政委员会、中央民族事务委员会、西北民族学院、中共甘肃省委、甘肃省人民政府等四十多个单位发来的贺词贺电。

在这次会上，讨论通过了甘南地区的工作方针和任务，加强民族间和民族内部的团结，积极发展农业、牧业生产，做好交通、贸易、文教、卫生等工作，为建设新甘南而努力。

经过充分协商后，选出了甘南藏族自治区主席、副主席、秘书长和委员。主席：黄正清（藏）；副主席：王治国（汉）、杨复兴（藏）、黄祥（藏）；秘书长：杨生华（藏），正式成立了甘南藏族自治区人民政府。同时选出了甘南藏族自治区各族各界人民代表会议协商委员会主席、副主席和委员。主席：朱侠夫（汉），副主席：杨丹珠（藏）、金巴（藏）、丁立夫（回）。为了举国同庆，将自治区的成立日期定为十月一日。

拉卜楞各族各界一万多人，十月一日集会庆祝国庆节和甘南藏族自治区人民政府成立。拉卜楞镇大街小巷张灯结彩，悬挂国旗，各族人民换上节日盛装，隆重举行了庆祝大会。出席甘南藏族自治区各族各界人民代表会议全体代表也参加了庆祝会。

甘南藏族自治区的成立，标志着甘南各族人民在中国共产党的领导下开始进入了一个历史性的新阶段，多少年来被分裂被歧视的藏族人民团结起来和全国各族人民一起，为祖国繁荣富强共同努力奋斗。1955 年 7 月 1 日，甘南藏族自治区改为甘南藏族自治州。

自治区成立时辖夏河、临潭、卓尼 3 县和舟曲、碌曲、玛曲 3 个行政委员会，面积约 5 万多平方公里，有藏、汉、回、蒙、撒拉、东乡、土、保安等民族，人口共约三十万零一千七百多人，其中藏族占 50%，汉族占 43%，余为其他少数民族。1962 年成立了迭部县。这些县的前后变动是：舟曲县辖地是原西固县的大部分和岷县所属的洛大地区，1953 年自治区成立时划归甘南，始名舟曲县。1959 年初将舟曲县改为龙迭县，并将卓尼县的贡巴、铁巴、插岗划归龙迭。1962年又还名为“舟曲县”。玛曲和碌曲（除西仓、双岔原为临潭管辖外）在1952年前均属夏河县管辖，1952年成立了碌曲、玛曲两个工作组，自治区成立时改为碌曲、玛曲两个行政委员会。1959年初将碌曲、玛曲合并为一县，名洮江县。1962年仍分设为碌曲、玛曲两个县。卓尼县在自治区成立时将原会川县所属新堡区、岷县所属西尼沟划归卓尼管辖。1959年初并为临潭县，县址在临潭。1962年复为卓尼县，迁回原县址。夏河县于1959年初改为德吾鲁市（因1958年在德吾鲁村发现铜矿，故名），1962年还名为夏河县。临潭县县名未变。1962年将卓尼原属上下迭部和舟曲所属洛大地区划在一起成立了迭部县。至今甘南藏族自治州所辖即上述七县。

本文选自中国人民政治协商会议甘南藏族自治州委员会文史资料研究委员会编：《甘南文史资料选辑》，第三辑，1984年7月。

甘南解放初区乡政权建设的经过及特征

赵瀚豪[①]

新中国成立后，我党根据甘南藏区的实际，以马列主义民族理论为指引，全面、准确地实行一系列民族政策和宗教信仰自由政策，逐步建立健全各级人民政权组织。在1949—1956年的7年中，我党依靠广大党员和各族群众，紧密围绕经济建设和各项中心工作，统一思想认识，切实加强领导，结合甘南的民族、宗教、自然等特点，深入基层，尊重少数民族的风俗习惯，倾听各族群众的意见，努力做好民族、宗教界中上层人士的工作，及时调解草山纠纷，认真处理历史遗留下来的诸多民族问题，大力培养少数民族干部，充分发挥统一战线的重要作用，在今夏河、临潭、卓尼、碌曲、玛曲、迭部、舟曲7个县境内，先后建立了30个区公署（所）和143个乡人民委员会（政府），简称“乡人委”。这样，极大地促进了农牧业生产的迅速恢复和发展，使党在甘南藏区的民族工作取得了较大成就，在全州范围内基本形成了民族平等、团结、互助的新型关系，也为甘南各族人民开始沿着社会主义道路前进提供了可靠保证，从而使党积累了在藏区进行政权建设的有益经验。

① 赵瀚豪，中共甘南州委党史研究室原主任，已故。

经过与演变

甘南藏区解放前，既有国民党政权的统治形式，如临潭、西固（舟曲）的国民党县政府和夏河、卓尼的设治局，又有土司制度和藏传佛教寺院政教合一的统治体制。解放后，各种封建割据的统治基础依然存在，这就构成了甘南境内多种残余政治势力和经济形态交叉并存的特殊现象，也造成了甘南社会情况复杂、工作任务艰巨、斗争异常激烈的艰苦环境。也就是说，党在甘南开辟工作、进行政权建设等方面，面临着错综复杂的形势及一些特殊困难，一切都处在百废待举之中。甘南藏区解放初，境内共有夏河、临潭、卓尼、西固（舟曲）4个县，分属临夏、武都专区和省政府管辖。1949年底，全甘南有大小部落和旗制110多个，共计29.7万余人，有佛教寺院144个，清真寺40多个。共有活佛、喇嘛、尼姑约1.4万余人。有民族、宗教中上层人士50多名，有大小土官、部落头人、活佛、阿訇等300多人。这些人在群众中享有很高威望和重大政治影响。宗教传统在人民群众中，特别是藏传佛教在藏族群众中占有统治地位。整个甘南有牧业、农业、林业和农林牧纵横交错的多种经济形态。经济基础极为薄弱，生产技术相当落后。各族人民的生活十分贫困。当时，党在甘南各族群众中的影响也很微弱。党的基层组织特别是乡、村党支部没有建立，藏族和其他少数民族中的党员很少。县、区两级党政负责人绝大多数是从汉族地区调进来的，不少人由于语言不通等多方面的原因，缺乏民族工作的经验。但经过几年艰苦细致的工作，党很快在甘南藏区打开了局面，站住了脚跟，取得了广大少数民族群众的信赖和拥护，逐步建立健全县、区、乡三级自治政权，开创了少数民族人民当家作主的良好开端，为以后的社会主义革命和建设奠定了比较扎实的基础，使党的各项民族政策在甘南藏区初步得到贯彻落实。

夏河县于1949年9月20日解放后，22日成立了县人民政府，黄祥（藏）任县长，张月胜任副县长。9月23日中共夏河县工委建立，霍德义任工委书记。此后，县工委和县政府先后向原国民党夏河县设治局设立的14个乡（镇）派出了24名正副乡长，接管了国民党区、乡政权的所有财产和档案，并经过调整后将全县划分为7个地区，计划筹建38个乡人民政府。第一步从1949年10月到1950年12月，先完成了4个区和9个乡的政权建设，即第一区（市镇区）首任区长贡兴汉，区委书记冯思福；第二区（共和区）区长达高（藏），区委书记冯思福（兼）；第三区（清水区）区长更登（藏），区委书记李新民；第四区（黑错区，今合作）区长锁藏佛（藏），区委书记刘世恩。第二步从1951年7月至8月完成了3个区和25个乡的政权建设，即第五区（博爱区）区长罗成勋，区委书记黑永华；第六区（麦西区）区长慈成木（藏），区委书记李成福；第七区（欧拉区）区长达尔吉（藏）。为了进一步充实和健全各区、乡政权机构，从1954年9月开始，县工委和县政府又向各区派遣了工作组，结合开展剿匪、禁烟、调解草山纠纷等中心工作，调整完善了绝大多数区、乡民主政权组织。1953年10月，在第四区增建了美仁乡，把第六区的下巴沟乡划分为第四、第五两个乡。同年11月，将第五区的博拉划分为措尔格和俄诺两个乡。第七区由欧拉和卓格尼玛等部落组成，因在玛曲境内，处地偏远，暂未筹建区、乡人民政权，并于1954年3月划归玛曲行政委员会统辖。到1956年12月底，夏河县共建立了6个区公署（所）、1个区级（下巴沟）工作组和30个乡人民委员会（政府）及3个县政府直属的牧业乡人民政权。即第一区（市镇区），下辖一、二两个乡人委；第二区（共和区），下辖九甲、曼达、达麦3个乡政府；第3区（清水区），下辖隆瓦、清水、沙沟、桥沟、观音、牙首6个乡政府；第四区（黑错区），下辖加科（黑错街、合作镇）、那义、合采、下卡加、上卡加、美武、美仁 7 个乡政府；第五区（博拉区），下辖博拉（俄诺、措尔格）、扎油、多合、加门关 4 个乡政府；第六区（麦西区），下辖阿木去乎一、二乡和麦西、南畔、改革、下吉里七个乡政府。3 个县直属牧业乡政府是：甘加、科才、桑科乡人委。阿拉乡因于 1954 年划归碌曲县，未能建立乡人民政权。

临潭县于 1949 年 9 月 11 日解放后，22 日成立了县人民政府，郭曙华任县长。27 日建立了县委，郭曙华任代理县委书记。嗣后，县委和县政府领导各族人民开展了支援解放四川、抗美援朝、土地改革、镇压反革命、禁烟和私营工商业的社会主义改造等运动，逐步建立健全了区、乡政权组织。从 1949 年 10 月至 1950 年 12 月，全县共建立了 4 个区、20 个乡政权。1951 年将原第二区改为旧城市，新建了第二区（羊永区）。1953 年增建了第五区（羊沙区）。1954 年将第一区的资堡乡改建为第六区（驻新城）。1956 年 6 月改旧城市为城关镇。截至 1956 年底，临潭县共建立了 7 个区公署、26 个乡（街）人委（政府）。即第一区（新城区）首任区长杜歧（兼），区委书记杜歧，下辖城关、寇家桥、新堡、总寨 4 个乡；第二区（三川区），首任区长黄珍（兼），区委书记黄珍，下辖古战、和平、羊永、流顺 4 个乡；第三区（洮阳区）区长康连怀，区委书记田俊峰，下辖王家坟、三岔、陈旗、清河 4 个乡；第四区（冶力关区）区长吕英才，区委书记陈忠旺，下辖冶河、莲花、八角 3 个乡；第五区（羊沙区）区长侯耀山，区委书记魏生喜，下辖岸门、甘沟、石门 3 个乡；第六区（团结区）区长杨万清（藏），区委书记牛贵，下辖牙关、资堡、龙元、术布 4 个乡；旧城市（城关镇）首任市长马逢春（回），市委书记马维清，下辖南关、西关、南关街、西关街 4 个乡（街）人委（政府）。

卓尼从明朝永乐年间开始，实行的是土司制度，共辖 48 旗，16“掌尕”。自 1937 年国民党政府在卓尼成立设治局后，开始推行保甲制度，共设9乡1镇，编保85个，组甲890个，共约10万余人。1949年9月11日，卓尼解放后成立了军管会，杨复兴（藏）任主任，李启贤（军）任副主任，接管了国民党旧政权。1950年10月1日，中共卓尼工委和卓尼自治区行政委员会成立（属省辖县），赵毓文任工委书记兼行委副主任，杨复兴任行委主任。此后，中共卓尼工委和行委认真贯彻执行“团结上层，了解情况，宣传政策，深入群众”的工作方针，逐步进行区、乡、村三级政权建设。1951年4月，县工委和行委向柳林（组长解忠秀）、洮南（组长寇振国）、洮北（组长丁耀武）、录竹（组长梁璞）、北山（组长杨麻周，藏族）、贡巴（组长陈国兴，藏族）6个地方派出了区级工作组。同年6月，县工委决定在上述6个地区筹建区、乡、村人民政权。拟定在各区配备区长1至2人，另配文书和民政、财政、文教、治安、生产、经费助理员各1人。区党委配书记1人，组织、宣传委员各1人。区级群众团体配青年、妇女、农会主任各1人。各乡政府配备脱产乡长、党支部书记各1人，另配不脱产组织、宣传干事和民兵连长及农会、工商、妇联、青年、生产、粮食、优待互助、治安保卫主任各1人。各行政村配行政主任1至2人，民兵排长1人。各自然村配村长1至2人，另配农会组长、民兵班长和治安、青年、妇女、儿童小组长各1人。1952年9月，县工委和行委又向上迭（组长梁锦鹏，藏族）、下迭（组长李彦林）、插岗（组长张志平）派出了3个区级工作组。1954年4月，卓尼把柳林（区长解忠秀兼，区委书记解忠秀）、洮南（副区长虎日占，藏族；区委书记高世卿）、洮北（代理区长赵振声，区委书记侯学福）3个区工作组改建为区公所，成立了区党委。1956年1月，又将录竹（区长陈国兴，区党组书记张谋谈）、北山（区长杨麻周，区党组书记冯国栋）、上迭（区长梁锦鹏，区委书记都尕九，藏族）、下迭（区长李彦林，区委书记佴占海，藏族）、插岗（区长张志平，区委书记开建忠，藏族）5个区工作组改建为区公所，成立了区党委会，并将柳林一乡扩建为城关镇（镇长来永福）。同时在柳林、洮南、洮北、新堡（1954 年 4 月从会川划归卓尼，区长杨世茂，藏族；区委书记郭满清）4 个区成立了区党委，其余 5 个区设立了党组，从而加强了党对区政府工作的领导。截至 1954 年底时，卓尼县共辖 9 个区、18 个乡、32 个旗、517 个自然村，共有 81700 人。其中柳林区建立了城区、卜峪（博峪）、大峪、纳麻、立洛 5 个乡政府；洮南区建立了卡车、拉扎口、大族、朱扎、朱盖 5 个乡政府；洮北区建立了目地坡、申藏、阿子滩、盘元 4 个乡政府；新堡区建立了新堡、柏林、拉扎、洮砚 4 个乡政府。北山、录竹、插岗、上迭、下迭 5 个区下辖 32 个旗（相当于乡）和 407 个自然村。截至 1957 年 12 月底，卓尼在牧区和半农半牧区的录竹、北山、上迭、下迭 4 个区分别建立了 6 个乡政府，插岗区建立了 4 个乡政府。至此，卓尼基本完成了建立乡人民政权的任务。

甘南藏区解放初，今碌曲县双岔、西仓等地属临潭县管辖，阿拉、郎木寺、玛艾等地属夏河县统理。1952 年 7 月，在西北军政委员会甘南藏区访问团的帮助下，成立了中共洮源工作委员会，杜歧任书记，并开始向双岔、西仓地区派遣开辟工作的贸易卫生工作组。1953 年 6 月 18 日，成立了洮源行政委员会（县级），贡去乎俄日（藏）任主任。是年 10 月 1 日改为碌曲行政委员会。1955 年 6 月，碌曲召开了第一次县人民代表大会，建立了第一届县人民委员会（政府），阿才（藏）任县长。从 1953 年起，县工委和行委先后向双岔（组长杜歧，兼）、郎木寺（组长高正祥）、旧寺（拉仁关一带，组长张耀）、西仓（组长马维清）派出了 4 个建政工作组，通过开展民族贸易，发放生产和救济贷款，给人畜防治疾病，宣传党的民族、宗教政策，粉碎匪特的破坏阴谋，广泛团结民族宗教界中下层人士，积极争取广大藏族群众，努力为基层建政创造了条件。截至 1955 年 8 月，碌曲相继建立了双岔（区委书记李珍；区长各项俄旦，藏族）、西仓（区委书记马维清；区长罗卜藏，藏族）、郎木寺（区委书记赵克学；区长才本，藏族）3个区党委和区人民委员会（政府）。在1958年9月的公社化运动中，碌曲全县很快建立了政社合一的红星（书记马崇义）、和平（书记武伟英）、红旗（书记杨佐清）、光明（书记刘守玉）、双岔（书记王耀山）、跃进（书记胡焕章）、阿拉（书记文佐荣）7个人民公社，实现了“一步登天”的公社化。此后，这7个公社仅在称谓上进行了几次变化，体制仍以乡为主，延续至今。

玛曲解放前是以封建牧主经济为主的部落社会，属拉卜楞寺院的领地，主要由卓格尼玛、欧拉、齐哈玛、曼儿玛、上乃儿玛、下乃儿玛、采日玛、阿万仓、麦科禾9个部落组成，共有170多个帐圈，3000多户，1.3万余人。千百年来，玛曲地区从未设有地方行政建制。1952年7月，在西北军政委员会甘南藏区访问团的协助下，中共甘南藏区临时工委决定在玛曲成立中共欧拉工委和欧拉行政工作组（县级），马负图任工委书记兼行政工作组组长，俄项（藏）任工作组副组长。1953年3月中共欧拉工委和行政工作组一行11人进入玛曲一带开辟工作。同年6月，中共欧拉工委改为中共玛曲工委，欧拉行政工作组改为玛曲行政委员会，马负图任工委书记兼行委主任，俄项任行委副主任。1955年6月，玛曲县人民委员会（政府）成立，黄正明（藏）任县长，高立望、俄项任副县长。在此期间，县工委和行委根据牧区特点和社会主义革命及建设的需要，坚持“慎重、稳进”的工作方针，认真贯彻执行党的民族政策和宗教信仰自由政策，积极宣传动员群众，广泛团结民族宗教界人士，实行“不分、不斗，不划阶级，牧工、牧主两利，扶持贫苦牧民发展生产”的原则，先后向卓格尼玛、齐哈玛、欧拉、藏科、乔科、阿万仓、采儿玛等地派出了工作组，开展民族贸易、卫生医疗和电影宣传等项工作，努力为建立基层人民政权创造条件。1957年初，中共玛曲县委和县人委又组成由党员干部带队的工作组，分赴卓格尼玛（组长阎自才）、乔科（组长杨仲魁）、齐哈玛（组长康德荣）、欧拉（组长李发荣）等部落，开辟基层工作和筹建乡人民政权。截至1958年5月，玛曲县共建立了7个乡人委（政府），即卓格尼玛乡（党委书记阎自才，首任乡长高松木）、齐哈玛乡（党委书记徐正礼，乡长张虎堂）、欧拉乡（党委书记陈克昌，乡长董多见）、藏科乡（党委书记段泽润，乡长郝正元）、乔科（曼日玛）乡（党委书记康德荣，乡长杨仲魁）、阿万仓乡（党委书记彭安斗，乡长李明藩）、才乃玛（采日玛）乡（党委书记武良弼，乡长高曦东）。在1958年的公社化运动中，玛曲把全部乡改建为人民公社一级所有，当时全县共建立了7个人民公社，1959年合并为5个公社，属洮江县管辖，1962年1月1日，恢复玛曲县的建制后，新建了群强乡，全县成立了8个乡人委（政府）。同年8月，藏科乡划归青海省甘德县。截至1966年5月，玛曲县人委共下辖尼玛、曼日玛、采日玛、齐哈玛、阿万仓、群强、欧拉7个乡人委（政府）。其建制称谓延续至今。

1962年1月1日，经国务院批准划拨原卓尼县所属上迭区的4个乡（公社）和舟曲县所辖下迭区的6个乡（公社），新建了迭部县，焦根海（军）兼任县委书记，刘德全任县长，佴占海（藏）任副县长。建县初，迭部共下辖10个乡，即益哇（乡党委书记李忠孝；乡长杨阿赛，藏族）、电尕（乡党委书记张荣臣，乡长毛青峰）、卡坝（乡党委书记刘树德，乡长毛青峰1962年2月任职）、达拉（乡党委书记曹成明，乡长虎道智，藏族）、麻牙（乡党委书记李龙云，乡长杨富文，藏族）、多儿（乡党委书记吴尚智，乡长柳荫堂）、阿夏（乡党委书记房显光，藏族；乡长王贵生）、桑坝（乡党委书记卢舒玄，藏族；乡长杨祖堂）、腊子（乡党委书记闵六十三，藏族；乡长王生荣，藏族）、洛大（乡党委书记姜登科；副乡长包琪达玛，女，藏族）。1963年11月新建了尼傲乡（乡党委书记闵选良，藏族；副乡长包扎如，藏族）。1964年3月成立了花园乡（乡党委书记李升高；乡长包喇嘛次力，藏族）。此后，这12个乡仅在体制称谓上进行了几次变更，其管辖范围一直没有变化。

舟曲县在1954年6月以前称为“西固县”。解放前国民党政府在西固县实行的是保甲制度，共辖8个乡（镇）、60个保、768甲，11,030户，有60,387人。1949年12月10日，西固县解放后，成立了县委和县人民政府，石俊任县委书记，李广植任县长，慕锡林任副县长。此后，在县委和县政府的领导下，全部使用起义和旧职留用人员，向各辖区派遣工作组，宣传党的政策，发动群众，配合剿匪反霸、抗美援朝、土地改革等运动，彻底废除了国民党遗留下的旧政权，逐步建立了区、乡基层人民政权。根据武都专署的指示，依据人口的多少、地域的大小，以方便领导、减少开支为原则，全县共划分为4个区、23个乡，即第一、二、三、四区。1951年1月，4个区分别更名为城关区（下辖6个乡）、沙湾区（下辖7个乡）、官亭区（下辖5个乡）、峰迭区（下辖5个乡），并新建了武坪自治区（下辖7个乡）。1952年7月，峰迭区改名为“联合区”，同时成立了大川区（下辖5个乡）。1954年6月，西固县迁往宕昌后，留下3个区和5个直属乡成立了舟曲县，即城关区（区党委书记杨德胜，区长王有才），下辖坪定、寨子、杜坝、北关、弓子石、南峪6个乡；武坪区（区党委书记王甲固，藏族；区长马成龙，藏族），下辖八楞、斜坡、池干、磨里、武坪、坝子、哈河坝7个乡；联合区（区党委书记闵连代，藏族；区长梁庭栋），下辖除瓦、巴藏、老地、立节、占单、黑峪、峰迭、瓦咱8个乡。5个县政府直属乡是：阳山、坪牙、济达、官鹅、大河坝。1954年12月，成立了插岗区（区党委书记开建忠，藏族；区长张志平），下辖阴山、铁坝、博峪3个乡。同年，洛大乡由岷县划归舟曲县管辖。1956年1月，插岗区拨属卓尼县统理，同年4月，官鹅、大河坝两乡划归宕昌县管辖。同时，大川区划归舟曲县管辖，其下辖大川、坪里、中牌、梁家坝、石湘子5个乡。截至1956年底，舟曲县共辖城关、联合（团结）、武坪、大川4个区和阳山、坪牙、济达、洛大4个直属乡。总之，经过基本完成社会主义改造时期，舟曲县基本上完成了基层区、乡政权建设的任务，使人民民主政权日臻完善和巩固，各项事业有了较快的恢复和发展，人民生活水平明显改善和提高。

特征及经验

解放初，党结合甘南藏区的实际，依靠各族群众建立的县、区、乡三级人民政权，概括起来有以下几方面的特点：

第一，具有“三三制”政权性质的特征。全国解放后，按照中央的规定，地方各级政府的工作人员大都由人民解放军的干部、老解放区来的干部和新参加革命的知识分子组成。在领导层以共产党员为主体，包括相当数量的各方面的爱国民主人士。这就是共产党领导下的多党合作的统一战线政权，即人民民主政权。解放初，党为了在甘南各级政权中保持领导地位，又利于联系各族群众，广泛宣传政策，团结发展民族进步势力，争取中间力量，孤立一小撮国民党残余匪特，巩固壮大统一战线队伍，在县、区、乡政权建设中，因地制宜地实行了“三三制”的政策，即在政权机构的人员分配上，共产党员、非党进步分子（包括半脱产人员）、民族宗教界人士各占三分之一。1956年底，在夏河、临潭、卓尼、碌曲、玛曲、舟曲6个县的119个区乡镇中，首任的正副县长、正副区长和正副乡长共有517名，其中共产党员有142人，占总数的28%；非党进步分子有154人，占30%；民族宗教中上层人士有211人，占41%。在全州6个县的29名正副县长中，党员干部有12人，占总数的41%；非党进步分子有2人，占7%，民族宗教上层人士有15人，占52%。在全州156名正副区长中，共产党员有47人，占总数的30%；非党进步分子有50人，占33%；民族宗教中下层人士有59人，占37%。在全州332名正副乡长中，共产党员有83人，占总数的25%；非党进步分子有102人，占31%；民族宗教人士有137人，占41%。解放初，党在甘南基层政权建设中实行的“三三制”方针，实际上是我党在抗日战争时期各根据地采取的“三三制”原则的继续，它进一步继承和发扬了党与非党人士在民主建政中合作共事的优良传统，使党的各项民族政策在政权建设中得到了具体落实，同时也从政权建设方面体现了各民族、各阶级、各阶层人民的共同利益，各级政权都能按人民的意愿行使权利，从而在甘南各族人民的心目中树立了一个民主建政的典范，它对于党全面开辟甘南的各项工作，创造了一个良好开端，起到了“金钥匙”的作用。

第二，突出反映了党的民主建政宗旨。解放初，我党首先考虑到民族宗教界中上层人士在甘南藏区的重大影响，充分尊重和信赖他们，坚持同民族宗教界人士合作共事的原则，发挥他们在政权建设中的积极作用，较大比例地在县、区、乡政权中安排了他们的职务，增强他们的参政议政意识，进而使各级政权享有一定的权威性和广泛性。其次，对本地发生的重大问题，都先和他们平等协商，反复酝酿，主动听取意见和建议，在取得一致意见的基础上，才让他们出面或协助去办，以此开展党和政府的各项工作，逐步达到巩固基层人民政权的目的。三是党经常教育党员干部要和党外人士求同存异，长同消异，提倡协商办事的工作作风。从1949年10月—1956年12月，在全州的30个区和143个乡政府中，民族宗教人士先后担任正副区、乡长的有196人，占总数的40%。特别是夏河、碌曲、玛曲3个县的牧区和半农半牧的区、乡政权中，有85名民族宗教中下层人士曾担任正副区、乡长，占总数的47%。这些民族宗教界人士在基层政权中有职、有权、有责后，绝大多数人能积极工作，认真负责地完成党和政府布置的任务。这样做的结果，使党进一步调动了各方面的积极因素，尽可能地团结了一切可以团结的人，壮大了统一战线队伍，不但减少了阻力，而且增加了助力，同时为深化党群、干群和民族关系起到了桥梁作用。

第三，集中显示了党的民族区域自治政策的优越性。自1952年8月中央人民政府颁布《中华人民共和国民族区域自治实施纲要》后，党在甘南各县、区、乡建政中做了大量工作的基础上，于1953年10月1日成立了甘南藏族自治区（地区级），逐步设立、健全了各级自治机关，并根据甘南的民族、经济、文化等特点，制订了一些自治条例和单行条例，并推广使用藏语言文字，创办藏文报刊和藏语广播电台，大力培养当地少数民族干部，积极促进和发展甘南的社会主义民族经济及文教卫生等项事业。截至1956年底，全州的少数民族干部由1949年10月的17名增加到1162人，增长了68倍，其中有245名少数民族干部担任了县、区、乡三级党政领导职务。这样，党从政权建设方面入手，高度尊重甘南各少数民族管理本民族内部事务的自主权，认真落实民族区域自治政策，既满足了甘南少数民族人民管理本民族内部事务的愿望，又稳定了甘南的政治局势，促进了农牧业生产的迅速发展，加强了藏、回、汉各民族之间的大团结，同时也进一步巩固和完善了各级人民民主政权。

回顾解放初党在甘南进行基层政权建设的经过，主要有以下几方面的基本经验：

一是党结合甘南实际，准确、完整地实行了“不分、不斗，不划阶级，牧工、牧主两利，扶持贫苦牧民发展生产”的政策，和“依靠劳动牧民，团结一切可以团结的力量，在稳步发展畜牧业生产的基础上，逐步实现对畜牧业的社会主义改造”方针，使农牧业生产得到迅速恢复和发展，人民生活水平有了明显改善和提高。当时，各县派出的工作组都把恢复国民经济，发展农牧业生产放在第一位，配合剿匪、禁烟等中心工作，全力以赴地开展民族贸易，发放生产和救济贷款，进行人畜疾病的防治和文教卫生宣传活动。解放初，我党在甘南藏族聚居的农区、牧区和半农半牧区，都没有进行土地改革，也没有划定阶级成分。在临潭、西固等县回、汉杂居的农业区，对佛教寺院和清真寺的土地一般未动。对少数民族中的地主，只没收其土地，其他财产一律未动。对临潭县的西道堂只征收了出租的土地。对民族中上层人士及其他爱国守法人士，均未进行面对面的斗争，而是采取“保护过关”的办法。在全州的私营工商业社会主义改造中，对小商、小贩和以寺院名义经商的当地藏族商人，采取了“更加缓和的方式逐步实现”的政策措施，通过配发营业证，动员其参加工商联和加强税收管理等办法，使他们逐步走上公私合营的道路。对各寺院和西道堂的商业，都基本上未予触动。这样放宽政策的结果，不但稳定了甘南的政治、经济局势，促进了生产的发展，而且大大提高了党和人民政府在各族群众中的威望，越来越多地受到各族人民的热烈拥护。

二是严格遵照中央关于民族工作要“慎重、稳进”的指导方针，克服盲目性，防止急于求成，有计划、有步骤地逐步建立区、乡、村基层政权。甘南藏区解放后，我党坚持把民族工作的方向和任务，重点放在尽量减少民族之间和民族内部的隔阂与矛盾方面，以巩固和加强藏、回、汉各族人民的团结，有计划、有步骤地发展甘南地区的政治、经济和文教卫生事业。当时，我党对甘南藏区的一切工作采取了“慎重、稳进”的方针，反对和防止急性的做法，不搞“一刀切”，不照抄照搬内地汉区的做法，不搞急于求成，不搞一昼夜之间的区乡“化”建政，而是因地制宜地从实际出发，采用“慎重稳进，逐步推广”的办法，先多次派遣工作组，深入群众，了解情况，宣传政策，解决群众最关心的问题，认真选拔和培养积极分子，不断壮大统一战线队伍，从各方面来争取群众，争取民心，逐渐为区、乡、村建政创造条件，然后成熟一个，建立一个，巩固一个，逐步扩展，达到稳步建立、逐步健全、长期巩固之目的。

三是把大力培养少数民族干部作为政权建设的主要内容来抓。解放初，甘南当地的民族干部仅有 17 名，绝大多数工作人员是国民党旧政权的留用人员和随军来的一批老区干部。少数民族干部的奇缺，造成了党在甘南开辟工作和建政等方面的巨大困难。于是在 1953 年 10 月 1 日甘南藏族自治区成立后，中共甘南工委就把培养民族干部列入重要议事日程，作出了《培养少数民族干部的决议》，全面安排，统一部署，积极、大胆地选拔培养少数民族干部，并采用“以老带新，以汉帮藏”“用师傅带徒弟”的办法具体抓培养民族干部工作，特别是对那些从农牧民中直接提拔起来的区、乡、村少数民族干部，则采用“跌倒了扶起来，再跌倒了再扶起来”的措施，耐心帮助他们总结经验教训，循序渐进，逐步提高。截至 1956 年 12 月底，在甘南的 119 个区、乡政权中，担任正副区、乡长职务的干部有 486 名，其中少数民族干部有 272 名（内有藏族 236 人，回族 36 人），占总数的 56%。在全州区公所（署）的正副区长中有少数民族干部 67 名，占总数的 49%。在所有乡政府的正副乡长中，有少数民族干部 205 名，占总数的 59%。甘南解放初，我党这样大量培养少数民族干部的结果，一方面具体落实了民族区域自治政策，另一方面基本满足了基层政权建设的需要。

四是把基层政权建设同恢复和发展农牧业生产及各项政治运动紧密结合起来。解放初，我党在甘南进行基层政权建设的过程中，始终把各族群众的切身利益放在首要地位，将此项工作同发展农牧业生产、改善提高群众的生活水平密切联系在一起。不论任何区、乡工作组，每到一地，都先关心过问和狠抓当地的农牧业生产，解决群众最关心的问题。截至 1954 年 10 月，甘南各级人民政府共发放救济款 81 万元，救济粮 29 万余斤，农业和牲畜贷款 42 万多元。同时，还紧密结合剿灭马良股匪、镇压反革命、“三反”“五反”和禁烟运动等，粉碎了反动势力企图阻挠破坏建政的种种阴谋，安定了社会秩序，消除了政权建设中的障碍，减少了政治阻力，使各级人民政权日臻完善和巩固，从而也使甘南的政治、经济和文化教育事业得到了很大发展，连续出现了稳定增长的大好局面，顺利完成了第一个五年计划的光荣任务。

本文选自中共甘南州委党史资料征集办公室：《甘南党史资料》，第四辑，1993 年 1 月。

甘南解放初期各县整党综述

赵瀚豪

甘南藏区解放初，境内虽有夏河、临潭、卓尼、西固（舟曲）4个县，但分属省辖和临夏、武都专署统理，各县（工）委和县政府领导机构均不健全，区、乡政权处于筹建过程，多数是以工作组名义开展工作的。党的基层组织（区、乡、村支部或党委）一个都没有建立。藏族和其他少数民族党员为数极少。当地少数民族干部奇缺。各级党政负责人大多数是从内地汉族地区调来的，不少人缺乏民族工作的经验，因而党的各项方针政策不能直接和各族群众见面。但经过三年多的艰苦努力工作，各县（工）委在省委的正确领导下，认真贯彻执行党的一系列民族政策和“慎重、稳进”的方针，广泛建立民族统一战线，认真处理历史遗留下来的部落、草山纠纷，逐步消除民族间的隔阂，清剿由美蒋直接指挥的马良股匪，坚决镇压各类反革命分子，积极恢复和发展农牧业生产，从实践中选拔培养少数民族干部，分期分批地建立区、乡、村党政组织，为甘南藏族自治区（州）的成立创造了条件。截至1953年10月1日，甘南的党员由1949年10月初的39名增加到408名，其中少数民族党员由1949年的2名增加到27名；区8乡、村党支部、党委（组）由1949年的零增加到37个；干部由1949年10月的400多人增加到1689人，其中少数民族干部由

1949 年 10 月的 17 人猛增到 319 人。

但由于革命胜利后有的党员淡忘了 1949 年 3 月毛泽东同志在党的七届二中全会上的教导，他告诫全党在全国解放后要特别警惕资产阶级糖衣炮弹的袭击，务必使全体党员和干部保持不骄不躁、谦虚谨慎、艰苦奋斗的作风。中华人民共和国的成立，标志着我党上升到执政党的地位后，其自身面临着新的严峻考验。这不仅是指在全新的任务面前党要排除万难去学会全新的本领，更重要的是指党在进入城市、执掌政权、从事和平建设的全新的历史条件下，牢记七届二中全会发出的警告，继续保持同人民群众的血肉联系，继续保持实事求是、谦虚谨慎和艰苦奋斗的优良传统，不被权力、地位和资产阶级的捧场所腐蚀。因此，党中央要求各级党组织要通过整党，教育全体党员和干部务必保持清醒的头脑，纯洁党的队伍，增强反腐蚀的能力，满怀信心地去迎接困难和挑战。当时，在甘南 4 个县的党组织和全体党员干部中，程度不同地存在着组织、思想、作风不纯的现象。有的县委领导因缺乏在少数民族地区工作的经验，照抄照搬内地汉区的一些做法，出现了急躁冒进的倾向，对党开辟甘南藏区的工作曾一度造成了困难。有些从老区来的干部以功臣自居，滋长了骄傲自满情绪，工作中产生了脱离群众的官僚主义、命令主义。有的党组织严重不纯，对解放前夕混进党内的国民党军警宪和反动党团骨干未予清理。有的党员干部贪污腐化，染上了吸食鸦片和嫖妓赌博的恶习。也有的党员干部严重违犯党纪国法，贩卖枪支和毒品。还有的随意侵犯人权，打骂群众，搞逼供信，在党内外造成了极坏影响。

针对上述情况，为了加强党的思想建设和组织建设，夏河、临潭、卓尼、西固 4 个县（工）委遵照党中央 1950 年 5 月 21 日发出的《关于发展和巩固党的组织的指示》，及时在全体党员中开展了一次着重整顿党的干部的整风学习；从 1951 年 3 月起，各县（工）委又认真贯彻执行第一次全国组织工作会议通过的《关于整顿党的基层组织的决议》，对各级党组织普遍进行了一次全面整顿，在党员中进行了一次关于共产党员必须具备的八项条件的教育，特别是关于社会主义、共产主义前途的教育，在此基础上，对每个党员进行严格的审查和登记，对犯有严重错误和不够党员条件的党员进行组织处理。这样，重点克服了4个县（工）委在某种程度上的组织与思想不纯现象。1952年2月3日，党中央又发出了《关于“三反”运动应和整党运动结合进行的指示》，要求各级党组织在“三反”运动的基础上，按照党员标准的八项条件，对党员进行登记、审查和处理，并对所有干部作一次深刻的考察和了解，坚决清除贪污腐化分子和阶级异己分子，撤换那些严重的官僚主义分子和居功自傲、不求上进、消极疲沓、毫不称职分子的领导职务，大胆提拔一批德才兼备的优秀分子到各种工作的领导岗位上来。这次整党，从1951年下半年开始至1954年春结束，甘南各县（工）委遵照中央的一系列有关整党指示，紧密结合“三反”等运动，分期分批地对各级党组织进行一次整顿。首先，各县（工）委成立了整党委员会，作出了整党计划和安排。各县大体上分三个阶段进行，第一阶段：学习文件，领会精神，进行思想动员。第二阶段：组织审查，重新登记，处理有问题的党员。第三阶段：建立健全支部生活制度，发展新党员。经过这三个步骤的整党，4个县（工）委对全体党员和干部普遍进行了一次马列主义理论和党的基本知识教育，进一步纯洁了党的队伍，提高了各级党组织的凝聚力和战斗力。当时，参加甘南4个县（工）委1952年整党的党员共有204名，清除出党的有32人，犯错误受党内处分的有14人。整党中4个县共发展新党员60名。

回顾甘南解放初期4个县（工）委整党的经过，主要有以下几方面的收获和经验：

第一，提高了广大党员的政治思想觉悟，增强了他们反腐蚀的自觉性。在这次整党中，甘南4个县（工）委始终贯彻了以政治思想教育为主的原则，组织党员干部认真学习中央的有关整党文件，结合每个党员的实际，对照党员标准的八项条件，逐条衡量，开展查立场、查思想、查作风的“三查”活动，消除部分党员中滋长起来的以功臣自居的骄傲自满情绪，克服官僚主义、命令主义等不良倾向。对不具备党员标准八项条件的党员，先进行耐心的帮助教育，使其逐渐符合党员标准。对政治思想有严重毛病、犯过重大错误又无法挽救者，则劝其退党，但安排适当工作，将其团结在党的周围，密切了党群、干群关系，激发了广大党员干部发扬革命传统和艰苦奋斗的精神，使开辟甘南藏区的工作有了新的起色。

第二，保持了党的队伍的纯洁性，提高了各级党组织的战斗力。在这次整党中，中共西固县委重点对“原西固地下党”进行了审查和处理。其结果在 1952 年 10 月 23 日的《中共西固县委整党工作总结报告》[①] 中写道：根据中央和上级党委的有关指示，在进行“三反”运动清党的基础上，从 1952 年 10 月 2 日至 23 日进行了 20 天的整党。“对原西固支部的地下党员，绝大多数按党员标准的八项条件和中组部规定必须清除的‘六种人’[②]（主要是国民党军警宪和反动党团骨干分子）劝其自动取消候补资格，少部分人定为党的同情分子”。整党结束后，1954 年 2 月 4 日《中共西固县委组织部关于四年来的工作检查报告》[③] 中称：全县共有党员 49 名，其中从老区来的干部内有党员 17 名；西固地下党员 32 名。经过整党后，“在 32 人地下党员中，将 31 人出党，保留 1 人（尚维周）。”嗣后，据尚维周在 1969 年 11 月 9 日的材料中称[④]：“我虽于五二年转正，五五年肃反中开除（注：主要是组织上依据其在 1949 年 8 月前曾任国民党静宁县长、甘肃省党部执行委员的历史

① 舟曲县档案馆 1952 年卷宗。
② 宕昌县档案馆组织部永久卷 75 号。
③ 宕昌县档案馆组织部永久卷 0075 号。
④ 中共舟曲县委（1989）1 号文附件 3。

问题），五七年审干时以入党手续不合格取消党员资格”。这样，经过解放初期的整党，中共西固县委对“原西固地下党”的32名党员全部清理出党。

第三，加强党支部的建设，初步培养发展了一批当地和少数民族党员。甘南4个县（工）委在这次整党中，普遍把加强党支部的建设放到重要位置，建立健全各党支部的学习生活制度。各级党组织在整顿过程中，采用聘请党外人士参加帮助整党的办法，充分发扬民主，畅所欲言，集思广益，建立健全支部生活制度，并制定出每个支部的工作计划。此外，还特别注意吸收在“土改”“三反”等运动中涌现出的优秀积极分子入党，注重发展少数民族和妇女党员。仅在1952年的整党中，4个县共吸收新党员60名，到1954年底时，全甘南共发展新党员261名，其中有少数民族党员61名。

本文选自中共甘南州委党史资料征集办公室：《甘南党史资料》，第四辑，1993年1月。

党的民族政策在甘南藏区的早期实践

赵浩瀚

我们党已经走过了七十多年的光辉历程，回顾解放初党在甘南的民族政策实践，总结历史经验，对于加强目前的民族大团结，稳定安定团结的政治局面，促进民族地区的繁荣昌盛，进一步做好民族工作，是颇有裨益的。本文就 1949 年 10 月至 1956 年底，党在甘南藏区实行的民族政策，从理论和实践上作一探讨。

一、背景和由来

甘南藏区于 1949 年 10 月解放后，境内有夏河、临潭、卓尼、西固（舟曲）4 个县。总面积 4.4 万平方公里。是个以藏族为主体的多民族聚居区。当时共有 29.7 万人，其中藏族 15.4 万人，占总人口的 51.7%；回族 1.76 万人，占 5.9%。少数民族占总人口的 60%左右。1953 年新建了碌曲、玛曲两个纯牧业县。到 1956 年时，共有 6 个县，119 个区、乡、镇。

在封建社会里，由于我国长期存在着阶级压迫，民族问题日趋突出，特别在近代，各地军阀和国民党反动派在民族地区推行“震慑番夷，俾沐汉化”“以夷攻夷”的民族歧视和压迫政策，使得甘南藏区的民族问题和民族矛盾尤为激烈、尖锐，藏、回、汉民族之间的冲突和隔阂愈来愈深。

解放前夕，甘南既有国民党的政权统治形式，如夏河、卓尼的设治局（**正式设县的过渡性政权结构——原文注**）和临潭、西固的国民党县政府，又有土司制度和喇嘛教寺院政教合一的统治体制。解放初，国民党的统治政权虽然被消灭了，但土司制和政教合一的喇嘛教寺院统治依然存在，全甘南共有部落和旗（相当于乡）制110多个。各县的大多数区、乡人民政权尚未建立。党的政策未能直接和广大群众见面。党在偏远山区和牧区的影响十分微弱。党组织的力量和干部队伍也很薄弱。在1949年底，甘南仅有两名藏族党员，当地少数民族干部只有39人。另外，由于历史造成的甘南藏区在政治、经济、文化等方面还相当落后，特别是甘南具有农业、林业、半农半牧业和纯牧业的经济形态，生产力发展水平比较低下。再加上以马良为首的大小21股国民党匪特流窜在川、甘、青三省交界的部分藏区，大肆进行挑拨、骚扰和破坏活动，致使历史遗留下来的民族矛盾和民族歧视，主要是藏、回、汉民族间的相互仇视和隔阂，都根深蒂固地存在着，这就造成了甘南在解放初十分严峻地存在着民族间和民族内部的矛盾、纠纷等问题，同时决定了它在某种程度上的尖锐性和复杂性，需要党采取一系列正确的方针政策和有效措施，认真而慎重地加以处理和解决。

新民主主义革命时期，党和毛泽东同志把马列主义的民族理论和基本原理同中国革命的实践相结合，在革命斗争中逐步形成、发展、完善了马列主义的民族理论和民族政策。大革命时期，党根据对中国民族问题的认识，提出了反对民族压迫，提倡民族平等，实行民族自决和联邦制的主张，初步形成了党的民族理论。1926年11月，本着民族平等的原则，党中央在关于西北军的一个指标中，首次把汉族以外的其他民族称为“少数民族”。土地革命战争时期，随着党的逐渐成熟，对我国民族问题的认识也逐步加深。特别在红军长征时期，经过与越来越多的少数民族的频繁接触，使党在革命实际中积累了许多处理民族问题的经验，从理论和实践上形成了党的民族政策雏形。从此，我党把民族问题列为中国革命总问题的一个重要组成部分，并为丰富和发展马列主义的民族理论与政策，开创了新的开端。经过抗日战争和解放战争，党的马列主义民族理论得到了进一步充实和发展，党的民族政策也更加完整、科学和系统化，达到了成熟阶段。它为我党制定社会主义时期的民族政策提供了宝贵经验。

解放后，党在总结新民主主义时期民族工作经验的基础上，运用马列主义的民族理论和民族政策原理，结合甘南的实际和特点，正确分析、认识甘南的民族状况和环境条件，树立正确的民族工作指导思想，坚持一切从实际出发的原则，实事求是地制定了一系列民族工作的方针、政策。首先，党坚持用马列主义、毛泽东思想的民族观来教育广大干部，全面进行党的民族理论和民族政策教育，对外地来甘南开辟工作的汉族干部和进行剿匪的解放军指战员，介绍、宣传甘南的民族历史、民族风俗习惯、宗教信仰等情况，努力提高他们对党的民族工作重要性的认识，增强做好民族工作的自觉性。其次，切实加强各级党委对民族工作的重视和领导，坚持把民族工作列入各级党政组织的议事日程，认真克服任何忽视民族问题和民族工作的倾向。第三，对一切工作采取“慎重、稳进”的方针。甘南各级党政组织根据乌兰夫在1950年4月政务院会议上作的《关于民族工作问题的报告》精神，采用“更和缓”的方式，积极、慎重地调处了历史遗留下来的2880多起草山、边界纠纷，为恢复国民经济、发展农牧业生产、增进各民族间的友谊和加强民族内部的团结，做了大量有益的工作。第四，严格执行纪律，维护党的民族政策的严肃性。解放初，党制定了一系列贯彻落实民族政策的纪律，要求甘南各级党政军干部和战士模范地遵守执行，对违纪者进行教育和严肃处理。第五，结合甘南的实际和特点，制定解决民族问题的具体政策和措施。新中国成立后，党明确提出了我国的各民族必须在中国共产党的领导下，团结一切可以团结的人，化消极因素为积极因素，各民族要有互相依存、团结奋斗、合作建国的指导思想，确立了我国各民族间的平等、团结、互助、友爱的新型关系，并决定以实行民族区域自治为解决我国民族问题的基本制度。在理论和实践上，党成功地解决了甘南藏区在基本完成社会主义改造时期各民族向社会主义过渡的问题，并全面、系统地在甘南制定和实施了诸如建政、建党、建立统一战线、培养民族干部、发展民族经济和文化教育事业，及实行宗教信仰自由等一系列具体政策，为促进甘南各民族的大团结、增进各民族的共同繁荣和昌盛，建立一个民族和睦的大家庭创造了条件。

二、实践和经验

解放初，党在甘南实行的民族政策，是马列主义民族观同中国民族问题实践相结合的产物，是党的民族理论和民族政策的缩影，也是党的民族政策在藏区的又一次伟大实践，它成功地解决了甘南在实现社会主义改造任务中的民族问题，其内容和范围主要有以下几个方面：

（一）坚持民族平等　促进民族团结

坚持民族平等，是马列主义的一项原则，也是实现民族团结的前提和基础。列宁曾指出："我们要求国内各民族绝对平等，并无条件地保护一切少数民族的权益。"[①]1922 年 7 月，党在二大宣言中提出了反对民族压迫、各民族一律平等的主张。1926 年 12 月，

① 《列宁全集》，第 19 卷，北京，人民出版社，1958。

党又在《解决苗瑶决议案》中指出："苗、瑶族同汉族应在政治、经济上一律平等，并帮助他们发展文化教育。"党在新民主主义时期一贯主张民族平等，反对民族压迫；坚持民族团结，反对民族分裂，并以此作为马列主义民族理论的基本原则，作为解决国内民族问题的根本政策。解放后，党在一系列文件、指示中，特别强调在我国应实行各民族一律平等的政策，主张各民族要团结友爱，并把它作为彻底消除民族压迫、实现民族平等、维护国家统一、保障社会安定、促进经济发展、推动各民族兴旺发达的基本保证。1949 年 9 月，起临时宪法作用的《中国人民政治协商会议共同纲领》指出："中华人民共和国境内各民族一律平等，实行团结互助，反对帝国主义和各民族内部的人民公敌，使中华人民共和国成为各民族友爱合作的大家庭。反对大民族主义和狭隘民族主义，禁止民族间的歧视、压迫和分裂各民族团结的行为。"同时还规定了各民族在政治、经济、文化教育等方面的平等权利，成为党制定社会主义时期民族政策的基本准则。

党在甘南解放初始终坚持各民族平等，反对民族压迫；坚持民族团结，反对民族分裂这一马列主义、毛泽东思想的根本原则，并把它作为解决甘南民族问题的基本政策。首先，党和政府本着实事求是的原则，从实际出发，以促进民族团结和发展农牧业生产为愿望，发扬互谅、互让的精神，采用反复协商的办法，公平合理地调处了历史遗留下来的民族、部落、草山纠纷，妥善解决了在民族关系和民族团结方面发生的许多事件及问题，从而增进了甘南各民族间的团结和友谊，使历代统治阶级造成的各民族间和民族内部不团结的现象大为减少。其次，党和政府坚决揭露打击敌对势力，特别是马良股匪在民族问题上的种种阴谋和伎俩。甘南通过 1952 年剿匪和"镇反"等运动，剿灭了美蒋指挥和空投支援的马良残匪 1800 多人，杀、关、管了各类反革命分子 1450 人，进而保障了社会秩序的安宁和稳定，铲除了甘南制造民族纠纷和民族隔阂的反革命政治基础，确保了党的民族政策的顺利贯彻执行。

（二）实行民族区域自治　落实自治权力

列宁在《论民族自决权》中指出：“各民族完全平等，各民族有自决权，各民族工人融合起来——这就是马克思主义教导给工人的民族问题纲领，全世界经验和俄国经验教导给工人的民族问题纲领。”①1922 年 7 月，党以苏联为模式，在二大宣言中提出：“尊重边疆人民的自立，促成蒙古、西藏、新疆三自治邦，用自治统一中国本部，建立中华联邦共和国。”1928 年 7 月，党又在六大提出“统一中国，承认民族自决权”的民族纲领。1931 年党在《中华苏维埃共和国宪法大纲》中规定，解决我国民族问题可采用民族自决、联邦制和民族区域自治两种方式。但在长征之前，党未直接接触少数民族，所以自二大以来提出的上述理论原则未能完全实施。红军长征期间，在经过贵州、云南、四川、甘肃等省的广大少数民族地区时，党根据面临的诸多民族问题，摆脱了苏联模式（联邦制）的影响，提出帮助少数民族组织他们自己的自治政府的主张，并在经过的各少数民族地区，建立了许多带有民族区域自治性质的自治政府。使党的民族区域自治政策首次付诸实施。以后又经过抗日战争和解放战争，党的民族区域自治政策得到了进一步发展和完善，趋于成熟。1941 年，党颁布了《陕甘宁边区施政纲领》，以立法的形式把实行民族区域自治规定下来。它标志着我国民族区域自治理论的基本形成。

中华人民共和国成立后，党不断充实、健全民族区域自治制度，保障民族区域自治地方充分行使自治权力，妥善处理国家整体利益同民族区域自治利益的关系。1949 年 10 月，党在《共同

① 《列宁全集》第 2 卷——原文注。

纲领》中把民族区域自治作为新中国的一项政治制度，明确规定："各少数民族聚居的地区，应实行民族区域自治，按照民族聚居的人口多少和区域大小，分别建立各种民族自治机关。"1952 年 8 月，中央人民政府颁布了《中华人民共和国民族区域自治实施纲要》，在全国积极推行民族区域自治。这是党运用马列主义民族理论，解决我国社会主义时期民族问题的基本政策。甘南解放后，党首先在 4 个县分别召开体现民族区域自治和政治协商原则的各族各界代表联谊会。通过发扬民主，进行反复酝酿协商，然后于 1952 年底以前成立了各县和甘南藏区各族各界人民代表会议协商委员会，代行人民代表大会的职权。1953 年 10 月 1 日，成立了甘南藏族自治区（州）人民委员会（政府），行使人民代表大会的职权。此后，党又在 1955 年召开了州、县、乡第一次人民代表大会，正式建立健全了各级自治机关，并以法律形式确定了人民代表大会制度和它所行使的民族区域自治权力。甘南民族区域自治政策的实施，不但满足了少数民族群众当家作主和管理本民族内部事务的愿望，而且强化了各民族间的内在凝聚力，同时又体现了党的政治协商制度的日臻完善，以致在较长时期内保证了安定团结的稳定局面。

（三）尊重民族风俗习惯　实行宗教信仰自由政策

我国各民族的风俗习惯是历史的产物，也是各民族的历史传统和心理感情的体现，为本民族群众所崇尚。尊重少数民族的风俗习惯，是坚持民族平等的重要内容之一，也是实现民族团结的一个必不可缺的条件。长期以来，聚居和杂居在甘南的藏、回、汉等民族的风俗习惯除各有不同外，就是分布在同一个县内或区乡内的藏族风俗，也有很大差异。同时，农业区和林区、半农半牧区和纯牧区少数民族群众的生活习俗也是各有不同的。尊重每个民族的风俗习惯，就是崇敬一个民族的尊严和人格。解放后，党经常教育各级干部和解放军指战员，把尊重少数民族的风俗习惯看作坚持民族平等的重要内容，是搞好民族关系，团结各族人民，确保各项工作顺利开展的重要保证之一，要求他们要熟悉和了解甘南少数民族的习惯，并制定严格的纪律，在实际行动中模范地贯彻执行。

宗教信仰自由政策，是党正确处理宗教问题的一贯政策，其基本点是尊重和保障人民群众有信仰宗教的自由，也有不信仰宗教的自由。甘南除临潭、夏河等县的回族群众信仰伊斯兰教外，藏族全部信奉喇嘛教，藏传佛教在群众中有很深的影响。1949 年 10 月，在甘南境内的 4 个县中，共有佛教寺院 144 个，清真寺 40 多个，有僧人约 14000 余人。解放初，党根据甘南是全信教区的这一特点，及时提出和实行宗教信仰自由政策，首先批准开放了已有的佛教寺院和伊斯兰教清真寺，满足信教群众的宗教生活需要，其次公开声明不干涉僧侣和阿訇们进行正常的宗教活动。这样，既尊重和保护了信教群众的宗教信仰及宗教活动，又按照政策和法律加强了对宗教活动的管理，使整个宗教活动逐步纳入国家法律允许的范围之内。与此同时，党和政府重视加强对各级干部和战士的教育，三令五申地强调指出：要保护藏传佛教寺院和清真寺，保证僧人、阿訇和人民群众信仰宗教的自由。还制定了严禁毁坏经殿、经堂、神像和污辱僧人、阿訇等神职人员的纪律，严格遵守执行。从而使党的宗教信仰自由政策在实践中得到贯彻落实，同时也团结了广大信教群众和宗教界的爱国人士，调动了他们参加社会主义革命和建设的积极性。

（四）团结民族宗教中上层人士　建立统一战线

我国新民主主义的革命实践证明，统一战线是党的总路线、总政策的重要组成部分。它不仅是党领导新民主主义革命的一大法宝，而且是领导社会主义革命和建设的一大法宝，也是马列主义战略、策略原则的具体运用。无产阶级必须在不同的历史阶段，联合一切可能联合的阶级、阶层，团结一切可以团结的力量，调动一切积极因素，努力化消极因素为积极因素，团结绝大多数人于党的周围，结成最广泛的统一战线，这是夺取革命和建设事业胜利的保证、战胜任何困难的强大力量源泉，也是党在政治上的一个巨大优势，又是我国新民主主义革命的一个基本特点，新中国社会主义建设的一大特色，过去和现在以及今后仍然是党的一大法宝和基本经验之一。解放初，甘南约有民族、宗教中上层人士 50 多人，有大小土官、部落头人、活佛、阿訇等 300 余人。由于历史的原因，这些民族宗教人士在当地群众中享有极高的威望和权势。他们不但熟悉本民族的历史现状，通晓本民族的语言文字，懂得当地群众的生活方式与习惯，而且在某种程度上掌握着当地的政治、经济、军事和宗教大权。他们的一言一行，在少数民族地区有着举足轻重的作用。因而党在领导社会主义革命和建设的过程中，能否取得他们的支持和拥护，能否最有效地团结他们，使用他们，充分发挥他们的积极作用，有着特殊的重要意义。解放初，党在甘南采取的主要统战措施有：一是提高各级党委对统战工作的认识，从战略高度来重视和做好统战工作，经常过问，及时讨论研究和督促检查统战方针政策的贯彻落实。要求各级党政负责干部带头做好统战工作，不仅要积极参加统一战线的重要活动，而且要充分发扬民主，广开言路，广交朋友。并在党内外深入进行党的统战理论政策的宣传教育，把党的统战政策切实贯彻到各级组织、各个部门和全党干部中去。二是坚持在任何时候、任何情况下，都把团结最大多数群众作为统战工作的出发点和落脚点，就是遇到突发性事件和问题时，也必须着眼于广泛团结绝大多数基本群众，先做好疏导教育工作，然后邀请民族宗教界人士出面做一些有益的说明和劝解，实事求是、公平合理地处理所有纠纷和事件。三是始终坚持党对统一战线的领导权。对于统一战线内部的政治是非和思想认识问题，党实行团结、批评、团结的方针，以达到在爱国主义和社会主义政治基础上的最广泛团结。四是适当安排民族宗教中上层人士在政权机关和统战组织中的职务，建立健全民主协商制度，增强他们参政议政的程度和意识。1955 年，在甘南州一届一次人大选举产生的 26 名州人民委员会委员中，有民族、宗教中上层人士 16 名，占总数的 62%。在自治州人民政府的 5 名正副州长中，有民族上层人士 3 名，占 60%。在州政协的 4 名正副主席中，有民族、宗教上层人士 3 人，占 75%。在夏河、临潭、卓尼、碌曲、玛曲、舟曲 6 个县人民政府的 21 名正副县长中，有民族中上层人士 13 人，占 62%。在 6 个县的 22 名县政协正副主席中，有民族宗教中上层人士 13 人，占 59%。其中自治州州长和夏河、卓尼、碌曲、玛曲 4 个县的第一任县长均由民族中上层人士担任。同时，在全州的区、乡级政权中，共安排了 90 多名土官、部落头人和活佛的职务。这样，既发展壮大了党的统一战线队伍，又充分发挥了民族宗教界人士在甘南社会主义革命和建设中的重要作用。

（五）大力培养民族干部　提高干部队伍素质

甘南解放后，党认真实行“普遍而大量地培养少数民族干部，并从政治上予以提高”的方针，同时坚持“就地取材”的原则，积极选拔培养具有共产主义觉悟的民族干部，及时地把他们充实到党政机关中，经过一定时期的锻炼和考验后，又把大多数安排到县、区、乡领导岗位上去。到 1953 年 10 月 1 日甘南藏族自治区（州）成立时，全区共有干部 1089 名，其中少数民族干部由 1949 年 10 月的 17 名增加到 319 人，内有藏族 232 人，回族 86 人，蒙古族1人。民族干部占干部总数的12%，比1949年增长了18.8倍。但是，民族干部的培养远远未能跟上形势发展的需要，党为了更多地培养民族干部，1954年中共甘南工委作出了关于《培养少数民族干部决议》的决定，强调指出要“普遍大量地培养和放手提拔使用，并从政治上予以提高。”计划在三年内培养的民族干部占全州干部总数的55%，同时还要培养出一定数量的少数民族领导骨干。

甘南刚解放时，除了随军来的一批汉族干部和1952年西北军政访问团留调的部分干部外，当地干部和少数民族干部很少，为适应甘南藏区工作的需要，党在培养民族干部方面采取了以下几条措施：一是把建政、土改、剿匪、禁烟等运动中涌现出的大批少数民族积极分子，经过短期学习和培训后，充实到县、区、乡机关中去，作为党和政府开辟工作的基层骨干力量。二是加强甘南藏区党的组织建设，积极培养和吸收少数民族中的先进分子入党。截至1956年底，甘南州共有党员4617名，其中少数民族党员由1949年的2名增加到1349人，占党员总数的29%。三是选送到兰州等地的各级各类学校深造和就地举办训练班，大量培养当地和少数民族干部。在1949年至1950年的两年中，仅西北人民大学兰州分校第三部的“藏民问题研究班”，就为甘南培训民族干部51人。西北民族学院从1950年成立到1956年底，共为甘南培训民族干部1000多人。另外，截至1953年10月甘南藏族自治区（州）成立时，各县举办了4期干部短训班，培训当地和少数民族干部400余人。四是把思想建设放在首位，加强对民族干部的政治思想教育，帮助他们树立无产阶级的世界观和民族观。解放初，党根据甘南藏区在政治、经济、文化等方面比较落后的状况，对民族干部的培养不要求过高、过急，而是在各方面给予帮助和特殊照顾，并特别重视政治上的进步，使他们健康、稳步地成长。五是采用“互帮互学，以老带新，以汉帮藏”和“师傅带徒弟”的方法，热情培养民族干部。对工作中一时出现缺点错误的民族干部，本着“爱人以德，与人为善”的态度，帮助他们从思想上检查、分析错误发生的根源，找出其危害，并总结经验教训，讲明改正的办法，树立克服缺点错误的勇气和信心。对那些直接从农牧民中选拔的民族干部，党更是采取“跌倒了扶起来，再跌倒了再扶起来”的政策，耐心帮助他们总结经验教训，在实践中逐渐进步。六是特别强调汉族党员干部和民族干部之间的团结，要求各民族干部要互相尊重、互相学习、互相帮助、互相友爱，取长补短，共同进步。严格防止克服大汉族主义和地方民族主义倾向。这样，在实践中，甘南逐步形成了一支团结友爱、朝气蓬勃的干部队伍。

(六) 稳步进行民主改革　发展民族经济和文教事业

由于历史的原因，我国的少数民族大多聚居在边疆或偏远山区，其政治、经济和文化教育事业都很落后。帮助少数民族大力发展经济文化，走共同繁荣昌盛的道路，是党一贯坚持的政策，也是加强和巩固民族团结的物质基础。解放后，党非常重视发展少数民族地区的政治、经济和文教等各项事业。1950 年 4 月 28 日，乌兰夫在政务院作了关于民族工作的报告，强调指出：民族工作的方向和目的，是要尽量减少民族间的隔阂和矛盾，加强和巩固各族人民的团结，并尽可能有计划、有步骤地帮助少数民族逐渐发展其政治、经济和文化。对少数民族地区的一切工作必须采取慎重缓进的方针，反对急性的作法。这是党对民族工作的基本方针，也是制定一系列民族政策所依据的工作准则。

解放初，党根据甘南农牧区的实际与特征，坚持国家扶持和自力更生相结合的原则，提出了“慎重、稳进”的工作方针，并以恢复国民经济、逐步实现社会主义改造为主要内容，实行了一系列发展民族经济和文教卫生事业的优惠政策与措施，从财力、物力、人力等方面给予了积极的支援。在整个基本完成社会主义改造时期，党贯彻从实际出发的原则，在甘南采用不同的方针政策与方法步骤，慎重、稳步地领导各族人民进行探索性的社会主义民主改革。首先，在以汉族聚居为主的农业县临潭和西固（舟曲），进行了土地改革。对凡是藏族聚居的农业区和半农半牧区，均未进行土改。1952 年甘南农业区的土改仅在汉、回两个民族中进行。临潭县对 365 户藏族农户也未进行土改。对宗教寺院的土地明确规定：一是对伊斯兰教清真寺的土地一般不动，如教方自愿捐献土地时，经县委批准后方能分配；二是对藏传佛教寺院的土地一律不动；三是对卓尼杨土司实行“兵马田地”（卓尼杨土司实行的一种土地制度，即平时将土地划给农民耕种，战时一户一人自备枪马，出征打仗）的藏族农户，不论其属于哪个县管辖，都不进行土改或减租减息。其次，党在甘南的半农半牧区和纯牧区实行“不分不斗，不划阶级，牧工、牧主两利，扶持贫苦牧民发展生产”的政策和“依靠劳动牧民，团结一切可以团结的力量，在稳步发展畜牧业生产的基础上，逐步实现对畜牧业的社会主义改造”方针，到 1956 年时，经过各族各界人士的充分酝酿和反复协商，在夏河、卓尼两个县办起了 170 个牧业互助组，并在夏河县的麻当乡和卓尼县的完冒乡，试办了民族联社，使牧业互助合作化逐步在全州展开。此外，党于 1956 年春在夏河、临潭、卓尼、舟曲 4 个县的县城和主要乡镇，进行了私营工商业的社会主义改造，基本上实现了工商业和小手工业全行业性的公私合营，但对寺院商业和临潭西道堂（原为聚居在洮州旧城一带的伊斯兰教的派系称谓，后发展成带有宗教、整治、经济集团性的组织）的商业及藏族小商贩，采取了“更和缓”的方式和政策，均未进行私改。

党为了发展甘南的民族经济，针对解放初全州的农业和畜牧生产发展水平都很低下的特征，把帮助各族人民发展生产和文教卫生事业，提高他们的生活水平与文化素质，当作一项首要坚持的一贯政策。在经济上，党和政府大量发放贷款和救济粮款，减轻群众的经济负担，尽量收购农副产品，开展商品贸易。截至1954年底，党和政府共在甘南发放救济款81万元，救济粮29万多斤，农业贷款和牲畜贷款42万多元，这对帮助贫苦牧民度过困难、恢复和发展农牧业生产起到了积极作用。在文化教育上，党和政府设立各种形式的民族学校，开办各种技术训练班，出版藏语文书刊，创建甘南广播电台和汉、藏两种文字的《甘南报》，成立州民族文工团，翻译和放映藏语电影，并派遣大批教师、医生和科技工作者到藏族聚居的草原、山寨去工作。这些政策措施的实行，使甘南的经济文化等各项事业有了很大的发展。到1956年，仅各类学校就由1949年的94所，发展到214所；在校学生由1949年的1934人，增加到8334人。其中藏族学生由254人增加到3437人。

综上所述，解放初党在甘南藏区实行的一系列民族政策，是马列主义民族理论与我国具体民族情况相结合的产物，是对当时的社会和民族、政治、经济、文化等状况进行科学分析的基础上提出和制定的。实践证明，这些民族理论和民族政策是完全正确的，是符合甘南实际的，它使党较为成功地解决了甘南藏区解放初存在的诸多民族问题，也为以后制订和完善党的民族政策积累了宝贵经验。今天，我们探讨和研究解放初党在甘南实行的民族政策，总结历史的经验，对做好九十年代的民族工作，有着深刻的借鉴作用和重要的现实意义。

本文选自中共甘南州委党史资料征集办公室：《甘南党史资料》，第四辑，1993年1月。

甘南州民族区域自治制度的建立和发展

白全忠[1]

甘肃省甘南藏族自治州的民族区域自治，从1953年10月1日甘南藏族自治区正式建立算起，已经41年了，而从1955年6月甘南藏族自治州第一次人民代表大会召开算起，也近40个春秋了。40年来，在中国共产党的领导下，以藏族为主体的甘南各族人民，通过自己推选出的各级人民代表、历次人民代表大会和历届人民政府，讨论和决定州（区）内大事，充分行使自治权利，使甘南州的民族区域自治不断发展，并通过全国和省级人大代表，以平等的地位、主人翁的姿态，参与国家大事的管理工作，为祖国的社会主义革命和“四化”建设作出了应有的贡献。

尤其是党的十一届三中全会以后，自1980年自治州人大八届二次会议决定设立州、县人民代表大会常务委员会以来，人大常委会和人民政府在州委的领导下，认真履行宪法和法律赋予自治地方的各种职权，制定了一系列符合甘南民族特点和经济特点的条例、决议、决定等法令性条文，使甘南州的民族区域自治制度进一步发展和不断完善。这些自治政策的施行，对甘南州政治、经济、文化等各项事业的发展，对甘南州的改革开放、搞活经济、民族团结和民主与法制建设，做出了积极的贡献，取得了肯定的

[1] 白全忠，中共甘南州委党史研究室编辑，已退休。

成绩。

下面分述甘南州民族区域自治的建立和发展经过：

一、甘南州基本情况

甘南州位于甘肃西南部，是个以藏族为主体的少数民族自治州，是甘、青、川广大藏族地区藏传佛教文化的中心。全州辖7个县，总面积为44000多平方公里。是个以牧业为主，牧、农、林综合经营的地区。解放初期，总人口为29.73万，其中藏族15万；现在全州有人口60.73万，其中藏族29.06万，占总人口的47.85%；汉族26万，占总人口的42.8%；其他少数民族5.67万，占总人口的9.34%。

二、甘南州民族区域自治的形成

解放前，甘南地区的藏族等各民族人民，深受历代封建王朝和国民党政府以及当地封建土官头人的压迫与剥削，政治上没有民主权利，经济上不能自主，也没有受教育的权利，长期处于人口不旺、文化落后、生产停滞的境地，广大劳动人民过着饥寒交迫的日子。1949年甘南地区解放后，党领导各族人民，认真贯彻执行民族政策，建立人民民主政权，安定社会秩序，发展生产，使广大人民群众开始过上了安定幸福的生活。1950年以来，中央和西北军政委员会组织的藏区访问团曾两次来到甘南，带来了党中央和毛主席对甘南各族人民的亲切关怀。访问团在甘南期间，走遍了各地，广泛宣传党的民族政策和党在牧区工作的各项方针政策，使民族区域自治政策在藏族人民心中扎下了根。访问团工作结束后，根据上级指示，将访问团的部分同志留在甘南，帮助进行甘南藏族自治区的筹备工作。1952年12月，“甘南藏区各族各界代表联谊会”在夏河县召开，各方面代表200多人，坐在一起，交流感情，传播友谊，共商甘南大计。会议通过民主协商于1953年元月成立了甘南藏族自治区筹备委员会。筹委会建立后，向甘南各族人民积极宣传了党的民族政策，进行了爱国主义教育，解除群众对实行民族区域自治制度的怀疑和顾虑。为了广泛征求人民群众对建立民族区域自治的意见，筹委会还于1953年3月组织了135人的甘南藏区工作团，编为12个工作队深入基层，配合剿匪斗争，开展了宣传教育以及医疗、贸易、文化等活动，并对将要建立的自治区的性质、名称、地址、人选、文字使用、行政区划等各项重要问题，与各地区、各部落、各民族的代表人物，进行了广泛深入的民主协商讨论，并最后做出了决定。藏区工作团此行总共76天，行程6000余里，在广大人民群众中进一步扩大了党的民族区域自治政策的影响，为后来甘南藏族自治区的建立打下了良好而坚固的基础。

1953年9月下旬，甘南藏族自治区各族各界第一次人民代表会议隆重召开，210名来自全区各地的各族代表欢聚一堂，行使自己的代表权利。大会代表中，藏族占60%，汉族占32%，回族占7%，蒙古族占1%。这次大会，选举设立了甘南藏族自治区人民政府和区各族各界人民代表政治协商委员会。黄正清（藏）任自治区副主席；王治国、杨复兴（藏）、黄祥（藏）任自治区副主席。朱侠夫任政协委员会主席；杨丹珠（藏）、金巴（藏）、丁立夫（回）任副主席。为了使国庆、区庆放在同一天，会议决定10月1日为自治区建立日。党中央和人民政府非常重视这次大会的召开，会议期间中央民委、甘肃省委、省人民政府和许多专区都派代表出席了大会，中共中央西北局、西北行政委员会等40多个领导机关和单位都发来了贺电、贺信。

甘南藏族自治区的成立，标志着甘南地区千百年来被分裂、被歧视的藏族人民团结起来，当家作主，自己开始管理自己地区的事务了，这是党的民族区域自治制度的伟大胜利，是甘南各族人民在党的领导下，共同努力所取得的胜利成果。

三、甘南州民族区域自治制度的建立

1955年6月25日，甘南藏族自治州第一次人民代表大会在夏河县拉卜楞地区召开，历时7天。大会实到代表244人，其中：藏族代表123人，回族代表20人，蒙古族代表1人，汉族代表100人。根据《宪法》规定，这次代表大会决定将甘南藏族自治区改名为自治州。会议选举产生了由26人组成的甘南藏族自治州第一届人民委员会委员，正、副州长和中级人民法院院长。黄正清（藏）任州长，王治国、杨复兴（藏）、黄祥（藏）、王如东任副州长。会议还选举产生了政协甘南州第一届委员会，赵子康任政协主席、金巴襄佐（藏）、杨丹珠（藏）、丁立夫（回）任副主席。

同年，夏河、卓尼、临潭三县和舟曲、洮源（现碌曲县）、欧拉（现玛曲县）三个县级行政区都分别召开人民代表大会。

州、县两级人民代表大会的召开，标志着甘南州民族区域自治已经走上制度化，进入了新的历史发展时期，全州社会主义民主与法制建设已经走上轨道。

从1955年6月至1993年5月，甘南州共产生了十一届人民代表大会。期间，从1966年至1978年长达12年时间内，因“文革”内乱，未召开过州人民代表大会，州第7届人代会由“革命委员会”取代。

甘南藏族自治州的成立和州人民代表大会制建立以来，党和人民政府全面贯彻民族区域自治政策，使民族区域自治真正体现并得到发展。这表现在：

第一，作为一个民族标志之一的藏语言文字首先得到推广和广泛的使用。州委和人民政府，为了推广和使用藏语文，采取各种措施。一是开展藏文藏语学习活动，大量培养藏语文翻译人员。二是号召在甘南工作的汉族干部、职工努力学习藏文、藏语，并以此作为汉族干部考核的内容之一；三是明文规定，党和人民政府的主要文件、布告、法令，重要会议、机关门牌、印章以及司法机关的审讯、判决等，均使用藏汉两种语言文字。四是州内牧区、边远地区的小学教学以藏语文为主，在中等学校均开设藏文课；五是自治州机关报《甘南报》和甘南人民广播电台，一律用藏汉两种语言文字宣传党的方针政策；六是为了加强民族语言文字的推广使用，州人民政府还于 1956 年专门设置了翻译科。由于工作量和工作范围不断扩大，1981 年将翻译科扩编为编译局。

第二，遵照毛主席关于“彻底解决民族问题，完全孤立民族反动派，没有大批少数民族出身的共产主义干部，是不可能的”的指示精神，甘南州各级党政机关在实行民族区域自治的过程中，大力培养民族干部，使民族干部队伍不断壮大，民族干部素质不断提高。1949 年甘南解放时，少数民族干部只有 17 人，就是自治州成立时的 1953 年，少数民族干部也只有 319 人，占当时干部总数的 18.4%，但到 1956 年，少数民族干部队伍已扩大到 1162 人，占到当时干部队伍总数的 43%。甘南州在培养民族干部方面，主要采取了以下几种办法：一是从各族人民群众中选拔青少年，经过短期培训，走上工作岗位；二是在社会主义革命和建设中，陆续选拔了一批积极分子、劳动模范和先进人物；三是不断选送各族优秀青年去各级各类学校培养提高；四是通过教育体系，通过州内外乃至全国很多大中专院校为甘南培养大批有知识的少数民族专业人才；五是尽量安排一切拥护党和国家政策法令的爱国民主人士和同群众有密切联系的代表人物到各级人民政权和政协机构中工作。解放初期，担任各级领导职务的民族宗教中上层人士共 137 名，到 1957 年已增加到 511 人。他们中的绝大多数，经过党的多年“争取、团结、教育”，拥护党的领导、维护国家的统一，坚定地走社会主义道路，已成为甘南民族干部的一个重要组成部分，在甘南的社会主义革命和建设中，作出了自己应有的贡献。

甘南州少数民族干部队伍的迅速壮大，使民族区域自治成为现实，有力地推动了本地区各项事业的向前发展。

第三，认真贯彻执行了《中华人民共和国宪法》和《中华人民共和国民族区域自治实施纲要》的规定精神。甘南州各级人民代表大会的代表中，少数民族代表都占有一定的比例。例如1956年甘南州第一届人代会的代表中，藏族占代表总数的50%，到1965年第六届人代会，藏族代表已占总数的56%。这些代表来自各地区、各行业，反映了各阶层人民的心声，真正体现了广大人民群众的意愿，这对党联系广大群众，宣传党的方针政策，从甘南实际出发制定施政方针政策，起了很好的作用。另外，这些代表的参政议政，对决定甘南地区重大事件也发挥了积极的作用。如五十年代，州人民代表大会，根据党和国家的政策法令，作出了《关于肃清残余匪特、反革命分子，巩固社会治安，禁种、禁销、禁吸一切毒品，保障人民身体健康的决议》，由于各级政府和广大人民群众的认真贯彻执行和积极响应，在全州范围内很快肃清了残余匪特，彻底纠正了种植、贩卖鸦片的现象，安定了社会秩序，保障了人民身体健康，发展了农牧业生产，使甘南形势急速好转。

1958年8月，甘南州第二届人代会上，作出了《关于开展反封建斗争，废除一切封建特权和剥削制度》的决议，经过反封建斗争，彻底推翻了千百年来的封建剥削压迫制度，使甘南各族人民同全国各族人民一道，走上了社会主义康庄大道。

第四，为了使党的民族区域自治政策得到更好的贯彻执行，甘南州委和州人民政府还十分重视民族政策的宣传教育工作和民族政策执行情况的检查，及时发现和纠正了一些汉族干部因缺乏民族工作经验，生搬硬套汉族地区的工作方法的问题，并注意防止和及时解决了主观主义、强迫命令和轻视民族语言文字、民族干部，歧视少数民族宗教信仰和风俗习惯等方面的问题。同时，对一些民族干部由于历史上的影响，不易接受先进事物，不相信汉族干部等缺点，也在宣传教育、启发帮助的基础上使他们逐步转变过来。以上工作的开展，进一步加强了民族团结，在各族干部中树立了马克思主义民族观，因而各族人民和各级干部之间，互相尊重、互相信赖、互相学习、取长补短的事例层出不穷。广大干部政治上思想上的一致，有力地促进了党的民族区域自治工作的开展和甘南各项事业的不断发展。

第五，解放后党和人民政府为了建立、巩固和发展民族区域自治，还大力发展甘南的民族经济，努力改善各族人民的生活水平，使民族区域自治从经济上得到保障。在经济上，党和人民政府一方面领导人民群众恢复和发展生产，一方面大量发放贷款和救济粮款，减轻群众的经济负担，尽量收购农副产品，开展商品交易活动，使甘南的民族经济从衰落中走了出来，走上不断发展的道路。据统计，1951 年上级人民政府共向甘南地区发出各种贷款 14.4 万元，1952 年 23 万元，1953 年至 1954 年又拨出 42.3 万元。从 1954 年下半年起，党和人民政府又增加了对甘南的拨款，在至 1956 年的二年多时间内，光为了发展畜牧业生产就拨款 82.9 万元，为了救济贫苦牧民建家立业，又拨款 86.8 万元。除此之外，党和人民政府为了发展民族经济，还大力兴修水利，发展电力事业，资助民族工业兴办和发展，制定了许多有利于发展民族经济的方针政策。所有这一切都为发展甘南经济，巩固和发展民族区域自治提供了条件。

五十年代末期以后，由于受“左”的思想影响，特别是“文革”十年期间，由于林彪、“四人帮”反革命集团诽谤民族地区的工作中执行了投降主义路线，使民族理论、民族政策是非颠倒。党的民族区域自治政策，党在民族地区实行的各项行之有效的政策、方针都受到严重干扰和破坏。在这一时期，同全国各民族地区一样，体现甘南民族自治制度的各级人民代表大会制被取消；自治机关被“革命委员会”所取代；一大批与党长期合作、长期共事的民族中上层代表人物被打倒；民族风俗习惯得不到尊重，正常的宗教信仰自由被限制，民族区域自治名不副实，实际上已被取消。

四、民族区域自治制度的恢复和发展

党的十一届三中全会后，拨乱反正，经过民族政策再教育，甘南州民族区域自治制度得到恢复并进一步发展，人民代表大会和自治机关的职能又重新确立。

1980 年 4 月，甘南藏族自治州第八届人民代表大会第二次会议胜利召开，通过选举，产生了甘南州人民代表大会常务委员会。同年，甘南州 7 个县的人大常委会亦相继产生，并投入工作。州、县人大常委会设立以来，立即着手内部机构的建立和人员的配备，在很短的时间内设立了办公室、民族工作委员会、法制工作委员会、财经工作委员会、科教文卫工作委员会，并从 1991 年开始，增设了代表工作委员会。现州人大常委会共有干部职工 67 人，各委员会和办公室都配备了主任或副主任。县人大常委会的干部职工一般都在 15 至 20 人左右。内部机构的建立和人员的配置，为人大常委会开展工作、行使自治职权提供了条件。

州人大常委会建立以来，在州委的领导下，始终按宪法和法律赋予的立法、决定、监督、任免四权开展工作。在州人代会闭会期间，人大常委会认真履行自治地方人大的各种职权，认真贯彻宪法和民族区域自治法，根据甘南民族地区的实际，制定自治条例和单行条例等；努力做到依法办事、依法治州，定期审议和决定自治州内重大问题；加强监督工作，解决监督不力的问题；充分发扬民主，改进和完善民主选举制度，基层民主进一步扩大；

密切同人大代表和人民群众的联系，等等。所有这些，都为保持甘南地区稳定、加强民族团结、加快民族经济发展、确保自治地区各民族当家做主，推进社会主义民主与法制建设进程，起了重要的作用，也为甘南的改革开放和祖国的“四化”建设做出了应有的贡献。

（一）关于民族立法工作

州人大常委会成立以来，根据《中华人民共和国民族区域自治法》的规定，经过7年的努力，于1989年10月，正式颁布了《甘南藏族自治州自治条例》，同时，还先后制定并颁布了《甘南藏族自治州施行〈中华人民共和国婚姻法〉结婚年龄的变通规定》《甘南藏族自治州藏族中小学试行工作条例》《甘南藏族自治州计划生育实施办法》《甘南藏族自治州草原管理办法》《甘南藏族自治州食盐加碘防治碘缺乏病的规定》等单行条例。1993年底，州人大常委会又做出了自治州今后五年地方立法规划，决定在此后的五年之内，起草修订自治州藏语文工作条例、实施土地管理办法等10件自治法规，并着手《甘南藏族自治州自治条例》部分条款的修改、补充和完善工作。目前，已制定的自治条例66条中，落实和落实一部分的已占总数的90%以上。

（二）关于决定重大事项工作

州人大常委会成立以来，州人民代表大会就自治州内重大事项先后做出决议决定70多项，州人大常委会做出决议、决定58项。如九至十一届人大常委会做出的《严禁种植、吸食毒品、赌博的决定》《加强基层政权建设，健全乡镇人民代表大会制度的决议》《关于进一步实施野生动物保护法的决议》《关于进一步保护野生药材资源的决议》和《关于改进和加强法院、检察院、公安系统工作的决议》等决议。

（三）关于监督工作

加强地方人大及其常委会对本级人民政府、法院、检察院即“一府两院”的法律监督和工作监督，是社会主义民主政治的重要内容，是民族区域自治的一项重要权利，也是人大常委会的一项非常重要的职权。甘南州人大常委会在监督工作中，主要抓了以下几个方面的工作：一是紧紧围绕本地区经济建设这个中心开展监督工作，把发展民族经济作为重点工作来抓。每年都要围绕农牧业生产、扶贫开发、工业企业管理、草原建设、林业管理等问题开展调查活动，听取工作汇报，进行认真的审议。为了加强对国民经济计划和财政预算执行情况的监督，人大常委会每年第三季度都要听取一次州人民政府关于国民经济计划和财政预算执行情况的汇报，以便及早发现存在的问题，加以纠正。

二是抓了法律法规遵守和执行情况的监督工作，特别是民族区域自治法规的执行情况。每次人大常委会召开例会，都要听取和审议一两个法律法规执行情况的汇报。近年来，州人大常委会先后听取和审议了几十个法律、法规实施情况的报告，督促查处违纪案件，作出决议、决定付诸行动，保证宪法和法律在全州范围内的遵守和执行，较好地促进了甘南州的法制建设。

三是抓了开展执法大检查活动，自 1988 年以来，每年对全州执法检查工作作出安排和部署，围绕人民群众关心的热点问题和普遍要求解决的问题开展监督工作。社会治安问题、不正之风问题、物价问题、腐败问题等，是人民群众普遍关心和迫切要求解决的问题，也是难度很大的问题，人大常委会配合党的中心工作，对这些问题都进行了认真的监督，特别是对社会治安问题，多年来，每年都要坚持审议一两次，督促“一府两院”加强管理和执法，解决存在的问题。

四是抓了普法教育的监督指导，增强了公民的法律意识和法制观念。通过“一五”普法教育，使全州36.58万人中90%的人参加了学习。为了推动全州“二五”普法教育的深入进行，州人大常委会还举办了“全州民主与法制知识竞赛”活动，取得了良好的社会效果。

五是抓了教科文卫工作中的重大事项的监督工作。人大常委会始终把民族教育、卫生、藏医药的使用、发展，文化市场的管理等作为教科文卫工作的重点，经常听取和审议这些方面的汇报，特别是对民族教育，人大常委会是每年必听，每年必审，给予了高度重视。

（四）关于改进人事任免制度　指导县乡直接选举工作

在选举和任免自治州国家机关工作人员时，州人大常委会既坚持党管干部的原则，又严格依法办事的程序。坚持党的干部路线和四化方针，对个别不合适的人选没有通过任命，既维护了党管干部的原则，又保证了人大常委会依法任免干部的民主权利。常委会成立以来，共任免国家机关工作人员350多人（次）。在州人代会选举州级国家机关领导人时，坚持差额和无记名投票方式，充分体现了民族自治地区人民代表和各族人民群众的意志。另外，州人大常委会还对当选的“一府两院”负责人，加强施政监督，定期听取施政报告，督促这些人员依法办事，勤政廉洁，当好人民的公仆。

县、乡换届选举，是关系到地方政权建设和公民享受民主权利的大事。1980年以来，州人大常委会依法指导了五次县、乡换届，每次换届选举，都坚持依照选举法、地方组织法和代表法的规定办事，成立换届选举指导小组，保证每个选民都能依法按照自己的意愿，选出信任的县、乡人民代表，充分行使自己应享受的民主权利。通过组织选举，增强了广大干部群众的民主意识和主人翁责任感。由于在选举活动中配合开展了民主与法制教育，因而保证了每次换届选举工作的顺利进行。

（五）关于发挥人民代表作用的工作

《宪法》规定“中华人民共和国的一切权力属于人民”。人民主要是通过自己选出的代表行使民主权利，管理国家事务。甘南藏族自治州是一个藏传佛教盛兴的地方，基本属于全民信教区，因而人民代表中，既有来自国家职工的代表，也有来自基层群众的代表，还有来自宗教界的代表，这些来自群众的代表，具有广泛的群众基础，最能代表群众的呼声。现全州共有各级人民代表4793名，其中全国人大代表2名，省级代表18名，州级代表231名，县级代表816名，乡镇代表3724名。州人大常委会十分重视代表工作，在这项工作中主要做了以下几个方面的工作：一是在州、县人大常委会设立了工作机构，即代表工作委员会，专门处理有关代表的事宜；二是按照就近就地原则，将各级人民代表混合编组，全州共组建了652个代表活动小组，并规定定期进行活动；三是州、县人大常委会加强了同人民代表的联系，人大领导干部下基层调查、视察工作，都要走访当地人民代表，向他们通报工作，征求他们对人大常委会和人民政府的意见、建议，必要时还吸收人民代表一道工作；四是州人大常委会每年都要在机关和农牧区召开一两次代表座谈会，专门听取代表和群众对人大和“一府两院”工作的意见和建议；五是组织人民代表调查视察，并邀请人民代表列席人大常委会会议，以拓宽人民代表知政、议政渠道，提高他们的议政水平；六是认真督促有关单位办理好代表议案、意见、建议，调动代表们议政、参政的积极性。

总之，甘南藏族自治州建立四十年来，在党的领导和关怀下，民族区域自治制度建立并不断发展，尤其是党的十一届三中全会以后，在人大及其常委会的督促和监督下，甘南各级人民政府全面贯彻执行了自治法和自治条例，使民族区域自治制度不断巩固和完善，全州坚持以经济建设为中心，以改革开放为动力，不断深化对州情的认识，不断探索新的发展路子，使甘南州经济建设和各项事业取得了较大成绩，社会面貌发生了较大变化。截至 1993 年底，全州社会总产值由 1978 年的 21329 万元，增长到 65000 万元，纯增了 2 倍；国民收入由 1978 年的 13982 万元，增加到 44000 万元，纯增了 2.2 倍；财政收入由 1978 年的 1094.4 万元，增加到 5395 万元，纯增了 3.39 倍；农牧民人均纯收入由 1978 年的 75 元，增加到 493 元，增加了 418 元；全州贫困面由 1986 年的 64.2%，下降到 16%。

目前，全州已有少数民族干部 6584 人，少数民族干部占干部总数的 43.06%，其中藏族干部 6303 人，占干部总数的 40.5%；全州大专以上文化程度的少数民族干部和藏族干部分别为 1398 人和 1143 人，分别占同等学历干部总数的 46.7%和 36.2%；中专文化程度的少数民族干部和藏族干部分别为 3123 人和 2709 人，分别占同等学历干部的 42.7%和 37%；有专业技术职称的少数民族干部为 3575 人，占同类干部的 41.2%。少数民族地级干部和藏族地级干部分别为 21 人和 20 人，分别占同级干部的 72.4%和 68.9%；少数民族县级干部和藏族县级干部分别为 188 人和 178 人，分别占同级干部 43%和 41%。

全州现有 7 个科研单位，有一定数量的科研人员。

全州现有各级各类学校 740 所，其中小学 698 所，中学 29 所（内含藏族中学 6 所），中专 4 所，大专 1 所，中小学寄宿制学校

53 所。在这些学校中已开展藏、汉双语教学的学校有 234 所。甘南州已初步形成了由初等到高等教育的民族教育体系。

全州已有卫生医疗机构 205 个，卫生技术人员 2227 人，建立藏医研究机构 6 个，藏医药得到广泛应用。

经人民政府批准，全州已开放宗教活动的场所 174 处，公民的宗教信仰自由基本上得到了满足。

综上所述，认真贯彻执行党的民族政策和民族区域自治政策，是我国民族地区不断兴旺发达的根本，是加强民族团结、维护祖国统一，促进民族地区发展的保证。只有坚定地、全面地执行党的民族政策和民族区域自治政策，才能加快我国的“四化”建设进程，早日完成“四化”大业。

本文选自中共甘南州委党史资料征集办公室:《甘南党史资料》，第六辑，1995 年。

临潭县解放及建政、支前情况

李春育　高志铭

一

1936年，红军长征时四方面军击溃马步芳军队的阻击，在临潭休整四十多天，曾经建立过临潭县苏维埃政府、工会、农会、粮台、民兵队及部分乡、村政权，在人民群众中留下了深刻的印象。

1949年夏，扶郿战役后，国民党已成土崩瓦解之势。国民党119军王治岐，120军周嘉彬，甘肃省保安副司令周祥初所辖各部等都先后由天水、秦安等地溃退到岷县、临潭一带。他们所到之处，抢粮拉夫，涂炭地方。

当时，临潭县政府职员几乎逃跑一空。驻岷县甘肃省保安副司令周祥初临时指派原秦安县长杜凌云代理临潭县长，办理军需事宜。8月下旬王治岐部撤离洮岷，开往武都一带（1949年12月在武都起义）。

当时临潭没有党的地下组织，但个别地下党员在会川地下党的组织下，积极开展工作，准备迎接解放军解放临潭。临潭解放后，他们又接受会川党组织的指示，转赴岷县和派到临潭接管的人员接头，带领第一批工作人员来临潭接管。由于红军长征时在临潭人民中留下的深远影响，所以临潭人民对共产党并不陌生。

虽然国民党在群众中大肆造谣破坏，但临潭群众对共产党仍怀有深厚的感情。在国民党行将彻底垮台的时候，临潭人民则盼望人民解放军早日解放临潭。许多进步青年如魏占鳌、彭尚义等，在地下党员的策动下，自动组织群众，抗拒国民党及马家军队的要粮要款、抽拨壮丁等活动。

1949 年 9 月 11 日，甘肃省保安副司令兼师管区司令周祥初率 173 师、保二团、保五团、补四团、直属一、二团暨代理第一区专员兼保安司令孙伯泉、岷县代理县长高天光、临潭代理县长杜凌云、卓尼设治局长薛进文、洮岷路保安司令杨复兴联名通电起义。临潭县参加起义的除代理县长杜凌云外，还有县参议会议长马志清、甘肃省参议员、临潭县三青团干事长李识音、县自卫大队长王禹九、三青团书记陡剑平、县参议员、旧城三校校长丁立夫、旧城镇镇长杨佐清、旧城一校校长彭尚义、临潭中学教导主任寇乐山、县政府秘书冉铭鼎、西北师范学院学生魏占鳌、回乡军官岳缵鹏等三十余人。杜凌云、李识音、王禹九、冉铭鼎、岳缵鹏还被邀在岷县参加了在箭营召开的起义大会。他们在岷县受到解放军代表任谦同志和岷县地委、专署负责同志的亲切接见。

二

9 月 13 日岷县军分区司令员李启贤带领四名工作人员和一班战士来临潭观察。临潭新、旧城群众举行了隆重的欢迎仪式，张贴了庆祝解放的标语。李司令员返岷后，派来工作组到旧城了解社会情况，同时派来第一批工作人员来临潭接管。

第一批来临潭开展工作的共二十多人，他们是：郭曙华、刘鸿儒、张世杰、马维清、杜歧、张孔荪、黄珍、周铭、杨时雨、熊昌林、陈宗旺、郝林兴、孙永先、刘瑞仁、任桂林，刘树德、王星、康连怀、王得禄、高文英；还有本县陈克昌、马如麟二人。

第一批工作人员到临潭后，立即开展工作。当时的主要任务是：接收旧政权、建立新政权和支前工作。

接管旧政权情况：接管的单位有县政府、县参议会、县党部、三青团分团部、自卫大队部、警察局、银行、邮电局、医院、学校等。

当时临潭县的基本情况是：全县共9778户，其中汉民8032户，回民1268户，藏民478户；全县共50526人，其中汉族41588人，回族6545人，藏族2393人。全县有耕地面积259795亩，牛15669头，马803匹，驴1012头，骡子399匹，羊18255只。木轮车5083辆，油坊48座，水磨360盘。

接收仓库物资：小麦513.7石，青禾1196.427石，银币1800元，长短枪122支，子弹2320发，电话总机1部，电台1部，电话机7部，收音机1部，石印机1部。西道堂缴枪70支，子弹千余发。

接收房屋202间，马3匹，骡子1头。

整编警察40名，自卫队187名。登记国民党员、三青团员共187名。

三

政权建设：在接管的同时，将农村划成东、南、西、北四片，分派人员去接管，并筹建基层政权。第一区杜歧，负责新城、扁都、新堡、总寨等地区；第二区黄珍，负责城关、卓洛、古战、长川、羊永、流顺等地区；第三区康连怀，负责龙元、陈旗、店子、三岔、石门等地区；第四区马维清，负责羊沙、冶力关、八角等地区。

经过短时间的筹备后，临潭县人民政府于1949年9月27日宣布成立。郭曙华任县长，张孔荪任县政府秘书，下设4个科，郝林兴任民政科科长，张世杰任财政科科长，付作舟任文卫科科员并暂时负责，熊昌林任经建科科员。（1950年6月成立了工商科，严炯任副科长）

在县政府成立的同时，县委也筹备就绪，郭曙华代理县委书记（不久派来高增汉任县委书记，范怀银任副书记），陈宗旺任县委事务秘书，刘鸿儒任组织部部长（1950年初刘鸿儒调走、刘振海接任），任框林任妇联副主任（正主任由范怀银兼），王得禄任工会主任，郭艺代理团县委书记，其余人员暂分派到各个部门工作。不久成立了武装部，夏尚忠任部长，刘瑞仁任公安局长，高文英任法院院长，郭曙华（兼）中学校长，肖应举任税务局长，徐生俊任邮电局长（留用），冯体灵任卫生院长（留用）。

县人民政府成立不久，陆续建立了区、乡和行政村、自然村等基层政权机构。区、乡的成立情况是：第一区政府驻新城，下设五乡：城关乡、寇家桥乡、新堡乡、总寨乡、资堡乡。

第二区政府驻旧城，下设六乡：流顺乡、羊永乡、和平（长川）乡、南关乡、西关乡、古战乡。

第三区政府驻王家坟，下设四乡：王家坟乡、三岔乡、陈旗乡、罗卜沟乡。

第四区政府驻冶力关，下设五乡：冶河乡、冶海乡、莲花乡、八角乡、甘沟乡。

四

1949年9月下旬，解放军六十二军准备南下解放武都、四川。因此，给六十二军送粮运草成了临潭人民义不容辞的工作。分派到各区工作的同志，一面筹建基层政权，一面把支前工作当作头等大事来抓。全县普遍召开各种会议，宣传和布置支前任务，乡乡村村贴出了“保证军需，支援解放四川”“打倒蒋介石，解放全中国”的标语。通过宣传教育，饱受国民党政府和地方军阀压榨搜刮的临潭人民，从亲身经历认识到了共产党是代表人民利益的党，人民解放军是为人民服务的军队，从而把给解放军运粮送草当作自己的光荣任务。当全力支援解放四川的任务下达后，全县掀起了运粮送草做军鞋的热潮。全县投入了大量的人力、畜力向岷县运送粮食和柴草。从旧城、新城到岷县沿路，每天运粮送草的车辆和马匹络绎不绝。尤其是北路地区交通不便，群众在羊肠小道上赶牲口驮运粮草，来回二三百里路程，连续运送，日夜兼程，踊跃支前。这些充分表现了人民群众对解放军的无限热爱，对解放全中国的热情支援。

1949 年 10 月 21 日和 11 月 12 日临潭动员民工 150 名，驮骡 150 头，编成一个总队，由郝林兴任总队长兼指导员，下设 4 个大队，由王维屏、阎永桢、陈克昌等任大队长，于 11 月 21 日开赴岷县。在岷县通过短期休整和训练，以大队为单位，分属六十二军各师团，驮运枪炮及其他物资跟随部队向四川挺进。其中，第三大队民工在陈克昌带领下，随前锋部队转战西固（今舟曲）、武坪、文县茶岗岭，进入碧口时，成都已解放，因而提前返回。第一、二、四大队民工随大军走大路，到四川江油县和广汉县后才胜利返回。在整个支前中，驮骡坠江、落崖、累死、病死的比较多，人员全都安全回来，绝大部分表现很好，受到了部队领导和县领导的赞扬。

这次群众支前，除民工、驮骡外，共动员送粮草木车 304 辆，做军鞋 5390 双，小麦 773.41 石，马料 66.68 石，马草 20 万斤，烧柴 149 万余斤。

在此之前有临洮农校教员魏相贤（临洮冶力关人），在临洮受一兵团政干校的委托，携招生广告来临潭招生。报名应征的有龙分明、刘孝堂、汪镇国等四十多人，在临洮初步整训后开往新疆，参加新疆的开发和建设。

五

解放初期，国民党的一些散兵游勇及外逃的地主恶霸和当地惯匪合流，三五成群，杀人越货，到处横行，造成社会上一时的混乱。黑松岭、白松沟、莲花山、大林山、上卓梁都是土匪经常出没的地方。土匪曾在上卓梁白天抢劫贸易公司货车。许多干部都曾遭受过土匪的袭击。第四区区长马维清同志在土匪袭击区政府时腹部受重伤；四区区委书记陈宗旺同志，两次在路上遭土匪袭击，被剥去衣服，赤身回县。武装部部长夏尚忠同志在白松沟也被土匪袭击，马匹、行李都被劫去。下乡工作的同志在群众家多次遭到抢劫。在旧城，一到晚上，枪声四起。总之，当时社会秩序很不安定。因此，在搞好接管建政、完成支前任务的同时，还发动群众，组织公安战士，配合人民解放军驻临潭的部队，剿匪肃特。由于各方面的努力，短时间内社会治安取得了显著好转，各行各业趋于正常生产，市场日渐繁荣，人民开始了安居乐业的生活。

六

临潭县是汉、回、藏杂居地区，各民族之间自古以来都是互相帮助和睦相处。但是，由于过去一些军阀土豪等反动派的煽惑挑拨，曾发生过不团结的事件，甘南解放初期，民族之间互不信任、互相歧视排斥的现象仍然存在；宗教内部教派之间也有矛盾。人民政府成立后，贯彻执行了党的民族政策、宗教信仰自由政策和统一战线政策。在旧城成立了有各方面人士参加的“民族团结委员会”，帮助政府进行工作，按党的政策解决实际问题，取得了各民族群众的支持，争取和团结民族宗教人士和各民族上层人士，加强了民族间和民族内部的团结。

临潭县的解放，彻底摧毁了国民党在临潭的反动统治，使受尽苦难的临潭各族人民得到了新生，看到了光明，信心百倍地为建设新的家园而奋斗。

本文选自中国人民政治协商会议甘南藏族自治州委员会文史资料研究委员会编:《甘南文史资料选辑》，第三辑，1984年7月。

卓尼地区建政情况简述

朱克勤

1949年解放后，在中国共产党的领导下，卓尼地区在世袭土司和国民党设治局的废墟上，建立了人民民主政权。建设过程中，由于少数民族地区文化落后，居住分散，建政的步骤分期分批进行。直至建立健全县、区、乡三级政权机构，经历了7年时间。

一

卓尼早在明代永乐年间，建立了世袭土司制，辖48旗。辖区内的土地都是土司衙门的“兵马田地”，辖区内居住的人民群众，平时为民，战时为兵，直接受土司衙门的指挥。

1937年“博峪事变”后，国民党政府实行“改土归流”的政策，在卓尼建立了相当于县一级的设治局。同时为加强统治，在基层设立了2个区署和9乡一镇，即迭部区署、插岗区署；柳林镇、洮南乡、洮北乡、北山乡、录竹乡、贡巴乡、上迭乡、下迭乡、插岗乡、铁坝乡。乡镇下推行“保甲”制，共编85保，890甲。藏族人民对国民党政府编制“保甲”的做法坚决反对，保甲制除在距城区近的柳林、洮南、洮北等地实行外，其余地方遭到群众反对没有行通。

1949年9月11日，卓尼第二十代土司、国民党洮岷路保安司令部少将司令杨复兴率部起义，卓尼和平解放。解放后，卓尼成立了县，隶属岷县分区行政督察专员公署管辖。10月至11月，岷县地委、专署派杨培才为县长率19名干部进驻卓尼开展工作。当时政权机构、组织形式尚未确定，由杨培才负责党政全盘工作。工作重点是“团结上层，了解情况，宣传政策，深入群众”。12月，召开第一次各界人民代表会议，给各旗指派了代表。1950年初，从起义人员中选拔27人担任了23个旗的旗长。通过他们和基层总管、头人宣传党的民族政策，做联系群众的工作。

经过一年时间的和平过渡，党的民族政策逐步深入人心，在干部队伍和党团员有所发展的基础上，“慎重稳进”，分期分批建立了县、区、乡三级政权机构。

二

1950年5月，甘肃省人民政府决定，卓尼县改为县一级的自治区。经过一段时间的筹备，于10月1日正式成立了卓尼县自治区，直辖甘肃省委、省政府管辖。县委改称“中共卓尼工作委员会”，县政府改为“卓尼自治区行政委员会”，原岷县专署副专员赵毓文调任工委书记，杨复兴任行政委主任，赵毓文兼任副主任。行委下设民、财、建、教四个科，一些进步的民主人士如司令部民兵团长杨景华、赵国璋、雷兆祥分别担任了民政、财政、建设科长，驻兰办事处处长。姚天骥担任了文教科长，副科长分别由派来的刘维汉、安邦汉、樊毅、康达担任，相互支持，团结共事。

1955年5月，根据中华人民共和国第一部宪法规定，卓尼自治区改称“卓尼县”，即召开卓尼县第一届人民代表大会第一次会议，选举产生了卓尼县人民委员会，杨复兴当选为县长，曹文蔚、杨景华、雷兆祥当选为副县长。从而县级政权建设日臻完善，逐步走向正轨。

卓尼自治区行政委员会成立后，结合农区、半农半牧区的不同社会状况，分期分批建立了区、乡政权机构。1951年4月，给柳林、洮南、洮北、录竹、贡巴、北山六地区派工作组作为设区的过渡，委任群众中有威望的民主人士和老区派来的干部担任组长。柳林工作组组长解忠秀，洮南工作组组长寇振国，洮北工作组组长丁耀武，北山工作组组长杨麻周，录竹工作组组长梁璞，贡巴工作组组长陈国兴。

1952年9月，给上迭、下迭插岗派出工作组。上迭工作组组长梁景鹏，下迭工作组组长李彦林，插岗工作组组长张志平。工作组行使区级政权机关的职权。

1954年4月，柳林、洮南、洮北首批建立了区公所，原工作组的正副组长为正副区长。是月，会川县第六区划归卓尼，以新堡区称谓，区长杨世茂。10月，根据中共卓尼工委的决定，柳林、洮南、洮北、新堡4区成立党的区委会，录竹（贡巴并入录竹）、北山、上迭、下迭、插岗成立党组委员会，加强了党对区级工作的领导。

1956年1月，录竹、北山、上迭、下迭、插岗撤销工作组，建立了区公所。至此，完成了区级建设任务。

三

在区级政权建设的过程中，穿插进行了乡级政权建设。1951年6月，中共卓尼工委作出在柳林、洮南、洮北、录竹、贡巴、北山地区始建乡人民政府的安排，至12月，柳林、洮南、洮北三地区建立乡人民政府14个，均以数字代称。

柳林建5乡，一乡（城区），乡长赵永清；二乡（博峪），乡长宁海清；三乡（大峪），乡长曹世奇；四乡（纳麻那），乡长雷森；五乡（立洛），乡长杨树刚。

洮南建5乡，一乡（卡车），乡长虎日占；二乡（拉扎口），乡长魏士明；三乡（大族），乡长胡尚志；四乡（朱扎），乡长李向阳；五乡（朱盖），乡长姬作舟。

洮北建4乡，一乡（目地坡），乡长杨廷祯；二乡（申藏），乡长康克明；三乡（阿子滩），乡长邱耀峰；四乡（盘元），乡长余松山。

新堡区于1952年建立乡人民政府4个：新堡乡，乡长田万有；柏林乡，乡长卢步天；拉扎乡，乡长包成明；洮砚乡，乡长包述义。1955年5月以后，各乡人民政府改称委员会。1956年1月16日，工委决定柳林区一乡改称城关，直辖县，来永福担任了第一任镇长。从此，其余各乡名称数字改为地名称谓。

1956年底，录竹、北山两区完成了乡级建政任务，录竹区建6乡：尼巴乡，乡长杨道知；刀告乡，乡长赤来；雅路乡，乡长班地次力；沙冒乡，乡长李来喜；什哇乡，乡长卓巴道友；如吾乡，乡长公布牙。

北山区建6乡：恰盖乡，乡长曹加告；日完麻乡，乡长杨桑杰；完禾洛乡，乡长纳目尕桑杰；岔卡维乡，乡长杨刀知；康多乡，乡长王治国；勺哇乡，乡长石旦巴。

1957年11月上、下迭和插岗区完成了乡级建政任务。上迭区建6乡：扎尕那乡，乡长张其理；哇巴乡，乡长阿弟；当多乡，乡长阿晒；买玛卡松乡，乡长旦知；白麻乡，乡长阿怕；中山乡，乡长班代。

下迭区建6乡：上卡巴乡，乡长杨相林、加地、杨桑扎；下沙录哇乡，乡长包扎什、龙布次力；桑巴乡，乡长杨工布、利如、刀杰；达拉乡，乡长杨扎黑、苗生文，金丹巴；尖尼安子乡，乡长杨志远、扎西才旦；多尔阿夏乡，乡长杨旦巴、诸得胜。

插岗区建4乡：阴山乡，乡长秦树云；阳山乡，乡长任加次力；博峪乡，乡长×××[1]；铁坝乡，乡长贾金怀。至此，终于完成了全县的民主建政任务，新建的各级人民民主政权机关，在社会主义革命和建设中，发挥了它应有的作用。

本文选自政协卓尼县委员会文史资料委员会编：《卓尼文史资料》，第四辑，1993年10月。

① 原文如此。——编者注。

我所了解的解放初期卓尼县情况

马永寿[①]

一、历史背景

卓尼是一个有着悠久历史和重要影响的少数民族县，在流经境内的174公里的洮河两岸很早就是人类的发祥栖息地之一，密布着各个时期的文化遗址和历代大小城堡遗迹，并出土了许多珍贵的历史文物。

卓尼古为羌戎之地，历代建置废置频繁，曾分期隶属于雍、秦、陇诸地及陕西、甘肃辖领。明成祖永乐十六年（1418年），明廷授洮州卫藏族头目些地为正千户，并授世袭土司、指挥佥事兼武德将军，管理部分蕃族部落。卓尼历代土司在改朝换代的社会变革中审时度势，励精图治，随历史潮流而动，1932年，改土司衙门机构为洮岷路保安司令部（军政合一机构）。1937年，“博峪事变”后设卓尼设治局，与洮岷路保安司令部两个政权机构并存管理地方事务。1944年开始在柳林（镇）、洮南、洮北、北山、录竹、贡巴、上下迭部、插岗、铁巴、阳山、阴山编查保甲，但实际上仍然是土司制度，设治局的改土归流其号令不出城门。到1949年解放前夕，第二十代土司杨复兴时，辖区在十六掌尕的基

① 马永寿，卓尼县地方史志编纂委员会办公室主任。

础上已发展成四十八旗，其辖区地接四川松潘，甘肃临夏、武都等地。

二、卓尼建政经过

1949年9月11日，国民党洮岷路保安司令杨复兴率卓尼党政军警起义，实现了卓尼和平解放；1950年，杨复兴宣布废除土司制度。10月1日，中国共产党卓尼自治区工作委员会和卓尼藏族自治区行政委员会成立，隶属甘肃省岷县专区；1951年初开始组建基层政权，先后向柳林、洮南、录竹、贡巴、北山、上迭、下迭和插岗派出工作组，作为社区过渡。截至1951年底，柳林、洮南、洮北3个区率先成立了区公所，辖境与民国时乡属区域相同，并在区级政权下设乡14个。1952年5月10日，柳林、洮南、洮北、录竹、贡巴5个区成立区政府。截至1953年底，卓尼共有9个区或相当于区级的工作组，14个乡级政权，即柳林、洮南、北山、录竹、贡巴6个区级政府及上迭、下迭、插岗3个区级工作组，柳林（后改为镇）、纳麻那、立洛、卡车、麻录、大族、朱扎、朱盖、木耳、大峪、东升、录坝、团结、盘圆14个乡。

1953年10月1日，甘南藏族自治区成立，卓尼划归甘南藏族自治区辖属。卓尼自治区改称“卓尼县”，行委改为县人民政府。同月，甘肃省人民政府先后将会川县新堡4个乡（拉扎、洮砚、柏林、新堡），岷县西寨乡的西尼沟村划入卓尼辖区，原区属乡增为18个。1955年1月13日，卓尼县人民政府更名为县人民委员会。1956年1月16日，北山、录竹、插岗、上迭、下迭5个区级工作组更名为区公所，柳林区一乡改为柳林镇。全县划为1个镇，9个区，17个乡，柳林镇为县直属镇；柳林区辖二（博峪）、三（大峪）、四（纳麻那）、五（立洛）乡；洮南区辖第一（卡车）、第二（拉扎口）、第三（大族）、第四（朱扎）、第五（朱盖）乡；洮北区辖第一（目的坡）、第二（申藏）、第三（阿子滩）、第四（盘圆）乡；新堡区辖新堡、洮砚、柏林、拉扎4个乡。北山、录竹、上迭、下迭、插岗5个区未划乡仍按原旗制区划管辖。直到1957年才在此5个区改旗划乡27个，即尼巴、刀告、麻路、术布、扎古录、恰盖、康多、杓哇、完冒、博峪、拱巴、铁坝、插岗、益哇、尖尼、奄子、卡巴、达拉、沙录哇、阿夏、多力禾等。

1958年撤区并乡，新堡、柳林、洮南、洮北4个区被裁，并将原17个乡合并为博峪、纳浪、达子多、大族、申藏、阿子滩、洮砚、新堡8个直属乡。调整后卓尼县辖1个镇、5个区、35个乡。1958年11月，卓尼县乡镇均改建为政社合一的人民公社，县属8个人民公社：柳林公社（原柳林镇）、洮南公社（驻达子多，原辖区域），洮北公社（驻阿子滩，原辖区域），上游公社（驻麻录，原录竹区辖域），恰盖公社（驻恰盖，原北山区辖域），新洮公社（驻新堡，原区辖域），上迭公社（驻电尕，原区辖域），下迭公社（驻旺藏寺，原下迭、插岗区辖域）。1985年12月，卓尼县并入临潭县，同时将原属卓尼的下迭、插岗两区划入龙迭县。1962年1月，甘南州重新划分行政区划，恢复卓尼县建制。全县划为1个镇，20个乡，84个乡属人民公社，351个生产队。即柳林、盘园（后改为那子卡）、入吾（后改为扎古录）、沙冒、完冒、尼巴、刀告、柏林、新堡、洮砚、拉扎、纳浪、多坝、木耳、恰盖、康多、杓哇、阿子滩、卡车、大族、申藏。区划调整时临潭、卓尼两县辖地有小的变更，原临潭县所属的温旗、羊化、草岔沟等村划入卓尼；原属卓尼县的立洛、三旦、小术布等村划归临潭。

西固县解放后的接管建政

何德明　裴卷举

西固县和平解放后，工作人员于1949年12月10日进入西固城，开始工作。成立了县委和县政府，县委书记石峻，组织部长刘志民，宣传部长郭斌。县长李广植，副县长慕锡林，民政科长卢泽民，财政科长黄巨福，教育科长梁忠俊，公安局长薛玉龙，法院副院长要长久，县大队长孙玉山。接着成立了接管委员会，全面负责组织领导接管工作。委员会由石峻、刘志民、郭斌、李广植、慕锡林、卢泽民、黄巨福、梁忠俊、薛玉龙、要长久、孙玉山组成。下设武装治安、民政、财政、宣教四科。根据各科的业务范围，确定了接管任务。武装治安科接管警察局、县自卫队、县党部、三青团部和其他组织；民政科接管民政科、司法处、参议会、邮电、县农会、卫生院、看守所；财政科接管财政科、合作社、银行、县联社、田粮处、丰黎义仓；宣教科接管教育科、县中、周报社、教育会、翠峰女子中心国民学校、福津镇第一中心国民学校、第二中心国民学校等。

接管委员会的同志正确执行了党的方针政策，严格遵守入城原则，有条不紊地开展接管工作。同时向移交人员宣传了党的政策，解除疑虑，从而使接管工作进行得很顺利。

接管手续严格，登记造册，账物对照，准确无误，损失者注明原因，不清之处由移交人写出保证。接管工作结束时，公布清单。接管工作于当年年底结束。

接管工作进行的同时，配合支前、剿匪，建立了区乡政权。

西固县原有福津（城关）、南峪、官亭、富坪、沙湾、武坪、峰迭、立节8个乡，60个保，768甲，11034户，60387人。

根据武都专署指示，依照人口多少、地区大小、领导方便、减少支出4条原则，划分为城关、沙湾、官亭、峰迭4个区，23个乡。城关6乡，沙湾7乡，官亭5乡，峰迭5乡。

于此同时，在官亭区狮子乡竹婆山一带发现匪患。该地为岷县、西固、武都、礼县交界，常为土匪出没之地，清剿不易。为了彻底歼灭此股土匪，由官亭区狮子乡负责同志会同岷县、武都、礼县成立了联防委员会，狮子乡成立了火枪中队。在四县配合清剿下，彻底消灭了这股土匪，保障了该地人民群众生命财产的安全。

西固县解放和新政权的建设，彻底推翻了西固县数千年封建统治，各族人民欢欣鼓舞，开始了自由幸福的生活。

本文选自中国人民政治协商会议甘南藏族自治州委员会文史资料研究委员会编:《甘南文史资料选辑》，第三辑，1984年7月。

碌曲建政工作组开辟双岔、西仓纪事

刘奎①

双岔和西仓位于洮河上游，是以牧业为主、稍兼农业的藏族部落。这两个疆土毗连的部落东邻临潭县，南接四川省，北面和夏河县接壤，是进入洮河上游广阔草原的东大门。自清朝以来，这里一直由世袭的土官、头人统治。甘南解放后，双岔、西仓辖属临潭县。1950 年 4 月，岷县专署撤销后，临潭县划归临夏专署。解放初，党在甘南藏区采取“慎重、稳进”的方针，未在双岔、西仓地区建立人民政权，直到 1951 年才开始在这里开辟工作。长期以来，由于双岔、西仓一直处于“闭关自守”的封闭状态，所以广大群众对共产党和工作组的到来存在着很深的戒备心理，加之国民党残余匪特的造谣蛊惑，造成了工作组进驻该地区工作的严重困难，曾一度出现了僵持、对抗的局面。但是，在我党的领导下，中共临潭县委和县人民政府认真贯彻执行党的民族政策和宗教信仰自由政策，积极开展统一战线工作，团结民族宗教界中下层人士，依靠广大贫苦牧民群众，孤立和打击匪特的破坏活动，于 1952 年 6 月派遣部队和工作组进入这一地区，再度开辟工作，冲破重重阻力，站稳了脚跟，为创建碌曲县奠定了良好的基础和开端。现就这一过程略述如下：

① 刘奎，中共甘南州委党史研究室干部，已退休。

一

1951 年 10 月，根据临夏专署民族事务委员会第五次扩大会议决定，由专署派遣工作组于 12 月 1 日到双岔、西仓开展宣传工作，共计 18 天。工作组首先和该地的大小头人见面，并召开座谈会。其中与头人会晤 3 次，与僧人会面 4 次，与群众会谈 6 次，到会人数达 1200 余人。会议宣传了党和政府的民族平等政策及各项法令，使头人和群众对工作组有了初步的认识和了解。

1952 年 2 月 6 日，临夏专署和临潭县政府派 4 名干部随西道堂教主马富春去双岔、西仓、郎木寺开展工作，历时 15 天。他们给当地部落头人颁发了区、乡长任命书，做了大量的安抚工作，约请诸位头人来临潭旧城开会。当时，这些头人由于对党和政府不甚了解，加之匪特的挑拨，他们心怀疑惧，未能赴约。1952 年 3 月 6 日，是拉卜楞寺院第六世嘉木样活佛的坐床典礼，临潭县政府乘头人们去庆贺之机，专程派人去夏河相邀，唐隆郭哇拉麻杰布、双岔土官阿才的代表其绕、亦拉头人等，于 4 月 10 日应邀抵达临潭旧城。中共临潭县委和县政府召开了首次藏民代表座谈会，会上征得代表们的同意，决定派县检察院检察长杜歧等同志进入双岔。当时正值青海“昂谦事变”，匪特在双岔地区的活动猖獗。他们出没无常，明目张胆地进行各种反动宣传和破坏活动，使广大群众受到蒙蔽。5 月 14 日，杜歧等同志和医疗队被强逐出境。为了打开工作局面，1952 年 6 月 4 日，临潭县又组织了由旧城各民主人士参加的宣传组，共 14 人，由杜歧带领前去双岔工作。他们大力宣传党和政府的各项方针政策，揭露匪特的谣言，团结争取各土官头人，分化瓦解各种反动势力，取得了一定的成效，稳定了局面。经过半年多的努力，他们宣传党的民族、宗教政策，开展了统战工作，使广大藏族群众对党的工作宗旨有了初步认识。

给以后的解放军剿匪和进一步地开展工作创造了有利条件。

1952年6月下旬，工作组一行21人在解放军（一个独立营、一个骑兵连）、民主人士和医疗队的协助下，又一次赴双岔、西仓开辟工作。为了使工作带有长期性，这次的工作组配备了进驻该地区的地方干部。6月26日，工作组和军队在省公安厅处长董宏杰的带领下从旧城出发，28日到达位于双岔南面的洛措梁。以双岔土官阿才的管家阿克为首的17个头人，偕同临潭县派驻双岔的民主人士宣传组前来迎接。工作组向他们说明了来意，分别赠送了礼品。6月29日，工作组和部队到达洛措庄前，双岔27个头人在此等候，阻止进村，工作组和部队就地宿营。6月30日凌晨8时，双岔5庄和西仓9庄的藏兵三百余人由于受匪特的煽动和挑唆，突然武装袭击工作组和解放军驻地。解放军坚持“不先打第一枪”的原则，有位排长前去洽谈，被对方刺死。随即激战开始。四小时后，藏兵被冲散。战斗中解放军牺牲10人，伤20人；民伕死4人，伤2人。藏兵死6人，伤20余人。为了避免事态的扩大，部队和工作组离开原驻地，向后撤退，扎营在离双岔10余里的洛措梁上。双方派代表开始谈判。双岔代表表示愿意协助工作组和部队与西仓媾和，但不许部队进驻村庄，长期逗留。其理由为：(一)双岔没有土匪，也未种植大烟，军队只能过境，不能入村；(二)6月30日西仓藏兵在凌晨袭击解放军，双岔方面晚上才得知，来不及向解放军通知消息；(三)双岔部落的大庄、尕丁关虽有人参与，但为数不多，又无人领头，仅系一些乌合之众；(四)只要政府从宽处理，一两日内便将参加者全部叫回，并保证双岔地区再无人参匪；(五)西仓人多势众，出兵越界打解放军。损害了双岔的名誉，双岔愿意协助解放军打西仓。西仓代表则认为：(一)双岔现在靠近政府，把祸根全推到西仓头上。6月30日偷袭解放军，是双岔两个重要人物通知并带的路；(二)西仓方面曾公开声明，不包藏土匪特务，不种植大烟。现在西仓既无土匪，也无大烟，部队来干什么呢？如借道去郎木寺可以；（三）部队不能进驻西仓，可派工作组人员数十人到西仓各村寨看一下，是否有匪特。双岔和西仓虽然各持己见，但其核心是不让部队和工作组进驻该地开辟工作。

二

双岔和西仓在历史上曾有仇怨，但由于两部落水草连接，唇齿相依，一方有事则必然影响到另一方。1932 年，主持双岔境内毛日寺院的活佛尕藏罗日加措执意要到西仓寺院去住，这就影响了双岔部落的利益。双岔头人拉代大为不满，认为此举是西仓的 12 部落头人加毛策划的，想发兵征讨，但又恐力量不济，即差人去岷县向国民党军阀鲁大昌求援。同时，这一带的麦西、阿木去乎等部落素与西仓 12 部落有草山纠纷，连年械斗不息，也想借鲁的力量打击 12 部落。拉代此举正中鲁大昌的心意。于是在 1933 年 5 月，鲁以调解为名，派兵出岷县，经临潭、阿木去乎等地，驻扎在麦西，准备攻打西仓部落。12 部落头人加毛召集各部落小头人商议退兵之计，征集藏兵千余人，歃血盟誓，沿洮河南岸各要塞分兵布防，并主动出兵洮河北岸的兰甸沟狙击来犯的鲁军。5 月 29 日早晨，鲁军进犯兰甸沟，受到 12 部落藏兵的狙击，鲁军措手不及，被打死 80 多人，伤 20 多名。当晚，鲁军再度出兵兰甸沟进行报复。出于麻痹思想，12 部落藏兵得胜后即撤出了兰甸沟，鲁兵未费一枪一弹顺利通过兰甸沟杀进了西仓部落。鲁兵进入西仓后大肆烧杀抢掠，烧毁了西仓根岔和西仓加禾的全部房屋。攻占西仓寺院后，残酷地屠杀僧侣，焚烧洗劫寺院的经堂。鲁军的种种暴行激起了洮河上游各个部落的英勇抗击，鲁军不断遭到藏兵的伏击，损失惨重。鲁军自食其果，经阿拉、麦西，出加门关，过临潭仓惶撤回岷县。双岔头人拉代引狼入室，两部落间积怨更深。解放后，党和政府在两地开辟工作，由于以前无任何基础，广大藏族群众对共产党不了解，对党和政府的民族平等、区域自治等一系列政策一无所知。以前虽几次派工作组前去进行宣传教育，但由于匪特活动猖獗，制造种种事端，挑拨离间，蒙骗群众，蓄意阻挠党和政府建立基层政权，使工作难以进行下去。加之，土改、镇反中从内地逃窜到这里的一些恶霸地主、兵痞流氓的造谣煽动和诬蔑攻击，使一些土官、头人和群众对党和政府产生了“戒备”和“对抗”心理，有的甚至与匪特暗中来往，关系密切。他们妄想借助匪特的力量来阻止解放军和工作组开辟工作。特别是有极个别土官头人公开为匪，迷惑了一些群众和其他部落的头人，使一些原来已靠近政府的人突然改变态度，站到反动势力一边，以致造成了 6 月 30 日袭击解放军和工作组的事件。双岔和西仓两部落虽有联系，但在关系到各自利益时又互相矛盾和排斥。鉴于此情，解放军和工作组对局势作了认真分析，一致认为：西仓部落越界出兵双岔境内袭击解放军不合惯例，这说明他们有联系。如果事态进一步扩大，双岔虽有首先遭受损失的可能，但对西仓阻止解放军前进抱有很大的幻想，因此，双岔部落头人一方面表示拥护政府，痛恨西仓，甚至向解放军提供一些敌情；另一方面仍暗通西仓等地的部落，准备继续与解放军对抗。其目的是：如果西仓阻止住解放军和工作组，可达到他们不让解放军与工作组进驻的目的。如果解放军将西仓部落打垮了，他们则有拥护政府的表示。为此，西仓问题得不到适当解决，双岔靠拢政府的可能性就不大。针对这种情况，部队和工作组经过充分地研究讨论，制定了下一步的工作方针：团结巩固双岔，争取西仓，以和平谈判方式逐步地、稳固地进行工作，争取尽快打开新的局面。

三

1952 年 7 月 19 日，夏河县政府派遣部分民族中上层人士为代表前往调处，在工作组的陪同下与双岔、西仓的代表谈判数十次，但终无结果。7月21日，卓尼自治区（县级）人民行政委员会派第二副主任杨景华和车巴沟、江缠等部落头人，协助工作组前往西仓谈判。7月26日，西北军政访问团领导成员马辅臣、马富春等来到洛措与西仓30余名头人见面交谈，西仓代表仍坚持原来的态度，不让部队和工作组进驻西仓，并于当日派人到阿木去乎晋见了黄正清。8月2日，派去的人回来说已同黄正清与徐国珍司令员协商妥当，部队不去西仓，访问团可带少数部队做警卫前往。8月6日，部队移驻阿米达山和双岔大庄前，工作组驻洛措庄前和双岔方面仍坚持不让部队驻进村庄里的土房。

自从“6·30”事件后，工作组在军队和民族宗教界人士的大力协助下，遵照西北民族事务委员会主任汪锋关于“能团结者，一定团结；可安插者，一定安插；可照顾者，一定照顾”的指示精神，进行了大量细致的宣传教育工作。首先声明，对一时受匪特煽惑、蒙蔽打了解放军和参匪的群众，只要从此以后改邪归正，脱离匪特，一概既往不咎。同时，向群众耐心宣传解释党的宗教信仰自由政策和尊重少数民族风俗习惯的政策等，讲明党在牧区实行“不分、不斗、不划阶级”的政策，不取缔土官头人的职务，实行民族区域自治和主张各民族一律平等。同时，还在民族中上层人士中建立广泛的统一战线工作。如双岔的土官头人阿才、阿克、其绕以及寺院代表等，都主动配合工作组向广大群众进行宣传教育工作，收效明显。为了全面接近群众，工作组还组织了由40余名干部、战士参加的秋收队，帮助群众进行收割。工作组在到各村访问的过程中，通过放电影、贸易、免费为群众治病等活动与群众建立了联系。有些干部和战士采取与群众交朋友的方法，逐步沟通感情。通过这些具体的工作，广大藏族群众对解放军和工作组的态度发生了根本性的变化，由原来的害怕、对抗转变到接近和帮助。有些群众和头人主动协助工作组开展宣传活动，或购买东西，或侦察匪情等，给工作组和部队的工作提供了很多方便。截至1953年1月，党和政府的各项法令逐渐深入人心，使靠拢政府工作组的群众达到了30%以上，有60%的群众处于中立状态，趋向于匪特的仅占5%。1953年5月，解放军在甘、川、青三省交界藏区的剿匪取得了重大胜利，特别是活捉了匪首马良等，这对群众影响很大，基本上消除了许多群众惧怕受土匪迫害的顾虑，积极靠近政府工作组。与此同时，上级党组织积极开辟与双岔、西仓相邻部落的工作，派出了郎木寺工作组和拉仁关（旧寺）工作组。为了进一步巩固党在双岔、西仓取得的成绩，加强地方工作的力量，还从部队和其他工作组中抽调一部分人员成立了西仓工作组。在此基础上，1953年6月甘南藏族自治区筹委会第二次扩大会议决定成立洮源行政委员会（县级），由贡去乎俄日（藏）任主任，杜岐任中共洮源工委书记。逐步建立了县级党的工作机构和行政工作机构。是年10月改名为“碌曲”。特别是杜岐同志，自从开辟双岔、西仓工作以来，一直担任工作组组长。他为了党和人民的事业，不畏艰难险阻，不怕流血牺牲，艰苦创业，英勇奋斗。他在开辟双岔、西仓地区的工作中作出了巨大贡献，后担任中共碌曲县委首任书记。1954年元月，杜岐和中共甘南工委统战部部长曹学彦到郎木寺进行工作，在返回的途中遭到土匪伏击，不幸光荣牺牲。杜岐同志正值盛年，正当他憧憬着草原的美好未来，并为之艰苦奋斗、兢兢业业的工作之时，却长眠在了这块土地上。他为党和人民洒尽了最后一滴血，为碌曲的建政做出了不朽的贡献。

1991年4月

本文选自中共甘南州委党史资料征集办公室:《甘南党史资料》，第三辑，1991年4月。

玛曲县建政工作纪实

陈忠仁[①]

玛曲县位于甘肃省甘南藏族自治州西南角，青藏高原东端九曲黄河第一弯曲部，甘、青、川交界地区，自古为藏族游牧之地。历史上属夏河拉卜楞教区之一。中华民国建立后，河曲之地名义上属甘肃省青海西宁道循化县，但实际上夏河拉卜楞寺院才是唯一的统治者。1927 年“夏河拉卜楞事件”解决后，甘肃省国民党政府设立拉卜楞设治局，河曲随之归属，但其统治只有通过夏河拉卜楞寺院才能在河曲各部落实现。1928 年 3 月，夏河正式设县后依然如此。此种局面，一直延续到 1956 年 6 月玛曲县人民委员会选举产生之后，才宣告结束。

1949 年 9 月 20 日，夏河县宣布解放以后，玛曲亦随之解放。名誉上为夏河县人民政府辖下第七区，但世代生息在黄河第一弯曲部的广大藏族人民，仍然处在“郭哇”土官和寺院“政教合一”的封建统治之下，过着灾难深重、暗无天日的生活。为了改变这种状况，建立人民当家作主的政权，实现中国共产党对牧区的民主改革，1952 年夏，为了争取广大少数民族群众，团结民族宗教上层，贯彻执行党的民族政策，开辟玛曲地区的工作，西北军政委员会甘南藏区访问团在总团长黄正清、副总团长朱侠父的带领

---

① 陈忠仁，玛曲县委党校主任科员。

下，前来玛曲访问。他们深入卓格尼玛、齐哈玛（当时借地放牧在卓格尼玛与河南蒙旗之间的草地）、欧拉、乔科（曼日玛、阿万仓、上乃日玛、下乃日玛、采日玛）的基层部落帐圈，向广大牧民群众和民族宗教界中、上层人士宣传中国共产党的各项方针政策，积极开展免费医疗，发放救济款，调查核实全县户籍人口等工作，排除重重干扰和阻力，沟通了党和政府与人民的联系，团结争取了民族、宗教界中、上层人士，取得了群众的信任和支持。同年7月15日中共甘南藏区临时工作委员会、甘南藏族自治区筹备委员会在西北军政委员会甘南藏区访问团的协助下，筹备组建了中共欧拉工作委员会和欧拉行政工作组（县级）。马负图任工委书记和工作组组长，俄项任副组长，带领15名工作人员于1953年3月正式进入玛曲开展各项工作。他们克服重重困难，做了大量的工作，完成了各项预期的任务。同年6月18日，为了更进一步适应黄河第一弯曲部工作的发展，欧拉行政工作组改为玛曲行政委员会，中共玛曲工委书记马负图任主任，俄项任副主任。行政委员会成立以后，在欧拉行政工作组工作的基础上，组织乔科（负责曼日玛、阿万仓、上乃日玛、下乃日玛、采日玛、麦科）、欧拉、卓格尼玛、齐哈玛4个工作组，继续深入基层帐圈，了解民情，访贫问苦，调解各部落内部及外界的纠纷，发放救济、牧业贷款，扶持贫困牧民发展生产、建立家园，以及给牧民群众无偿治病，组织民族生产、生活品供应，在各部落召开头人会议，宣传中国共产党的民族、宗教政策；配合中国人民解放军剿灭流窜境内的国民党马良股匪，稳定了民心，安定了社会秩序，广泛取得了牧民群众与民主人士的信任、支持，逐步打开了玛曲的工作局面。同时调配了大批干部（是年底各类干部达到40名），按时按质完成了全国第一次人口普查工作，并在委员会所在地卓格尼玛麦朵塘开办邮政电讯业务，修筑简易公路，为玛曲的建政工作打下了坚实的基础。

1954年1月，为了进一步做好玛曲的建政工作，中共玛曲工委根据《中国人民政治协商会议共同纲领》，经过与民族宗教界上层人士充分协商，筹备组成了由53名政协委员参加的中国人民政治协商会议玛曲委员会。同年4月在卓格尼玛麦朵塘召开的玛曲第一次民族宗教界代表会议上，正式成立了中国人民政治协商会议玛曲委员会，具体代行人民代表大会职权，协助玛曲行政委员会筹备建政和其他宣传工作，至此，建政工作“万事俱备，只欠东风”，进入到实施阶段。

经过中共玛曲工委、玛曲行政委员会两年多的努力工作和积极筹备，后经甘肃省人民委员会批准，1955年6月12日，中国人民政治协商会议玛曲县委员会代行第一届人民代表大会职权，在卓格尼玛外香寺前滩召开。6月16日下午选举产生了以黄正明（藏）为县长，高立望、俄项（藏）为副县长，黄正明（藏）、高立望、俄项（藏）、索洛（藏）、安久（藏）、昂加（藏）、尕卜藏（藏）、阿尔盖（藏，全名阿秀·更登加布）、阿乔（藏）、赵海珍、张文会、康庭芝、到张（藏）、柴桑（藏）、南贡（藏）、曲乎旦（藏）、高致合（藏）、高世所、宋怀文等19人为委员的玛曲县人民委员会，正式宣告了玛曲县人民委员会成立，从此结束了玛曲地区自古没有地方行政建置的历史，标志着玛曲一个全新时代的开始。

2017年5月

1962年黄正清和赵子康的玛曲之行

白全忠

1962年，甘肃省副省长、甘南藏族自治州州长黄正清，在甘肃省委的指派下，曾两次赴甘南州玛曲县考察工作。在此期间，黄正清和甘南州委副书记赵子康，坚决贯彻执行党中央制定的农村工作《十二条》、《六十条》和1961年召开的西北地区民族工作会议精神，深入群众，调查研究，大力宣传、执行党的民族政策和宗教信仰自由政策，不仅较好地解决甘、青两省的边界纠纷，而且做了许多群众工作，这对于加强民族团结，密切干群关系，稳定群众情绪，恢复和发展畜牧业生产起了积极作用。他俩的玛曲之行，其意义是深远的，不但重新树立了党在广大牧民群众中的威望，也为以后的民族统战工作进行了有益的探索和尝试。但是，当时由于“左”的错误思想影响，黄正清的玛曲之行却被诬定为“阴谋组织武装叛乱”“大搞封建复辟活动”，致使黄正清和赵子康二人在此后的多年中无辜被批判、被斗争。黄正清本人也由此而被戴上“现行反革命分子”的帽子入狱劳动改造达五年之久。党的十一届三中全会后，黄正清和赵子康的问题终于得到彻底平反，他俩1962年在玛曲县的工作也得到了充分肯定。

严峻的形势

1962年时，国际形势严峻，国内矛盾错综复杂，甘南地区的民族矛盾和阶级斗争亦相当尖锐、激烈。人们的思想也比较混乱。在甘南藏区，经过1958年的平叛和反封建斗争，广大人民摆脱了千百年来封建压迫剥削的桎梏，跨上了社会主义康庄大道。但是，由于“左”的错误思想，给甘南的革命和建设带来了严重的消极影响：一是平叛反封建斗争的扩大化，使一大批群众和干部蒙冤受屈；二是大跃进和“一步登天”的人民公社伴随的“五风”（即“共产风”“平调风”“命令风”“浮夸风”“特殊化风”）和生产方针上的重农轻牧，违背了牧区（包括半农半牧区）“以牧为主”的生产方针，给全州农牧业生产和人民生活造成了巨大的损失和困难；三是在执行党的民族政策、宗教政策和统战政策中的失误也违背了甘南藏区的实际、脱离了群众。以上几方面，虽经60年代初党和人民政府的努力，纠正了部分错误，但在群众中造成的消极影响，尚未完全消失，加之极少数不甘失去封建统治权利的封建牧主分子和反革命分子，借三年自然灾害造成的困难以及个别干部工作中存在的问题，趁机煽风点火、造谣惑众。因此，当时的甘南藏区，尤其像玛曲县这样僻远落后的牧区，群众思想较一般地区更为混乱。

黄正清和赵子康就是在这种形势下受命赴玛曲县的。那么，作为省、州领导的黄正清和赵子康到玛曲后应该做哪些工作、解决什么问题呢？一是正确宣传和执行党的民族政策和宗教信仰自由政策，稳定群众情绪，加强民族团结；二是维护祖国统一，坚决揭露反革命分子企图反对党、反对社会主义、反对人民政府，妄图颠覆无产阶级专政的阴谋；三是根据甘南民族地区的特点，实事求是，努力纠正执行政策上的各种失误，纠正少数干部工作上、作风上存在的问题，使群众进一步了解党的政策，拥护党的领导；四是通过调整生产方针和正确解决与青海省的边界纠纷，恢复和发展牧业生产，努力改善群众的生活，以树立党和人民政府的威信。1962 年黄正清和赵子康的玛曲之行，正是做了以上工作。

黄正清第一次到玛曲

1962 年 5 月初，正在北京参加全国人代会和民族委员会会议的黄正清，接到在京的甘肃省副省长马青年转达省委第一书记汪锋的电话通知，说甘南地区有些谣言，要搞叛乱，叫黄正清赶快回省。于是，黄即于 5 月 2 日赶回兰州，在当面接受省委的指示后，立即来到甘南合作。5 月 12 日，根据省委的要求，甘南州委组成了以州委常委、副州长杨培发为组长，王如东、卢世仁、罗发辉为成员的州委工作组，随同黄正清前往玛曲、碌曲、迭部、夏河 4 个县了解情况，开展工作。此行共走了 84 个点，于 6 月 12 日返回合作。在长达一个月的时间内，他们每到一县，都向县委、县人委负责同志传达省委的意图并听取汇报，并多次召开有各方面代表人士参加的座谈会，广泛听取群众反映，还在夏河县召开了 8 个乡、镇的群众大会，着重宣传了关于搞好农牧业生产、坚持集体所有制、维护社会治安、加强民族团结以及宗教信仰自由等方面的方针政策。通过黄副省长和州委工作组的大力宣传和努力工作，甘南地区的情况有所好转，在安定人心、搞好生产、恢复社会秩序、调动民主人士和民族干部的积极性等方面，都起了一定的作用。他们在此行过程中，经深入了解，没有发现甘南地区有叛乱的迹象，但由于走的地方多，接触面很广，却发现了一些带普遍性的问题，尤其是玛曲县的问题更加突出，归纳起来有以下几个方面：

一、存在的问题

（一）畜牧业生产方面

自1961年先后贯彻党中央制定的《十二条》《六十条》和西北地区民族工作会议精神以来，甘南牧区少部分地区的畜牧业生产，虽趋于稳定并有所回升，但由于执行党的方针政策很不彻底，大部分地区的牲畜仍在大量死亡和减少，严重地影响了畜牧业的恢复和发展。仅据玛曲、碌曲两县的不完全统计，1962年春天就死亡牲畜57000多头（只），占两县牲畜总数的10.9%；夏河县阿木去乎公社，1958年给洮江县移交牲畜时共有50000多头（只），而1962年5月交回夏河县时只剩了30000多头（只）。该公社扎代生产队，1958年有牛876头，马107匹，绵羊1060只，山羊576只，到1962年春仅剩牛411头，马57匹，绵羊554只，分别减少了46.7%～53.1%，山羊已经断种。

从以上情况看，牲畜下降幅度甚大，究其原因主要有以下几点：

1. 草山不足

这是当时甘南畜牧业生产存在的基本问题。首先是上级缺乏通盘考虑，不顾实际地将甘南大片草山划给了四川和青海两省，仅玛曲县先后划出去的草山面积就达4000～5000平方公里，占该县总面积的近二分之一，严重影响了畜牧业生产的发展。

其次是重农轻牧，“大力发展农业”，脱离实际地要求“甘南牧区1960年都要做到粮食自给”和“移民垦荒”，自1959年以来甘南州在牧区和半农半牧区大办农场，大量开垦草原为农田，再加上一些省、州机关和部队也在甘南办农、牧场，对各县草场开垦占用很多。当时全州共办农场71个，开荒27万余亩，既严重破坏了畜牧业生产，也挫伤了群众的积极性。如夏河阿木去乎即有9个单位在此办农场，共计开垦草原达到10万余亩，占该公社草山面积的三分之一。在碌、玛两县办牧场的共有十几个省、州和部队的单位，占用了大片草山，其经营放牧的各类牲畜有7万多头（只）。这些单位不但占用了牧区和半农半牧区相当数量的草山，而且还占用了当地相当数量的劳动力，如玛曲种畜场中有700多人是当地牧区的牧民，碌曲和玛曲两县群众对上述问题意见很大。

由于草山严重不足，牲畜吃不到足够的草，非常瘦弱，造成大量牲畜因过不了“春乏关”而死亡。更为严重的是，牲畜因被迫吃重槎草而引起许多内寄生虫病，如肝吸虫、肺丝虫等，造成了牧民牲畜的大量死亡。如碌曲县尕海公社，原有牲畜43000多头（只），因患内寄生虫病，死亡4900多头（只），占牲畜总数的11.2%。

2. 兽害及偷盗严重

全州牧区由于受1958年叛乱的影响，枪支弹药普遍短缺，加之群众思想混乱，责任心不强，因而兽害和偷盗现象十分严重，损失的牲畜很多。如夏河县甘加公社被野兽吃掉的牲畜，仅1961年就达894头（只）。另据夏河13个乡统计，1962年元月—3月，仅马、牛就被盗5570头（匹）。因为州、县对防止盗卖牲畜缺乏统一规定，往往是被盗的牲畜有了线索也要不回来。

（二）社会治安方面

甘南各地的社会秩序很不稳定，一些反革命分子和坏分子，利用平叛反封建斗争扩大化带来的消极因素和三年自然灾害造成的暂时困难，大肆进行旨在颠覆无产阶级专政的反革命杀害、造谣、诬蔑和破坏活动，具体表现在：

1. 杀害干部

反革命分子自1962年4月29日在卓尼县车巴沟杀害县公安局副局长杨思俊之后，又接连发生谋杀政府干部案件5起，打死1人，打伤3人。这些案件的发生，在干部和群众中震动很大，对生产和工作有很大影响。

2. 威胁干部

具体表现是黑夜用石头砸干部住房的门窗。故意给干部头上泼冷水。在公路上公开阻挠干部通行。不让下乡干部在群众家里吃、住，并威胁一些民族干部说："共产党走了，我们要杀你们，要报仇。"还策动民族干部的家属拉干部离职回家。如夏河县博拉乡有4个民族干部就是在家属的多方逼迫、动员下离职回家的。

3. 造谣惑众

这在甘南地区是带有普遍性的。如造谣说："现在公社体制划小了，核算单位下放了，寺院也开放了，这是共产党'挖不清了'(不行了)""现在共产党大量精简干部，精简下来的人要去印度打仗""西藏、青海等地都起来了，其规模比1958年还要大"等等。同时，就在黄正清和州委工作组到各县开展工作之际，对他们此行的谣言也随之而起。如说："黄正清这次到碌、玛曲是接干部出来而去的，他要不去这些干部就走不脱了""共产党实在不行了，才让黄正清来了"。

4. 破坏通讯设施

州府合作至各县的电话线和电线杆，屡遭砍盗，经常不能通话。尤其是县至乡、乡至公社的电线，几乎全部被割断，电杆被砍的为数不少，造成长期以来上、下不能通话，对基层工作影响很大。

5. 偷盗案件增多

据统计：仅夏河县的7个乡，1961年上半年共发生重大案件(城镇偷盗价值在100元以上，农村在30元以上的案件)共104起。而1962年的前5个月，便发生重大偷盗案件270起(以城镇偷盗价值150元以上、农村50元以上计算)，偷盗发案率呈上升趋势，在人民群众中造成了紧张不安的影响，也使不少人蒙受了损失。

另外盲流人员日趋增多，影响了社会治安和正常秩序。如夏河县就有1000多名游动人员。

(三) 民族统战工作方面

此时甘南的统战工作存在的主要问题是“统”的面还不够广，尤其发挥民主统战人士的作用很不够。如夏河县在1958年以前直接安插工作和与政府有联系的民族宗教界中上层人士已有600余人。经过平叛、反封建斗争后，清除了一些罪恶大、民愤大的反动分子，这是对的。但问题在于打击面过大，把一些一贯靠近党和人民政府和有条件争取的统战对象，也当成打击对象清除了。结果增大了敌对面，减弱了为党工作的依靠力量，造成该县至1960年西北局兰州会议以前统战对象只有24人。后来虽然陆续扩大到81人，统战工作有了一定恢复，但还很不够。经过初步排查，至少有20余人应当加以安插和使用。另外，发挥统战人士的作用方面也存在不少问题。俄项原系玛曲县县长，1958年后半年降为副县长，其虽然官居原位，但没有让他发挥更大的作用，该让他看的公文电报不送他看，该让他知道的事也不让他知道，整天坐“冷板凳”。正如他本人所说的：“哪个科长下了乡，下去干些什么，我都不知道，中央《六十条》的内容是些什么我也不知道，闲着无事可干，只好每天挖蕨麻、扫院子。”类似上述问题，在甘南是普遍存在的，也是比较严重的。

(四) 关于单干问题

根据玛、碌、夏三个县的汇报和进一步了解，群众要求单干的愿望较为强烈，特别是牧区和半农半牧区更为普遍，甚至有些地方已经单干起来了。如夏河县博拉乡的10个公社中，7个牧业公社已经单干，还有一个公社也在积极酝酿单干。其单干的形式有4种：1. 牲畜各归原主；2. 牲畜名义上是属集体，但产品归个人；3. 将牲畜按人分配到户；4. 白天集体放牧，晚上牲畜各归各家圈养。

(五) 干部作风方面的问题

玛曲县尼玛等乡的群众反映：个别干部有随意拉走社员自留

畜、殴打群众、多吃多占，生活特殊化和干部不劳动，打击报复向上反映问题的群众等问题。

群众的普遍诉求有三点。

第一，归还草山牧场。黄副省长和州委工作组所到之处的县、乡、社、队的群众，人人谈草山、处处议牧场，心情激动而焦急，要求人民政府尽快组织力量，迅速解决草山被占的纠纷问题。

第二，迅速释放在押人犯。1958 年平叛反封建斗争的严重扩大化，造成了捕人过多的恶劣现象，严重脱离了群众，并给反革命分子提供了造谣生事的可趁之机。群众普遍要求大批释放在押人犯，并要求政府许可为死者念经超度。

第三，要求再开放一些寺院。这是大多数信教群众的要求，他们的理由是：(1) 党的宗教信仰自由政策是一个，为什么有的寺院开放了，有的却不让开放。(2) 教派不一和距离太远，不便于生产和朝拜，因此寺院不应该合并，应开放本地区的。群众普遍表示，寺院开放后一定奉公守法，不该做的事不做。

1962 年 6 月 12 日，黄正清和甘南州委工作组在玛曲等县的工作基本结束。黄正清为及时向省委汇报甘南的情况，没有时间督促纠正甘南存在的上述问题，但在 6 月 15 日以工作组的名义向州委写了报告，提出了他和工作组对当时甘南存在问题的解决办法和处理意见。

二、工作组的建议

(一) 关于畜牧业生产

他们认为，存在的问题很严重，不仅影响到畜牧业生产的发展和群众的生产积极性，而更重要的是，这样延续下去，是还要不要甘南这个畜牧业基地、要不要甘南牧区群众的利益问题。对如何扭转这个局面，他们提了以下建议：

第一，生产方针问题。必须坚决贯彻执行以牧为主的方针，牧区应全力以赴发展畜牧业生产，半农半牧区必须以牧为主，农业应为发展牧业服务。

第二，生产任务的制定。根据当前畜牧业生产情况，应大力恢复和发展畜牧业生产，在无特大自然灾害的情况下，争取在 3 至 5 年内使牲畜数量恢复到 1957 年的水平。

第三，征购政策问题。国家收购畜产品时必须按规定的比例办事，坚决制止层层加码、征购过头的现象，以给畜牧业一个休养生息的机会；对牧业要坚决执行“轻税”政策；在牧区不提倡发展农业生产，现有的少量农业应不计征购，用之于恢复畜牧业生产；半农半牧区，粮食征购任务也必须争取从轻原则，反之必然导致由牧转农；必须按政策规定给群众留够自留畜，还没有留够的，应立即纠正；若由于牲畜损失过大，留了自留畜就没有集体的牲畜者，要说服群众适当少留；甘南牧业各县所办的农场和各机关经营的牧场，对畜牧业有影响的，该撤的撤掉，该压缩的压缩，该合并的并掉，以保证畜牧业的恢复和发展。

第四，关于加强对畜牧业生产的领导。州上要用大部分精力来领导畜牧业生产，牧区要以全部精力去抓畜牧业生产，半农半牧区要以主要精力抓畜牧业生产。同时，各级领导必须加强学习畜牧业方面的方针政策，按政策办事，并学习畜牧业生产知识，了解和熟悉牧业生产情况，克服盲目性。各级党委要将畜牧业工作提到中心议事日程上来，经常研究、定期检查、总结经验。为了避免瞎指挥，各级领导必须经常深入实际，加强调查研究。建议州委、州人委负责同志每年下去两次，以发现问题，及时解决问题。县、乡领导同志要以更多的时间深入牧业生产第一线。

第五，目前应立即抓好以下几项工作：一是解决草山问题。根据西北地区民族工作会议精神和省、州委的历次指示，各单位在牧区办的农牧场要大量停办和压缩，现在须停办的还没停下来，须压缩的还没压缩、或者压缩不够的，希州委能协调解决。划给外省的草原，应迅速催请省委转报西北局及时加以解决。二是总结牧区各种行之有效的生产经验，如畜群的合理划分、草山的合理使用，兽疫防治、劳力安排等，以发展畜牧业生产。三是制定各种奖励办法，鼓励牧民安心于畜牧业生产。四是大力发展牧狗，制造打狼工具，制止狼害。

（二）关于社会治安

目前甘南地区社会治安情况不好的原因很多，矛盾很多，问题比较复杂，必须冷静分析、区别对待。当前治安工作总的方面应是稳定人心、争取群众、孤立敌人、打击敌人。如何稳定人心、争取群众：一是要广泛深入地宣传党的政策，坚决按政策办事；二是要彻底纠正错误，解开疙瘩、清除误会、改善党群关系；三是要深入广泛地做好统战工作，充分发挥他们的积极作用；四是要加强侦破工作和军事部署。

（三）关于民族统战工作

造成目前这种不景气状况的主要原因是，过去一段时间内对党的民族统战政策的重要性认识不足、执行不力。从思想方面看，大汉族主义和宗派情绪在某种程度上表现得相当严重。我们从这次工作中深深体会到，在甘南地区，民族统战工作不是不需要了，而是比其他地区更加需要，特别是目前处在暂时困难的情况下，就更加需要了。关键在于通过检查工作，总结经验，对各级干部进行民族政策和统战政策的再教育，提高他们的政策水平，改变以往错误的认识，认清汉族干部和党在甘南地区的工作任务，只有这样才能从根本上求得转变。靠简单地批评和埋怨下面的干部是不行的，重在解决思想问题。

（四）关于单干问题

为什么会出现单干现象，我们考虑主要有三个方面的原因：一是由于所谓的“一步登天”后，群众对集体的优越性感受不深；

二是反坏分子利用群众的单干情绪，策动群众搞单干；三是贯彻政策缺乏因地制宜，将农区的牲畜分散喂养政策，机械地搬到牧区宣传，致使群众发生误解。今后应对群众加强集体主义教育。对已经实行单干了的应采取教育说服的方法，使之重新走上集体道路。

(五) 关于群众的其他要求

释放人犯和为死者念经的问题。我们认为为了安慰和团结群众，应该同意和满足他们的要求。

要求继续开放寺院的问题。我们认为在不准恢复宗教特权和压迫剥削制度的前提下，可以再适当开放一批寺院。这样做比较主动，也有利于团结群众。

1962 年 6 月 16 日，黄正清副省长回到兰州，向省委主要领导详细汇报了甘南之行的情况和甘南地区存在的问题，引起了省委的重视。同年 9 月，在省民族工作会议精神指导下，甘南州委成立了“处理 1958 年平叛反封建斗争遗留问题领导小组”和下属办公室，并派出以辛风辉为组长的玛曲试点工作团。工作团于 9 月 15 日到达玛曲县，16 日传达了省民族工作会议精神和州委贯彻执行的意见和措施。接着玛曲县委也成立了以县委书记黄建业和贠志毅等五人组成的领导小组，并下设了清案办公室和处理平叛反封建遗留问题办公室，同时将曼日玛乡（原乔科公社）确定为全县的试点。9 月 24 日，州、县联合试点工作组赴曼日玛乡正式开展工作，当年一大批群众被甄别并得到了妥善处理。

黄正清第二次去玛曲

1962 年 7 月初，“甘、青两省边界纠纷问题座谈会”在兰州召开，国务院内务部部长曾山和中央西北局统战部部长常黎夫主持了会议。青海省参加会议的是省委书记朱侠夫、副省长扎西旺秀和黄南州州长。甘肃方面参加会议的有省委书记张鹏图、副省长黄正清和甘南州委副书记赵子康。甘、青两省有关民主人士也参加了会议。在长达四十多天的会期中，讨论了两省多年的边界草山纠纷问题，其焦点是甘南州玛曲县欧拉乡与青海黄南州甘德县之间的纠纷。会议只大概确定了一下划界的方向，会后需要去现场实地考察。于是，两省领导分率有关成员回到各自省内去察看，这样黄正清就第二次来到了玛曲。临行前，省委第一书记汪锋曾接见甘肃参加草山会谈的同志，对他们去甘南玛曲帮助当地解决草山纠纷和开展其他工作做了具体的部署和指示，并反复交待他们，下去后要深入群众，提倡“三不”主义，有什么意见都让群众提。

8月27日，甘、青两省解决边界纠纷工作南线工作组（甘肃组），在组长张鹏图、副组长黄正清的率领下，首先到达夏河县，同行的有工作组成员赵子康和年智仓（甘南州畜牧处处长）以及工作人员共27人。当时该县正开人代会，在县上领导的请求下，张鹏图书记和黄正清副省长分别向与会代表们讲了话。张鹏图根据会议代表们要求开放寺院的请求（当时甘南地区仅仅是拉卜楞寺院开放了，其余各寺都没有开放），在会上当众宣布说：“所有寺院都可以开放”。8月31日，因省委召开常委会议，张鹏图返兰。临行时指命黄正清任代理组长，赵子康任副组长和党组书记，带领工作组先行一步到玛曲县开展工作，他随后赶来（但后来一直未到）。9月1日，黄、赵一行到达州府合作后，一方面为去玛曲作准备，另一方面和甘南州委的主要领导同志交换了意见。州委第一书记孙久德对黄正清说：“黄省长你这次来的很好，希望下去后不仅要了解草原纠纷问题，而且要进行多方面的工作，能去的地区多去些。”并说“现在许多藏族群众都来拉卜楞寺朝拜，生产受到影响。有些群众不听干部的话，还有打干部的现象，希望你也管一管”。

9月3日，黄正清和赵子康等人在甘南军分区政委慕明君的陪同下，前往玛曲县，途经夏河县的阿木去乎乡和碌曲县的玛艾乡时，群众为欢迎工作组和黄副省长一行，在路旁搭起帐篷迎接。许多人上前献哈达、送礼品，黄正清和赵子康等人只好下车接受迎接。黄向群众讲了话，但谢绝了送礼。4日在碌曲县城休息一天后，5日在从碌曲到玛曲途中，赵子康和慕明君两人对黄正清说："群众来献哈达、酥油，你都退回去了，这样做群众心里很不舒服。我们这次是来做群众工作的，你这样是脱离群众，应该按照你们藏族的传统礼节办事。"黄听后觉得他们讲得有道理，就接受了这个意见。中午，当车行到玛曲县尼玛乡时，黄正清等人受到几百群众的骑马迎接，他们再三劝阻，在推辞不了的情况下，进入预先搭好的帐篷就餐。这时，蜂拥而至的群众向黄正清磕头，黄正清在赵子康的劝说下，也就按旧习惯摸了群众的头。到玛曲县城后，县委书记黄建业、县长俄项等率领机关干部夹道欢迎。这时欧拉的群众也骑马赶到了，大家放鞭炮、鸣枪表示欢迎。有的头人献哈达、送酥油、送羊肉，黄正清在多次拒绝无奈的情况下，经与赵子康和县上同志的商量，也就收下了群众的礼物（后交县委机关食堂）。从6日起，工作组开始了解决草山纠纷的调查工作。9月7日，黄正清和赵子康应邀出席了玛曲县人代会和政协会。黄正清在会上代表工作组讲了话。他对两会的召开表示祝贺，并讲了工作组的来意和解决甘青边界草山纠纷的五点原则。从9日起，工作组正式深入基层各乡开展工作，在一个多月的时间里，先后到过尼玛、欧拉、藏科、阿万仓、曼日玛、采日玛6个乡。其中曼日玛和采日玛两乡虽然不是这次涉及草山纠纷的地方，但工作组根据省、州委领导"下去后，多去一些地方"的指示，也都去了。在长达30多天的时间里，黄正清和赵子康先后召开群众大会、干部会、民主人士座谈会等27次。黄正清接见群众28000多人次。他们每到一个乡，都按照宗教和民族形式接待群众，并利用各种机会，向干部、群众和民主人士宣传党的政策，讲民族团结，讲保护牛羊，讲发展生产。每次会议，黄正清都要讲两次话。会前，他听取各乡工作汇报，常与赵子康等进行研究，确定讲些什么。会议结束前，又把群众的意见和要求归纳综合起来，经过工作组集体讨论后，确定答复的内容，然后再写出提纲，用藏语向群众进行宣讲。总之，每次会议他都讲了这八个方面的问题：一是工作组的来意；二是党的宗教信仰自由政策；三是党的民族政策；四是密切干群关系；五是维护社会治安，揭发和制止坏人坏事，保护牲畜，反对和防止偷盗；六是跟着共产党走社会主义集体化道路，坚决反对和制止单干；七是在牧区要坚定不移地贯彻执行“以牧为主”的生产方针；八是1958年平叛反封建斗争的伟大胜利。会上，工作组根据省委汪锋书记关于提倡“三不”主义、“有什么意见都可以提”的指示，启发与会群众，对这八条充分发表自己的看法和意见，目的是引导群众说出藏在心里的话，进一步密切党群关系和干群关系，使群众抛弃疑虑，一心一意地跟共产党走。当时，在黄正清和赵子康敢于坚持真理、修正错误、实事求是精神的鼓舞感召下，许多群众精神振奋、情绪激昂，对由于“左”的思想路线造成的错误，和某些基层干部身上存在的不良作风，大胆地提出了批评意见。主要意见是群众正当的宗教活动，有时受到干涉和限制，一些基层干部多吃多占，打骂群众；有些干部发了财，群众却变穷了，等等。同时，也提了一些合理要求：如要求全面贯彻宗教信仰自由政策，全部开放玛曲的寺院；要求给他们准假，去夏河拉卜楞寺念经等。对此，黄正清、赵子康和玛曲县上的领导经过研究，都作了回答：(1) 关于干部作风问题，他们答复由县上出面经过调查取证后予以解决；(2) 关于群众正当的宗教活动问题，他们认为宗教信仰是一个具有广泛群众性的问题，只有坚持贯彻宗教信仰自由政策，按1961年省民族工作会议精神去办，才能更好地教育和团结群众，因而答应立即开放了三座寺院；(3) 关于群众要求去夏河拉卜楞寺院念经的问题，他们认为，已经有不少群众抛下牛羊偷着念经去了，这给生产带来了很大影响，若再允许大批群众去夏河念经，势必会对牧业生产造成更大损失。鉴于此情，黄正清主动提出了由他代收转送群众给拉卜楞寺布施的建议。他的合理建议，得到了其他领导同志的赞许，由此，黄便代收了所有群众给拉卜楞寺的布施。布施约有人民币 12000 元，白洋 4000 多枚，银元宝 40 个，酥油 6000 斤，曲拉 3000 斤。这些财物以后都由黄正清如数交给了拉卜楞寺院管理委员会。

当时，在各乡的群众大会上，也有一些坏分子公开发表反动言论，主要集中在以下两点：一是竭力攻击基层干部，不要“穷人”领导，主张土官头人重新上台统治；二是替反革命分子翻案，企图全盘否定 1958 年平叛反封建斗争的伟大胜利，复辟封建压迫剥削制度。对这些人的猖狂进攻，工作组和黄正清本人，以及在场的很多积极分子和干部群众都进行了批驳和反击，从而使广大群众明辨是非，受到了教育。但由于时间短促，这一工作未及深入进行，以致后来给他们的玛曲之行留下了阴影。

1962 年 10 月 6 日，黄正清、赵子康和工作组一行，在完成了对甘青边界草山的实地勘查和做了大量群众工作之后，由于要及时回省城向省委汇报便返回玛曲县城。10 月 12 日，黄正清在合作向甘南州委、州人委通报了玛曲之行的工作情况后返回兰州，从而结束了他的第二次玛曲之行。

黄正清和赵子康遭受批判打击

1962 年 12 月，全省县委书记会议在兰州召开，当甘南州的各县书记们汇报工作时，省委领导让黄正清去旁听。会上有的县委书记反映黄正清到甘南各地走了一趟后，群众就不听干部的话了。有的说黄正清到甘南后，搞了封建复辟活动。省委书记汪锋让黄正清

大会，给黄正清挂上“反革命分子”的牌子批斗，勒令其立即交出金银财宝和枪支，否则，小心狗头。会后，黄被迫交出黄金400多两。此后，在近半年的时间里，黄正清和其妻策仁娜姆多次遭受批斗和毒打，省上斗了，州上批，州上批后又拉到玛曲县斗，直到1967年初被关进兰州八里窑看守所后，批斗才算告一段落。1968年5月，与外界隔绝达一年半之久的黄正清被放了出来，每天在省政协搞“三查”，交待问题。1970年元月，由于备战的需要，兰州疏散人口，黄正清夫妇被送到正宁县城。在县政治部管理下，每天学习，不准外出。

1972年6月22日，省革委会保卫部正式宣布逮捕了黄正清，他被押送到天水看守所，直至到1977年3月才被“宽大释放”。

与此同时，甘南州委副书记赵子康，在1967年的“一月风暴”中，被“造反派”非法夺权，被诬蔑为甘南地区“党内最大的走资本主义道路当权派”“三反分子”，其主要“罪状”就是1962年的玛曲之行中，支持、纵容黄正清搞“封建复辟活动”。由此，赵子康遭受了长达两年之久惨无人道的摧残和迫害，他的身心健康受到了极大的损害，这位放羊娃出身的共产党员、抗战时期参加革命的陕北老干部、甘南各级领导干部的楷模，在刚刚得到“解放”，重新走上领导岗位不久，还未看到“四人帮”覆灭的下场，就于1975年10月过早地离开了人世。

1977年3月，在甘肃省委的过问下，黄正清终于结束了长达五年之久的监狱生活，回到了兰州。但释放证上仍写着：“黄正清以现行反革命罪关押，现宽大释放”的字样。

1978年，在甘肃省委的又一次过问下，省人民法院在求实的基础上，推翻了1964年和1966年强加在黄正清头上的所谓“阴谋组织叛乱”“历史反革命分子”“现行反革命分子”的罪名，并将抄家拿去的东西，进行折价退赔。是年，黄正清被选为全国政协委员。同年底，甘肃省政协恢复后，黄又被任命为副主席。1979

年，在省人代会上，黄正清作为人大代表，被选为甘肃省副省长，恢复了名誉。

1982年2月22日，中共甘肃省委正式为黄正清和赵子康1962年的玛曲之行进行了彻底平反，在省委发的13号文件《关于为黄正清同志问题平反的通知》中，较详尽地叙述了黄正清和赵子康1962年在甘南的工作情况，肯定性地指出："从以上调查情况看，黄正清同志1962年去甘南玛曲工作是由省委决定派去的，所进行的一切工作，省委领导同志事前有具体指示和交待，甘南州委领导同志也有具体建议和要求。黄正清同志和赵子康同志不仅较好地完成了解决甘、青边界纠纷的工作任务，而且还做了许多群众工作，对加强民族团结，密切干群关系，稳定群众情绪等方面，都起了积极作用。事实上，黄正清同志在玛曲工作中并没有大搞封建复辟活动的问题。因此，1964年以来历次政治运动中，对黄正清同志所进行的批判斗争和处理都是错误的。经报中央同意，1964年省委认定黄正清同志'阴谋组织叛乱'定为'历史反革命分子、现行反革命分子'的问题，1978年已作出了复查平反结论。对1962年认定的所谓'在甘南大搞封建复辟活动'的问题，经这次复查认定，都应予以彻底平反，推倒一切不实之词，恢复名誉。因黄正清同志的问题受到株连的，也应一律平反纠正。有关档案材料应按中央规定予以清理销毁"。省委的这份文件，发至县级，在甘南藏族自治州和正宁县则发至公社一级，以消除过去在群众中造成的影响。至此，黄正清和赵子康的甘南玛曲之行，才有了一个符合历史事实的正确结论。

本文选自中共甘南州委党史资料征集办公室：《甘南党史资料》，第六辑，1995年。

甘南工作团第一分团在卓尼

格日才让[①]

1956年，正当全国各地掀起轰轰烈烈的农业合作化高潮之际，川西部分少数民族地区由于受国民党残余匪特的煽动、造谣和挑唆，社会秩序动荡不安。3月，在阿西贝西、包物座等地发生了武装暴乱，匪徒们公开反对党在民族地区进行民主改革，而接近川西的卓尼辖区上、下迭一带，由于受外来反革命匪特的利诱和操纵，谣言纷起，群情不安，社会秩序混乱，大有一触即发之势。

当时，遵照省委指示，中共甘南工委和州人民政府为防止事态的进一步恶化，立即成立了甘南工作团，工作团下设3个分团，卓尼为第一分团，团长杨复兴，副团长杨景华。1956年4月3日，下迭达拉沟两名解放军战士被匪徒杀害，当晚中共甘南工委用加急电话指示县委："达拉沟群众思想情绪紧张，大有骚动的可能，卓尼县委对这一问题要给予足够的重视。"县委、县政府连夜召开（扩大）会议，进行研究和分析，并与民主上层人士进行商谈，征求意见。最后决定派遣县委副书记曹文蔚、副县长杨景华和组织部长郑绍云，带领数名干部组成第一分团，立即赶赴迭部地区进行统战和民族群众工作。4月6日，分团到达上迭电尕寺后与驻军取得联系，并对当时的形势和社会情况作了详细的研究和

① 格日才让，卓尼县政协文史委主任。

分析，决定分团迅速赶到下迭旺藏寺，立即召集下迭各旗的中上层民主人士座谈会和群众大会，由曹文蔚副书记在会上说明来意，宣传党的方针政策，并反复解释党在少数民族地区进行社会主义改造的方针、政策，提高他们的思想认识，消除一些部落头人的思想顾虑，化解他们的抵触情绪。各旗的总管头人听后当场表示：绝对听杨司令的话，保证不参加叛乱。会后群众的思想情绪基本得到了稳定。4月12日，第一分团由下迭旺藏寺进驻达拉沟，调查了解造成达拉沟紧张气氛的原因，并召开当地总管头人座谈会，宣传党的政策，揭露匪特的谣言，基本上解除了头人和大部分群众的疑虑，思想情绪初步得到安定。4月20日，第一分团给县委书记杨培发、县长杨复兴致函报告："据七〇团反映，最近有人（指迭部的）到车巴沟江车村活动暴动之事，（未知）此消息是否可靠，但值得我们警惕注意，因为车巴沟我们的工作薄弱，故应加强注意。"

1956年4月27日，中共甘南工委在战备计划中指出："目前甘南情况日趋紧张，为及时配合军事战备，要大力支援。由地方负责解决的问题，经研究应立即着手，先在党内动员作好计划准备，一旦发生，立即行动，迅速支援。"中共卓尼县委根据这一指示精神，向各区摊派驮马：柳林区25匹，洮南25匹，洮北30匹，新堡区30匹。5月11日，驻迭部队在下迭达拉沟甘沟村与一伙匪徒遭遇，发生枪战，经过激烈战斗，打死打伤和俘虏匪徒44人，缴获22条枪。甘沟村战斗的胜利，震慑了匪焰，鼓舞和教育了达拉沟及下迭的群众，稳住了时局。

与此同时，卓尼县副县长雷兆祥前往录竹，县委书记杨培发前往北山，分别召开总管头人会议，宣传政策，除贡巴有少数人思想上存有顾虑外，大部分头人思想均处于安定状态。另外，州农林处处长赵国璋和卓尼民兵司令部政委赵生鹏，分别到插岗、铁坝地区进行宣传教育，开展统战和群众工作，及时稳定了下迭两个区的群众和头人情绪。

5月13日，甘南工作团第三分团在副州长杨复兴、黄祥的率领下，于15日到达上迭电尕寺，21日在电尕寺召开了近千人的上迭6旗总管头人、僧侣和群众参加的大会，杨复兴针对群众的思想顾虑详细讲解了党的政策，安定了人心。有的群众说："过去我们听干部讲得很多，但还不放心，今天听杨司令说的，我们就放心了。"接着在22日又召开上迭6旗总管头人温布桑哇和有声望人士共103人的座谈会，让他们在会上表态发言，反映意见。他们一致认为：上迭6旗是卓尼杨司令的百姓，川西虽然对他们进行过威胁和利诱，但他们决不听信坏人谣言，不上当受骗，绝对听从杨司令的话，跟共产党走。对农牧业合作化因为没有见过，也从未听说过，加之上迭地区山大地少，既然政府不硬往头上压，我们要求等一等，看一看。对于办学校，他们认为会影响寺院喇嘛念经，要求不办。对于政府征购粮的增加，负担不起，要求不要再增加下去，等等。其中有个别头人因受匪特谣言蒙骗，思想上还有很大顾虑。他们说："共产党说的和做的不一样，今天不分、不斗、不土改，将来恐怕搞土改斗争哩。"针对上述反映，杨复兴当场做了全面解释和适当地批评，收到了很好的效果。

5月23日，工作团到达下迭旺藏寺。25日又召开下迭8旗群众大会，到会者有2500多人，会上杨复兴继续揭露匪特的谣言，讲解党的政策，并用对比方法讲述共产党与国民党，人民解放军与国民党军队的本质区别。要求各族群众分清敌我，明辨是非，爱护自己的军队和人民政府，并对积极支援解放军的尼傲总管告告、旺藏寺总管阿则，当众作了表扬。会后，群众反映很好，纷纷表示："听杨复兴司令的话，跟共产党走。"26日，工作团又召开了下迭8旗总管头人和有声望人士参加的共150多人的座谈会，会上各旗总管和主要寺院负责人都发了言，明确表示了如下意见：一是认为解放前后根本不一样，共产党和人民政府很关怀人民群众。现在社会安定，人民生活一天比一天好，这都是共产党、毛主席的好处；二是不听坏人的话，不听信谣言，不种植大烟。今后继续支援部队，保护好党的干部；三是对于合作化认为下迭山大地少，办初级社会引起不团结，要求暂时看一下。也有个别人提出先要试办；四是开办学校大部分旗感到困难多，暂不要设立。也有个别人提出重点试办，如果好了再继续办。

工作团于5月29日返回电尕寺，同时川西的秋吉事件平息。达拉沟的群众工作开始进行，下迭工作组干部也随同参加会议的群众，返回各村寨开展各项工作。杨复兴于5月30日在电尕寺向公安十一团全体官兵讲了话，并慰问了驻迭部队。随即迭部工作基本结束。工作团于6月2日返回卓尼县城。工作团这次前往迭部地区，沿途各寺院、村庄的僧俗群众煨桑、奏乐，热情款待，盛况空前。在上、下迭召开的群众大会上，各旗群众踊跃赴会，特别是下迭地区平均每户都有人参加，达拉沟旗到会人数最多，这样使党的政策首次直接与群众见面。工作团基本做到了宣传政策，了解情况，达到了家喻户晓，安定人心的目的。

7月6日，中共甘南工委来函指出："第一分团的工作成绩是很大的，今后几点意见也是正确的，希卓尼县委在此基础上加强领导，继续努力，争取把目前稳定的局势巩固下来，对所提出的今后工作意见，应协助政府予以妥善解决。"1956年，在卓尼上、下迭地区因受川西事件影响而即将暴发的一场骚乱，经过工作团的日夜奔波和努力工作，终于化干戈为玉帛。随后，卓尼全县逐渐掀起了轰轰烈烈的农业合作化运动。

本文选自中共甘南州委党史资料征集办公室：《甘南党史资料》，第四辑，1993年1月。

社会变迁

剿灭马良股匪中的支前工作

白全忠

1953 年，在党中央和中央军委的直接领导下，甘、青、川三省各级人民政府和广大群众，紧密配合西北军区和西南军区解放军，联合进剿盘踞、流窜在甘、青、川交界藏区的国民党马良残匪，取得了剿匪斗争的重大胜利。仅从 1953 年 3 月至 6 月中旬，就歼灭美蒋匪特 1380 多名，到 1956 年初，全部肃清了残余匪特。这场剿匪斗争之所以能取得彻底胜利，不但是中央的英明指挥和解放军广大指战员英勇奋战的结果，而且是部队和地方政府正确贯彻执行党的各项方针政策，特别是党的民族政策和统战政策的结果，同时也是各级地方政府和各族人民踊跃支前的结果。在整个剿匪过程中，不但有近千名各族民兵配合解放军作战，而且有数千名地方干部和各族群众组成担架队和运输队，随时随地从甘、青、川三省的各地出发，奔赴剿匪前线。不论部队打到哪里，他们就把军需物资和粮食衣物运送到哪里。哪里有战斗，哪里就有他们。他们不仅是一支军事辎重抢运队，还是一支群众工作队和党的政策的宣传队。在这场规模较大的群众性支前运动中，涌现出了不少英雄模范人物，创造了许多可歌可泣的动人事迹。现就我省南部地区的剿匪支前工作予以略述。

建立支前机构 明确工作任务

1953 年 1 月，随着西北军区甘青剿匪指挥部的成立和各路剿匪部队的调集，为了顺利完成剿匪任务，使各进剿部队的物资供应和伤病员的转送得到可靠保障，必须准备充足的担架和运输力量，来承担繁重的支前工作。为此，在中共甘肃省委和省人民政府的领导下，于 1953 年 1 月 28 日成立了甘肃省支前工作委员会，专门负责全省担架队和运输牲畜的征集工作。省支前委员会成立后，根据剿匪的实际需要，以便于军事行动和合理负担为原则，采取“征雇”的办法，于 2 月初向毗连匪泛区的夏河县和卓尼自治区（县级），武都专区的岷县、西固县（现甘南舟曲县）和武都县，临夏专区的临夏县、和政县、康乐县、宁定县（现广河县）和临潭县共 10 个县，下达了总计征雇担架 336 副，担架队员 1680 人（每副担架 5 人），运输牲畜 4500 头（匹）的任务。具体分配如下：

临夏县担架 70 副，队员 350 人；康乐县担架 40 副，队员 200 人；宁定县担架 34 副，队员 170 人；和政县担架 26 副，队员 130 人；岷县担架 90 副，队员 450 人；武都县担架 50 副，队员 250 人；临潭县担架 26 副，队员 130 人。夏河县驮牛 3500 头；卓尼自治区驮牛 1000 头。

领导高度重视 群众积极响应

各县委和县政府接到省上下达的支前任务后，立即研究部署，广泛动员群众，克服种种困难，在一个多月的时间内，就基本完成了支前指标和一切准备工作，并对支前人员进行了短期训练。此外，由剿匪部队和省粮食厅等单位自行动员及群众主动参加支前的还有临潭县的驮畜 365 头（匹），夏河县的驮牛 3500 头，康乐县的担架队员53名。各县总计动员参加剿匪支前的担架队员有1889人，比原分配数超额59名。运输牲畜8189头（匹），超原计划征雇3689头（匹）。还有数百名赶牲畜的民工。另外，夏河、临潭、卓尼3个县还为部队和担架队选聘了151名藏语翻译人员。

凡接受支前任务的10个县，各县委和县政府的主要领导同志都从思想上高度重视了支前工作，分别召集县直机关部门负责同志会议和各区区委书记、区长会议（有的县召开了县、区、乡三级干部会议），专门讨论部署了支前工作。会后，从县直单位中抽调得力干部，到各区、乡帮助开展征雇工作。夏河、临潭、卓尼3个县在时间紧、任务重的情况下，为了加强工作，分别成立了县支前委员会，下设办公室，抽调专职干部处理日常工作。这3个县在召开上述会议之后，还多次召开有当地各族各界中上层人士和当地土官头人、僧官等参加的座谈会，向他们宣讲党的民族政策和剿匪政策，消除思想顾虑，提高了认识水平，使他们在剿灭马良股匪中贡献了自己的力量。在此基础上，各县从2月10日至15日起，开始了大张旗鼓地宣传群众、教育群众、动员群众和组织支前队伍的工作。当干部深入各村后，首先召集村干部、农会干部和党团员大会，进行宣传动员，然后召开群众大会，大力宣传消灭马良股匪的重要意义和组织担架队、运输队的必要性，并组织群众进行讨论，进一步认清消灭土匪与保障人民生命财产安全及发展生产之间的关系。在提高认识的基础上，按照不同的家庭情况，分别物色对象，进行个别动员，突出号召党团员、民兵骨干和积极分子带头报名支前。临夏、临潭、西固等县，经过减租反霸、土地改革和镇压反革命运动，群众的支前积极性很高，一经动员就热烈响应，几天之内报名人数很快超过了下达的任务数。西固县坪定乡在民兵队长冯二奎的带动下，几天内报名者达160人，超额了10人，并很快完成了筹备30副担架的任务。在县上干部召集的村干部和积极分子动员会上，临潭县一区城关乡的

15名与会青年中，当场就有13人主动报名参加担架队，超过全乡任务数3名。康乐、西固两县有4个乡超额完成任务后，剩余的报名青年谁也不愿意去掉自己的名字，经干部们作了一番劝说后，才勉强“定了案”。临夏县有位叫“马占东”的回族群众，因怕自己年龄大和有病不被批准，报名时隐瞒病情，并将41岁写成38岁。临潭县二区甚至出现了夫妻、兄弟俩人争着参加担架队，互不相让，直闹到区政府“裁定”的动人场面。10个县的广大党、团员在支前报名中，普遍起到了模范带头作用。仅临夏专区报名服勤的980人中，党团员就占总数的26%。夏河、卓尼两县均属藏区，当时虽然工作基础薄弱，群众觉悟较低，但领导重视，各级干部努力工作，向各族各界人士和广大群众做了大量细致耐心的说服工作后，在具有较高声望的民族宗教界人士的大力协助下，不但完成了省上下达的组织牦牛运输队、征雇4，500头驮牛的任务，而且超征驮牛达3，689头。

当时，在支前动员中，也曾出现了一些波折。如有的干部对群众的思想觉悟估计过低，不敢放手大胆地发动群众，怕泄露军事机密，引起群众思想上不必要的混乱，影响任务的完成。因而，在宣传动员中吞吞吐吐，遮遮掩掩，不向群众明确说明组织支前运输队和担架队是为了剿灭马良股匪。有的干部甚至哄骗群众说：“这次征雇民工和动员大家报名，是去修夏河至临夏的公路。”藏区县个别乡的干部，还有不顾民族地区的实际，向商户家摊派驮牛的情况，因许多小商户家中无牛，只好出钱雇牛、雇人，而雇来的人往往有严重的“雇佣思想”，不愿吃苦，大多中途逃跑或不好好搞运输，因而影响了局部支前任务的完成。还有个别乡干部工作方法简单急躁，不是根据藏区的民族特点和群众的觉悟程度去做宣传动员工作，而是采取恫吓的手段威胁群众说：“你们不去，明天叫解放军来抓。不然，剿匪完了，解放军再和你们算账！”这引起了部分藏族群众的恐慌和不安，使许多人顾虑重重，忧心忡忡。加上个别坏人趁机造谣滋事，这样就在群众中引起了较大的风波。岷县有个妇女，因听信了“担架队一去就是十年”的谣言，因而提出要和报名支前的丈夫离婚。有些已报名的青壮年，因为缺乏去藏区剿匪和抬担架的充分思想准备，在集结时逃跑了。针对上述问题，各县及时地教育干部要宣传执行党的政策，向群众做耐心细致的思想工作，终于争取教育了群众，按时完成了组织动员工作。

加强组织领导　为队员排忧解难

动员工作完成后，各县加强了对支前队伍的组织领导和思想教育。首先，以县为单位集中编队。临夏、武都两专区分别编成两个大队，下编 13 个中队，中队以下 4—6 副担架组成分队，每副担架为一个组。岷县的孙副县长和临夏县的马彦林副县长分别担任两个大队的大队长。教导员、副大队长和正、副中队长由县级或科级干部担任；分队长由区助理员担任。编队后，有担架支前任务的 8 个县的领导，均作了动员报告，并对支前人员进行了 6—8 天的短期培训。训练中，首先组织队员们认真学习党的民族政策和群众纪律，介绍藏区的基本情况和群众的风俗习惯。其次向队员们传授了一般的行军常识和抬担架技术等，使担架队日后成为一支累不倒、拖不垮的强有力的支前队伍。

组织工作完成后，为解除支前队员的后顾之忧，解决他们家庭在生产、生活上的困难，各县采取和落实了许多具体措施。在生产上，对支前人员中的困难户，实行变工代耕或互助代耕的办法，由政府担保不贻误农时。夏河县为使参加支前的人员安心工作，给所有翻译每人借支工资 50 元。给赶驮牛的每人发 15 元。桑科乡还给赶牛的穷苦人每人救济 15 元。这一措施解决了他们自己和家庭的实际困难。当时，西固县的群众生活普遍比较困难，

土匪队伍的工作，取得了显著的效果，成为支前运动中的一股重要力量。如甘南知名人士、自治区筹委会主任黄正清、副主任杨复兴、黄祥等，在支前工作中多次召集、接见各地的土官头人，向他们反复宣传党的民族政策和剿匪政策，鼓励他们积极行动起来，迅速组织驮牛队，支援解放军剿匪，并号召那些一时不明真相而受蒙蔽参匪或援匪者，弃暗投明，尽快向人民政府投诚。在黄正清的劝导下，夏河县阿木去乎的格桑慈成木（亦译尕藏慈成木），在我军进剿前，毅然脱离股匪，率领受骗群众70多人，归向人民。在黄祥的多次开导下，西仓牧区头人罗卜藏，于1953年3月9日决然率参匪随员向人民政府投诚。在杨复兴、杨景华的号召下，今迭部县电尕寺寺主僧格，在百余名土匪的刀枪威逼面前，不但没答应匪徒让他带领当地群众参匪的要求，还怒斥顽匪，号召当地群众制止匪徒的暴行。在支前中，夏河拉卜楞寺院总法台贡唐仓、火尔藏仓和代哇仓等活佛，积极协助党和人民政府做动员群众工作，同时，还拿出2000头驮牛，无偿地为部队驮运物资。在政府的号召和民族宗教中上层人士的带动下，夏河、卓尼两县的各族人民踊跃参加运输、翻译、带路、侦察、巡山、放哨、送情报等工作，为剿灭马良股匪作出了贡献。1953年3月，当剿匪部队进抵郎木寺地区时，色赤寺院温布旦增桑格即刻带病组织喇嘛和当地群众列队欢迎，并安排部队的食宿等。同时，召集僧俗头人，宣传党的政策，动员群众积极支前，并规定了向解放军出售柴草的价格。夏麦土官阿桑和迭部县桑坝沟的头人，还亲自派人给部队送信、带路。玛曲县乔科麦马土官索洛主动劝降了与匪首马良关系甚密的唐克土官。欧拉头人尕布藏捕捉了空投特务、西北联络专员陈毓杰，送交给部队。此外，匪首马良、边仙桥、马德富、宗海青、高尕旦等都是由于地方头人和群众的通风报信，才被拘捕或直接被群众毙俘的。仅临潭县同仁乡的那海阿訇，就争取了13名参匪者投诚。据统计，从1953年3月到12月底，甘南及邻县群众性的消灭土匪即达467名，其中仅临潭县各界人士和群众就争取参匪人员投诚共200余人。

既是担架队　又是地方工作队

在剿匪支前中，各担架队不但完成了抬转伤病员的任务，而且还做了许多其他工作。什么工作需要，他们就干什么，并且干得很出色。为了加快运粮速度，保证前方战士不饿肚子，担架队员们主动参加装卸粮食工作。仅临夏专区的担架大队，就先后装车181辆，粮食共1267万斤；卸车745辆，粮食5250万斤。此外，他们还义务修补公路40公里，改道17处，给公路铺垫碎石沙4500多方，共挖冻土10700多方。在修路中，队员们发扬了艰苦拼搏和吃苦耐劳的精神，坚持在雨天里进行工作，并自制背斗等各种修路工具。临夏县的队员马尕改经常背着三个人背的石头，王世德、马文成等队员，长时间坚持在冰冷刺骨的河水中捞石头。他们都为保证支前运输线的畅通无阻做出了贡献。担架队不论走到那里，就把党对藏区人民的温暖和关怀带到那里，为扩大和提高党在群众中的威信及影响做了大量工作，为剿匪争取了许多群众。他们每到一地，就利用向群众买草、买牛羊的机会，与当地的头人和群众联系，了解情况。他们通过给土官头人送礼，给群众看病治病，帮助解决藏族农牧民的实际困难，不失时机地向他们宣传党的各项方针政策，提高广大群众的思想觉悟和明辨是非的能力，从而取得了群众对党和人民政府的信任。如临夏专区担架大队第五中队，在夏河县阿木去乎乡的尕加木地区修补公路时，抽空为当地群众开挖了一条宽2米、深1米、长345米的排水渠，使附近145亩藏族群众的庄稼地不再像过去那样遭受水灾，每年能收青稞160公石（每公石折合斤数不详）。担架队的这一举动，深深地感动了当地群众，他们纷纷与队员们交朋友。藏族群众加布和西合加主动卖给担架队14只羊，队员们付了钱后，他们不点点数就塞进皮袄，回家后又送来两桶牛奶，队员们付钱时，他们硬是不肯收，还说："你们若给钱，咱们就不是朋友了。"

1953年6月下旬，大规模的军事清剿胜利结束后，剿匪支前任务也随之完成了，各地支前队伍陆续返县回乡。在这次支前中，由于党的正确领导，各级干部发挥模范带头作用，与支前队员们共同努力，圆满完成了任务，为解放军迅速消灭马良股匪作出了重大贡献。党和人民政府没有忘记为这次剿匪作出贡献的支前队员：对于在支前中光荣牺牲和病故的3名队员，均按优抚条件购棺盛葬，并对他们的家属作了妥善安排。对群众在支前运输中损失的牲畜、财物等，夏河、卓尼、临潭3个县的人民政府都经民主评价，公平合理地作了赔偿。对在这次支前中涌现出的英雄模范人物和无数好人好事，分别召开劳模大会，进行了表彰奖励。其中，仅临夏专区担架大队就评选出一等模范5名、二等模范7名、三等模范20名。

本文选自中共甘南州委党史资料征集办公室：《甘南党史资料》，第三辑，1991年4月。

甘南牧业互助合作化回顾

张玉香[①]

1956年元月，甘肃省第二次牧区工作会议结束后，党在甘南的牧区和半农半牧区广泛宣传社会主义改造的各项政策，通过牧业走互助合作化的道路，逐步把包括牧主经济在内的畜牧业个体经济，改造成为国家所有制和牧民集体所有制的社会主义经济。长期以来，甘南牧区的封建统治根深蒂固，尽管解放后党和政府采取了一系列正确的方针、政策，但由于种种原因，它对牧区的社会主义改造构成了严重的阻力和障碍。1958年7月，甘南在进行平叛、反封建斗争的同时，对牧主、匪首、头人和寺院的财产进行了没收，对生产资料的私有制进行了彻底改造，使牧区由个体经济一跃成为集体所有制和全民所有制经济，全州“一步登天”地实现了人民公社化。从而废除了千百年来甘南牧区与半农半牧区的封建剥削制度和封建经济基础。把原来归寺院、土官、部落头人占有的土地、森林、草原、河流、矿藏、牲畜等全部收归为人民群众集体所有，结束了几千年封建统治阶级占有生产资料的私有制，使广大牧民走上了社会主义康庄大道。

---

① 张玉香，甘南州地方志办公室原副主任，已退休。

一

甘南解放前夕境内共有29.7万多人，其中藏族近17万人；有大小土官和部落头人1955人；有寺院196处，僧人15592人，其中活佛275人，大小僧官810人。在政治上，甘南属于土司制和藏传佛教寺院政教合一的统治体制。在经济上，绝大部分生产资料被土官、头人和藏传佛教寺院所拥有。他们占有大量的土地、牲畜、森林、草原和商业资本，并通过地租、畜租、劳役、高利贷、非法商业活动和派经、派款、派差役等手段，对广大牧民进行经济或超经济剥削。一般地区的地租都在50%以上，还有高到70%—80%。有的地区还将土地分摊给农民无偿“代耕”。解放前甘南牧区70%以上的牲畜集中在土官、头人、牧主和寺院手里，而又全部让牧民“代放”，每年所增殖的仔畜、生产的皮毛和绝大部分乳制品归畜主所有，只有将牛羊粪、奶酪和少量酥油作为代牧者的报酬。有的牧民世代为奴，替土官头人当牛作马。当时，全甘南的寺院和土官头人的剥削量占农牧民年总收入的60%左右。

解放初，中共甘南工（州）委认真贯彻执行党的一系列民族政策和宗教政策，在牧区没有提倡“减租、反霸”，未宣传“三反”“五反”斗争，而实行了“不分、不斗，小划阶级，牧主、牧工两利，扶持贫苦牧民发展生产”的政策，并极力保护和发展包括牧主经济在内的畜牧业经济。国家为扶持贫苦牧民发展畜牧业，向牧区发放了大批的救济款和贷款。从1953年1月至1958年12月，国家共发放农牧业贷款和救济款400多万元。仅洮江县（现在的碌曲、玛曲两县）的尼麻和齐哈玛两部落的统计，从1953年至1956年，政府共发放贷款4.9万元，为牧民购买牛229头，马14匹，羊804只，使153户原来无一头牲畜的牧民兴建了家业。牧民生产和生活普遍比解放前提高了几倍。但是，在解放初的几年里，由于甘南境内的封建压迫剥削制度依然存在，寺院和土官头人的封建特权没有完全废除，这在很大程度上束缚了甘南生产力的发展，阻碍了甘南的进步与繁荣。因此，如何消灭封建压迫剥削制度，变革封建私有制经济，彻底解放广大农牧民，就成为摆在党和人民政府面前的一项重要任务。解放后，随着全国社会主义革命和建设的不断深入，甘南藏区的各级党政组织，紧密结合本地区的社会发展状况与经济形态，进行了大量有利于促进生产发展和使少数民族走向繁荣昌盛的工作。各级党政组织在建立基层区、乡、村人民政权的同时，注意培养了一批有社会主义觉悟的当地少数民族干部，截至1995年底，全州从积极分子中选拔少数民族干部780名，发展党团员1300多名，并安置民族宗教界人士400多人。同时，中共甘南工委和各县（工）委，区分不同的政治、经济和自然状况，实行不同的经济政策。1952年在甘南农业区的临潭、舟曲两县进行了土地改革运动，到1954年，这两个县逐步实现了农业互助合作化。这些都对于牧区和半农半牧区依然存在的封建剥削制度和私有制经济产生了很大的影响，萌发了广大牧民走互助合作化的要求和愿望。但为了减少在牧区社会主义改造中的阻力，党和政府首先注意对民族宗教界中上层人士实行“团结、教育、改造”的政策，建立广泛的统一战线，争取他们拥护共产党的领导，同意走社会主义道路，耐心等待他们主动放弃封建剥削制度。自1954年以后，党中央和省委十分重视牧区的社会主义改造，对牧区社会主义改造的方针政策和措施，从上到下，从党内到党外，分别进行了充分的酝酿讨论和研究。从1954年11月7日至29日中共甘肃省委召开了全省首次牧区工作会议，党政领导同个别民族上层人士一起分析牧区的政治、经济和社会状况，研究牧区的各项工作和畜牧业的互助合作问题；提出甘南牧区暂不试办互助组，但必须以发展畜牧业生产为主，向牧民宣传爱国增畜的政策，提倡民间的团结互助，实行联群放牧。在畜牧业贷款中，贯彻“重点贷放，一般照顾”的原则，把贷款真正发放到贫苦牧民手里。中共甘南州委遵照会议精神，广泛团结民族、宗教界上层人士，在稳定藏区社会秩序的同时，建立健全基层政权。1955 年夏，甘南 6 个县人民政府相继成立。由于生产的发展、社会秩序的日趋安定，各级政权机构的建立和巩固，党的政策愈来愈深入人心。牧区的社会情况也发生了很大变化。大部分民族宗教上层人士经过几年来的团结教育，他们大都拥护共产党的领导。随着农业区和城市社会主义改造高潮的影响，当时虽然没有在牧区正面宣传合作化，但由于国民党残匪与暗藏反革命分子的造谣思想，牧区一时谣言传闻很多。群众和民族宗教上层人士的思想有些混乱。部分人士对社会主义产生了疑虑，有的怕“共产”，怕“宗教言仰不自由”；有的怕划分阶级，怕斗争，怕分草山牛羊等；更有的怕失掉特权，其中极少数人与美蒋特务暗中有一定的联系，他们在反革命分子的教唆、威胁下产生了动摇，有的屠杀或出卖牲畜。在宗教界人士中，抵触情绪更为突出，砍伐寺院所有森林的现象不断发生。鉴于上述情况，这就急需要党和政府在牧区进行社会主义改造的问题上，及时提出一系列方针政策和具体措施。

1955 年底，党中央在四川省阿坝州召开了川、康、甘、青四省边界工作扩大会议，就如何在牧区进行社会主义改造作了充分的酝酿，并同民族上层领袖人物进行协商，取得了一致意见。大家认为，社会主义是全国各族人民共同的目标，是社会发展的客观规律，也是藏族人民走向繁荣幸福的唯一光明大道。他们都纷纷表示拥护社会主义，愿意走社会主义道路。有的对牧区如何进行社会主义改造提出了宝贵的建设性意见；有的还在会上当即宣布，废除一些阻碍当地发展生产力的旧制度。在此之前，党中央对全国少数民族牧区如何进行社会主义改造，也有原则性的分析和阐述，认为：贫苦牧民（包括牧工）和不富裕牧民约占牧区户数的 80%，他们对社会主义改造是积极拥护的，是实现社会主义改造的基本力量；富裕牧民占总户数的15%左右，由于他们占有牲畜较多，有轻微的剥削，他们对社会主义改造是动摇的，在大势所趋的情况下，只要正确贯彻“互利”政策，耐心说服教育他们，仍然是能够接受改造的；牧主、封建主和宗教上层分子，约占牧业区总户数的3%，在党长期、一贯的团结教育下，他们对社会主义改造虽然存在着重重顾虑和程度不同的抵触情绪，但由于大势所趋，只要对他们采取适当的政策，从各方面给予适当的安排，他们是可以接受社会主义改造的。因此，必须坚决依靠劳动牧民，团结一切可以团结的力量，在有利于民族团结，有本民族的领导骨干的条件下，有利于畜牧业生产发展的基础上，采取和平改造，逐步实现对牧业区畜牧业的社会主义改造，要通过合作化和国家资本主义的道路，把个体经济改造成为集体经济，把牧主经济改造成为国营经济或集体经济，使牧业区各族人民根本摆脱封建特权和牧主的压迫、剥削，彻底解放牧业区的生产力。

从1956年元月20日至2月8日，中共甘肃省委又召开了全省第二次牧区工作会议，首先对全省少数民族地区民族宗教中上层人士的思想动态，反革命分子的活动状况，群众的思想情绪和干部、党团员的情况进行分析研究；其次经过协商讨论后，提出了对牧区进行社会主义改造的具体政策。会议认为，全省牧区进行社会主义改造的成熟条件有：一是中上层人士几年来在党的耐心教育下，已经分化成进步的、中间的、落后的和反动的4种类型。他们中的绝大多数人经过几年的亲身体验，对党有了认识，只要把方针政策讲情楚，他们是相信党的，也能够接受社会主义改造的；二是几年来从劳动人民和知识分子中培养了大批少数民族干部，这使党在牧区进行社会主义改造有了一定的内在力量；三是经过几年来的大量工作，广大群众已基本上相信党，有的要求组织起来，走社会主义道路；四是国营企业与供销合作社基本上掌握了牧区市场，银行、交通、医疗工作也有了一定的发展；

五是全国、全省的社会主义高潮不断对牧区起着鼓舞、推动的作用。但是，还有不成熟的方面：第一，牧区基层党组织从思想上、组织上准备不够，整个工作还处在安定社会秩序阶段，对于社会主义改造认识不明确，工作转变不快；第二，统一战线工作做得不够，应该安置的人还没有安置好。有的虽已安置了，但思想教育不够，未能发挥应有的作用；第三，培养的民族干部和发展党、团员的数量还很少。全州少数民族党员仅占少数民族人口的万分之五，团员占千分之四点五；第四，在藏区潜伏的一些反革命分子还未肃清。根据以上条件和特点，全省牧区工作会议提出了我省牧区进行社会主义改造的基本原则，即："在巩固民族团结的基础上，继续发挥民族区域自治政权的效能，逐步组织互助组和合作社，发展畜牧业，不断提高、改善牧民的物质生活与文化生活，积极地、逐步地达到民族间事实上的平等，在群众与公众领袖自愿的原则下，逐步地、以更加和平的方式过渡到社会主义社会。"会议还明确指出：在民族地区未经土地改革的地区，再不进行土改，而以合作化的形式去解决土地问题。可以吸收地主入社，开始还可给其土地，议定一些报酬（但不要以土地入股），分红比例由各地根据具体情况，详细核算之后适当确定。这样，经过3年左右的时间，可以逐步达到取消土地报酬，土地归社所有。对寺院的土地不动，租地农民可以带地入社或由合作社向寺院承租，租额应经过协商适当减少。但佃权要固定，合作社不能给寺院负担无偿劳动，社员个人负担与否由社员自己决定，不得干涉。对寺院的牲畜可以代放，但亦应根据自愿互利原则商定租额。对寺院所有的森林，采取成立森林管理委员会的形式进行管理，吸收寺院参加，森林所得收益，可以适当给他们一些。对寺院的商业资金，鼓励吸收其办地方工业或公益事业，若他们愿意搞公私合营，吸收他们合营。

1956年2月29日，甘南召开了州人民政府第二次委员扩大会议和州政协委员联席会议，省、州党政领导同委员们协商讨论了牧区走社会主义道路的具体问题。黄正清州长传达了四省边界工作团扩大会议精神，强调指出：“社会主义道路我们一定要走，但农业区、半农半牧区以及纯牧区，根据我们的具体条件，究竟如何走，希望大家共同协商、研究，提出具体办法。原则上，继续本着中央关于牧区不分、不斗的既定政策，贯彻牧主、牧工两利的原则。”中共甘南工委根据全省牧区工作会议精神，提出了《关于牧区社会主义改造的初步意见》，在取得一致赞同的基础上，是年3月间，夏河、碌曲、玛曲、卓尼等县分别召开了民族宗教界中上层人士会议，对牧区开展互助组、合作化的时间、步骤、具体方法进行了认真的讨论和部署。省、州、县召开专题会议后，在甘南半农半牧区和纯牧区，开始了大力宣传互助合作和走社会主义道路方针政策的热潮。为了把中央和省委对牧区社会主义改造的方针政策准确地传达到广大牧民群众中去，州委抽调了由200名党政干部和民族宗教界上层人士组成的工作总团，下设3个工作分团，分赴卓尼、夏河、碌曲、玛曲等县，深入群众，一方面广泛宣传互助合作化的好处，另一方面通过各种形式说服有疑虑的大小头人，稳定他们的思想情绪。半年之内在夏河、卓尼两县很快办起了170个牧业互助组，碌曲县也在牧民历来“联群放牧”的基础上，经过完善和加强领导，组成了12个互助组。然而，极个别反动头人，却来往于国民党残余匪特和流窜的反革命分子之中，暗中煽动落后分子，大搞造谣破坏，妄图阻挠牧区的社会主义改造。1956年6月9日，碌曲县的拉仁关和西仓两部落在晒银滩集兵闹事，袭击解放队的运粮军车，发生了武装冲突。夏河县的阿木去乎等地也发生了集兵骚乱。他们破坏公路交通，威胁党和政府，提出“不要工作组”“不走社会主义道路”等口号，一时干扰了一些走社会主义不坚定的头人和群众的思想，在碌曲县更有一些不明大义的上层人士，强行解散了12个牧业互助组。受其影响，夏河县的麦武也解散了40多个牧业互助组。这次武装冲突，既对牧区人民的生命财产带来了很大损失，又对牧区“更加和平”地进行社会主义改造造成了严重障碍。骚乱发生后，党和政府及解放军坚决执行“以政治争取为主，军事打击为辅”的方针，通过开展民族贸易和医疗卫生、发放救济贷款等工作，很快稳定了群众的情绪，及时调解处理了集兵事件，安定了社会秩序，并加强了对民族宗教人士的争取和瓦解工作。在做好善后工作的同时，培养积极分子入党、入团，并将平乱中表现好的少数民族积极分子及时吸收为干部。但在发生冲突事件和骚乱的地区，土官头人对群众的控制还很严格，他们对社会主义改造的抵触抗拒心理也很重。当时碌曲和玛曲两县的区、乡政权还没有建立；已经建立的地方，实权也多为部落头人所掌握，因此，群众对互助合作还有很大的顾虑。已经选拔的民族干部和培养的积极分子还远远不能适应工作的需要。已组织起来的多系临时性的互助组，尚不能在互助合作化中起到明显的旗帜作用。因此，种种不稳定的因素依然存在。

二

1956年10月下旬，中共甘肃省委又召开了第三次牧区工作会议，进一步提出：“牧区今后必须继续坚持‘慎重稳进’的工作方针，‘依靠劳动牧民，团结一切可以团结的力量，在稳步发展畜牧业的基础上，逐步实现对畜牧业的社会主义改造’；继续贯彻执行省委第二次牧区工作会议确定的具体方针和政策。甘南部分牧区发生了骚乱事件，民族感情上的隔阂加深了。民族宗教界上层对走社会主义道路还持公开抗拒态度；民族干部和党、团力量尚未成长起来；基层政权尚未建立，社会不稳定的因素仍然存在。因而当前主要工作应是进一步安定社会秩序，加强民族团结，培养民族干部，在别的地区牧业合作社尚未显示出真正的优越性，并未被群众认识之前，暂时不搞互助合作。”会议又指出，在甘南牧区稳步发展畜牧业生产，是实行对畜牧业社会主义改造的根本目的和必须遵循的前提，也是衡量牧区工作的主要准绳。牲畜既是生产资件，又是生活资料。其容易遭受自然灾害的破坏，也容易遭受人为的损害。当时，甘南的局部地区发生骚乱之后，对畜牧业经济的发展与改造造成了很多的后遗症：一是武装冲突中打死了不少牲畜；二是由于人们思想和生产上的混乱，造成了大批牲畜的死亡；三是由于牲畜入社折价过低，而影响其他地方，发生了大量出售和宰杀牲畜的现象。针对这些问题，中共甘南州委遵照省委的三次牧区工作会议精神，加强领导和整顿现有的互助组、合作社，对牧业区和以牧为主的社，一般暂不发展。个别确已具备了办社条件，经州委批准后才能建社，在办社中，为贯彻“慎重稳进”的方针，减少盲目性，1957年初甘南工委又作出《关于发展畜牧业的十年规划》，提出对全州的畜牧业经济改造在10年内完成的设想：卓尼、夏河两县在1965年达到高级牧业合作社；碌曲、玛曲两县在1967年达到高级牧业合作社。到1965年以前把牧主纳入公私合营牧场、国营牧场或合作社合营牧场，以吸收加入合作社等办法完成对牧主经济的改造。同时甘南州（工）委决定，首先在卓尼、夏河两县进行试办。夏河县选择了有3年创办互助组经验的三区麻当村进行试办，州、县、区派出了联合工作组，于1956年10月建起了全州第一个有藏、汉、回3个民族农户参加的民族联社，该社以农业为主，兼营少量畜牧业。在办社中，麻当寺院的麻当仓活佛，从参加省第二次牧区工作会和到内地参观回来后，就积极支持建立合作社，并对寺院的土地问题主动同工作组进行协商，在互利的原则下，适当减少了租额。这样，在全州的宗教上层人士中作出了榜样。1956年11月，卓尼县在135个牧业互助组的基础上，在录竹区的完冒、沙冒村和北山区的拉代、贡岔、根沙、卡羊村，建起了6个全州首批牧业生产合作社。开始时，由于领导和干部缺乏创办牧业社的经验，只顾建社，忽视了生产，并对社内的具体问题处理不够及时，名义上的社建立了，但实际上还是分散的个体经营，一切生产资料也和办社前一样，没有进行具体的处理，如对股份基金和劳动力的调配，牲畜的饲养管理和检疫、劳畜比例分益及农业生产资料的投资等问题，都没有明确的规定和处理。嗣后，州政府副州长王如东等领导亲自来到沙冒、完冒等牧业社，进行调查研究和具体指导，指出了解决上述诸多问题的意见和办法，使这几个牧业社很快走上了轨道，以经营畜牧业为主，兼经营少量农业的生产方式，稳步发展。同时还指出，在甘南的农业应为社会主义性质的经济形式，土地取消报酬，按劳计算，分摊农具、籽种、肥料、投资等成本，收益按劳分红；牧业为半社会主义经济形式，牲畜折价入社，按股交纳3%～5%的股份基金，收益按劳畜各半分红；牲畜作价，社应低于市场价格，按当地中等价格评定。在办社中，互利问题是办好合作社的关键之一。因此，沙冒等几个牧业社，在牲畜入社、劳畜分配和收益分配等问题的处理过程中，以发展牲畜、增加社员收入为前提，折股的牲畜主要是适龄繁殖母畜和有发展前途的幼畜入社。有生产能力的牲畜折股入社，按股分红，无生产能力的幼畜一律折价入社，不予分红，待到能够生产时，再计股分红；对有些社员入社后，无现金交纳股份基金和偿还旧债的问题，也从发展生产出发，说服教育与帮助群众多搞副业，从副业收入中分期纳股份基金和偿还旧债，同时把社内社员无生产能力的老畜由社变卖或交由社员自己处理，以便交纳股份基金和偿还债务，增加社内资金，减轻社员负担，以促进合作社的团结。在给社员分自留畜的问题上，本着“宁肯宽些，不要过严”的精神，按牧民的风俗习惯留下乘马和食用肉畜等。自留牲畜根据自愿的原则在社内代放，由畜主按规定向社内交纳代放费。至于社员的长命羊和牛，社内也可以代放，由畜主向社内交纳代牧费，其全部收入属于畜主所有，而神牛社内不予代管。在办社中，各地党政组织始终坚决贯彻执行党的互利政策，帮助贫苦牧民增加收入，改善生活，对有牦牛、黄牛和其他牲畜而没有乘马和犏牛的贫苦社员，在有利于社内团结的基础上，乘马可以由社借给其无偿使用，但社员必须爱护马匹，负责饲管。对没有犏雌牛的社员，也可用社员自己的牲畜互相折价兑换解决，以满足社员的需要。社内公有的种畜列为服务畜，凡给社员自留畜配种一律收取受胎费。在牲畜饲养管理问题上，坚持“人不离自畜、畜不离原群”的原则，实行分群或合群放牧，合理使用草原，并要做到‘四定’，一是定时：一年牲畜时间定为四季；二是定量：每个劳力放羊 400 只为一群，马 100 匹为一群，牛 200 头为一群；三是定质：在春、夏、冬三季必须保膘达八成，秋膘达十成；四是定额：牧工每年的工资约定为 160 元（每只羊平均工资以角计算）。在沙冒等社有种植饲草条件的地方大量种植饲草、饲料，以弥补冬春牲畜饲料的不足。同时，还加强了草原的管理使用，组织社员进行灭鼠，并对入社的各类牲畜定期进行检疫。各社还制定了奖惩办法和确定公积金、公益金的提留比例。为使社员及早交清股份基金，各社还规定社员可将自己入社的帐篷、牧具折价抵交。对确有困难者，经社委会和社员大会通过后，予以免除。卓尼县完冒、沙冒等村的牧业生产合作社，由于及时加强领导和管理，充分体现了组织起来的优越性，给牧区办社树立了榜样。但全州也有一些地区，未从当地的实际情况出发，进行深入细致的工作，加之缺乏办社经验，工作流于形式，如夏河县加门关乡，全乡共成立了 65 个互助组，由于忽视了加强领导，结果已办起的互助组未能巩固。对此，州委号召各下乡工作组在艰苦复杂的环境中，深入群众，不断探索办社的有利条件和因素，摸索创办多种形式的互助组经验。如在具体工作中发现夏河县的美武乡、碌曲县的郎木寺等地均有牧民原来的“苏克”(放牛的组织形或)、“鲁克”(放羊的组织形式)和“打克”(放马的组织形式)。由于以前没有掌握当地的这些放牧形式而生搬硬套其他地方组织互助组的办法，使当地牧区群众很难接受和推广。了解和掌握了以上民间的放牧形式，在尊重牧民原有的放牧习惯的基础上，予以完善，并加强领导，提倡团结互助，实行联群放牧。这样，广大牧民群众很快接受了，办起了牧业互助组。

三

从1957年7月开始，随着全国农村社会主义教育运动的不断高涨，在甘南农牧区也普遍进行了社会主义教育，起初批判“右倾”保守思想，从而加快了甘南牧区社会主义改造的进程。有的初级社刚成立一年，就扩建成了高级社；有的初级社在筹建中，就一次性地建成为高级社。到1958年2月，卓尼全县实现了高级社，共建社314个，其中牧业社58个，农牧结合的社13个。夏河县的一、二、三、四区(均属半农半牧区)基本上实现了农牧业的初级合作化。当时，中共甘南州委及时在夏河县召开卓尼、夏河两县建社座谈会，会议认为牧业合作化运动发展迅速，但也是健康的。对建社后急需要解决的会计问题，州委及时从全州在职干部中抽调150名懂会计业务的人员，经过一个月的训练后，下放到卓尼(70名)、夏河(80名)的农牧业社，一面住社，一面兼任社会计。并要求他们在一年内从社员中培养出会计后，再调回单位。卓尼、夏河两县农牧业合作化运动的迅猛发展，从根本上动摇了封建制度的私有制经济基础。民族宗教中上层人士中也发生了很大变化，一部分较进步的人士，开始放弃了他们对农牧民群众的经济剥削，有的还主动提出建立公私合营的牧场。公私合营牧场，是对牧主经济采用“赎买”的政策，逐步地把牧主经济改造成为国家所有制或牧民集体所有制的主要方法之一，主要是把牧主的牲畜和主要生产工具折价定息或折股分红入场，国家派干部同牧主共同管理，这样直接把牧主经济改造成为国家资本主义经济。牧主名利双收，一般易于接受。还有其他改造牧主经济的办法：如签订合同，把牧主的牲畜交国营牧场、公私合营牧场或牧业生产合作社代放，并租用其主要生产工具。这种办法在一定程度上也改变了牧主的私有制，也是达到社会主义的一种过渡形式；此外，还有在牧主坚决请求并情愿服从合作社经营管理制度的条件下，吸收牧主入社等。中共甘南州委对全州牧主经济的状况经过深入细致的调查了解后，遵照和平改造的方针和部分牧主的自愿要求，研究决定采取公私合营的形式试办合营牧场，并提出了试办合营牧场的初步方案。公私合营牧场的投资办法为：牧主的牲畜实行按价折股、按股分红的办法，已经失去能力的老弱畜和无法医治的病畜不能入场。大型生产工具采取折价投资或抵交基金的办法处理。牧主还按股交纳3%～5%的股份基金。国家投资若干经费，修建场部。分红办法是：在总收益中扣除5%～7%的公积金和5%～8%的公益金及3%～5%的生产管理费和畜牧税、职工工资等以外，在纯收益中由国家投资部分和牧主按股分红。在组织机构和人员配备上，由国家配备场长或副场长和畜牧兽医人员及会计等3～5人。对牧主视其不同情况分别担任场长或副场长，并由场长（公私双方）、畜牧兽医人员、会计、工人代表等组成场务管理委员会，管理场内重大事务。牧主的自留牲畜必须根据其习惯和生活需用留下乘马、奶牛、肉牛羊，以维持其原来的生活标准为原则，并根据自愿，自留畜可由场内代放，由牧主向场内交纳代放费。代牧标准由场务委员会研究决定。根据以上初步方案，党和政府对全州的牧区进行了全面了解，并向牧主、牧民、头人反复交待政策，经过充分协商，在取得自愿的基础上，夏河县的美仁乡、玛曲县等开始筹建试办合营牧场。夏河县美仁乡的日多麻村和美武村于1957年11月开始筹建了两处公私合营牧场。州宗教局、州委宣传部派出黄扎西和杨炳文及夏河县的吴德润，作为公方代表进驻美仁乡，成立了建场筹备委员会，清点牲畜，分类排队，清产核资，定股定息，草拟场章、生产计划和各种制度等。经过一个月左右的工作，牧户和牲畜基本上登记注册完毕。并决定日多麻为一个合营牧场、美武村为一个合营牧场，州上拨出1万元的资金，开始筹建场部。同时，甘南州又组织民族宗教界上层人士，到内地和内蒙古的海拉尔等地参观公私合营牧场，让他们进一步明白，进行社会主义改造是发展牧区经济文化、改善牧区人民生活，使本民族达到繁荣昌盛，使社会主义祖国强大起来的根本办法。但是，党和政府对少数民族牧区的如此宽大、倾斜的政策，却有极少数反动上层执迷不悟，他们在图谋分裂祖国大家庭的帝国主义、美蒋特务和拉萨一小撮反动分子的唆使下，利用地方民族主义情绪和小生产者的私有心理，采取威胁、引诱、欺骗等手段，蒙蔽部分不明真相的群众，反抗牧区的社会主义改造，随着运动的逐渐深入，甘南牧区改造与反改造的斗争愈加激烈和尖锐化。从1958年2月起，在甘南局部地区相继发生了反革命武装叛乱，他们残杀革命干部和积极分子，抢劫国营商店，围攻县、乡政府，提出“不要共产党的领导”“不走社会主义道路”“不要合作化”等反动口号。为了保卫社会主义革命的成果，把甘南各族人民彻底从封建桎梏下解放出来，中共甘肃省委和甘肃省军区奉党中央和中央军委的命令，从1958年3月18日起，采取军事打击与政治争取和发动群众相结合的剿匪政策，实行“边打、边改、边建”的方针，很快平息了叛乱，并于1958年7月中旬开始，结合平叛开展了大规模的反封建斗争，发动群众，进行了诉苦活动，提出“乘风破浪，狠狠地摧毁一切封建剥削制度，彻底解放劳动人民”的口号。经过这场在甘南历史上前所未有的平叛反封建斗争，彻底摧毁了封建压迫剥削制度，消灭了反动封建领主和反革命分子，废除了寺院和土官、头人的一切封建特权，没收了他们的草山、土地、森林、牛羊等，同时在全国革命形势的推动下，根据全州广大牧民的要求和愿望，全州在9月15日，一举实现了人民公社化，共初建公社67个，入社户数达到90.1%，入社人口达93.58%。这样，在短短的数十天内，甘南由一个带有奴隶制残余痕迹的封建社会，“一步登天”地实现了人民公社化，跨入了社会主义社会，完成了民主革命的光荣任务。

本文选自中共甘南州委党史资料征集办公室：《甘南党史资料》，第四辑，1993年1月。

甘南农业合作化述略

宁生才[①]

甘南的农业合作化运动从1953年春开始到1956年底结束，其间经历了互助组、初级农业生产合作社和高级农业生产合作社三个阶段。由于各级党、政部门的加强领导，认真实践，全州的合作化运动比较平稳、健康地发展，收到了预期的效果，达到了既定目标。截至1956年底，全甘南共建立各类农业生产合作社396个，入社农户占总农户的89.4%。农业合作化运动作为社会主义改造的一个重要内容，使广大农民群众从个体所有的私有制经济转变为劳动群众集体所有制的公有制经济，初步完成了甘南农业的社会主义改造任务。

一

解放初，甘南的农业区主要分布在白龙江、洮河、大夏河流域。除汉族、回族主要从事农业生产外，还有相当一部分藏族在半农半牧区从事养殖业和种植业。当时，全甘南的农业总人口为27.62万人，总耕地面积为88.79万亩，土地改革的完成，彻底摧毁了封建剥削制度，极大地提高了农民的政治觉悟和生产积极性，

① 宁生才，中共甘南州委党史研究室干部，已退休。

初步解放了农村的生产力。

解放初期甘南的农业区，大都土地贫瘠，农具简陋，耕畜匮乏，且时有灾荒，翻身解放后获得土地的广大贫雇农民虽然与土改前相比，生活有所改善，但其中许多人在生产和生活上仍有困难。在共同抗御自然灾害的要求和传统的邻帮邻的互助精神影响下，他们自发地组织变工队、帮工队，邻帮邻，亲帮亲。这种共同改善生产条件，抗御自然灾害，发展生产，走互助合作道路的萌芽，很快在广大农村中产生，并逐渐发展起来。

1951 年 9 月，党中央召开了第一次农业互助合作会议，制定了《中共中央关于农业生产互助合作的决议》（草案）。该决议指出："要克服很多农民在分散经营中所发生的困难，要使广大贫困的农民迅速地增加生产而走上丰衣足食的道路，要使国家得到比现在多得多的商品粮食及其他工业原料"，就必须提倡"组织起来"，按照自愿互利的原则，发展农民互助合作的积极性。决议指出，党必须采取积极领导、稳步前进的方针，根据自愿和互利的原则，运用典型示范逐步推广的办法，按照各地不同的情况，大量发展带有社会主义萌芽的临时和常年的互助组，有重点地发展半社会主义的合作社。甘南各级党委和政府，认真贯彻执行决议精神，首先向农业区发出号召，并指出：在自愿互利的原则下，以各自然村为单位，发扬农民之间的互助精神，组织变工队、互助组，有劳力的出劳力，有耕畜的出耕畜，有农具的出农具，有籽种的出籽种，邻帮邻，亲帮亲，变工换工，以余补缺，发展生产。在各级党组织和政府的领导下，截至 1953 年春，全州组织了 3533 个互助组，参加农户达 12129 户，占总农户的 57.4%；其中常年互助组 274 个，临时互助组 3259 个。这些建立起来的互助组，粮食连年增产，农民的生活得到了很大改善。互助组中的农民一般比单干户亩产粮食多打 40 斤以上。活生生的事实，不仅教育了广大农民，而且进一步激发了他们走互助合作道路的积极性。

二

1953年，党中央为了推动互助合作运动的发展，正式发布了《中共中央关于农业生产互助合作的决议》和《中共中央关于发展农业生产合作社的决议》。甘南的互助合作运动，在两个决议的指导下，在条件成熟的地区逐步开展起来，开始建立互助合作社，并稳步向前发展。1953年9月，甘南工委为了贯彻执行党中央的决议精神，决定在临潭县扁都乡和舟曲县（西固）坪定乡试办两个初级农业生产合作社，作为典型，探索经验，逐步推广，以点带面，推动全甘南农业合作化运动的发展。工委及时抽调干部，经过严格培训，组成了两个工作组分赴两地指导办社，并拟定了办社的社章，规定了组织原则和生产资料的投资办法，即：

（一）生产资料的投资方式

1. 土地。一种是死租，即在评产的基础上按照当地的一般地租，固定土地报酬，受灾减产，土地报酬按收成数减少；增产了，土地报酬不变，让劳力多分。一种是土地作股入社，统一由社经营。土地根据土质好坏、肥情、耕作难易程度、浇水方便与否等条件，采取按产量折成标准亩入股的方法。入股的土地分配采用“死红制”，土地分红数不超过当年全社粮食收入的40%。

2. 籽种、肥料的投资。籽种投资一种按社员入股土地、劳力和畜力分摊任务或借出，分红时归还的办法。一种是采取社员按入社土地多少自行带入的办法。肥料采取按任务投资，超任务者社里付价，完不成任务者社里按所欠部分在分红时扣除。

3. 耕畜。耕畜入社采用租用制，采取私有私养，并按耕畜大小、强弱，评分记工，开付工资。

4. 农具。一种采取大小农具私有私修，公用时给一定的报酬。一种是采取按新旧和质量的不同，折价入社，作为集体财产试用。

（二）分配原则

在分配上贯彻执行按劳分配的原则，男女同工同酬，入社土地按比例参加分红。按照“地四劳六”的比例报酬，即将社内全年的总收入，除去生产投资、公积金、公益金和牲畜农具提资以及其他开支后，余下的土地报酬占40%，劳力报酬占60%，或土地报酬略少于40%，劳力报酬略高于60%。

（三）组织机构

农业生产合作社实行民主集中制的组织原则。先由工作组组织农民群众学习党的有关合作化决议之方针政策，挨家挨户地进行宣传动员，然后举行群众大会，选举社管理委员会的委员和正副主任、监察委员会的委员和正副主任，并由群众大会共同审查通过社管理委员会的生产计划和财务计划，讨论决定土地入股、劳动分配、租用耕畜和农具报酬的办法，通过提留和使用公积金、公益金、管理费的比例及办法，修改并通过《社章》。管埋委员会下设生产队或生产小组，各队设正副队长、会计各一人，各小组设正副组长、记工员各一人。监察委员会负责监督检查管理委员会执行社员群众大会的决议、计划等。社员大会每4个月开一次，管理委员会每一月开一次，研究解决有关生产和其他问题。

（四）管理制度

随着农业合作化的不断发展，管理制度也不断完善。社内不仅制定有《社章》，并对财会、出工、作息、分工和评分记工等都建立了一整套行之有效的规章制度与措施。社内逐步推行小包工制和春秋两季包工制，将基本农活如拉撒粪、犁、抄、收、磨、耙地、播种、锄草、收割等分季节定标准、定数量、定质量，实行“三定”式的定额管理。记工采用工票制，每10分工记一个劳动日，会计每月向社员汇总公布一次出勤情况和财会收支等。努力做到合理准确，男女同工同酬，不断提高社员的生产劳动积极性。

为了适应农业合作化运动发展的需要，1953年10月，中共甘南工委成立了生产合作部，专门负责抓全州的农业生产和合作化工作。1954年2月，临潭县扁都乡哈尕滩农业生产合作社和舟曲县坪定村农业生产合作社成立，及时推动了全州农业合作化运动的蓬勃发展。这两个农业生产合作社，当年就获丰产。如，舟曲县坪定村农业生产合作社，小麦比互助组每亩产量提高6.8%，秋收粮食人均可得610斤，比互助组人均多得粮食130斤，而互助组比单干农民人均多得粮食40斤以上。这种优越性吸引了周围的互助组和基层干部前往参观，起到了典型示范的作用。正如当地农民所称赞的：“一根木头盖不成房，一块砖头垒不成墙。单干不够吃，入社有余粮。”这样，农民群众纷纷要求入社、办社，各地出现了办社热潮。而党对发展农业互助合作的指导方针是“积极领导，稳步前进”。为了适应这一形式的需要，甘南各级党组织积极举办互助合作训练班，重点培养基层干部和积极分子，为以后建立大量的合作社准备了一批骨干力量。1954年11月29日，甘南第一期互助合作训练班开学，来自临潭、卓尼、夏河和舟曲4个县的133名学员，参加了互助合作训练班，其中男130人，女3人；汉族103人，藏族27人，回族3人；党团员占总数的65%。学员们认真学习了两个决议，学习讨论了各地的办社经验和工委制定的办社规模、经营管理方式、分配制度、财会管理制度等文件材料。并分组酝酿讨论，提出各地应怎样结合实际，借鉴外地经验来办社的良策。经过一个月的培训，学员们带着党的方针政策和外地的办社经验回到各地指导办社工作。在省委第二次互助合作会议精神的鼓舞下，到年底时，全甘南建立了11个初级农业生产合作社，参加农户203户，其中富农3户，中农76户，贫农124户，共经营土地2251.24亩。全自治区（州）建立常年性互助组485个，参加农户44636户；临时性互助组235个，参加农户1015户。组织起来的农户占总农户的33.1%。在办社的过程中，各党组和政府认真贯彻执行办社规模“宜小不宜大”的原则，坚持自愿互利方针，成熟一个建立一个，有计划、有步骤地发展农业生产合作社，反对急躁冒进和不顾实际单纯求发展的错误倾向。临潭县和舟曲县都作了周密的建社计划，先提交“三级干部会议”讨论通过，然后组织工作组下到基层动员宣传群众，酝酿办社。严格按照办社计划，进行摸底排队，有重点、有选择地办社。最后根据工委制定的生产资料投资办法、分配原则和组织管理方式，并参考外地经验，结合当地实际，逐步建立起合作社。

1955年春，中共中央决定对农业生产合作社进行一次整顿。整顿的方针是：区别不同地区的情况，或者暂时停止发展，全力巩固，或者适当收缩，或者在巩固中继续发展，即“停、缩、发”。甘南州委根据这个方针，首先抽调干部对所建的社进行了一次全面的摸底，了解情况，汇总问题。然后根据各地存在的不同问题，州委进行研究，制定文件下发各地，并派出工作组进社纠正，这样不断完善农业生产合作社的体制，使全州合作社稳步向前发展。各工作组根据办社规模“宜小不宜大”的原则，将一般合作社的规模缩小到20至30户左右，以适宜于当时领导干部的管理水平；在经营管理上，除坚持要求社员把土地、牲畜、农具等生产资料入社外，允许每户社员留有一定的自留地、自留畜；在收益分配上，贯彻执行按劳分配、多劳多得的原则，实行男女同工同酬，并给予将生产资料入社的农户一定的报酬。这样，既保证了贫下中农收入的增加，又不使中农的收入减少，影响他们的入社积极性；在财务管理上，一般只建立劳动工分账、收支账和劳资股份基金账等，坚持每半月或一月向社员公布一次工分账，既简单明了，又易于群众接受，并发挥了社员的监督作用。经过整顿，全州合作化运动的步伐，保持了发展、巩固、再发展、再巩固的良好势头。

三

1955 年 7 月 31 日，中共中央召开省、市、自治区党委书记会议，毛泽东同志在会上作了《关于农业合作化问题》的报告。这一报告传达到农村党支部。甘南各地党组织纷纷检查“保守”，反对“右倾”，对合作化运动重新部署，把农业合作化运动推向了一个新的高潮。10 月，中共中央第七届六中全会通过决议，强调“只有彻底地批判右倾机会主义，才能促进农村工作的根本转变”。在全国大气候的影响下，甘南农业合作化运动的进程掀起了高速发展的猛烈浪潮。

1955 年 10 月下旬，临潭和舟曲两个农业县先后召开了有 2319 人参加的三级干部会议，学习贯彻执行七届六中全会会议精神，州委副书记赵子康到会指导，并传达了州委扩大会议“关于全面规划农业合作化的初步意见”。会后，两县共抽调 368 名干部（其中县、科部级 17 人）分赴农村，广泛深入地传达毛泽东同志《关于农业合作化问题》的指示和党的七届六中全会关于农业合作化问题的决议，并展开建社工作。首先由县委、县政府作出建社计划，选择建社重点和对象，进行组织宣传，提高农民群众对合作化运动的认识，搭起社的架子。然后，培训社长、生产队长和组长、会计。在这期间，临潭、舟曲两县共培训了 897 名干部。截至 1956 年 3 月，全州共建起各类农业生产合作社 378 个，入社农户占总农户的79.4%。在入社的社员中，贫下中农占总社员的92.3%。在各社的社干总数中，共产党员和共青团员占总社干的79%，积极分子占总社干的16%。尽管1956年有些社遭了灾，但秋收分配时有94%的社员增加了收入，人均占有粮食达539斤，比1955年增加了120斤。许多社员入社前生活困难，入社后收入大增，生活有了较大的改善。党和政府为了扶持办社，5年间共发放救济款381万元，救济粮29万余斤，农牧业贷款42万元，这样不但改善了合作社生产条件，而且帮助贫困农牧民度过生活困难，对发展生产起了促进作用。

初级农业合作社建立后，实行土地统一经营制度，统一使用耕地、耕畜、大农具和劳动力，并因地制宜地进行合理种植，有计划地分工合作劳动，开展局部的技术改革和农田基本建设，大力发展多种经营，增强抵御自然灾害的能力。加上行之有效的按劳分配制度，极大地调动了农民劳动和学习生产技术的积极性。因此，全州90%以上的社都增加了产量，使农业合作化的优越性逐渐显现出来，并为广大农民所认识。

1956年8月2日，中共临潭县委率先制订了《关于试办高级农业社的计划》，他们认为初级农业合作社的建立和发展，积累了丰富的办社经验，各种经营管理制度也不断得到完善。在农村，通过进行社会主义前途的教育，使广大农民群众树立了集体生产的观念，对社会主义前途有了更深刻的认识，坚定了他们走农业生产合作化道路的信念。在办初级农业生产合作社的过程中，培养了一批领导骨干和技术管理人才。农村党的建设不断发展，农业生产的基本条件也得到了较大的改善。所以，应有选择地试办高级农业生产合作社，以迅速推动全县向高级农业生产合作社的过渡进程，从而积累经验，典型示范，辐射全局。中共甘南州委及时给予了指导，并号召全州在条件成熟的地区试办一到两个高级社，以取得经验，逐步推广。各地转入高级社的工作一般分三步进行。第一步是组织领导，了解掌握情况，选择重点，宣传动员，提高社员的思想认识。第二步是在社员同意转社的基础上，建立社的组织机构，民主选举社的干部，训练办社干部和领导骨干，组织干部学习《高级农业社示范章程》及各地办社经验。第三步是结合生产，在保证完成或超额完成初级社的生产计划的同时，处理好生产资料的转社问题。1956年11月上旬，临潭、舟曲两县分别召开了三干会议，广泛讨论了转入高级农业生产合作社应注意的问题，并参考第一个高级农业生产合作社——临潭县寇家桥乡红旗高级农业合作社的办社经验，全面制定了高级农业合作社规划。此后，申办高级农业生产合作社的风潮席卷临潭、舟曲两个农业县，并波及卓尼和夏河两县的部分半农半牧区，出现了“村村动员，户户申请”的办社热潮。截至1953年底，在短短三个月内，仅临潭、舟曲两县就建立了176个高级农业生产合作社，入社农户达20，407户，占两县总农户的78.9%。初级农业生产合作社有69个，只占两县总农户的21.1%。当时，全州共建起各类农业生产合作社396个，入社农户占总农户的89.6%。至此，甘南农业区的生产资料的社会主义改造基本完成，农民群众由个体所有制经济转变为劳动群众集体所有制的公有经济。

四

甘南农业区的合作化运动，是社会主义改造的一个重要内容，也是当前发展农村经济，深化农村改革的由来和延续。在农业合作化运动中，中共甘南州委遵照党中央和甘肃省委的指示精神，结合甘南实际，使合作化运动比较平稳和健康地发展，收到了预期的效果，达到了既定的目标。党在合作化运动中积累的一些经验和做法有深刻的借鉴作用和现实意义：一是普遍、深入地开展宣传教育活动，使党的各项方针政策“深入人心，家喻户晓”。为了确保合作化宣传工作的深入进行，各级党和政府从两个方面入手：第一是抽调干部组成工作组分赴基层指导工作；第二是抓多种形式的培训工作。如进行互助合作社干部培训、财会员培训、农业技术员培训等。深入细致地做每一个群众的思想教育工作，采用访贫问苦、回忆对比和算细账的方法，利用活人活事、典型模范感化等多种形式，深入扎实地搞好宣传教育工作。

二是紧紧抓住发展生产这个中心工作，用合作化运动促进生产，以发展生产推动合作化运动。在办社过程中，各地始终坚持“发展生产、支援国家建设”的原则。在实际工作中坚决贯彻执行党中央关于“组织起来，增加生产”的方针和“搞好生产、提高收入、勤俭办社”的指示精神，在全州范围内大力兴修水利，植树造林，开垦荒地，发展多种经营，促进了农林牧副业的全面发展。首先，提高了农业生产水平，改善了农民群众的生活。如1957年临潭县洮阳区先锋高级农业生产合作社平均亩产519斤，是建社前1953年平均亩产的3.7倍。临潭、舟曲县的农民1957年人均粮食收入561斤左右，是1953年人均占有粮食的4.6倍；人均副业收入为109元，是1953年人均副业收入的6倍左右。其次，农业合化运动的发展启动了农民群众对农业实行改革的积极性。在农业合作化运动中，广大农民为了增加生产和提高单位面积产量，把学习农业技术、改进生产条件和改善生产环境作为自觉行动，他们积极参加党和政府举办的各种农技培训班，学技术，用技术。他们积极使用新式农具，改进耕作技术，推广良种，提高单位面积产量。并采取多积肥施肥、扩大灌溉面积，大力植树造林，绿化环境，努力发展多种经营，严格田间管理，施用农药消灭病虫害等多种措施和科学种田的办法，增加产量，发展生产。这样使他们从获得的巨大收益中得到启示，以自觉的行动去变革农业生产条件，从而推动了农业的发展。第三，合作社的建立初步战胜了一些单干农民根本不能战胜的自然灾害。如临潭县新城区寇家桥乡的扁都高级社，1956年春季遭受了严重的洪灾，受灾面积达15.7%。为了战胜灾害，社内统一调配劳力，在全体社员的共同拼搏下，经过挖沟排水，挖泥扶苗，追施肥料等补救措施，年底小麦平均亩产收成仍达到200斤以上，青禾375斤，大豆250斤。又如三川区和平乡五爱高级社1957年7月份遭受严重的雹灾后，受灾面积达25.9%，减产40多万斤，占计划总产的39%。在天灾面前，社员们没有被困难吓倒，他们挺起腰杆，在社干们的带领下，一面勇敢地同自然灾害作斗争，抢救受灾田地，一面提出"农业受灾副业补"的口号，开展多种经营，年底副业总收入达23，838元，占农业总收入的64.8%，平均每户副业收入达166元，解决了全社968人的生活困难，有力地战胜了自然灾害。

三是大兴调查研究之风，因地制宜地开展党的各项工作。甘南各级党和政府，为了使党的方针政策更加符合甘南的实际，领导同志往往亲自深入基层，带工作组驻队，鼓励党团员和积极分子密切联系群众，深入实际调查研究，群策群力搞好各项工作。在具体实践中，创造了许多行之有效的办法。如，在建社过程中提出："一报、二审、三通、四入"的建社步骤，即先让农民自愿报名，然后由社干和工作组审查，再由群众大会评议通过，最后批准加入合作社。这既符合党的"民主办社"和"统一部署、合理办社"的方针政策，又体现了群众自觉自愿的原则，使党和政府的决策更加民主科学化。

四是加强基层党组织建设，发挥党的核心领导作用。甘南各级党组织结合互助合作化运动，注意培养具备党员条件的贫下中农积极分子入党，增加党的新鲜血液，逐步壮大党的队伍，加强对互助合作社的领导。在党员教育上坚持党员分期分批培训制度，定期民主评议和考核监督党员，并通过轮流派出工作组驻社锻炼的办法，不断提高党员干部的实际工作能力。在互助合作化运动中，全州涌现出一批党性强、作风硬的党员干部队伍，他们为甘南以后各项任务的完成起到了重要的骨干作用。

甘南在农业区进行合作化运动的后期，由于受中央指导思想的制约和全国大气候的影响，在进行生产关系的变革，办高级社时发展过于迅猛，有一哄而起的现象，有的建社工作做得十分粗糙，有的初级社连一个农业生产周期都没完成，就转入了高级社，许多农民的思想跟不上形势的发展，因而造成了经营管理的混乱现象。另外，有的地方未能很好地坚持和处理《关于农业生产互助合作的决议》中关于发挥个体经济和互助合作经济两个方面积极性的指示，只抓互助合作经济一头，忽视了个体经济一头，伤害了部分农民的生产积极性。但这毕竟是次要的，属于实际工作中的偏差，从方向和路线上来看，对个体农业实行互助合作化，进行社会主义改造，毕竟是建立和发展社会主义公有制经济的重大变革，它是符合甘南农业区的客观需要的，这也是一件具有伟大历史意义的事情。

本文选自中共甘南州委党史资料征集办公室:《甘南党史资料》，第四辑，1993 年 1 月。

甘南镇压反革命运动述略

宁生才

1949年9月21日，毛主席告诫全党和全国人民：“帝国主义者和国内反动派决不甘心于他们的失败，他们还要作最后的挣扎。在全国平定以后，他们也还会以各种方式从事破坏和捣乱，他们将每日每时企图在中国复辟。这是必然的，毫无疑义的，我们务必不要松懈自己的警惕性。”1950年6月，美帝国主义悍然发动侵朝战争，蛰居台湾的蒋介石遥相呼应，疯狂叫嚣“反攻大陆”，潜伏在大陆的国民党反动势力也不甘心他们失去的“天堂”，蠢蠢欲动，梦想卷土重来，以恢复他们的反动统治。

1949年12月10日，甘南全境解放。当时的夏河、卓尼、临潭和西固（舟曲）4个县（工）委分别在省委、临夏地委和武都地委的领导下，开展了轰轰烈烈的清匪反霸、搜捕特务和登记反动党团骨干工作，重点打击土匪、特务、恶霸、反动党团骨干和反动会道门头子等五个方面的反革命分子，并在临潭和西固两县取缔一切反动会道门。到1950年底，共清除匪特564名，其中土匪523名，特务41名。反霸斗争中打击恶霸地主209名，其中处决34名。同时，在4个县城分别登记国民党骨干分子310名，分别予以处决、关押、管制和教育释放等。另外在临潭和西固县依法取缔了青友社、复兴社、红帮、一贯道、四季会、神召会、嘛尼会等反动会道门179个，管制反动会道门头子94人。

甘南藏区解放初的镇压反革命运动，遵照党在少数民族地区“慎重、稳进”的工作方针，全面贯彻“镇压与宽大相结合”的政策，坚持“首恶严办、从恶宽大、自首不办”的原则，公、检、法机关紧密配合，联合行动，连续侦破反革命案件，粉碎反革命团伙，打击各类刑事犯罪活动。同时，中共甘南工委和各县（工）委深入发动群众，广泛建立民族统一战线，团结一切可以团结的力量，坚决镇压反革命分子，掀起了声势浩大的镇反运动新高潮。从1951年春到1957年4月，甘南藏区共镇压反革命分子1064名，搜获各类枪支816条，子弹93890发，电台5部，毒品1270斤，各类反革命罪证1391件。侦破反革命地下组织24个。其中处决反革命分子243名，关押968名，管制216名。通过镇压反革命运动，扫荡了国民党反动派的残余势力，粉碎了其妄图在藏区建立“反攻大陆第二基地”的美梦，巩固了人民民主专政，保障了抗美援朝、土地改革等运动的顺利进行，为党在甘南藏区建立健全区、乡基层人民政权，恢复和发展国民经济，扫清了障碍，创造了良好条件。

一

解放初，甘南藏区处地偏远，交通闭塞，政治、经济、文化等十分落后，加上较为恶劣的气候条件和独特的自然环境，给党和政府开辟工作造成了很大困难，也给反革命分子和土匪以可乘之机。特别是那些从内地逃亡来的政治土匪、地主恶霸、特务、兵痞、反动会道门头子及其他反革命分子，有的窜入人烟稀少的草原，有的隐身茫茫原始森林，结成形形色色的反革命集团，并和马良股匪串通一气，狼狈为奸，竭力配合美、蒋反攻大陆的叫嚣和行动，同时勾结个别反动上层分子，蒙骗、煽惑一些不明真相的藏族群众和头人，大肆造谣惑众，挑拨离间，杀人放火，劫掠财物，煽动骚乱，袭击刚刚建立的一些区、乡政权，残杀无辜群众和军政工作人员，反革命活动十分猖狂。当时，甘南藏区的反革命破坏活动，多以特务、旧军官、反动会道门首领和惯匪为骨干，以散兵游勇、地痞流氓和反动会道门徒为基本成员。他们有组织、有计划地进行反革命破坏活动，公然打出“反共复国”的旗号，阴谋推翻人民民主政权，建立法西斯式的独裁统治。曾在兰州由国民党特务头子裴光汉介绍加入特务组织的国民党警官、三青团骨干祁尚志和裴明义，于1950年12月中旬潜入临潭旧城，吸收发展特务组织“中国国民党西北战地特务工作委员会”成员，搜罗土匪、地痞流氓200多人，企图进行反革命暴动。同年底，临潭的特务组织“民主党”暗杀队长贾进增，两次阴谋杀害我党政工人员未遂。1951年，反革命组织“救民军”第一军军长马维良、副军长王占良和匪特张二不都，在迭部藏区大肆活动，秘密串联，发展反革命成员100多人，准备暴乱。1952年5月，匪首马良策动西仓、双岔九部落头人，聚众2000余人，阻止解放军进兵，打伤战士20多人。同年6月，边仙桥部匪纵队副司令杨启荣、陈子范率匪200余人，袭击洛大区人民政府，杀害区委书记、区长各一人，抢劫枪8支，牲畜5头，骡马5匹，人民币900元及被服等物资。这些反革命分子组成大小各异的团伙，购买枪弹，与台湾的国民党反动派遥相呼应，搜集我党政军情报。蒋介石给这些反革命分子授官赐爵。在台湾国民党的遥控指挥下，反革命活动十分猖獗。从1951年到1954年，反革命分子先后在甘南组织了“救民军”“民主党”“中国国民党西北战地特务工作委员会”“自立委员会”“反共复仇团”等近10个反革命组织。参加反革命组织者约有640多人。1955年6月，反革命分子赵秦忠组织反革命组织“香灯会”，利用封建迷信公开煽动群众，阴谋组织暴动。他们每日每夜耍枪弄棒，演练武功，言称神通广大，刀枪不入，并造谣说："真龙天子出世了，王母娘娘下凡啦！"提出要在5月发动叛乱，妄想推翻共产党和人民政府。1955年10月26日，曾是日伪汉奸、并窃取代理区长职务的反革命分子冯宝树，在县三干会议小组讨论中，持枪杀害了临潭县公安局长张志德，并打伤干部4人。反革命分子的破坏活动，严重威胁着新生的人民政权，破坏了刚刚建立的社会新秩序。为保卫革命的胜利果实，粉碎反革命分子的复辟阴谋，保障社会主义革命和建设的顺利进行，坚决打击反革命的破坏活动，镇压一切反抗社会主义的反革命分子，已迫在眉睫，势在必行。

二

1950年3月，中共中央发出了《关于严厉镇压反革命分子活动的指示》，指出：全国许多地区，反革命分子的活动十分猖獗，必须给予严厉的、及时的镇压。同年6月，中共中央七届三中全会将镇压反革命列为当时的八项重要任务之一。7月21日，政务院和最高人民法院联合发出了《关于镇压反革命的指示》。1950年10月10日，中共中央又发出了《关于纠正镇压反革命活动右倾偏向的指示》（简称"双十指示"）。党中央及时纠正了镇压反革命运动中的右倾偏差。从1950年底起，在全国范围内大张旗鼓地开展了镇压反革命运动。这次运动的重点是打击土匪、特务、恶霸、反动党团骨干和反动会道门头子等五方面的反革命分子。1951年2月21日，中央人民政府颁发了《中华人民共和国惩治反革命条例》，就如何处理反革命问题作了明确、全面的规定，成为广大干部和人民群众同反革命分子作斗争的锐利武器。

甘南藏区解放后，当时的临潭、卓尼、夏河和西固4个县（工）委，在清匪反霸、登记国民党反动党团骨干分子、取缔反动会道门的同时，遵照中央和省委有关镇压反革命的指示和规定，全面部署，统一安排。首先，多次召开干部群众会，广泛宣传镇反的必要性和重要意义，宣传党的镇反政策和各项规定，使镇反运动家喻户晓，人人皆知。其次，由公安机关对反革命分子进行侦察摸底，排队登记，一旦发现反革命分子的破坏活动，就予以迎头痛击。此外，在各级党委的统一领导下，根据人民群众对镇反认识的不断提高，深入发动群众，检举揭发反革命分子。同时，吸收一些进步的民族宗教界中上层人士，组成工作组（队），深入山区农村，开展耐心细致的“策反”工作，瓦解反革命队伍。为了把住镇反政策关，防止出现错捕、滥捕的现象，4个县（工）委抽调了由公、检、法干部组成的清查组，核准每个反革命分子的罪恶事实，使甘南藏区的镇反运动健康发展。

三

甘南藏区的镇压反革命运动大致分三个阶段进行：

第一阶段：大张旗鼓地镇压反革命分子，自1951年春到1953年底。在这一阶段中，各县公安机关在省公安厅甘南藏区工作组的协助下，集中力量打击那些在解放前作恶多端、民愤极大又怙恶不悛的土匪恶霸，肃清特务分子，瓦解反革命“地下武装”。对那些鼓吹“第三次世界大战”，散布战争恐怖论，叫嚣美蒋“反攻大陆”，制造“变天”谣言，同时挑拨和破坏党群关系、军民关系、民族关系，有意对党和政府的各项政策肆意进行歪曲、诬蔑的反革命分子，集中力量进行坚决打击，并发动群众广泛检举揭发反革命分子。

从1951年春到1952年底，甘南藏区的4个县（工）委领导公安机关，连续摧毁了反革命“地下武装”8起，镇压反革命分子647名，其中：处决93人，关押194人，管制280人，捕后经教育释放80人。1951年5月1日，临潭县在县城召开万人公判大会，判处反革命分子祁尚志、裴明义、贾进增、马维良、王占良、温学礼等24人死刑，大大震慑了反革命分子的嚣张气焰，教育了广大人民群众，大家拍手称快："杀得对。""杀得应该。"临潭县民族事务委员马富春说："肃清匪特、反革命分子是促进民族间的团结和民族内部团结的先决条件。"新城丁阿訇说："对这些死了的反革命分子不该念经，他们也没资格享受。"严厉镇压反革命运动的深入开展，使敌焰下降，民气大伸。在这期间，于1951年4月底，甘南藏区各县（工）委相继成立了清理案件委员会，共清查积压案件120件。清理案件委员会先弄清犯罪事实，印成材料，然后交给各机关单位、学校、群众团体，研究讨论，补充材料，号召人民群众既当公安员，又当审判员，严格按照治罪条例提出处理意见，再经清理案件委员会研究后，上报省委作处理决定。

1952年7月1日，经中共中央西北局批准，正式成立了中国共产党甘南藏区工作委员会，徐国珍任书记，赵子康任副书记，隶属省委领导，下辖欧拉、洮源、夏河、卓尼和临潭5个县（工）委。此后，在甘南工委的统一领导下，甘南藏区的各族群众积极支援和配合部队清剿马良股匪，继续镇压反革命分子。由于马良股匪到处散布谣言，蛊惑人心，大造反革命舆论，并编写和散发反革命传单，积极经营反革命营垒，四处烧杀抢掠，进行反革命破坏活动。对此，甘南工委发出指示："动员起来，广泛发动群众，配合剿灭马良股匪，镇压反革命运动，保卫新生的人民革命政权。"按照甘南工委的统一部署，各县党政机关部门抽调干部组成工作组，深入基层发动群众，检举揭发反革命分子。各级公安部门遵照全省公安会议关于"对继续潜伏，制造骚乱，诬蔑人民政府，死不悔改，罪大恶极的特务反革命分子，坚决予以镇压"的精神，及时、准确地破获反革命集团，给与马良股匪沆瀣一气的反革命分子以沉重打击。并配合剿匪，开展了"端反革命窝子"的斗争。

1953年1月1日，临潭县公安局将四区（冶力关、八角）一带潜伏的边仙桥"新编八二军后方游击司令部"特务组织一网打尽，反革命分子马志清等9人被擒获归案。同年3月5日至24日，公安机关又破获在卓尼藏区活动的"西北救国军游击纵队"反革命组织，纵队长宋德轩，支队长徐霞天、贺世轩、包子明和李坤工，及中队长徐珍奎、包寿考、陈瑾玉等全部落网。同年4月12日，公安干警在群众的帮助下，跟踪追击，捕获了"抗苏灭共军甘肃游击司令第三纵队"派遣特务李志清。1953年7月25日，剿灭马良股匪取得决定性胜利后，甘南藏区公安机关在工委的领导下，趁热打铁，连续出击，挖掘"反革命地下军"。8月下旬，公安部门在武工队和人民群众的大力支持下，侦破了"抗苏灭共军甘肃游击总司令第三纵队司令部"一部，将首犯胡耀如、王立纲等缉拿归案。反革命分子胡耀如曾参加"复兴社"通讯组，系暗藏特务。同时，西固县将造谣惑众，煽动群众，破坏安定团结的神召道道首李某依法管制。同年9月底，夏河县公安局顺藤摸瓜，破获了马良股匪的一个重要情报联络站，反革命分子马良股匪联络员马阿不都被依法惩办。从1953年初到1953年底，甘南藏区共镇压反革命分子299名，破获反革命地下组织18个。

在镇压反革命运动中，初期有单纯依靠公安机关的现象。当时，人民群众对党的镇反政策不甚了解，对镇反的重大意义认识不足，有的人质疑"有那么多的反革命分子吗?"对此，在打破公安工作关门主义和神秘主义的前提下，在甘南工委的领导下，广泛发动群众，深入宣传党的镇反政策和镇反的重大意义，揭露反革命匪特的罪恶活动，动员群众检举揭发反革命分子，号召他们向人民政府投案自首，放下屠刀，悔过自新，重新作人。临潭县在城关、羊永、王家坟3个区、14个乡共召开了干部大会7次，群众大会7次，参加人数1278人次。会后，羊永区张家庄的王某坦白自首。群众在会上控诉了有5起血债的徐某，并检举刘某私藏步枪 3 支。这项工作的深入开展，得到了群众的好评，他们说："今天的人民政府，抓一个人都调查得清清楚楚。把这些反革命分子抓了好，如果让他们的阴谋得逞了，那咱们老百姓就要遭大殃了！"全甘南藏族自治区（州）共检举揭发反革命分子 134 人，经做工作后自首的反革命分子和特务 280 人，全自治区（州）认真贯彻执行党的"宽大为主，镇压为辅"和"凡是争取投降的分子，不论职务大小，一律免予死刑，从宽处理，进行改造"的镇反方针，在政策的感召下，主动投案自首的反革命分子有 52 人。

1953 年 7 月，剿灭马良股匪取得胜利后，甘南工委在部队配合下，在郎木寺和夏河分别展览了反革命匪首马良及许多战利品，展示反革命罪证，以真切的事实来教育广大群众，进一步揭露匪特的反革命罪恶活动，受到了人民群众的称赞。

第二阶段：肃清暗藏的反革命分子，从 1954 年到 1956 年底结束。由于甘南藏区的自然和社会环境复杂，解放初期党的工作还未全面深入到广大群众中去，部分牧区的基层政权尚未建立，这样，就给漏网的反革命分子以继续潜伏隐藏的时机。1954 年 8 月底，全省第八次公安会议明确提出以后的任务是：大力加强对隐蔽敌人的斗争，继续肃清残余的五方面反革命分子，以保障国家社会主义建设事业的顺利进行。并制定了"长期打算，内线侦察"和"及时破案"的公安工作方针。甘南工委为了切实贯彻执行全省第八次公安会议精神，于 1954 年 8 月底成立了镇反办公室，各县也相继成立了办公室，专门负责镇反工作。9 月底，甘南工委召开了甘南公安系统工作会议，会议认真传达了全省第八次公安会议精神，并部署了今后工作。甘南工委书记谢占儒，副书记董宏杰分别作了重要讲话，强调公安工作"要切实贯彻民族地区的公安政策，广泛发动群众，结合剿灭残匪，要及时、准确、大量地破案，严厉打击反革命分子和各类刑事犯罪分子的破坏活动。"会上拟定了《1955 年公安宣传提纲》，对投案自首的反革命分子和各类刑事犯罪分子继续实行宽大政策，在群众中广泛进行法制教育，密切配合，打击刑事犯罪分子和反革命分子，揭露他们对国家建设和人民生命财产的危害活动，提高广大群众的阶级觉悟和思想觉悟。甘南工委和州、县公安部门结合党的中心工作，先后召开干部群众会议 116 次，受教育者达 13389 人次。并通过个别具有典型意义的案件，对案犯进行公开审理，以达到广泛教育群众的目的。随即：群众向政府递送检举揭发反革命分子和各类刑事犯罪分子的材料 125 件，其中各种反革命线索 55 件。

1955 年 6 月初，公安部门及时破获了利用封建迷信公开煽动群众、阴谋组织暴乱的反革命组织“香灯会”，反革命分子赵秦忠等 12 名主要罪犯被依法惩办。同年 7 月 20 日，在川西党政军的配合协助下，杀害原中共甘南工委统战部部长曹学彦和中共碌曲工委书记杜歧等同志的反革命分子，全部落入法网，受到广大人民群众的称赞。他们说：“这些人罪有应得，共产党办事实事求是，绝不冤枉一个好人。”同年 10 月 26 日，干部和群众当场捕获杀害临潭县公安局长张志德同志并打伤 4 人的反革命分子冯宝树。1955 年 12 月 15 日，夏河县公安局逮捕了利用宗教造谣惑众的反革命分子张某，交送省上处理。

根据中央的有关指示精神，全国各地在镇压反革命的斗争中，普遍建立了群众性的治安保卫委员会。农村以乡为单位，城市以机关、学校、工厂、街道等为单位，经过当地群众选举产生，委员人数少者 3 人，多者 11 人，要求吸收可靠的党外爱国人士参加，成为具有统一战线性质的保卫组织。治安保卫委员会受基层政府和公安机关的领导，担负协助人民政府肃清反革命，防奸、防谍、保卫国家和公众治安的责任。到 1955 年底，全区（州）成立治安保卫委员会 129 个、保卫小组 97 个。这对维护社会治安、巩固人民民主专政、保卫社会主义建设事业，起到了坚实的屏障作用。

1956年8月25日，在部队和各族群众的支持下，公安部门在麦西娄山一举破获了制造“七一八惨案”、杀害原甘南州人委民政处副处长白忠义和中共碌曲县委副书记李新民等5位干部的反革命分子，进行了严厉的惩罚。同年11月10日，州、县公安部门又破获了一起外来反革命分子组成的反革命集团，首犯许吉辅等6名反革命分子全部依法惩办。从1950年冬至1957年春，潜藏7年之久的马良残匪漏网匪首马德福、马胜凯、冯霞坡、高尕旦、高麻龙、丁毛素等先后被侦缉擒获。截至1956年底，全州打击反革命分子和各类刑事犯罪分子638人，其中：反革命分子118名，各类刑事犯罪分子520名。在党的民族政策和肃反宽大政策的感召下，坦白自首的反革命分子有83人，刑事犯罪分子146人。其中有马良残匪漏网的匪纵队司令敏喜德、李存德等，他们携带武器弹药先后向人民政府投降；反革命分子郑秉钧和邢永安也躲藏数年之后投案自首。全州共缴获机枪4挺，各种长短枪296支，各种子弹67380发，发报机3部，大烟320斤，望远镜9架，各种反革命罪证147件。期间，全州依法判决反革命分子78名，其中：死刑8人，有期徒刑70人；教育释放54人；依法管制和劳动改造的290人。他们在群众的监督下，逐步改造成为新人，成为基本守法的劳动者。

第三阶段：清理收尾阶段，从1957年1月到1957年4月结束。在肃反取得巨大成绩的基础上，甘南工委适时地将工作转入清理积案和检查镇反政策的落实等扫尾工作上来。通过对镇反、肃反政策的全面检查，对积案的及时清理，使运动既防止了走过场的现象，又杜绝了滥捕、滥杀等错误倾向，使镇反、肃反运动善始善终，取得了重要成绩。

1957年2月初，州上成立了清理积案办公室，各县也建立了清理积案小组。全州从各部门抽调干部74名，配合公、检、法机关对反革命和各类刑事案件进行全面清理。通过两个月的清查，共清理在押犯210人，其中：有反革命分子92名，刑事犯罪分子118名。对他们分别采取判刑、投入劳改、教育释放和转送外地等办法予以处理。这样，既解决了“监小犯多”的矛盾，又纠正了一些错捕、错判的案件。此外，州、县公安机关还针对个别牟取暴利、偷税漏税、私贩枪弹、走私毒品的不法奸商，由政府、税务局、公安局和检察署联合成立缉私委员会，各县成立缉私队，专门打击不法奸商的走私枪弹和贩卖毒品活动。全州仅1957年上半年就缉获长枪126支，短枪72支，子弹2900发，大烟240余斤。惩办不法奸商43人，管制39人，教育释放21人。对2400多名吸毒人员采取举办戒烟所，进行强制戒烟的办法，戒除了烟瘾。通过这场斗争，不但制止了不法奸商私贩枪弹、危害社会治安的不法行为，而且严厉打击了吸毒贩毒的违法活动，彻底解决了历史上遗留下来的某些丑恶现象。至此，镇反、肃反彻底结束，甘南的社会秩序在一段时期内得到了空前的安定，各族群众安居乐业，社会主义革命和建设事业顺利发展。

本文选自中共甘南州委党史资料征集办公室：《甘南党史资料》，第三辑，1991年4月。

甘南州第一个五年计划的执行梗概

宁生才

从1953年起，新中国开始实施发展国民经济的第一个五年计划。1953年12月，党中央颁布了过渡时期的总路线："在一个相当长的时期内，逐步实现国家的社会主义工业化，逐步实现国家对农业、手工业和私营工商业的社会主义改造。"在总路线的指引下，1955年6月29日，甘南藏族自治州第一届人民代表大会第一次会议批准了《甘南藏族自治州发展国民经济的第一个五年计划纲要》，其方针和目的是："本着'慎重稳进'的方针，在进一步巩固与增进民族间和民族内部团结的基础上，以发展农牧业为主，加强地方工业与交通运输业，积极进行国家的社会主义建设和在农业区对农业、手工业及资本主义工商业的社会主义改造，并在保证发展生产，厉行节约和增加国家资金积累的前提下，逐步提高各族人民的物质生活与文化生活水平。"

第一个五年计划期间，在党和政府的领导下，甘南州逐步建立了各级民族区域自治机关，实现了各民族的团结，发展了畜牧业和农业生产，进行了经济文化建设和医疗卫生工作，提高了各族人民的生活水平，初步扭转了甘南极端贫困落后的局面。甘南在实施第一个五年计划的过程中，主要做了以下几方面的工作，并取得了显著成绩。

一、积极稳妥地进行了农业、手工业和私营工商业的社会主义改造

在农业区，甘南各县普遍贯彻实行了“自愿结合，等价交换，民主管理”的原则，广大群众既乐于接受，又行动积极，进而促进了生产，同时又巩固和发展了农业互助合作组织。“一五”结束时，全州共建高、初级农业社 489 个，入社农户 29004 户，占农户总数的 60%。其中：高级社 181 个，入社 21146 户，占总农户数的 43%；初级社 308 个，入社 7858 户，占总农户数的 17%。另外，还在半农半牧区建起了牧业社 17 个，入社牧户 725 户，占总牧户数的 7.6%。

对手工业和私营工商业的社会主义改造：甘南在大力发展国营企业和供销合作社经济的同时，对私营工商业实行了“利用、限制、改造”的政策，使其在国营经济的领导下，为繁荣经济，满足城乡人民生产和生活的需要服务。“一五”结束时，甘南个体手工业者和私营工商业均已基本纳入社会主义经济体系。

二、努力改变生产条件，大力发展农牧业生产

在农业区，党和政府积极领导广大农民开展农业增产运动，根据“自愿、互利”的原则，采用说服、示范和国家援助的办法，稳步地发展互助合作社。在半农半牧区，党坚持以“发展牧业为主，照顾农业”的方针，领导农牧民在搞好牧业的同时，也积极发展农业生产，大力推广新式农具和优良品种，改进耕作技术，充分显示了互助合作化的社会主义优越性。到 1957 年底，全州农作物总产量达到 1.8 亿斤，是 1952 年农作物总产量的 367%，超额完成计划的 141%；农作物播种面积比 1952 年扩大了 87%，超

额完成计划45%。按当时全州的人口平均计算，1952年平均每人年产粮170斤。甘南“一五”末期计划增长41%，实际平均每人年户粮达到了587斤，比1952年增长了3.4倍，超出原计划的140%，基本上扭转了全州粮食依赖外地供给的局面，除个别粮食品种须从外地调进外，其余基本上达到粮食自给自足。农田水利建设也有很大的发展，1952年时，全州灌溉面积仅有2.33万亩，到1957年底，全州灌溉面积达11.97万亩，比1952年增加5倍多，超额完成原计划的251%。

畜牧业是甘南的主体经济之一。党和政府在“一五”期间，始终坚持“保护与发展包括牧主经济在内”的政策，半农半牧区实行“以发展畜牧业为主，照顾农业”的方针，在尊重牧民原有习惯的基础上，大力提倡“团结互助，联群放牧”。禁止草原开荒，培育与保护草场，逐步改善饲养管理，加强兽疫防治，推广畜种改良。党和政府为促进畜牧业的发展，还组织开展民族贸易，提高畜产品收购价格，实行“轻税”“免税”政策，并发放牲畜贷款，扶持贫苦牧民发展畜牧业生产。另外，在消灭兽害、修棚搭圈和贮备冬草等方面，采取了一系列科学养畜的有效措施，使畜牧业生产得到了迅速恢复和发展。到“一五”末期，全州各类牲畜存栏数达160.76万头（只），比1952年增长了26%。其中：牛增加了51%，马增加了20%，驴增加了31%，骡增加了41%，山羊增加了56%，绵羊增加了12%，猪增加了155%。“一五”期间甘南各级人民政府共向牧区发放救济款88.9万元，牧业贷款52.7万元。积极扶持广大贫苦牧民，有力地支援了畜牧业生产的发展。

三、兴办小型厂矿企业，地方工业迈出了迅速发展的第一步

解放前，甘南藏区除了有能制作一些简单农具和少数民族生

活日用品的小手工业作坊外，现代工业几乎是空白。“一五”期间，州、县先后建起了电站，乳品制作、酿酒、畜产品加工、菌肥生产、农具制造、水泥生产、药材炮制、食品加工、建筑工程、汽车修配等厂矿企业120多个。1957年底，全州地方工业总产值达48万元。这给甘南单一的农牧业经济注入了新鲜血液，开创了甘南发展地方工业的良好开端。

四、大力开展育林、造林活动，保护森林资源

“一五”期间，甘南各级党政组织认真贯彻执行“普遍护林、重点造林，合理采伐利用”的方针，开展林业生产，增加农牧民收入，支援国家工业建设。各级政府积极组织群众协助国营林场进行清林、打枝、间伐、育苗、栽树等生产，在舟曲、卓尼等地大搞集体经济林，并在合作镇周围营造风景林。到1957年底，全州共造林6.74万亩，超额完成原计划的14倍；全州育苗3384亩，是1952年的846倍，超额完成原计划的17倍。

五、大办交通邮电事业，为推动甘南经济的兴旺发达创造条件

解放前，拥有4.4万平方公里土地的甘南藏区没有一条像样的公路。为了改变甘南交通闭塞的状况，党和政府把修筑公路、发展交通邮电事业作为一项重要的工作来抓。1953年国家拨出巨额资金，投入大量的劳力和物力，修通了兰州到郎木寺、岷县至夏河的干线公路。全长分别为254公里和274公里。国家在大力修建干线公路的同时，还鼓励甘南各族人民根据“自力更生，民建公助”的原则，大力修筑地方公路，到1957年“一五”末期，全州地方公路通车达1001.2公里，是1952年地方公路199.5公

里的5倍多，使自治州府（合作）与各县及县内部分区、乡通了车。另外，在每个县和部分区、乡建起了邮电局和相应的通讯设施。1953年州邮电局成立。“一五”结束时，全州邮局（所）发展到12个，邮电线路从临潭、夏河、卓尼通到碌曲、郎木寺和玛曲等地，职工总数增加到89人；邮路由5条增加到13条，总长700多公里；长途电话线路增加到11条，总长290余公里。而在解放初，甘南境内只有一个电信局和一个电信营业所，工作人员仅有24人，电话线路总长只有68公里，邮路仅5条，全长300余公里。全州邮政电信事业的迅速发展，加强了甘南与内地的联系，初步改变了甘南长期信息闭塞和政治经济落后的状况，为党和政府进一步开辟民族地区的各项工作提供了方便。

六、发展文教卫生事业，提高各族人民的文化素质和健康水平

“一五”期间，党结合甘南的实际，贯彻实行了“整顿巩固，重点发展，提高质量，稳步前进”的文化教育方针，统筹安排，合理部署。首先恢复和发展建国初期各县关停的各类学校。在牧区和边远山区采用各种形式，宣传发展文教卫生事业的重要性，并积极培养师资，缓解教师缺乏的需求状况。在纯牧区，逐步开展以藏文为主的教学活动，使甘南的教育事业有了新的起步。1952年，全州有小学120所，在校学生9453名，到1957年底，小学发展到198所，学生达18993名，适龄儿童的入学率由1952年的24%上升到50%。1952年全州有中等学校3所，在校学生275名，到1957年中等学校有4所，学生达1125名，是1952年学生总数的4倍多。“一五”期间，全州的教育事业有较大幅度的发展，是同党和国家的大力扶持分不开的。为促进甘南州民族教育事业的发展和照顾少数民族学生的实际困难，党和国家在财力和物力上给

予了特殊照顾。自1955年至1957年国家对甘南的教育事业共投资208.1万元。在党的民族政策光辉照耀下，藏族文化艺术也开始起步发展，群众性的文艺活动活跃起来了，各种文化设施不断建立和完善，专业文艺团体逐步建立。1955年自治州成立了歌舞团，有的县陆续建立了文工队，并逐步开展了群众性的文化普及工作。到1957年底，全州有电影院1座，电影放映队7个，民族歌舞团1个，文化馆5个，图书馆1个，农村俱乐部77个。1953年5月1日，《甘南报》创刊，五年中不断扩大发行，为各族人民学习、了解党的方针政策，掌握科学文化知识，发挥了积极作用。

解放前，甘南地区的医疗卫生事业极为落后，广大农村、牧区处于无医无药的状况。解放后，党和国家给甘南派来了许多医务工作者，为各族人民防病治病，并在自治州府和各县及部分区、乡相继建立了医疗卫生机构。到1957年底，全州共建医院7个，设置病床90张，区卫生所12个，专科防治所1个，卫生防治所1个，妇幼保健站6个。同时，培养了一批少数民族医务人员，向各族群众宣传医药卫生常识，加强防病治病工作，大大减少了群众的疾病，提高了各族人民的健康水平。

七、各族人民的生活水平明显提高

在发展农牧业生产的基础上，各族人民的物质生活得到了明显改善。1957年全州社会商品零售总额达2.12亿元，比1952年增长了154%。全州市场繁荣，物价稳定，购销两旺，民族特需商品有272种。根据调查，群众购买力比过去提高了6倍多。“一五”末期，仅卓尼县北山区牧业总收入达81，384元，每户平均收入为87.16元，是解放初期每户平均收入27.18元的3.2倍。农业区和半农半牧区的舟曲县、临潭县和卓尼县，副业收入每户平均分别为48.2元、82元、78.3元，是解放初期每户平均副业收入的7到8倍。人均占有粮食587斤，是解放初期人均占有粮食的5倍多，基本上满足了人民生活需要，有些地区粮食还自足有余。碌曲、玛曲和夏河县的牧区群众人均占有牲畜38头（只），是解放初期人均占有牲畜的2.4倍，昔日一无所有的牧工过上了新生活，他们开始有了自己的牛羊，盖起了新房子，购置家具，缝制布衫，逐步改善过去的生活状态，广大农牧民生活水平有明显提高。

八、积极培养选拔少数民族干部，为甘南的各项事业造就了一批人才

“一五”期间，甘南各级党政组织本着“大量培养和放手提拔使用”的方针，大力培养少数民族干部，以促进各项工作的顺利发展。截至1957年底，共培养提拔民族干部1680名，约占全州干部总数的36%。其中，区级骨干218名，县级以上64名。同时，还团结吸收了511名民族、宗教中上层人士参加各级政权和政协工作。大多数干部努力学习，勤恳工作，为甘南的社会主义革命和社会主义建设作出了一定的贡献。

“一五”时期，甘南各族人民在党和政府的领导下，经过5年的艰苦努力，基本上完成了第一个五年计划的各项奋斗目标，它为以后促进甘南地区的经济发展，进一步加强各民族间的团结，贯彻落实党的各项民族政策，创造了一个良好的开端，并打下了比较坚实的思想基础和物质基础。

本文选自中共甘南州委党史资料征集办公室：《甘南党史资料》，第四辑，1993年1月。

甘南藏区第一个民族联社试办记

张元清

甘南藏区解放后，党和政府于1953年先在临潭、西固（舟曲）两县的农业区进行了土地改革，其影响扩展到纯牧区和民族杂居的半农半牧区，激起了这些地方各族农牧民互助合作化的热情，纷纷要求组织互助组和成立合作社，走社会主义道路。党和政府采取积极慎重态度，一方面支持农牧民的正当要求，另一方面同当地民族宗教中上层人士进行充分协商，同他们讨论牧区和半农半牧区如何走社会主义道路的问题。在取得一致意见的基础上，于1956年3月，各县分别召开民族宗教中上层人士座谈会，对半农半牧区和牧区开展互助合作的时间、步骤和方法进行了专题讨论及部署。中共甘南州委决定在已有3年办互助组经验的夏河县麻当村试办全州第一个民族联社。州、县、区派出了联合工作组，从1956年2月至12月30日，工作组长期驻村，帮助各族干部、群众组织起来，进行集体生产，搞好经营管理，建起了集体所有制性质的初级农业生产合作社，为推动全州农牧区互助合作化运动的发展取得了经验，为在民族杂居的半农半牧区如何走社会主义道路起到了典型示范作用。

麻当村概况

麻当原是夏河县第三区牙首乡所属的一个藏、回、汉民族杂居村。该村位于大夏河南面的夏（河）、临（夏）公路58公里处。1956年时全村共有23户，97人。其中：藏族8户，27人，占总人口的27.8%；回族2户，8人，占总人口的8.2%；汉族13户，62人，占总人口的63.9%。共有劳动力48人，其中男22人，女26人。自古以来这个村是以农业为主，副业为辅，并有少量的畜牧业。总耕地为285.5亩，其中自耕地和租入地各占一半。农具和牲畜全村共有：小农具128件，大车两辆，骡、马6匹，牛31头，驴13头。因为麻当村没有进行土改，所以到1956年时各农户占有的土地很不平衡。自耕地占有最多的一户有26.3亩，一般的农户有地15亩左右，而最贫者无一寸土地。23户农民平均每户占有自耕地仅6亩多，而有9户农民租种寺院活佛、僧侣和富裕户的土地达144.4亩，占全部土地的一半以上。在租主与承租人间一般实行各半分取收益的活租制度。劳动者辛苦一年，到头来仅获得劳动果实的二分之一，并且每年还要为租主尽一定时间的无偿劳动义务。逢年过节，还要送礼。稍不合意，租主就把土地收回，另行择主出租。

由于麻当村是个民族杂居的地方村，因而各民族间的习俗和宗教信仰大为不同，加上旧社会遗留下来的民族歧视和民族隔阂，藏、回、汉民族间还存在某些影响民族团结的不利因素。该村附近建有麻当寺和扎扎寺两个藏传佛教寺院，分属拉卜楞地区有名的麻当仓活佛和火日藏仓活佛统理，共有僧人240余人。麻当村的藏族群众都是当地的常住户，长期以来他们信奉佛教，均为寺院的属民，承受藏传佛教寺院“政教合一”的统治。该村的汉、回族群众，多是在解放前临夏发生的一些民族骚乱事件中背井离乡，避居到此的。他们虽然租种佛教寺院的土地，在经济上与寺院有直接的联系，但分别信仰神道和伊斯兰教，其宗教意识也非常浓厚。麻当村各民族群众在宗教信仰上的多样性，决定了他们在日常生活中，“鸡犬之声相闻，老死不相往来”的奇异现象，邻里间一般互不信任，互不往来，在生产上互不学习，互不帮忙，甚至有时相互猜忌，吵架斗殴时常发生。该村还有一个明显的特点是土地集中在寺院，藏民地多人少，汉、回民人多地少，畜力普遍缺乏，加之当地多风沙，无霜期短，土地瘠薄，经营分散，抗御自然灾害的能力很差，粮食平均亩产不到百斤。全村 23 户人家中，每年秋收后够吃的只有一家。尽管解放后国家每年发放大量的救济粮款，但各族群众的生活仍然十分困难。因此，麻当村的大多数人都有组织起来，改变贫穷落后面貌的愿望和要求。

从临时互助组到常年互助组

1953 年 2 月，中共中央《关于农业生产互助合作的决议（草案)》公布后，中共夏河工委和县人民政府为进一步恢复和发展少数民族地区的农牧业生产，改善群众生活，结合党在基本完成社会主义改造时期的总路线，开始在全县农牧区广泛宣传互助合作，走社会主义道路的政策，并在条件较好的半农半牧区发动群众，组织互助组。麻当村的各族群众积极响应党的号召，推选藏族进步妇女周老为代表向区工作组表达了他们组织起来的强烈愿望。区工作组同意和热情支持他们建立了临时性的季节互助组。但由于干部缺乏经验，群众心中无数，互助组时有时无，劳动变工流于形式，结果很快就解散了。

1954 年春，在区党委的帮助支持下，麻当村 7 户藏族群众（中途退出 1 户）率先成立了临时互助组，推选周老为组长。互助组认真贯彻“自愿、互利”的原则，采取以工顶工的办法解决劳力和畜力不足的困难，使大家感到既简单易行，又公平合理。为了抓出成效，工作组的同志狠抓对积极分子的教育培养，鼓励他们学习和使用先进的生产经验，在田间地头示范，用事实给大家算细账，讲利弊，传授新的耕作技术，逐步改变过去落后的耕作技术，解除长期束缚农牧业发展的陈规陋习。当年虽然大旱，但因选用了良种，并广施农肥，细犁平耙，拔草灌水，秋后全组的76.5亩土地总产粮食9100斤，平均亩产达119斤，比上年还有增产。周老高兴地说："还是互助组好，一家能把一家带起来。"麻当仓活佛也说："成立互助组后，麻当的藏民也比过去起得早了。"通过这种低级形式的互助合作性生产，群众亲眼目睹了组织起来的优越性，干部们也有很深的感受并增强了信心，同时也为筹建初级社培养了骨干力量。

1955年春，又有13户群众要求加入互助组。大家一致同意把临时季节性互助组转为常年互助组。为了引导互助组走上健康发展的道路，区党委还重视培养群众中的积极分子和骨干力量，及时发展藏族党员3人，汉、藏族团员各1人，开始发挥党团员的核心作用。为了充分调动互助组成员的劳动积极性，他们在生产中实行了"工分票"的记工方法，使大家更感到既公平合理，又很放心，单干时办不到的事，组织起来后就办到了。互助组还与邻近的红墙、亚当两村联合开挖了一条长达6里的水渠，大大提高了抗旱能力。秋收季节，大家决定黄一片，割一片，不黄不收，不割光不准放牲畜（往年不管庄稼黄不黄，得到寺院活佛处算卦。只要一开镰寺院的牲畜就放出来，在地里乱吃，这样农户只能不管青黄，一律收割）。这年，在寺院的配合下，顺利地完成了秋收。全组总产粮食1.47万斤，比1954年增产0.56万斤，平均亩产提高到192斤，增加了73斤，单产不但超过了历史最高水平，而且比当地汉民精耕细作的亩产173斤之最高纪录超出19斤。年年粮食不够吃的麻当村，1955年除留足口粮、籽种、上缴农业税外，还破天荒地向国家出售余粮350斤。丰产的喜讯，振奋了全体组员，也振奋了全区所有藏、回、汉群众。大家从事实中认识到，只有听党的话，走互助合作的道路，才是摆脱贫困，走向共同富裕的唯一道路。因此，广大群众纷纷要求建组、建社。

初级社的筹建经过

1955年10月，党的七届六中全会作出了《关于农业合作化问题的决议》，指出全国农村社会主义改造高潮即将到来。麻当村20户各族群众在《决议》精神的鼓舞下，相互串连协商，签字画押，公推该村共产党员贡保为大组长，并于1956年1月申请建立初级农业生产合作社。中共甘南州委经过反复研究，认为麻当村建立初级社的条件已经成熟，决定先行试办，为全州半农半牧区和民族杂居区作出典型示范。

1956年2月，中共甘南州委、夏河县工委和第三区党委派出的联合工作组进驻麻当村，开始筹备建社。起初，全村群众对建社的热情是高涨的，但对建社的目的、条件、步骤不甚明确。经过调查摸底，群众中存在着许多顾虑，如：一些藏族老人怕入社后宗教信仰不自由，土地、牲畜入了社，死后不念经；一些过去不好好劳动的人，怕入社后劳动紧张吃不了苦，不自由，想退时也退不出来；一些劳力少、人口多的农户和老弱病残者顾虑入社后按劳取酬，口粮不够吃；一些租种寺院土地的人，怕带着租地入社，万一被公家没收，得罪不起活佛；一些家境富裕和不完全以农业为生的人怕入社后收入没有单干时多等。此外，当地还存在着错综复杂的民族、宗教等问题，有的民族宗教中上层人士对合作化怀有较大的抵触情绪。针对这些情况，工作组根据中央在民族地区进行工作要坚持“慎重稳进”的原则精神，确定了“集中搞好生产，逐步创造条件，稳步研究建社”的工作方针。首先从搞好春耕生产入手，制定生产方案，合理调整农作物种植面积，发动组员广积肥料，兴修水利，改进耕作技术，提倡使用新型农具。为贯彻“互助互利，多劳多得”的原则，各组内推行定额包工制，即：十三种农活作出定额，由小组包工，按人评工的小包工制。这样，麻当村出现了早下地、争活干的喜人景象，使春耕生产保质保量提前完成。同时又发展多种经济和集体副业，养羊30多只，养猪60多口，种植蔬菜3亩多。在信用社的帮助下，还办起一个年收入约3000多元的粉房，既增加了社员的收入，又安排了剩余劳力和老弱劳力。其次，订立每晚一次的学习制度，组织群众学习党中央关于农业生产合作化的文件和合作社的示范章程(草案)、有关评工记分等方面的经验，让群众充分了解走社会主义集体化道路的必要性和建社的步骤、方法，稳定群众的思想情绪。然后进行思想排队，对症下药，做细致的思想工作，使群众真正做到口愿心愿，人通思想通。

在民族地区开展任何工作，总脱离不了宗教和民族团结两个大问题。随着农业合作化的逐步深入，必然要触及、动摇封建阶级的统治基础和经济利益。所以，在当时的条件下，争取民族宗教界中上层人士对合作化的支持，努力做好寺院工作，合理解决合作化与寺院之间的各种矛盾是摆在工作组面前的首要任务。在麻当地区，寺院与当地各族人民有着千丝万缕的联系，全体藏族群众信仰佛教，都是寺院百依百顺的属民。寺院不但以封建部落制度统治群众，任意派罚工款，放高利贷，收地租水草钱等，而且大量占有土地，以不合理的对分制及“活租”形式出租土地，大量剥削群众。起初，麻当仓活佛等一些中上层人士由于对党的政策不了解，怕建立合作社后土地要归公，收入减少，无法维持寺院生活，因此产生了重重疑虑，经过宣传教育和州、县委领导的多次访问座谈，反复交待了党的民族宗教政策和农业合作化政策后，思想转变较快，特别是让他到兰州参加全省牧区会议，并到北京、内蒙古等地参观访问后，基本解除了思想疑虑，表示要积极建社。他说："社会主义道路总得走，麻当人走在前头我也光荣。"他还两次到麻当村向全乡村干部和全体群众讲话，畅谈在内地参观访问的体会和感受，用亲眼看到的事实教育大家，拥护共产党，坚决走社会主义集体化道路。并当众宣布：允许麻当的群众带着寺院的租地入社。党和政府对麻当仓活佛的进步言行，给予及时的表扬和鼓励，在《甘肃日报》和《甘南报》分别发表文章进行通报表扬，这在全州民族宗教中上层人士中引起了强烈反响。麻当村的头人吴金也通过到卓尼、临潭等地参观学习后，一改原来对合作化的反对立场，不但积极支持自己的儿子入社，而且还主动协助工作组，到对建社有思想顾虑的藏族群众家中，说服教育，谈心动员，使3户原来不同意入社的藏族群众转变思想入了社。最后，工作组又征求了火日藏仓活佛对麻当村建社的意见，他也表示赞同。这样，建社工作基本解除了一些政治、思想障碍，向前跨进了关键的一步。

然而事情并不总是一帆风顺的。麻当村在建社中遇到具体的地租问题时，由于工作组的负责同志对党的统战政策理解不深刻，曾一度出现了失误和偏差。麻当互助组中租种寺院的土地（包括分种、租种两类）约占组内总耕地的49%，其中分种地占组内总耕地的40%。因此，合理调整租额，是关系到建社后能否增产的重要问题。互助组提出改"对分制"为"定租制"，工作组通过与寺院有密切联系的人诚恳向活佛交清政策，并向寺院转达群众的意见和要求，藏族群众也主动和寺院有关人士协商，最后麻当仓活佛和其他寺院的喇嘛、头人及一些出租土地的人，都同意将历史上沿袭下来的分种形式全部改为租种形式。但在租额问题上工作组没有历史地看问题，一味强调减租，结果引起麻当仓和火日藏仓活佛的不满。最初，互助组提出每斗地的租额为1斗粮（注：1斗地为1.5亩，1斗粮为50斤），但遭到寺院反对。后来又提出定为1斗8升，麻当仓活佛坚持认为，租子太轻，寺院过日子有困难。并说："租种我是同意，至于租额1斗8升是不行的，最低需给2斗，但2斗以上我也不要，1斗9升也是不行的。"工作组与寺院活佛之间出现了僵持局面。这时，互助组内的藏、回、汉群众也因对麻当仓以往的剥削问题看法不同，产生了较严重的分歧和民族对立情绪。对此，区党委和县委将此情况如实汇报州委，中共甘南州委即于1956年5月11日做出指示：

一、麻当仓活佛过去对群众的剥削问题，现在不能提，因夏河是未土改的地区，这些人的问题，也就是寺院的问题，处理的好坏直接影响着甘南整个地区，在甘南地区进行社会主义改造工作中的主要矛盾是寺院—宗教问题，因此必须慎重，不能过急，故除本着既往不咎、加强团结、采取协商的办法，以和平的方式，逐步地解决，同时还应积极地向其交清政策，消除顾虑，尽力争取他们赞助社会主义改造，以减少阻力，增加助力，只有这样才能有利于社会主义建设事业的发展。

二、地租问题，可以暂不在群众中提出，更不应公开鼓动群众抗租。如租额确实很高，群众提出要求减租时可让其双方协商，在寺院完全同意的原则下，能减多少算多少，但也不要太低，目前我们不能直接去干涉，参与此事，如寺院暂不同意，条件亦不成熟，可说服群众按原租额租种，以缓和目前的紧张局势。

学习传达州委的指示精神后，工作组很快统一了认识，经与互助组全体成员讨论，决定答应麻当仓活佛的要求，并由第三区党委书记刘永杰和区长罗藏就此事向麻当仓活佛公开道歉，正式将租额商定为2斗。这样做的结果很快取得了民族宗教界人士的信任，他们从口头支持建社转变为以实际行动支持，由旁观者变为热心人，开始变为与党长期忠诚合作的朋友。

办好民族联社，各民族的团结是一个不容忽视的重要问题。工作组进村后就以“各民族一律平等”这个政策原则来教育广大群众。工作组所进行的一切工作都从民族团结这个基点出发，坚持凡不利于民族团结的事不做，不利于民族团结的话不说，并要求各族脱产干部和积极分子带头去做。在宗教信仰问题上，工作组坚决贯彻执行党的宗教信仰自由政策，要求各族干部、群众相互尊重对方的宗教信仰和风俗习惯，规定无论藏、回、汉，在其宗教节日和一些主要宗教活动日，尽量不安排农活，并根据本人平时劳动态度，酌情评分记工。还规定回民不撒猪粪，不分猪钱，以其他钱物顶账等。对各少数民族宗教习俗的尊重，充分体现在生产管理之中。藏族群众与回、汉族群众在生产操作上习俗各不相同，各有所长。工作组干部特别注意引导各族群众互相取长补短，避免以往相互歧视、相互贬低的做法。如藏族先与回、汉族创办互助组，经验较丰富，与当地宗教界有密切的联系，工作组就注意培养其内部的骨干力量，发挥外人所不能替代的特殊作用；汉族一般文化程度稍高，就让其在评分记工、劳力组合、技术改进等方面多负责出力；回族因擅于经商，在发展副业方面让他们各尽其能。这样，各民族之间关系开始相互尊重，相互协调，遇事相互帮忙。一个团结、和睦的新型民族关系在麻当村逐渐形成，为建立、巩固和发展民族联社创造了良好条件和积累了经验。

1956 年 10 月，县、区又从党政机关中抽调了 8 名干部充实工作组，争取年底建社。根据建社部署，分 3 个阶段进行。第一阶段，在宣传教育的基础上，利用一个月的时间进行思想发动工作。主要是召开宗教界人士座谈会、邻村群众会、乡村干部会、积极分子会、党团员会和妇女会，采取大会宣传、小组动员、个别串连的方式，使党的社会主义合作化政策深入人心。第二阶段，从11月中旬开始报名登记。首先向群众反复讲清“入社自愿，退社自由”的原则，并给予充分的考虑时间，真正达到“入社本人通、全家通”和“心愿口愿”的目的。经审查后登记：麻当村23家农户中除1户回族执意经商不入社外，其余22户104人（其中藏族7户，回族1户，汉族14户）都自愿参加合作社。最后报呈县委批准备案，授予社员称号。第三阶段，从报名登记的群众中选择有威望的人，成立建社筹备委员会，进行各项生产资料的投资处理、制定社章、酝酿选举社干等项工作。筹委会采取领导与群众相结合，处理投资与制定社干相结合的方法，充分发扬民主，广泛征求群众意见，与各界人士多次协商，最后将群众最为关切的大事都写在《麻当农业生产合作社试行社章（草案）》中，使群众、寺院、干部三方都感到满意。其内容主要有：一是土地问题，既照顾群众利益，又照顾寺院利益；既照顾劳动者，又照顾所有者。初步决定，土地收益除扣除生产投资（分期扣）、公益金、公积金、行政管理费、农具折旧费、下年籽种等外，其余由劳力与土地所有者按各半分取。为鼓励带租地入社者，减少租主的疑虑，土地不以社租，仍由原租户承租，这样在土地报酬上承租人能有一定的收益。二是牲畜问题，提倡私养私有，由社租用。三是农具问题，小农具自添、自用、自修，大农具由社租用或统一购买。四是粪肥一般以“地六、劳三、畜一”的积攒办法处理。五是籽种就以个人原来准备的籽种下种，待秋收后按地分摊，长退短补，下年籽种由社统一选留，并保证籽种质量。六是社员的劳动时间，大体规定一年劳作6个半月到7个月，其余时间均由社员自行支配，无论搞副业或探亲访友，合作社一律不加干涉。

因为麻当村建的是民族联社，《社章》还特别对民族团结和宗教信仰问题作了具体规定：即“本社在集体生产中，全体社员，特别是各民族之间互助互学，亲密团结，取长补短，共同进步，互相尊重各民族及本民族的风俗习惯，同时要坚决贯彻执行党的民族政策及宗教信仰自由政策，对各民族宗教信仰习惯应在生产管理措施上，通过全体社员予以照顾”。并规定社员的劳动所得，不论其用于念经、供饭，均由社员自行决定，社与政府不得干涉。

上述措施，均受到麻当村社员的欢迎，也得到了上级政府的赞同和批准。紧接着进行选举社干工作。首先以公道能干，劳动人民出身，上层同意、群众满意，本人积极为标准和条件，照顾民族和妇女，提出候选人，然后召集全体社员以“投豆子”的方式进行选举。最后选出麻当农业生产合作社管理委员会委员 7 人，监察委员会委员 3 人，共计 10 名社干。其中：汉族社干 4 人（包括妇女 1 人）；藏族社干 5 人（包括头人 1 人，妇女 2 人）；回族社干 1 人。

1956 年 12 月 22 日，中共甘南州委批准夏河县委关于正式建立麻当初级农业生产合作社的报告，同时就宗教问题和民族团结问题再次作了指示，强调指出：“当前在甘南地区进行社会主义改造道路上的最大矛盾之一是宗教问题，这种矛盾也就是社会主义与封建主义的矛盾，解决这一矛盾的办法，就是要教育全体工作干部认真地贯彻宗教信仰自由政策，否则就势必造成工作中的很大阻力，阻挠我们在社会主义改造工作方面的前进。因此，要经常地、认真地教育干部，明确党在民族宗教问题上的方针政策，明确民族宗教问题的特殊性，不能把信仰宗教的问题，片面地认为是落后，加以干涉。对寺院的出租土地问题，也不能用对待封建剥削的办法去处理。民族干部社员，请寺院念经，或参与化布施等宗教活动，也不能大惊小怪，更不能批评讽刺，打击限制等横加干涉，相反地应给予便利。任何妨碍干涉宗教活动的做法都会引起民族宗教上层的疑虑和群众的不满，因此都是错误的。民族团结问题：这个问题是我们在甘南地区进行每一项工作的前提，任何工作不从民族团结出发，是不可能把工作做好的。麻当互助组建社的条件已经基本成熟，并不等于民族间就没有什么问题了。……在社建立后，仍然是极其重要的，需要经常重视的问题，必须经常教育社员，互相尊重民族风俗习惯，在处理生产资料和生产经营等问题上，都要照顾各民族不同的风俗习惯，不能千篇一律，或只照顾哪一个民族的风俗习惯。要教育社员互相亲密团结，搞好生产。”

12 月 30 日，麻当村隆重举行建社庆祝大会，省、州、县的许多党政领导同志专程到会祝贺，一些邻村互助组和单干农民代表也应邀参加大会，甘南军分区等许多单位送来牲畜和农具等，表示祝贺和支援。会上由社长贡保报告了建社经过，大家一致通过了社章、社干、生产计划、劳动纪律等。最后宣布：夏河县麻当农业生产合作社正式成立。

试办成功　推动全州

麻当农业生产合作社诞生后，在党和政府的正确领导及大力支持下，大搞农田基本建设，兴修水利，推广优良品种，改进耕作技术，并发展多种经营，发展畜牧养殖业。到 1957 年秋，粮食平均亩产又增加了 10 斤，副业纯收入达 5000 多元。仅此一项，社员的收入就比建社前提高了 33%。全社 90%以上的各族群众都增加了收入。社员生活水平大大提高，充分显示了社会主义集体力量的无比优越性。通过麻当民族联社的典型引路和示范，全州广大农牧民群众的社会主义积极性空前高涨。截至 1958 年 2 月，仅夏河县就建起初级农业社 152 个，初级农牧业结合社 23 个，初级牧业社 9 个，高级农业社 23 个，高级农牧业结合社 2 个，公私合营牧场 2 个；入社农户有 7186 户，占全县总农户的 88.9%。入社土地有 29.17 万亩，入社牲畜达 13.69 万头（匹）。这样，全县基本完成了农牧业的社会主义改造任务。

本文选自中共甘南州委党史资料征集办公室：《甘南党史资料》，第四辑，1993 年 1 月。

1959年甘南“反右倾”斗争简述

刘奎

1959年7月2日至8月1日，中共中央在庐山召开扩大会议，之后，在8月2日至16日举行的八届八中全会上，通过了《关于以彭德怀同志为首的反党集团的错误的决议》和《为保卫党的总路线、反对右倾机会主义而斗争》等文件，正式认定“右倾机会主义已经成为当前党内的主要危险”，“保卫总路线，击退右倾机会主义的进攻，已经成为党的当前的主要战斗任务。”于是在全国范围内开展了一场大规模的反右倾斗争。甘南州从1959年8月下旬至12月底，在全州开展了一场全面的“反右倾”运动，154名党员干部遭到了错误批判，其中有10人被定为“右倾机会主义分子”，23人被列为重点批判对象，有20人受到党内处分和行政处分。

一、“反右倾”斗争的经过

甘南全州的“反右倾”运动是在党的八届八中全会后，在全国“反右倾”斗争的影响和支配下进行的。首先是组织党员干部学习文件，提高认识，检查右倾情绪、右倾思想和右倾活动。其次在10月初，对所谓的“右倾机会主义分子”进行了揭发批判和开展斗争，锋芒主要针对州委领导核心。11月初，州委召开扩大会议，撤换了一名全州“反右倾”斗争领导小组副组长兼办公室副主任，并对州级机关10个学习小组进行了整顿，对领导斗争不力的5个小组长进行了更换，交给群众揭发批判。各县（市）在州委扩大会议后，分别于10月下旬和11月初召开县（市）委扩大会议，揭发领导班子中的问题。与此同时，全州各单位在一般党员干部中普遍开展了自我检查交心运动。到12月底，全州范围内对重点分子的揭发批判基本结束，1960年初进行了组织处理工作。

甘南州在历时半年的“反右倾”运动中，被列为重点批判和重点帮助的党员干部共154名，占党员干部总数的5.9%，其中：重点批判的23名，占党员干部总数的0.9%；重点帮助的131名，占党员干部总数的5.05%。在重点批判的对象中，有中级干部3人，初级干部17人，一般干部3人；其中有州委委员1人，占州委委员总数的4%；县委委员3人，占4个县（市）委委员总数的3.37%；内有县委常委1人，占县（市）委常委总数的3%；有公社党委委员7人，占全州47个公社党委委员总数的2.15%；有公社书记7人，占全州公社书记总数的5.88%。在重点帮助的对象中，有高级干部1人，中级干部16人，初级干部69人，一般干部45人；其中有州委委员5人，占州委委员总数的2%，内有常委2人，占常委总数的22%；县委委员10人，占县委委员总数的11.24%，内有县委常委2人，占常委总数的6%；有公社党委委员34人，占委员总数的10.46%，内有书记17人，占全州公社书记总数的14.3%；有党员社主任14人（内有公社党委委员11人），占全州党员社主任的14%。

“反右倾”斗争的组织处理工作是在揭发批判结束后进行的。在全州23名重点批判的对象中，被定为“右倾机会主义分子”的有10人，占全州党员干部总数的0.39%。对于他们的党内处分是：开除党籍1人，留党察看4人，停止预备期1人，撤销党内职务3人，免于处分的1人。行政处分是：撤销行政职务的3人，降1至4级工资者4人，免于处分者3人。不予戴右倾机会主义分子帽子的13人，占党员干部总数的0.5%。对这些人的党内处分是：开除党籍1人，留党察看4人，撤销党内职务者2人，党内警告处分的3人，免于处分者3人；行政处分是：撤销行政职务者8人，免于处分者5人。在131名重点帮助的党员干部中，定为犯有严重错误的26名，占党员干部总数的1%。对于他们的党内处分是：开除党籍者1人，停止预备期1人，留党察看1人，撤销党内职务者2人，受党内警告处分者3人，严重警告处分者1人，免于处分者17人；行政处分是：撤销行政职务者2人，降职者1人，降1至2级工资者2人，免于处分者21人。定为严重个人主义者3人，占党员干部总数的0.11%，党内给予警告处分的2人。定为严重违法乱纪者1人，占党员干部总数的0.04%，给予党内警告处分。

二、“反右倾”斗争的经验教训

（一）1959年甘南州的“反右倾”斗争在政治上带来了严重的后果。这场斗争使州、县、公社的党内民主生活遭到严重损害，大批敢于实事求是地向党反映实际情况、提出批评意见的同志受到打击，助长了不敢坚持原则、不敢说出真话，明哲保身、但求无过的不正之风，甚至给一些投机取巧、阿谀奉迎之徒以可乘之机。使个人专断的不良倾向在党内更加发展。这些都使党难以防止、抵制或者及时纠正后来发生的更大失误，给甘南的各项事业带来了更加严重的危害。

（二）甘南州的“反右倾”斗争在经济上打断了纠“左”的积极进程，使大跃进和人民公社化运动中许多已被指出，有待纠正的错误重新发展起来。甘南州地处偏僻，工农业生产技术落后，基本上没有工业基础。1958年的大炼钢铁不仅排斥了轻工业、农业的发展，而且大面积破坏了森林，浪费了许多人力、物力和粮食。这些显而易见、有待纠正的错误，经“反右倾”斗争后，又被当作正确的东西加以肯定。1959年初降低一些过高指标的正确措施，被指责为“右倾机会主义分子兴风作浪”而制造的一个“小小马鞍形”。在整顿人民公社过程中出现的“包产到户”等休养生息措施，被当作“走资本主义的道路”给压了下去。当时全州提出的中心口号是：反右倾，鼓干劲；掀起新的大跃进高潮。从而使以高指标、浮夸风、“共产风”和瞎指挥为主要标志的“左”倾错误再度泛滥，并持续了更长的时间，给党和人民造成了更大的危害。

（三）甘南州“反右倾”斗争后，在生产上过分强调“以粮为纲”，违背了牧区的经济规律，提出“开光平滩，牛羊上山”的错误口号，大搞移民垦荒，使以牧为主的生产方针得不到贯彻落实，并代之以行政手段，层层下达粮食任务，迫使一些以牧为主的乡、村转向以农业为主的生产。全州共开垦草场120多万亩，许多地区的冬季草场几乎被开完，破坏了生态平衡。全州提倡在牧区抓粮食，严重妨碍了牧业生产，使畜牧业蒙受了巨大损失。据统计：到1962年，全州各类牲畜头数下降到110.7万头（匹、只），比1957年的168.4万头（匹、只）减少57.7万头（匹、只），牲畜存栏数接近1949年的水平。在农业生产方面，由于全州大搞人民公社“一大二公”的所谓优越性，大刮“一平二调”的共产风，超越了广大农民的觉悟程度和生产力发展水平。到1962年底，全州粮食总产量下降了9062.25万斤，比1957年减少29.75%。

总之，1959年甘南州的“反右倾”斗争把大跃进和人民公社化运动中的错误向前发展了一步，到1960年全州各地不同程度的出现了食物供应不足，有的地方甚至出现了饿死人的饥荒现象。原本希望快一些让人民群众过上较好的日子，结果却出现了这样令人痛心的事实。这是“反右倾”斗争及大跃进、人民公社化运动中“左”的错误进一步泛滥的严重后果，也是我们应该吸取的沉痛教训。

本文选自中共甘南州委党史资料征集办公室:《甘南党史资料》，第四辑，1993年1月。

1962年甘南贯彻“八字”方针综述

丁玉珍

1958年的平叛反封建斗争，从根本上废除了一切封建压迫剥削制度和封建特权，建立了新型的社会主义生产关系。这是党的民族政策的辉煌胜利，也是甘南历史上千百年来最深刻、最伟大的社会变革。它不但使广大藏族人民从封建统治的桎梏中彻底解放出来，而且真正从经济上作了主人，也使甘南藏区的生产力获得了极大解放，为进一步实行民族区域自治和进行牧业社会主义改造创造了良好条件。就在这年，在省委的指示和催促下，州委在没有进行深入细致地调查研究和试点工作的情况下，脱离甘南的民族和地方实际及特点，一味夸大主观意志和主观努力的作用，也全面地、盲目地掀起了“大跃进”和“人民公社化”运动，且其规模、进度和措施，在全省都是比较过激、比较突出的。短期内全州“一步登天”，成为全省最先实现政社合一的人民公社化地区之一，共建立人民公社47个。在“左”倾错误思想的指导下，州委、州人委又根据上级的有关指示精神，提出了“大力发展垦荒事业，扩大耕地面积，提高单位面积产量，高速度地发展农业生产，到六〇年完成开荒一百万亩”的任务，并且不顾牧区自然条件，脱离实际地要求“在1960年都要做到粮食自给”，过分强调“以粮为纲”，提出了“开光平滩，牛羊上山”的错误口号，采取“移民垦荒”的错误做法，大办农场71个，仅1960年就开荒27万余亩，大片草原被翻种粮食，结果却是收成可怜，甚至颗粒未收。浮夸风、瞎指挥，完全违背了自然规律、生产规律和经济规律，凭主观臆想办事的结果，既严重破坏了畜牧业生产，又挫伤了牧民群众的积极性，使各族群众的生产生活发生了极大困难，国民经济受到巨大损失。

在严重局面的教训下，党中央逐步清醒过来，决心认真调查研究，纠正错误，调整政策。1960年11月中央发出了《关于农村人民公社当前政策问题的紧急指示信》。1961年1月14日至18日又在北京举行的中国共产党第八届中央委员会第九次会议上提出要对国民经济实行“调整、巩固、充实、提高”的八字方针，并决定在农村整风整社。这两件事标志着在这个历史阶段中党的指导方针的重要转变。这对恢复党的实事求是的优良作风，纠正“大跃进”的错误，是一个转折的关键。党中央和全国人民一道同甘苦、共患难，团结一致，为克服困难进行了不屈不挠的斗争。甘肃省委在做好安排群众生活，抢救人命的同时，根据中共中央八届九次全会的指示精神，开始对本省国民经济进行初步调整。这次调整涉及农业、工业、财贸、文教等各条战线，历时约为两年。

1960年12月中央西北局兰州会议后，州委和州人委遵照“西兰”会议精神和省委指示，召开了有100余人参加的扩大会议，认真研究和部署了扭转甘南严重局势的措施。会议指出：“当前的困难是严重的。各级领导必须团结一致，增强克服困难的信心。每个同志都要承担一份责任，千方百计地做好经济工作。”会议之后，在中央和省委工作组的帮助下，全州认真贯彻执行党中央“调整、巩固、充实、提高”的方针和《关于进一步巩固人民公社集体经济发展农业生产的决定》《农村人民公社工作条例（草案）》，对农牧业公社的体制、规模和管理形式进行了大的调整，很快恢复和发展了农牧业生产，扭转了当时的严重局面，领导全州各族人民度过了国民经济的暂时困难时期。

一、农牧业生产方面的调整

（一）农业方面

首先，对人民公社的体制规模作了调整。自 1961 年以来，全州各地根据“六十条”的规定及中央关于改变农村人民公社基本核算单位问题的指示，本着“利于生产、利于经营管理、利于团结、便利群众进行监督”的原则，先后进行了多次调整，到 1962 年底基本稳定了下来。经过调整，将原来的三县一市、47 个人民公社、108 个生产大队、495 个生产队、1934 个生产小队调整为 7 县、5 镇、66 个乡、45 个乡级人民公社、327 个生产大队、337 个乡属人民公社、2719 个生产队。共有核算单位 2729 个（其中以社为核算单位的 4 个，大队为核算单位的 15 个，生产队为核算单位的 2696 个），另有作业组为核算单位的 4 个。还有包山组 20 个，包山户 13 户。经过调整，社、队规模基本适合本州的实际情况。有效地克服了队与队之间的平均主义，促进了生产经营管理的改善。人民公社的收益分配工作，大部分地区贯彻了“按劳分配、多劳多得、不劳动者不得食”的原则，在社员口粮分配和畜产品分配上，实行了按劳分配加照顾的办法，调动了大多数群众的积极性。大部分社队对各种农活，按照技术高低和劳苦程度，合理地制定了劳动定额，逐步推行定额管理。社员参加集体劳动的热情日益高涨，农活质量显著提高。随着生产队经营管理工作的逐步改善，各地对财务工作也普遍重视起来，均先后恢复了会计辅导机构，并以乡（社）为单位举办会计训练班，使社队会计的业务水平有了一定的提高，建立并健全了财务管理制度。大多数生产队基本上做到了财务公开、民主理财和定期公布账目。在耕畜饲养管理中，许多地区采取了个人包养、养用合一的办法，对调动社员饲养耕畜的积极性，改进耕畜饲养管理，促进耕畜的恢复与发展起了很大作用。

其次，坚决纠正“一平二调”，开展经济退赔工作。省委于1961年3月发出了关于纠正平调、坚决退赔的具体规定，同年4月又发出了关于退赔工作中几个具体问题的批复，指出“通过退赔来巩固以生产队为基础的人民公社三级所有制；通过退赔教育干部和群众，真正懂得马克思主义的等价交换、按劳分配的原则；通过退赔进一步密切党与群众的联系；通过退赔造成声势，让群众监督干部彻底反掉‘共产风’，不再重犯”。遵照省委批示，结合整风整社，全州对1958年以来国家、集体、社员个人三者之间的平调物，全面进行了清理。据1962年4月统计，平调各种财物约为14863000元，已退赔10739130元，占应退赔的72%。仅河曲种畜场清退给玛曲县有关社队的牛羊就有18500头（只）。同时还按规定留了自留地和自留畜。这次退赔，在当时来说还是比较彻底的，它使群众增强了对中国共产党和党中央有关政策的信赖，焕发了新的生机。

三是停办公共食堂。根据省委“凡是群众不愿意办下去的，经过群众讨论，做好解散食堂后的准备工作，解决好解散食堂以后的各项具体问题，散而不乱，食堂就可以散”的指示，州委决定停办生产队举办的各类食堂，实行口粮分配到户，由社员自行支配，这样既解决了食堂包不下来的问题，又在低标准情况下，维持了社员的生活，因而群众普遍对停办公共食堂反映良好，称解散食堂为“第二次解放”。

四是在搞好集体生产的前提下，适当放宽小自由。初级市场的开放，活跃了农村经济。全州共开放初级市场17处（调整、恢复原有市场7处，新开辟市场10处）。它的开放，对激发发展农牧副业和手工业生产，互通有无，开展生产自救，起到了积极的作用。农区贯彻了“小槽分散和个人包养”的政策，收到了一定成效。5个牧业县和半农半牧业县，社员自留畜为82792头（只）；临潭、迭部、夏河3县给社员划自留地65230亩。社员的自留地由原来占耕地5%，提高到7%。对于超过7%，但未超过14%的，允许继续耕种一段时间。生产队种不完的土地可以经公社批准、生产队社员大会评议，按人口、劳力暂借给社员耕种。社员私人开垦以不超过自留地数量为宜，已超过的，其超过部分相当于自留地数量一倍或一倍半以内，允许其继续耕种。生产队可将现有的牛、驴等大牲畜卖给社员私人喂养，也可以让社员分户包养或生产队同社员伙养的办法，实行养用合一。人工、畜工分别评记工分，饲养、饲料由伙养户自己解决。小自由的放宽，促进了集体经济和社员个人生产、生活的发展，它是社会主义集体经济的必要补充。“包山组”“包山户”的出现，对促进生产和解决生活困难起了一定的积极作用。

五是推广新式农具，改进耕作技术，扩大了耕地面积。兴修了中小型水利，加强了农田基本建设。新添各种排灌机械，控制了部分地区的水土流失，增加了植树造林面积。

以上这些措施在农区的实施，对于甘南度过困难时期，停止人口外流，恢复和发展农村经济产生了良好的效果。

（二）畜牧业生产方面

1. 转变指导方针，恢复畜牧业生产

1961年7月，西北局在兰州召开了西北地区第一次民族工作会议，主要讨论了1958年以来西北地区的牧区工作和牧区人民公社工作，检查了贯彻执行党的民族宗教政策的情况，确定了解决民族问题和牧区工作的重大政策措施，提出主要任务是大力发展畜牧业生产，加强民族宗教工作等。会后，州委先后召开了州委扩大会议和全州三级干部工作会议，作了传达。会上认真检查了几年来甘南在牧区工作中的错误，总结了经验教训，清除了在指导畜牧业工作中的错误影响，并结合全州具体情况拟定了贯彻西北民族工作会议的安排意见，指出“甘南的主要工作应是稳定和恢复全州畜牧业生产。以牧为主，半农半牧区也要大力发展畜牧业”。从指导方针上彻底转变了“大移民、大垦荒，通过大办国营农牧场实现‘以农养牧’”的排斥畜牧业经济的错误做法，加强了对畜牧业生产的领导。克服和纠正了“重农轻牧”“以农代牧”的脱离甘南实际的极“左”影响。对严重妨碍畜牧业生产的农场一律实行停办；对牧业妨碍不大，牧民群众意见不多的，经过与群众商量，适当地进行了收缩和调整；对牧业生产无妨碍的，在发展畜牧业为主的方针下，以办好为原则，并种植了蔬菜、粮食和饲料，为牧区生活和发展畜牧业提供便利条件。由于正确地调整和处理了农牧矛盾，滥开草原的作法得以制止。全州原有的 24 个国营农牧场，撤销了 18 个，改建 2 个，保留 4 个。原有 87 个机关农牧场，撤销 48 个，保留 39 个。退耕还牧草场面积约 40 余万亩。

2. 调整社队规模，下放畜牧业生产经营权

牧区人民公社的规模和体制，根据实际情况也进行了调整。全州原有的 11 个牧业社，有 6 个实行的是公社一级核算。公社、大队权力过分集中，管得过死，生产队基本所有制得不到保证，所有牲畜一律无偿归社，严重影响了集体优越性的发挥。经过社队规模的调整，牧区经济政策得到放宽，改变了人民公社核算单位。对夏河、卓尼、碌曲、玛曲、迭部 5 个县的牧区和半农半牧区公社，实行政、社分开管理，在原来公社的基础上建立了乡政府，专门管理行政工作；在原来生产大队的基础上，成立了人民公社，专门管理生产，并实行以队为基本核算单位的公社、生产队两级所有制。调整后的社队，一般都以生产队为核算单位。牧区、半农半牧区共有核算单位 1327 个，公社一级核算的仅占

1.06%，大部分适合各地的具体情况，巩固了集体经济，有效地克服了队与队之间的平均主义，促进了生产队经营管理的改善。与此同时，畜牧业工作继续下放三权；即：经济核算权、草山管理使用权和牲畜经营管理权。保障了生产队牲畜所有权和劳动者的生产自主权，明确了社队的职权范围。

在西北局和省委的主持下，还基本解决了夏河、玛曲两县与青海毗邻地区的草山纠纷。州、县也派出工作组调处了夏河、卓尼、碌曲、玛曲4县相互之间的草山纠纷。

3. 规定留购比例，实行轻税政策

对牲畜和畜产品的收购，兼顾国家、集体和牧民个人利益，规定了各种畜产品的留购比例，根据“先留后购”“等价交换”的原则，规定了合理的比例：如畜产品的绵羊毛四六开，牛羊皮三七开，牛羊不定收购任务，以鼓励群众发展生产，满足生活需要。同时，贯彻轻税政策，减轻了牧民的负担。1961年起，牧业税按当年总收入的3%计算，以200元为起点，全州牧业税收由1958年的996240元减少为94000元，下降率为90.5%。畜产品留购比例的合理化，促进了畜牧业生产的发展。

4. 确保自留畜，提高牧民生活

在牧区和半农半牧区，均按规定给社员留了自留畜。自留畜一般按核算单位现有牲畜头数计算，所留比例牧区按7%～10%，一般每户为奶牛1～4头，乘驮畜1～3头，羊4～20只，半农半牧区除役畜外，牲畜按10%～15%自留。已经留够的地区，按原来的执行，没留够的地区进行了补留。个别多留的也没做收回。留给牧民、社员的个人牲畜，所有权归自己，繁殖也归自己，产品由社员自己处理。1961年全州共留自留畜59168头（只），解决了群众日常吃奶、食肉和乘骑的需要，妥善安排了牧民群众的生活。

5. 实行“三包四定一奖励”，改进放牧饲养管理

与此同时，全州还实行了“包产、包工、包投资；定人、定

畜、定产、定工分和超产奖励”的“三包四定一奖励”制度，调动了牧民群众和社员的生产积极性。根据牧区的放牧习惯，实行了划区轮牧和小群放牧，改变了马、牛、羊分编专业队和公母大小分群放牧的作法，实行混合放牧。这样，既照顾了牧民家庭的团聚，又节约了劳动力。

6. 重视牲畜疫疾，加强科研工作

在全面“调整”的同时，增强了牲畜疫病的防治工作及思想意识。州、县畜牧兽医工作者，在指导群众科学养畜，减少发病的同时，积极开展了治疗工作。从 1961 年以来，全州共防治各类牲畜疫病 1115227 头（只），组织供应各种药物 50 吨。开展畜种改良、加强科研工作是提高畜产品质量和产量，进而提高商品率的一项重大措施。党和政府十分重视畜种改良，除在河曲马的选育方面取得了显著成绩以外，还积极推行了绵羊、山羊、牛和猪的改良，均收到良好效果。

经过畜牧业工作的充实和调整，全州畜牧业工作明显好转，广大牧民群众的生活水平也得以提高。加之 1962 年省上拨给甘南州少数民族地区补助费和民族事业费 136 万元，调配拖拉机 70 多台，帮助购置电动剪毛机、手摇剪毛机和奶油分离器 120 多台，还有制作民族特需品的钢材等，调动了广大牧民群众的生产积极性。截至 1962 年底，全州实有各类牲畜 1148591 头（只），其中：国营牧场 34431 头（只），农牧区公社集体经营 960755 头（只），社员自营 128926 头（只），机关团体 3289 头（只），其他 21190 头（只），为畜牧业的恢复和发展创造了有利条件。

二、工业生产方面的调整

全州工业部门贯彻了“以农业为基础，以工业为主导”的发展国民经济的总方针和以“调整”为中心的“八字方针”及“工业企业工作条例七十条”“手工业三十五条”，对我州的工业企业进行了调整和安排。1962年全州有工业企业单位56个，到年底调整为49个（其中全民所有制16个，集体所有制33个）。投资规模的压缩，缓解了对粮食、劳力供应不足的矛盾。国民经济计划指标的降低，大大压缩了一批基建项目。如对原定的项目，凡未开工的一律停建，除国家规定的项目外，一律不上新项目；城市民用建筑，除一部分职工住宅外，一律停建；对农田基本项目，除个别较大型水利工程的收尾工作外，其他项目也一律暂停。对“大跃进”时期仓促上马的各钢铁企业实行了“关、停、并、转”，地方小钢铁厂基本全部下马。投资比例的调整，加大了对农牧业生产的投资，工业生产以支援农牧业生产为中心，在保证完成国家重点产品的前提下，大力压缩其他生产计划，集中发展满足城乡人民生活和农牧业生产急需的生活资料和生产资料。运输工业集中保证国家调拨的救济粮、棉等物资及时送到灾区。

1962年全州工业总产值（按1957年不变价格计算）5003600元，比1961年总产值（仍按1957年不变价格计算）4216300元增长了18.6%。1962年工业企业商品产值（按1962年价格计算）为5023500元。从主要品种来看，发电162万度，原煤595吨，原木35336立方米，锯材4855立方米，乳制品41400两，铁制小农具43000件，有力地支援了农牧业生产。

三、财经及其他工作方面的调整

为生产、生活服务的财经、商业、粮食、物价及文教卫生等方面的工作，在贯彻执行“调整、巩固、充实、提高”八字方针的工作方面，亦采取了许多行之有效的措施，且收到了良好的效果。

财经工作根据“当年平衡、略有回笼”和“关于切实加强银行工作的集中统一，严格控制货币发放”的决定，较好地完成和保持了财政及银行计划。信贷监督作用的发挥，促进了企业经营管理的改善。1962 年超额完成了全年收入任务，共计收入 3342000 元，占省分配指标 2830000 元的 118.09%。对全州 27 个企事业单位进行了彻底的清仓核资工作，基本扭转了企业大量亏损的状况，并使个别企业开始转亏为盈。金融工作一方面支持农牧业生产，增加商品供给，一方面严格控制货币投放，组织货币回笼。首先加强信贷计划管理，按照国家批准的信贷计划发放贷款；控制社会集团购买力；监督工资支付，加强现金管理；严格结算纪律，加强银行集中统一，实行了业务垂直领导，很快扭转了金融部门的混乱局面。其次对工业、企业严格信贷管理，帮助企业清理拖欠，清点物资，对“关、停、并、转”的企业，不增加新贷款，并力争收回旧贷款。到 1962 年底，调整工作已初见成效，银行对国营工商企业的贷款总额比 1960 年下降 22%，并在牧区、农村发放长期无息贷款 38.3 万元，基本解决了农牧业生产设备和生产费用的资金需要。重点解决了产粮区和灾区的耕畜不足的困难，支援了农收业生产。在严格控制信贷资金管理的原则下，有计划地、合理地支持了工农业生产和商品流通的资金需要。

商业工作根据“发展生产、保障供给”的原则和为生产、生活服务的方针，通过商业体制的调整，疏通了国营商业、合作社商业、集市贸易三条商品流通渠道，大力组织了农村畜产品和城乡物资的交流，供应了大量生产资料和生活资料。在供销工作上本着“统筹兼顾，全面安排，照顾特需，安排一般”及“农村商品供应农村，城乡共需产品优先供应农村”的调整精神，改进了供销工作。与此同时，还加强了民族贸易工作。随着农牧业和工业生产形势的好转和稳定，市场供应也日益好转，尽量做到了合理分配和计划供应，商品的数量和品种均有所增加，商业部门的经营管理也有所改进。1962 年全州城乡商品零售总额 1.389 万元，占原计划的 95%。销售总值比 1961 年增长 17.3%，商品种类比

1961年增加13%。

粮食征购工作：1962年粮食征购入库1165万斤，完成征购任务1200万斤的97%。调整政策为粮食征购工作带来了活力。

物价工作贯彻执行了“基本不动，个别调整”的工作方针，基本保证了18类商品价格的稳定。国营商店所实行的平价商品，对引导集市贸易市场和同个别投机倒把抬高市价的不法商贩进行了有力的斗争。经过调整，集市贸易的商品价格接近国营商品的价格，工业产品与农畜产品的比价趋于合理。

卫生文教工作在“八字”方针的指导下亦收到了显著成效。《甘南报》的复刊，对宣传党的“八字”方针及各项政策、活跃群众文化生活、反映交流各行各业的信息和情况，起到了很大作用。教育系统经过调整，对在“大办”过程中兴建的学校进行了压缩，全州精减教职员工485人。卫生工作得到加强，1962年全州有医院8所，地区卫生院10所，公社（乡）卫生院39所，职工医院1所，保健站27所，联合诊所3所，医疗卫生工作者371人，实行免费医疗，计人民币377000元，基本上保障了广大人民群众的就医需求。

在压缩城镇人口，精减职工方面，全州城镇人口到1962年底为36305人，比1961年压缩12853人，完成了省下达任务1万人的128.6%。这些精减压缩的人员中，有约一万人回到了农村，有效地减少了国家粮食供应负担，增加了农业劳动力。这对克服暂时的经济困难，支援农牧业生产起了一定的作用。

物资管理部门按照“集中、统一、全面管理”的调整方针，进行全面调进物资和销售物资，保证了轻工业和市场生产资料及人民群众日常生活所需，有力地支援了农牧业生产。“清仓核资”专门机构的成立，对各种债务和物资进行了清理，摸清了家底，做到了物尽其用，加速了资金周转，活跃了市场供应，使一些单位的经济面貌有所改观。

以上这些措施的实施，使全州国民经济比例失调、农牧业生产压力过大和农牧民群众负担过重的状况得到了改善。同时，对历次运动中受到批判和处理的干部所进行的甄别平反工作，恢复了党的组织路线和干部政策，恢复了党在干部群众中的威信。截至1962年7月底，全州脱产干部甄别结案的共有388人，占应甄别结案总人数486人的79%。农村基层不脱产干部的甄别工作，按照原来确定的甄别范围已经甄别结案321人，占应甄别总人数686人的47%。政策的落实，恢复了中国共产党“有错必纠”“实事求是”的优良作风和党内外的民主气氛，调动了广大干部和群众的积极性。

1961年至1962年国民经济的调整尽管是初步的，局部的和有限的，但对于防止国民经济的进一步恶化起到了一定的遏止作用，也为以后继续进行国民经济调整和社会主义建设奠定了基础。

本文选自中共甘南州委党史资料征集办公室：《甘南党史资料》，第六辑，1995年。

甘南忆事

孙立新

一、初到安多地区

我参加工作不久，于1955年3月14日，组织上分配我赴甘南安多藏区去支援那里的建设。那时，我是一个热血青年，一听说去山青草秀的藏区去为牧民服务，心里非常高兴。高兴的是，安多地区是个广阔的天地，在那里大有作为，可更好地为人民服务。但到临启程时，却又有点黯然神伤的别离心情。伤感的是留下了老母和年轻的妻子及幼子。尤其是刚解放不几年，家中生活十分困难，工资收入微薄，家中剩下的几口人，生活的担子全落在了做临时活（糊火柴盒）的妻子身上。

在兰州上车时，还没有客车，我从汽车站上了去岷县的长途大卡车。但是到达岷县就没有公路了，我改乘牛车，又走了3天到达卓尼的山梁上。下牛车后，同行的州人民银行的张督导、州供销合作社的李岗两位同志上临潭县搞调查去了，留下我一人形单影只，有点形影相吊，还得步行走10华里的山路，一路上还是有些害怕。到达了卓尼县供销合作社后，在社里待了一个星期，供销社的领导就将我分到录竹拱坝供销合作社，任拨货计价实物负责人。

在供销社，工作任务主要是经管农副产品的收购及供销工作。收购、加工品种多，任务重，虽都落在我一人身上，却感到苦中有乐，工作劲头十足。记得收购的贵重药材有鹿茸、麝香等；皮张有狐、豹、狼、狗、獾、獐、水獭、猞猁、旱獭、黄鼠狼、牛、羊、驴、猪等的皮张；毛物有各种动物毛；药材有甘草、大黄、党参、芩翘等。供应农牧民的则有副食、百货、农牧工具等。

在安多我为藏族农牧民保障供给，一干就是好几年，我同藏民同胞建立了深厚的感情，至今回忆起来，还觉得有许多难以忘怀之事。其中印象最深的是看藏戏那一次。那是 1956 年仲夏，贡唐仓·丹贝旺旭活佛在贡巴寺进行佛事活动后，路过麻路搞小型的煨桑念经，藏族群众举行大型的欢迎活动，各族人民载歌载舞。当时演的藏戏是《松赞干布》，真是人山人海，热闹非凡。我是麻路供销合作社的实物计价负责人，当然要为纪念佛事活动增添光彩，组织充足的货源，向藏汉群众供应。当时我把新式山地步犁和农、牧工具、百货以及大量的副食品弄到了演戏场上，货物摆得琳琅满目，很受藏胞欢迎。

那天和我们在一起搞销售的有几位熟悉藏区历史的同志，边看戏边向我讲《松赞干布》这出藏戏的来历。那是在 20 世纪 30 年代，当时的拉卜楞寺主五世嘉木样·丹贝坚参大师，赴西藏学法，应当时噶厦政府的恭请，去观赏具有悠久历史的戏“阿吉拉姆”。观戏后，受到启发，感到若能在安多也能创立一种有地方特色的藏戏，那将对弘扬藏文化有极大的益处。1940 年春，大师学业圆满返寺时，适地方政教混乱，经与本寺“议仓”商定，遂决定由佛学造诣很高的活佛琅仓·章由加措·图旦丹增等负责组织，编导一出安多语剧目进行演出。编前请高僧占卜，提示演法王松赞干布为背景的历史剧，对弘扬佛法、求取吉利都好。后根据藏族史料《西藏王臣记》等著作，在极短时间内完成拉卜楞第一部舞台剧本《松赞干布》的编写。第一场演出是 1946 年于拉卜楞寺的“囊佐颇章”大院内进行的，自此以后，具有安多藏区风格的“南木特儿”戏就遍布整个安多藏区，成为我国戏剧艺术宝库中的一束民族艺术之花。

二、我所听说的关于肋巴活佛的传说

1975年我到甘南州临潭县冶力关街、恵家庄、兰家山、寨子村支农，在带领农民兴修水利、发展农业生产时，赶上春耕刚完毕，省水运队文工歌舞团又到冶力关慰问演出，邀我在千人大会上表演了武术“燕青拳”和“单刀”。在那次会上，许多同志谈起了肋巴活佛的故事，说肋巴活佛领导农民起义，大军就活动在冶力关一带。出于对肋巴活佛的敬佩，我于当年农历六月初六日上了冶木河，参观了冶木河畔的常爷庙址，并采访了肋巴活佛的故乡。

肋巴活佛虽是个活佛，但他出身很贫寒。1922年他7岁，他是男孩中的老三，故起名三哥。他父亲叫康罗藏，是个孤儿，祖籍何处，已不可考。只知道因躲债来到青海乐都麻地沟，后又移居民和县官亭，以后又徙居到临夏吹麻滩附近的扎藏村。有个大地主叫马尕喜木，仗着大军阀马麒势力，杀害了康罗藏，又将三哥的姐姐和妹妹抢走。他母亲悲愤填膺，遂领上三哥上导河县告状。县长也惧马麒之势，状告未准，康家就这样家破人亡了。

自此，康三哥幼小的心灵上种下了对黑暗官场的仇视。他曾怀着愤怒的心情，于1922年去河州告过状，审案的是裴建准镇台，他母亲恐怕三哥召大祸，告诉镇台说：“他是个哑巴。”而三哥却脱口而出：“我不是哑巴，我是大活佛，我要给阿爸和阿姐报仇！”后来，一位行脚僧叫索南的也帮他母子打官司，裴镇台不得不了结此案，给康罗藏赔了命价，把被抢去的姐姐、尕妹追了回来。事情凑巧，适值和政县松鸣岩寺僧人正在寻找该寺活佛圆寂后的转世灵童，听到这一些传说，又听到康三哥自称是活佛，即找到了三哥母子居住的小店里找灵童，就这样，康三哥于 1923 年 4 月在松鸣岩寺坐了床，真的成了活佛，成了后来的肋巴活佛。

肋巴活佛在苦难的生活中养成了倔强性格，他侠义好客，广交朋友，人们称他是“穷人的阿拉合”（活佛）。1942 年，牧民忍受不了国民党的压迫剥削，他带领牧民在卓尼水磨川一带组织“草登草哇”造反活动，并于 1943 年 2 月到冶力关率领临潭、卓尼两县三千多农牧民揭竿而起。在临潭冶力关整顿队伍后，肋巴活佛率领造反群众数千人，从冶力关出发，日夜行军，越大岭山，沿甘沟、羊沙，翻大石山，攻进了临潭县城，杀了县长徐文英夫妇和县党部书记等人，释放了囚犯，壮大了自己。尔后继续前进，东渡洮河与陇南各地起义大军会师，统一番号为“西北各民族抗日义勇军”，肋巴活佛被选为副总司令兼洮岷路藏军司令。但因起义没有正确领导，在与国民党 50 个团作战中，节节败退，大规模的武装斗争宣告失败。

即使如此，肋巴活佛并没有灰心，对革命斗争的决心没有动摇，1944 年 8 月他在侄儿康克选及亲友 8 人的护送下到了渭源，同中共陇右工委毛得功、夏尚忠等见面，加入游击队。又经牙含章、高健君同志介绍加入中国共产党，至此，肋巴活佛才找到了一条革命的正确道路。1947 年 6 月，肋巴活佛化装成老百姓，由陇西出发，步行到华家岭，乘坐国民党军车，却在距平凉 40 里的安国镇翻车出事而逝世，时年 31 岁。

三、难以忘怀的甘南垦荒

在最困难的三年自然灾害时期，我是甘南农垦方面的财务干部，我自始至终目睹了河南支垦青年在甘南草原上大办的国营农牧场。三年中的甘南垦荒情景至今记忆犹新。

甘南地区是一个以牧为主、农牧并举的地区，放牧牛羊是藏区的少数民族世代赖以生存的基本产业。但是从1959年起，在甘南少数民族地区的牧区却大办起国营农牧场。那次垦荒严重地破坏了草原生态。那次从河南省动员了支援西北建设支垦青年计有3万多人。首次接待的是河南永城县支垦青年3000多人，安排在合作州级各厂矿企事业单位后，又陆续接待了中牟县、杞县、商丘等支垦青年2万多人，分期分批安排在各个县，共成立22个国营农牧场进行安插。这些青年，安排在国营甘加农牧场1130人，国营桑科农牧场1144人，国营美武农牧场1300人，德乌鲁市农场810人，国营阿木去乎农牧场752人，国营加尕滩、加门关、新生农场各若干人，国营洮北农牧场755人，国营卓洛农场382人，国营大峪农场565人，国营新城、西仓、双岔、电尕、尼玛、洛大、北山、长川唐其卡农牧场若干人，国营牙路农牧场541人，国营沙冒农牧场1000人。

我目睹了这些农牧场在甘加草原、桑科草原开荒的情景，那时甘南所有国营农牧场都在全力开荒，日夜鏖战，大挖生草皮，三步一丘，五步一垛（烧生草皮灰当肥料），到处浓烟滚滚，火光冲天，形成灯火辉煌的大草原夜景。

当时提出当年开荒，当年播种，当年受益，但事与愿违，产量仅以极其微薄的收成终结。什么粮食“亩产千斤”，洋芋“亩产万斤”都只不过是“浮夸风”吹出的数字而已。两年后，共开荒50万亩，其中1961年开垦荒地25万亩。当年虽播种粮食作物40万亩，油料8万亩，种菜2.6万亩，烟草200亩，药材300亩，但收获却微乎其微，人们吃穿用还是大量靠国家补助。

这期间，农垦基建共投资330万元。其中设备投入：农机具133万元，修仓库174万元，购置“东方红”等各种拖拉机（履带式、轮式等）28台，各种播种机、脱粒机、收割机等30多台件，黄河大卡车等20多辆。后来，这些投入都似石沉大海。为此，1962年初春，省上决定撤销甘南地区所有国营农牧场。平调当地社队的土地、房屋、林木、牛羊、猪等一一退还，甘南又回到了以牧为主的时代。河南各县支垦青年，在国营农牧场撤销以后，大部分回了原籍，只有少数人在甘南安家落户。

1986 年 8 月 1 日，我送二女去甘南，故地重游，触景生情，欣然命笔题诗抒怀。

眺望甘加美如画[①]，农田近览映新花。
八角城中荒芜事，白石崖下绿窗纱。

并写《重返甘南》叙事诗以记之：

进了土门关，心情畅无边。
山青水俊秀，草地牛羊欢。
花木尽峥嵘，忘却秋日寒。
奇松布绿荫，怪石涤水涟。
架杆青稞垛，藏民乐陶然。
古来合作寺，山门对青杉。
“文革”大造反，洗劫留悲惨。
三中全会后，佛院变新颜。
喇嘛木鱼声，盛世笑貌现。
一别甘南府，又已七年间。
重返古道里，变化乐又添。
市场大繁荣，经济振草原。
街道油路平，夹道行树艳。
楼房星罗布，商品琳琅展。
教育发展快，民族学不难。
离退老干部，恪勤乐市廛。

① 此处“美”字为编者后加。

城市展新姿，干部多青年。
藏胞意风发，忠诚事业坚。
遇上老同志，诉情衷肠断。
畅谈舍不开，但愿能再见。
窝奶酸又甜，羊肉味不膻。
夜宿州体委，酒甜话书卷。
长恨夜时短，叙话夜未眠。
州府欣向荣，眷恋难出关。

本文选自《甘肃文史资料选辑》，第47辑，兰州，甘肃人民出版社，1997。

牧区社教运动在甘加

张玉香

中国共产党第八届十中全会以后，党中央决定在全国城乡进行一次普遍的社会主义教育运动。为了贯彻党的八届十中全会精神，甘肃省委统战部于1963年9月召开了全省统战工作会议，会议提出了“以阶级斗争教育为中心，进行爱国主义、国际主义和社会主义教育”的口号。1963年秋季，省、州、县统一抽调干部，组成社教工作团，在夏河县甘加乡进行第一期甘南牧区社会主义教育运动试点。试点中工作团充分注意牧区的实际情况和具体特点，从牧民群众的觉悟程度出发，广泛深入地宣传党的方针、政策。充分发动群众，处理反封建斗争遗留问题。组织劳动牧民的阶级队伍，启发、教育贫苦牧民向封建统治阶级的剥削压迫制度进行诉苦，打退封建势力的复辟活动，团结95%以上的干部群众，建立健全基层组织。通过七个多月的社会主义教育运动，广大基层干部和牧民群众的社会主义觉悟有了进一步的提高，并摸索总结出一套在甘南牧区开展社会主义教育运动的初步经验。当时在“以阶级斗争为纲”的形势下，也出现了一些斗争过激的现象，但这次牧区社会主义教育运动基本上是平稳的。

一

甘南地区自1960年西北局兰州会议以后，特别是1961年西北局第一次民族工作会议以后，在纠正过去的错误及贯彻执行党的方针、政策方面，做了许多工作。如生产救灾、调整社、队体制规模，巩固集体经济；争取散匪，安定社会秩序；处理平叛、反封建斗争中遗留的问题；开放一些寺院，对一些民族、宗教上层人士进行教育和安排；清理、释放一批在押犯人，这些工作改进了党同少数民族群众的关系，增强了民族团结，进一步提高了群众的生产积极性。但是，到1962年底，甘南的农牧业生产继续下降，人民群众的生活存在着极大的困难。为此，省委派出工作组，对甘南的工作情况进行调查，在调查中发现个别反动上层人士，趁党和政府纠正过去错误的机会，进行“反水倒算”，全盘否定1958年的平叛、反封建斗争。有的公开打击基层干部和积极分子，私自拉走生产队的牲畜，私分生产队的畜产品，抢占被没收的房屋，夺取被没收的财物，蓄意破坏集体经济。有些地方秘密委派“干思木”（行政官），妄图替换社、队干部，篡夺领导权。根据调查情况，省委又进行了专门研究讨论，认为甘南地区经过两年多的工作，虽然取得了一定的成绩，但是还没有从根本上改变甘南的面貌。一是甘南地区封建残余势力还有一定的阶级基础，反动阶级和反动势力的复辟活动不可避免地存在着；二是在过去几年的工作中犯有极为严重的错误，后遗症害得深、害得久，不做大量的工作，创伤不易恢复；三是自1960年西北局兰州会议后，甘南对于贯彻执行党的有关牧区的方针、政策是不够坚定的。因此甘南当时最迫切的任务是：在党的八届十中全会精神指导下，全州深入开展社会主义教育运动，坚决贯彻执行中央、西北局既定的各项方针、政策和指示，广泛深入地进行阶级教育，扎扎实实地做好群众工作，依靠劳动牧民，特别是要依靠贫苦牧民和其他积极分子，团结一切可以团结的力量，调动一切积极因素，打击一切反动阶级和反动势力的复辟活动，进一步加强民族团结、巩固人民公社集体经济，迅速恢复和发展农牧业生产。此后在1963年9月全省统战工作会议的基础上，中共甘肃省委又印发了《关于少数民族牧区开展社会主义教育运动若干问题的意见（草案）》，提出："牧区的社会主义教育运动，必须彻底进行民主革命补课和继续进行社会主义革命，放手发动群众，坚决打退资本主义势力和封建势力的猖狂进攻，进一步巩固平叛、反封建斗争的伟大成果，巩固社会主义阵地，巩固无产阶级专政，巩固集体经济，发展牧业生产。"该"意见"认为，牧区社会主义教育的主要内容应该是：以阶级斗争为纲，自始至终地向广大干部和群众进行阶级教育、集体主义教育、爱国主义教育和民族团结教育，放手发动群众，组织劳动牧民队伍，树立贫苦牧民的阶级优势，团结95%以上的干部和群众，向资本主义势力和封建势力进行坚决的斗争。该"意见"强调，要充分注意地区特点和民族特点，切不可机械地搬用农区的经验。采取典型试验、逐步推广的方法，步子要放稳，时间要放长一些，工作要做扎实，切忌简单急躁。对于涉及党的方针、政策和策略的重大问题，必须谨慎从事，加强请示报告。根据省委的指示，甘南州委决定甘南第一期牧区社会主义教育运动的试点定在夏河县的甘加乡。

二

夏河县甘加乡是一个藏族聚居的牧业区，位于夏河县城北隅，和青海省的同仁县、循化县接壤，是驰名全国的甘加羊生产地。1964年全乡共有13个人民公社，52个生产队，674户，2611人，其中：藏族649户，2491人。1958年除4个公社的9个生产队外，其余 9 个公社的 43 个生产队均系参叛区。

甘南第一期牧区社会主义教育运动工作团，经省、州、县统一抽调干部后，于 1963 年 10 月中旬进驻甘加乡。工作团团长由中共甘南州委副书记赵子康担任，副团长由甘肃省民委副主任沙里士担任。全团共有 157 人，其中高级干部 2 人，中级干部 15 人，初级骨干 38 人，一般干部 84 人，贫苦牧民积极分子 18 人；党员 92 人，团员 35 人，群众 30 人，翻译人员 32 人。参加过土改运动的 15 人。

工作组首先用 17 天的时间，在甘加乡召开乡、社、队三级干部会议，讲明在甘加乡进行社会主义教育运动的意义、目的、政策、方法和任务。同时学习党的八届十中全会公报和《关于少数民族牧区工作和牧区人民公社若干政策的规定（草案）》及有关社会主义教育运动的文件和西北局第一次民族工作会议纪要。使广大基层干部认识和掌握党的有关方针政策。放下包袱，“洗手洗澡”，轻装上阵，团结协作，共同完成这期牧区社会主义教育运动的任务。到会的基层干部，开始都带着挨整、挨斗等各种惧怕心理参加会议。通过几天的学习讲解，交待政策，个别谈心，培养重点，帮助提高基层干部的思想认识和政策水平。同时工作团领导深入各小组，具体指导帮助，以会议启发引导，会后个别谈心，扎根串连等方法逐渐培养诉苦对象，打开工作局面。工作团到达后，群众中各种猜测和谣言很多，有的说：“1958 年又来啦，要大捕大斗哩”“社、队干部闯祸了”“要收自留畜，办公共食堂哩”，等等。人心惶惶不安，不敢接近工作组，不敢向工作组反映情况；有的社、队干部做好了被整被斗的思想准备。针对这种情况，工作团在宣传政策的同时，首先对社、队干部中家庭出身好，政治上、经济上没有问题的，鼓励他们配合工作组，积极工作，扫清谣言和猜测。在他们的配合下，经过广泛深入地宣传党的政策，干部和群众的情绪基本稳定，工作进一步深入。在此基础上工作团通过以下几个方面在甘加乡全面开展了社会主义教育运动。

（一）公开划分阶级成分

划定阶级成分，是反封建斗争遗留问题的一个主要内容。1958年甘南地区在反封建斗争中，为了掌握阶级界线，在牧区以“内部掌握”的形式，共划分五等户，但划分的标准主要套用了内地农业区的办法，把剥削阶级扩大化了。1961年西北局第一次民族会议以后，做了纠正工作，但也没有系统地、公开地划分阶级成分。在这次社会主义教育运动中，订正和划分阶级成分是牧区社会主义教育运动的一个主要内容之一。甘加乡社教团，根据中央在牧区只有两个对立的阶级，即牧主阶级和牧民阶级，这一指示开展工作。牧主阶级包括封建主和资本主义经营方式的牧主，封建主是牧主阶级的当权派；牧民阶级包括贫苦牧民、不富裕牧民和富裕牧民三个阶层。社教团在1958年划分阶级成分“内部掌握”的基础上，一户一户走访调查，摸底核实，户户建立档案，并按照甘加牧区的具体情况，制定出划分封建主、牧主、富裕牧民、不富裕牧民和贫苦牧民的标准。即对拥有封建压迫、剥削特权，对广大牧民进行超经济剥削的土司、土官、大活佛、大管家、大头人（管辖百户左右的部落头人）等均划为封建主，并对一些虽然是小部落头人，但其实权超出本部落，而且影响较大的实权分子和有些虽无土司、土官、大头人等封建职位，但是拥有封建特权，依靠其经济剥削为主要生活来源，其社会地位相当于土官、土司、大头人以上的部落实权分子，在经社员群众讨论的基础上也划为封建主；对占有大量牲畜（每户占有牲畜按1匹马折8只绵羊，1头牛折4只绵羊，2只山羊折1只绵羊的比例，折成绵羊在1200只以上），雇佣牧工，出租牲畜，放高利贷等剥削收入，在解放前连续三年平均每年占总收入在50%以上的，被划为牧主；

对解放前连续三年每人平均占有牲畜折羊60只以上者，1958年前连续三年每人平均占有牲畜折羊90只以上，有轻微剥削，生活富裕的，被划为富裕牧民；对占有一定数量的牲畜和其他生产资料，一般不剥削人，也不受人剥削，生活来源全部依靠自己劳动的，有的还出卖少量劳动力，或者租放少量牲畜，生活不富裕的，被划为不富裕牧民；对只有少量牲畜，或者没有牲畜，一般都需出卖劳动力或者租入牲畜，既受封建特权的压迫剥削，又受雇佣劳动、畜租、债利等剥削，有的虽然自己不出卖劳动力，但是牲畜很少，生活困苦的，都划为贫苦牧民。按以上标准全乡共划定牧主阶级18户（其中封建主6户），占全乡总户数的2.76%，划分后的剥削阶级，基本上控制在西北局第一次民族工作会议纪要中规定的“牧主阶级应该掌握在总户数的3%—5%的界线之内。”

（二）清理反革命分子和清退错没收财物

甘加乡1958年多数属参叛区，为了有利于以后开展工作，有利于团结群众，打击少数真正需要打击的反革命分子，工作组根据西北局第一次民族工作会议纪要精神和甘加乡的实际情况，对1958年叛乱中戴叛乱分子帽子的人员进行了清理。在清理中，对主谋策划武装叛乱、公开参加武装叛乱，或主动、大量、积极支援或窝藏叛匪的封建主、牧主分子，一律定为反革命分子，其家庭成员参加了叛乱的，一般不定为反革命分子。但对其中在1958年叛乱时有较大罪恶活动，思想表现一贯反动，近几年有封建复辟和其他破坏活动的，仍定为反革命分子；对牧民阶级中的叛匪骨干分子（“次合杰布”以上）一般都定为反革命分子。但个别罪恶不大，或有立功赎罪表现，而叛乱后一贯守法的或者本人已死（不包括镇压的），罪恶不太大，其家庭主要成员表现较好的，不定为反革命分子；对牧民阶级中参加叛乱的一般分子不定为反革命分子。但对个别在叛乱中罪恶活动严重，坚决与我为敌的分子，或阴谋策划再叛的骨干分子被定为反革命分子；有的罪行虽然严重，但是主动投降，主动坦白，悔改表现较好的，不定为反革命分子。在这次社教中已定为反革命分子的，依照法律手续，公开戴上了反革命分子的帽子，不再称叛乱分子，并没收其应没收的牲畜和财产，同时对原来错戴了叛乱分子帽子的，公开宣布摘掉其叛乱分子的帽子。

1958 年在平叛、反封建斗争中，由于受扩大化的影响，错没收了一些人的财产、牲畜。根据西北局第一次民族工作会议，对于错没收了的牲畜、财物，按照划定阶级成分和摘戴反革命分子帽子的情况，妥善予以清理和清退的要求，在这次牧区社会主义教育运动中，经过划定阶级成分、摘戴反革命分子的帽子，对全乡 1958 年平叛、反封建斗争中的没收户进行了清理。通过清理，应没收“全部财产”的（包括牲畜）有 18 户，没收反革命分子本人一部分的有 14 户，15 人。属于“全部财产”错没收的有 85 户，属于“部分财产”错没收的有 14 户。对错没收户，确定后全部退赔。清退办法是：对于牲畜部分，国家已上调的牲畜，由国家给社、队付给牲畜价款，留在社、队集体的，按 1958 年实际没收的牲畜数，给错没收户记上畜股，享受畜股报酬；对错没收牲畜，已经分配给贫苦牧民的，一律不再收回，而由国家清退；对于财产部分，有实物的退还实物，无实物的折价退赔。根据“一次折价算清，分五年退清”的原则，经过多次摸底、核实，甘加乡共需清退 69546.68 元。计划第一年退付 25%，第二年退付 20%，第三、四年各退付 15%，第五年退付 25%。第一、二年退付给应退付的贫苦牧民和不富裕牧民。1964 年 6 月底，为在社教中体现党的政策，经省委和西北局批准，中共甘南州委暂由州财政局从原没收已上交国库的资金中给甘加乡拨出 17600 元，退付给了贫苦牧民和不富裕牧民。

通过订正和划分阶级成分、摘戴反革命分子的帽子、清理和清退错没收财产，划清了阶级界线和敌我界线，使广大贫苦牧民和不富裕牧民明确了自己是党在牧区的依靠对象，解除了思想顾虑，阶级觉悟有了很大的提高，政治热情空前高涨。

（三）组织劳动牧民的阶级队伍，发挥劳动牧民的阶级优势

劳动牧民组织，是共产党领导下的贫苦牧民和不富裕牧民的群众性的阶级组织，是共产党在牧区的依靠力量，是无产阶级专政在牧区的支柱，是劳动牧民学习社会主义的学校，工作团在这次牧区社会主义教育运动中，自始至终依靠贫苦劳动牧民，提高劳动牧民的阶级优势，组织劳动牧民的阶级队伍，通过访贫问苦、扎根串连，采取“滚雪球”的办法，觉悟一批吸收一批，由小到大，由下而上地逐步建立起贫苦牧民组织。参加劳动牧民组织的人数已占到应参加人数的80%以上。1964年6月22日，在社、队建立“会员大会”的基础上，正式成立了“甘加乡劳动牧民协会”。全乡劳动牧民穿着节日的盛装，从十几里外骑马赶到乡政府所在地，庆祝这大庆的日子。甘加乡劳动牧民从来没有这样浩浩荡荡地出动过，从来没有这样扬眉吐气。他们感慨地说：“过去天虽高，我们弓着身子站，地虽大，我们蜷着腿坐，今天我们当家作主了，弓着身子站的时代永远结束了。”“劳动牧民协会”的任务明确规定：坚持社会主义道路，坚决向封建势力和资本主义势力作斗争。帮助和监督基层干部认真贯彻执行党的方针、政策。代表贫苦牧民和不富裕牧民的阶级利益，及时向党的基层组织或上级组织反映他们的意见和要求。随着甘加乡“劳动牧民协会”的成立，广大劳动牧民真正在甘加草原上顶天立地地站起来了，成了草原的主人。

（四）通过“四清”和群众自我教育，团结95%以上的干部群众

甘加乡牧区社教团，根据“团结95%以上的干部和群众”的政策，通过“四清”和群众自我教育的方式，对社队干部和群众中的贪污、盗窃、投机倒把、私拉私宰集体牲畜等有关经济方面的问题进行了处理。在“四清”中，对于犯有错误的基层干部，坚决贯彻“说服教育，洗手洗澡，轻装上阵，团结对敌”的方针和“教育为主，处分为辅，区别情况，分别对待，批判、退赔从严，组织处理从宽，抗拒从严，坦白从宽”的政策规定，帮助他们认识和改正错误，并通过查根源，找危害，把犯错误的根子归结到封建势力的复辟活动和资本主义自发势力的侵蚀及影响上去。只要他们认识和改正错误，就可以不予处分，对于问题特别严重，群众意见很大，非处分不可的，秉着“较农区更宽”的精神处理，并且把处分面严格控制在干部总数的1%以内。对于群众中一般性的私拉私宰集体牲畜和以次换好、以公换母、以小换大、以死顶活等损害集体经济的行为，通过发动群众进行自我教育，启发他们的觉悟，提高他们的认识，使他们认识到错误的危害性，并自觉地改正，一般不再追究；对问题多、群众意见大、需要作处理的，经过群众讨论，合情合理地加以处理，达到正确处理人民内部矛盾，团结一致，共同对敌的目的。与此同时，组织贫苦牧民向封建统治阶级的剥削压迫制度进行诉苦。通过诉苦斗争，揭开阶级斗争的盖子，揭露出白石崖寺、作海寺、扎扎寺、拉卜楞寺等反动宗教上层分子压迫剥削群众，煽动叛乱，进行反革命复辟活动的罪行。对清理出来的反革命分子进行面对面的揭发批判。

(五) 培养积极分子，建立健全党的基层组织

甘加乡从1956年开始党的组织建设，到1961年共发展17名共产党员。由于1958年甘加乡基本上是一个全叛区，因此，根据中央对西藏建党工作的指示精神，从1961年以来暂停了党员的发展，也没有进行预备党员的转正工作，党的组织不能适应社会主义革命和建设事业的发展。在这次牧区社会主义教育运动中，根据甘加乡的具体情况，在教育提高原有党员素质的同时，大力培养积极分子，把党的组织建设工作作为这次社会主义教育运动的一项重要内容。首先为了提高原有牧民党员的政治素质，各公社工作组中的党员和牧民党员一起组成支部，在工作团和乡党委的统一领导、统一计划、统一部署下，开展建党建团工作。在访贫问苦、扎根串连的基础上，分四步挑选培养对象，即第一步在培养的“种子”和社、队干部中物色；第二步经过公开划分阶级成分和开展诉苦，考察、审定参加听党课的积极分子；第三步在听党课和整个社教工作的过程中，进一步了解、考察他们的立场、观点和思想作风；第四步确定对象，分工包干，进行培养。全乡共选出听党课的积极分子140余名。以《做一个好的共产党员》一书为教材，进行党的基本知识的教育，使每个积极分子基本懂得什么是共产主义和共产党，什么样的人合乎共产党员的条件。号召他们按照共产党员的标准严格要求自己，树立为共产主义事业奋斗的思想，启发他们自觉要求入党，争取做一个好党员。乡党委根据党章规定和中央对西藏吸收党员“更高更严”的指示，严格把住审批关。从全乡参加听党课的140余名积极分子中，选拔55名，又从中逐个审查，最后批准30名为正式党员，其中男22人，女8人，均系藏族；贫苦牧民出身的28名，不富裕牧民出身的1名，手工业者1名。截至1964年底，全乡已有党员47名，13个

公社都有了共产党员，一个公社建立了支部，9 个公社建立了党小组。同时 74 名青年加入了共青团组织。甘加乡各公社的党团员队伍不断壮大，他们在乡党委的领导下，发挥着坚强的战斗堡垒作用。

三

工作团的干部在几个月的社教中，以身作则，带头参加生产劳动，坚持和广大劳动牧民同吃、同住、同劳动、同商量。他们大多数虽然第一次来到草原，但都努力克服生活上的不习惯和各种困难，无论天阴下雨，天寒天热，社员们做啥干部就做啥。他们的一言一行、一举一动，使广大牧民群众深受感动和教育。同时，具体形象地帮助和教育基层干部，给基层干部树立了学习的榜样。工作团在进行社会主义教育运动的每个环节中，注意密切结合牧业生产，深入畜群，检查畜群膘情，合理安排草山，修棚搭圈，动员牧民群众储备饲料、饲草，喂养弱畜、幼畜。教育群众要热爱集体牲畜，并开展“五好放牧员”的评比竞赛活动。由于工作团始终坚持抓牧业生产，1964 年甘加乡的牧业生产有了较显著的发展。据同年 5 月底统计，全乡有各类牲畜 125255 头（只），比上年同期增长了 12685 头（只），仔畜成活率平均达到 83.87%，比上年同期增长 38.97%，有的公社羔羊成活率达到 90% 以上。生产上的变化，首先取决于思想上的变化。通过几个月的社会主义教育运动，广大牧民群众体会到了社会主义制度的优越性，能正确处理国家、集体和个人间的利益关系，他们的社会主义觉悟不断提高，集体主义观念日益增强，不少群众说：今后哪怕丢失一只羊，都是对集体的损害，也是个人的损失。

工作团在抓生产的同时，特别注意抓群众的生活，处处关心群众的疾苦，先后给贫苦牧民发放救济贷款和生活日用品，其中全乡100余户300多人解决了生产、生活上的困难。同时，帮助基层干部彻底进行了1963年的收益分配工作，对工分、账项反复作了核实，逐人逐户作了公布；对五保户以中等牧民生活的水平作了包干供应；对困难户按实际情况进行了实物、现金或工分照顾，真正体现了各尽所能、按劳分配的社会主义制度的优越性。随着甘加乡牧业生产和牧民生活的全面好转，工作团又抓了文化教育方面的工作。在他们的帮助下恢复了二所小学，创办了一所民办小学和一所夜校，为甘加劳动牧民的文化建设史上，立下了一座丰碑。工作团这一系列艰苦细致的工作，使广大牧民群众从思想上、生活上受到了一次伟大的社会主义教育，他们的社会主义觉悟不断提高，一个热爱集体、爱社如家、爱畜如子的风尚普遍形成，一个畜牧业生产的新高潮正在兴起。

甘加牧区社会主义教育运动于1964年7月底全部结束，中共甘南州委专门召开会议进行总结，以甘加社教的经验，讨论了全州牧区如何进行“四清”工作，并审议通过了今后牧区“四清”试点中两个政策性的文件，即《关于牧区划分阶级成分若干具体规定》《关于对敌斗争中若干问题的规定》。这对处理甘南牧区民主革命遗留问题起了指导性的作用。

本文选自中共甘南州委党史资料征集办公室:《甘南党史资料》，第六辑，1995年。

甘南森林植物考察事辑

陈雪玉

甘南高原有丰富的森林植物，被誉为我国广大“绿色宝库”之一，是甘肃木材的主要产地。70多年来，一些国内外林学家、植物学家和科研单位对其进行了多次考察和调查，发现了许多森林植物新品种和原始林区，揭开了“神林”之谜，为甘南森林的开发和利用提供了大量的科学依据。现将他们在甘南森林区的考察和调查活动辑录如下。

一

民国十四年（1925年），美国哈佛大学组织动植物调查采集队来到中国，美国地理学会调查团负责人洛克同来。他们由甘肃拉卜楞进入青海东南部，踏进积石山区。后来洛克又在云南、四川的大巴山和理番的汶川及甘南的卓尼、临潭、夏河等地采集了大量的森林植物及动物标本，并体验了卓尼禅定寺的僧侣生活，回国后洛克著有《羌海探险记》一书。此书的中文译文载1931年《地理杂志》第二期。

二

1935年，张其昀任夏河县县长，在他所著的《夏河县志》中，高度地并公正地评价了拉卜楞寺院的“神林”，认为拉卜楞寺院对面山坡上的云杉林是历代活佛和众喇嘛历经240多年植树造林的功绩，是我国针叶树荒山造林的开创者，揭开了“神林”之谜。

三

1936年，周映昌对拉卜楞地区的森林作了调查，写有《拉卜楞森林》一文，发表在《方志》1936年第九卷第三、四期。

四

1939年，程景皓先生奉派赴陇南各县暨洮岷一带调查天然林，六月从兰州出发，乘汽车抵天水甘泉寺，踏入森林边界，旋入党家川利桥而达陕西凤县之幸家山，北至三岔镇，又南折入两当绕徽县、成县、康县到武都，西行西固入茶岗岭，北上岷县，再历卓尼经临潭越莲花山返兰州，历时三个半月，行程三千九百余里，除调查外，还采集植物标本1500余种4000多份，采集木材标本数十种。

五

民国二十六年五月至七月，我国历史学家顾颉刚先生考察了岷县、临潭新城、旧城、卓尼、黑错、夏河等地的民族教育和藏族风情，同时也考察了森林资源。在野狐桥亲眼目睹了“伐木者投木河中，累累如散乱之火柴”的情景，“木价低廉，甚大可合抱之松木只一毛钱耳”，并且呼吁：“若能集得资金，在此设木材公司，伐其老者而护其稚者，年为之补植，岂非永久之利”。

六

民国三十年九月，甘肃省林牧公司聘中央研究所邓叔群先生专程到卓尼视察洮河林区。通过视察，想成立洮河林场。于是在民国三十一年先成立了第一林区管理处，目的是保护洮河上游的天然森林，欲以科学方法开发，使森林永久保存并可源源供给木材。民国三十二年四月改第一林区管理处为洮河林场。

七

民国三十一年（1942 年），中央农林部洮河流域国有林区管理处主任程景皓先生和技师周重克先生深入藏区到迭部林区考察，随杨司令派的武装铲烟队一同前往，历经艰险，整理了珍贵的文献资料《白龙江上游的森林》。另外周先生还著有《岷县南部森林初步勘测》《洮河中游森林》《洮河流域木筏运木摘要》《拉子里河重要林木之树干解析》等。

八

袁义生先生应农林部林业实验所副所长邓叔群先生之约，于一九四二年春赴岷县工作，曾由岷县沿洮河西行，经野狐桥、西大寨、新堡等地到卓尼作短期调查研究，撰写有《洮河上游的天然林》一文，发表在《国立西北技艺专科学校校刊》1942 年 8 月第 7、8 期。

九

1943年，徐旭先生对甘肃藏区畜牧社会的建设问题作过调查。指出甘南藏区森林，除草地外，凡山岭溪谷，大率多有，全区沿洮河、白龙江、大夏河等地有十八大森林区，还有特别丰富的林副产品，他撰有《甘肃藏区畜牧社会的建设问题》，发表在《新中华》1943年9月号。

十

1948年，中美积石山探测团探测积石山时，对甘肃的高山动植物进行了拍照。

十一

1953年9至12月，中央林业部调查设计局森林调查第三大队及西北中队对插岗林区（即白龙江中游）进行调查，共调查有林地、无林地、宜林地、林中空地、少部分农田等总面积103030公顷。

十二

1956年至1962年，由甘肃省和林业部先后对白龙江林区、洮河林区做规划设计调查。

十三

1960年，中国林业科学研究院林业科学研究所组织综合考察队（协作单位有北京师范大学地理系、兰州大学生物系、白龙江林业局及各林场）在白龙江森林最集中的中上游地区选择了三个点进行了自然地理、土壤、林型、测树、育林、资源植物及主要乔灌木生物学特性等方面的综合考察。通过考察，了解白龙江林区森林生长发育的自然条件和规律、主伐方式和更新方法，进一步运用这些规律和因素为林业生产经营实践服务。

十四

1967 年和 1969 年，分别由中南、西北林业设计院，按林业局进行了总体设计。

十五

大夏河林业总场双岔林场自 1959 年建场以来，分别于 1966 年、1974 年、1982 年进行了两次规划调查、一次经理调查。

十六

1972 年 8 月至 1973 年 11 月，州农林局抽调全州各县、各林场的技术干部和工人共 50 名，组成州林业调查队。查清了舟曲县“九 · 二三”林场庙沟、磨沟共 26 个林班，金钱沟、爪子沟和南峪沟的森林资源，提交了“九 · 二三”林区的总体设计说明书，并对“九 · 二三”林场提出了切实可行的经营方案。但由于种种原因，没有实现设计方案。

十七

一九七四年至一九七五年，白龙江林业局调查队、洮河林业局调查队、甘南州森林调查队分别对所辖林区完成了“四五”清查，提供了解放以来比较完整的资源数据。

十八

一九七五年，州森林调查队调查了玛曲县欧拉公社、西可河下游，包括纳约特、拉美、哈拉呼、多曲、阿旦泻尼、当庆以及当强、肯木达等九条支沟的森林资源，特别是分布在海拔3600米以上生长的柏木林。调查总面积为63914公顷，森林总蓄积量3351立方米。

十九

一九七八年，迭部县组织林业科技人员对本县洛大、腊子、桑坝三个乡的野生漆树资源和产量作了调查，对开发利用本县的漆树资源提供了依据。

二十

一九八二年，林业部西北调查规划设计大队组织陕西、宁夏、新疆、青海、甘肃五省区的林业调查科技力量在双岔林场进行了经理调查试点，不仅制定出了双岔林场的经营利用方案，而且为西北五省区开展经理调查培训了技术力量。接着甘肃省林勘设计院在冶力关林场组织了二类调查试点，为开展二类森林资源调查奠定了基础。

二十一

一九八一年至一九八二年，大夏河林业总场开展了林木病虫普查工作，为全州林木病虫防治工作提供了科学依据。

二十二

一九八四至一九八六年，甘南州林业勘测设计队完成了迭部县多儿、益哇、尼傲、桑坝四个乡，舟曲县所属“九·二三”林场金钱沟、爪子沟两处的营林站和卓尼新堡林场的森林资源二类调查，进一步查清了这些地区的森林资源，了解森林消长情况。

本文选自中国人民政治协商会议甘南藏族自治州委员会文史资料研究委员会编:《甘南文史资料选辑》，第六辑，1989 年。

河南省向甘南草原移民的经过

贺涤新

甘南藏族自治州是青藏高原的一部分，除局部河谷地因海拔较低，气候较暖，宜于农作外，绝大部分海拔在2800—4800米间，气候寒湿，无霜期短，甚至没有绝对无霜期，属于不宜垦殖只宜放牧的高山草原地带。但是在1958—1960年期间，却出现了一次移民大开垦，教训是值得记取的。

1958年8月，中央召开的北戴河扩大会议作出了《关于动员内地青年前往边疆和少数民族地区参加社会主义建设的决定》。甘肃省根据甘南的社会情况和屯垦戍边的需要，决定在第二个五年计划期间，由河南省向甘南藏族自治州移民15万人。计划1958年冬移民3000人，1959年移民50000人，1960年移民50000人，1961年移民47000人。

甘南藏族自治州根据中央和省委的决定精神，拟定了移民安置的原则：

第一，根据军事战略和工农牧业生产的需要，进行安置工作。采取人民公社的组织形式，做到组织军事化，行动战斗化，生活集体化。

第二，工农商学兵五位一体，农林牧副渔综合发展。结合当地具体条件，因地制宜，发展多种经济。工矿区以工业为主，半农半牧区农牧并举，牧区以牧为主，粮食生产平均达到自给有余。

第三，安置步骤是普遍设点，以点为基础，逐年扩大。

第四，安置工作由书记挂帅，各县包干，力争五年任务四年完成。

1958年10月，甘肃省派民政厅副厅长郭毓芬率工作组前往郑州，与河南省民政厅商洽移民事宜。11月，两省达成《关于河南动员15万青年参加甘肃建设的协议》，主要内容是：①从河南动员去甘肃的15万男女青年，确定在1961年完成，年度安排按中央决定不变。②根据中央决定，动员的主要对象是：本人自愿，政治可靠，身体强健，家庭拖累不大的青年；也应动员一部分有较多生产经验的壮年。男女人数大体相等。党员应占一定比例，并配备一套包括各行各业的班子。除大部分是农民外，还须有一定数量的工人（包括手工业工人，如石匠、铁匠、木匠、缝纫等）及商业、教育、卫生（如会计、教员、医生等），和各种服务业的人员，以适应生产生活上的需要。③青年到达安置区后，将本着工农商学兵互相结合、农林牧副渔全面发展的原则，建立人民公社。为了加强对青年的具体领导，公社所需的各级干部，应由移出和安置地区双方配备。移出地区按千分之三配备（其中县、区级脱产干部占三分之二，其余三分之一为不脱产的骨干分子），带领青年前往甘肃。④根据甘南藏族自治州的作物种植情况，青年随带的行李进行检疫熏蒸工作。⑤青年一律不带家属。在生活上有了一定基础之后，其家属可陆续接去，接家属经费另议。⑥迁送经费、途中设站和安置经费等，由中央和地方共同负责，需要中央拨付款数，由移出省和安置省分别向中央编造预算。途中口粮由原在公社供给。御寒装备，原则上由个人解决，有困难者由原在公社补助乃至国家补助。⑦河南方面负责教育动员、条件审查和组织迁送，护送至交接点。交接后，一切由甘肃负责，交接地点为兰州。两省共同组织交接地点的办公机构。

1959年4月，甘肃省成立了甘肃省接待支援社会主义建设青年委员会办公室，具体负责支建青年的安置事宜。当年接待安置移入甘南支建青年40110人，其中安置于农牧业者30760人，均采用团、营、连、排、班军事编制。甘南藏族自治州共为河南支建青年设置了29个安置点。计：德乌鲁市8处，即甘加、桑科、美武、加门关、下卡加、加尕、多合、卜拉；临潭县12处，即洮北、卓洛、长川、沙冒、牙路、车巴、冶力关、新城、北山、白土、下藏、卓格尼玛；洮江县6处，即阿木去乎、双岔、西仓、下巴沟、马河、玛曲；龙迭县2处，即武坪、洛大。这些安置点，基本都是甘南草原牧地的冬窝子。

1959年5月，中央下发通知《要把支建青年集中安置在全民所有制企业中》，当时农垦管理体制正处在下放时期，州、县有权新建国营农牧场（报省农林厅农垦局备案），甘南藏族自治州很快就将29个移民安置点改建为国营农牧场。连同原有的电尕寺农场、德乌鲁农场，甘南藏族自治州共有国营农牧场31个，随即成立了州农垦局，有关县、市也成立农垦科，具体管理国营农牧场的生产建设事宜。

1959年12月15日，甘南自治州农垦局对国营农牧场的布局重新进行调整，撤并了下卡加、多合、卜拉、白土、下藏、下巴沟、马河、玛曲、武坪9个农牧场，计划增建赛银滩、尕海、殴拉、乔科4个农牧场，并计划在3年内（1960—1962年）建成4个生产基地：①粮食生产基地。包括阿木去乎、美武、卓洛、长川、北山、桑科6个农场。②畜牧业基地。包括殴拉、尕海、乔科、卓格尼玛、大峪沟（省畜牧厅属）5个农牧场。③农牧副综合基地。包括甘加、德乌鲁、沙冒、牙路、西仓、双岔6个农牧场。④菜籽生产基地。包括电尕寺、洛大、新城3个农场。

省农林厅农垦局为了支援甘南的移民建场开荒，共调进拖拉机199.4标准台，联合收割机6台，脱谷机5台，载重汽车16辆，机引农具134部（件），拖车37辆，中小型农具3000余件，牲畜 12639 头。还调进干部 463 名，拖拉机手 12 名。1959 年开垦草原 16 万亩，1960 年开垦草原 11 万亩，合计 27 万亩。1960 年小麦播种总面积 15.7 万亩，因土壤肥、气温低、无霜期短，小麦长势好而难于成熟，草多籽少，平均单产不足 50 公斤。美武农场的 1.4 万亩小麦，因不能灌浆，全部无收。由于地不宜农，有种无收，各农牧场的种子、口粮、食油、饲料均出现巨大缺额。各农牧场的畜牧业，因支建青年不习放牧，加之草料不足，牲畜死亡率很高。长川农场的马群死亡率高达 56%，美武农牧场、洮北农牧场的牛群死亡率高达 60%，北山农牧场的羊群死亡率高达 77%。1960 年开始，河南支建青年不再移入甘南，而移入省内其他地区安置，移民 15 万人入甘南的计划没能实现。进入甘南的河南支建青年，因很不适应甘南的环境，高山反应和水土不服现象严重。据加尕农牧场统计，6 个生产连 661 人，13 天的发病率为 42.5%，其中一个连 281 人的日最高门诊量为 250 人，平均每日门诊 250 人。加之农牧场初建，卫生、商业、邮电、交通、口粮、蔬菜等服务工作跟不上，支建青年情绪不高，以致出现回流。在不足两年的时间内，回流率高达 61.2%。

1961 年，甘肃省贯彻中央“调整、巩固、充实、提高”方针，根据中央制定的原则，甘南藏族自治州农垦局开始向当地牧业公社退赔土地。省农牧厅农垦局根据土地退赔后无地可种的情况，先后撤销了洮北农牧场、卓洛农场、长川农场、沙冒农场、牙路农场、洛大农场、新城农场、桑科农牧场、加门关农场、美武农牧场、北山农牧场、卓格尼玛农场、双岔农牧场。1962 年末，又撤销了阿木去乎农牧场、西仓农牧场、加尕农场。至此，新建的国营农牧场全部撤销，甘南草原的移民开垦宣告结束。

本文选自《甘肃文史资料选辑》，第 34 辑，兰州，甘肃人民出版社，1992。

岷县西泥沟村土改纪实

卢永斗[①] 口述　　杨建国　整理

西泥沟村位于卓尼县东南部，是纳浪乡的一个行政村。历史上曾受卓尼杨土司管辖，清咸丰年间赠送给岷县赵土司。解放后，隶属岷县西川区，1954年7月12日划归卓尼县。共辖3个自然村，即：嘴背后、西泥沟村、土桥子。共有204户，1038人；耕地面积1185亩，其中：山地面积141亩，川地面积1044亩；有耕畜200余头。

解放前，我任岷县河阴乡乡长。1949年9月11日，我参加了岷县军政联合起义，起义后被派往西川区第八乡担任文书。1951年任岷县西川区副区长。不久，我参加了在武都举办的地委干校土改训练班。学习结束后，我于9月在宕昌区搞了70天的土改试点工作，随即又参加了在岷县南川、白龙、梁公、李川、临江等5个区进行的第一期土改。当时我任梁公区新华乡土改工作组长，副组长是王守政（岷县人）。1952年元月左右（具体时间记不准确）第二期土改工作在岷县的西川、梅川、江泰、闾井、马岩、城关等6个区开始。我任梅川区五乡土改工作组长，副组长是韩希珍（庆阳人）。西泥沟村的土改是这次进行的。因西泥沟村当时属岷县西川区第八乡所辖，在进行土改的时候，我虽不是该乡土改工

① 卢永斗，新中国成立初期岷县西川区原区长。

作组的成员，但家在西泥沟村，因此对家乡的土改很关心，听到的情况也比较多。

1952 年元月，西泥沟村搞土改时，全村有 90 多户，480 余人。但藏族多，汉族少。耕地面积人均 3 亩左右。我记得派往西泥沟村搞土改的工作组一共有 4 人。组长是一位姓王的闾井人，识字不多，但人很精干；副组长是一位姓罗的人，材料都由姓罗的写。工作组的总方针是“依靠贫雇农，团结中农”。整个土改工作是分几步进行的。首先是学习文件，宣传政策，了解实际情况，访贫问苦，扎根串连，启发群众的阶级觉悟，组织群众进行诉苦活动。其次，依靠贫雇农和积极分子，搜集材料，掌握情况，然后由工作组汇报区党委、区政府审批。最后没收财产，张榜公布划定的阶级成分。

这次土改的主要内容是：划定阶级成分，分配土地。即按家庭人口和经济收入状况，先登记人口、主要劳力和经济情况（指土地、房屋、牲畜、农具、账债、雇工、森林、武器的占有情况）。除武器、森林归公外，其多余的部分一律分给无地或少地的农民。家庭经济收入除本人的劳动收入外，其剥削量达 25%以上，私有土地占当地农村人均土地的一倍以上者，划为地主成分。其剥削量虽不足 25%，但私有土地接近当地人均土地的一倍者，划为富农成分。有一定土地，但其剥削量只有百分之二十到二十二者，划为富裕中农。有的地主兼营牧业者，只动土地部分，牲畜不动。另外，划有小土地出租、小土地经营、贫农、雇农（佃农）等成分。雇农有短期雇农、长期雇农两种。120 个雇农折合 1 个长工。西泥沟村经过土改后，划定为地主成分的有 5 户，富农成分 6 户，富裕中农 2 户，小土地出租 1 户。这次土改是 1952 年 3 月结束的。4 月份，在岷县县委会议室进行了全县土改工作总结，所有参加土改的同志出席了会议。各区、乡和工作组汇报了工作，将总结材料报呈县土改委员会。县土改委的主任由岷县县委书记兼任，副主任是西北土改工作团的，成员有岷县县长和另外几个人（记不清）。为了避免土改走过场或出现包庇、偏袒、错划、打击、报复等现象，由参加土改的区长或区委书记和从老区来的有土改经验的干部审查材料。我当时在县土改工作总结办公室整理材料。是年8月，县委对土改工作进行了全面复查。负责全县复查工作的领导同志是县委秘书张某和武装部的一位姓贾的部长，下面有工作组成员五六个人。经过复查，我家的成分由原来的地主降为富裕中农，其他的没有变化，直到1958年均按土改时定的成分对待。

本文选自中共甘南州委党史资料征集办公室：《甘南党史资料》，第二辑，1989年9月。

兰郎公路的初期修建

于涌泉

甘南藏族自治州位于甘肃省的西南部，地处青藏高原的东北边缘，这里草原辽阔，河流纵横，森林茂密，物产丰饶。

但建国前，甘南境内仅有岷县至夏河、两河口至舟曲两条简易公路，且年久失修失养，又缺桥少涵，交通十分不便，交通时有断绝，运输全靠人背畜驮和木轮大车。丰富的自然资源得不到开发和利用，农畜产品和药材运不出去，工业品和各种生活必需品运不进来，由此，奸商横行，高利盘剥，各族人民长期处于贫困之中。

解放后，为维持社会治安，开发甘南，促进物资交流，加速少数民族地区的政治、经济和文化事业的发展，国家特别重视甘南的公路建设，拿出大量的财力和物力，发动人民群众和军队，修桥筑路，整修和改造旧路，使公路运输事业得到迅速发展。

兰郎公路原来是由土门关进入甘南境内，到王格尔塘跨格河，向西折到夏河县，再沿岷夏公路（夏河至夹尕滩旧线），延伸到阿木去乎、桥头，过洮河，越过广袤的草原——晒银滩、尕海滩，到达甘、青、川交界处的郎木寺，全长 253.5 公里。1956 年修通王格尔塘至甘南州府合作和扎沙至阿木去乎两段简易公路后，兰郎公路由土门关经合作直达郎木寺，路程缩短为 237.5 公里。是建国后在甘南修的第一条公路，也是与省会兰州及各兄弟民族地区联系的主要通道。

夏河至临夏公路，解放前曾多次勘察待修，终未能实现。黄正清等代表向国家民委提出议案，1950年甘肃省第一次各界人民代表大会通过决议整修该路。

夏河至临夏公路，长103公里，1952年国家民委拨修建费20万元，计划抢修便道、便桥，早日通车。为加强施工领导，7月30日在王格尔塘成立“甘肃省夏临公路修建委员会”，受省交通厅和临夏专署的领导，主任委员由临夏专员王治国兼任；副主任委员由西交部工程师张绍辉、省计划科长王子固、临夏副县长马彦良和夏河县副县长齐应凯四人兼任。下设两个监工处驻桥沟和山唐，分别负责办理双城至槽口、槽口至夏河两段共长83公里的施工宜事。8月18日正式动工，由于加强了政治领导和技术指导，及时地解决了人力、物力和生活供应等方面的问题，工程进展顺利。经过80多天的奋力抢修，于11月14日完成了抢修任务，较原计划提前一个半月通车，15日举行通车典礼，省、地、市（县）领导和两万多群众参加了庆祝大会。夏临公路的通车，改变了甘南的交通面貌，沟通了藏区和内地的联系，为繁荣少数民族地区的经济文化生活提供了保障。

夏河至桥头段也于一九五二年九月一日由军工抢修，受甘南剿匪指挥部领导，甘肃省军区独立团抽调一个营的部队，从夹尕滩开始，向阿木去乎、桥头方向边测边修，至10月8日完成55公里抢修任务，连通了临夏经夏河至西仓桥头的交通。

为使兰郎公路继续向前延伸，甘肃省政府拨款30万元由西北军区指派工兵第二团于1953年3月9日开始建桥修路。碌曲洮河桥为两孔，跨径13.5+17.5米，木质八字撑桥，全长31米，桥面宽5米，桥桩凿眼立于石岩上，用块石干码压底，引道用树枝片石干码而成。公路一直抢修到郎木寺后，翻越海拔3800米的高山后，跨黑河、白河，至四川阿坝，长度为313.5公里。7月1日竣工后，由西北军区、西北公路局主持组成“兰阿公路西仓至阿坝段交接委员会”，于1954年1月6日至30日现场检查，予以验收，并将桥头至郎木寺段交给兰郎公路夏河养路段管理养护，郎白段暂为代管。

1953年国家将兰郎公路临夏至郎木寺段列为重点工程进行整修改建。全部工程分为两段施工，即临夏至桥头为一段，桥头到四川白河为一段。临西段为重点，长209公里，由以张绍辉为处长，邵德宇（藏族）、李藩华为副处长的“兰郎公路临西段工程处”负责施工，受西北公路局工程总队和临西段修建委员会领导，工程于1953年3月15日开工至1954年10月8日完工。按当时的五等公路标准施工，建成了头道河桥（平娃桥）、亚首、格河、洒索玛、王府等桥梁，共投资161.6万元。桥头至白河段，长196.2公里，由临西段工程处组织的“兰阿公路西白工程队”负责施工，于1954年6月11日至9月7日竣工，只用了89天时间，较计划提前一个月完成了改善工程任务。投资25万元，实花17.6万元，为洮河桥加长1孔15.9米，总长47.9米。

从1952年至1954年，为配合中国人民解放军进军剿匪，改善少数民族的物质和文化生活，增进民族团结，国家总投资275万元，发动军工二次、民工五次，修筑改善兰郎公路，临夏经夏河至郎木寺（包括郎木寺至阿坝段），长约500多公里，共填挖土方123万立方米，并炸石方17万立方米，建木桥19座，长度721.6米，涵洞50道，木渡船两只，防护土1336立方米，投入军民劳动力73万余工天。

在修建过程中，各级党政领导、当地驻军和各少数民族群众给予很大的支持，特别是广大筑路员工和部队指战员，在海拔3000多米、人烟稀少、供应困难的地区，受着马良残匪的骚扰，在短短几个月的时间内完成抢修公路任务，为甘南的公路建设作出了贡献，改善了交通闭塞的落后局面。公路建成通车后，仅夏河县1955年统计：1953年至1955年三年间共输出土特产品3800吨；输入各种粮食物资17384吨。为建设甘南，繁荣经济，提高各族人民生活，起了重要作用。

本文选自中国人民政治协商会议甘南藏族自治州委员会文史资料委员会编：《甘南文史资料选辑》，第六辑，1989年。

临潭县土地改革综述

丁玉珍

1949年9月11日临潭县解放后，于9月27日成立了县政府，隶属临夏专署，下辖4个区、1个市、27个乡、77个行政村和399个自然村。当时，全县的总户数为12807户，其中汉族10618户，藏族365户，回族1824户。总人口有69690人。全县共有耕地275707亩（未包括卓尼杨土司的“兵马田地”）。据解放初的摸底统计，当时占农村总人口18.4%的地主，占有耕地8.8%；占总人口41.3%的贫雇农，占有土地24.4%；占总人口40.3%的其他劳动群众，占有土地66.8%。

农业一直是临潭县的主要产业。解放后，除少数人兼营商业外，占全县人口60%以上的人从事耕种小麦、青稞、大豆、洋芋、油籽等农作物的生产，不仅为本县人民提供生活用粮，而且还部分地供给我州的一些牧业区，成为当时甘南的主要产粮区。土改前夕，临潭县已经形成以农为主、农商兼并的经济形态，为繁荣和发展本地区的经济等项事业，起着积极的推动作用。

1950年6月30日，中央人民政府颁布了《中华人民共和国土地改革法》，指出土改的基本目的是“废除地主阶级封建剥削，实行农民的土地所有制，借以解放农村生产力，发展农业生产，为新中国的工业化开辟道路。”土改的方针和任务是“依靠贫农、团结中农，有步骤地、有分别地消灭封建剥削制度，发展农业生产”。甘南同全国一样，解放后劳动人民虽然在政治上翻身站起来了，但中国封建社会长期造成的“土地高度集中”问题，并未得到彻底解决，广大农民未能掌握农村的大量土地，他们有着“土地还家”的迫切要求和强烈愿望。临潭县的土改运动正是在这种背景下开展起来的。

1950 年，临潭县人民政府首先在一些乡村开展了减租、减息活动。其次，从 1951 年 10 月至 12 月，在本县寇家桥乡（今扁都乡）进行土地改革试点。然后在此基础上，除 365 户藏族农户外，于 1952 年 2 月至 4 月在全县全面开展了土地改革运动。全县共划定地主阶级成分 229 户，占农村总户数的 1.8%；富农 215 户，占农村总户数的 1.7%；中农 4425 户，占农村总户数的 35.6%；贫雇农 5401 户，占农村总户数的 43.4%；其他劳动阶级成分 2172 户，占农村总户数的 17.5%。通过轰轰烈烈的土改运动，极大地提高了广大农民的思想觉悟，解放了生产力，促进了农业生产的发展。同时，落实了党的民族宗教政策，使民族团结得到了进一步的加强，也为后来的农业互助合作化运动奠定了基础。

寇家桥乡的土改试点

寇家桥乡位于临潭新城以东约五华里的地方。1951 年底，全乡共有 5 个行政村、25 个自然村、1109 户人家，其中回族 9 户。全乡有耕地面积 28988 亩，总人口为 5943 人。

土改前夕，寇家桥的封建势力较为严重，并具有一定的代表性，总结起来有以下两个特点：一是国民党官僚家庭多。据统计，当时全乡有曾任国民党区分队以上的骨干分子 21 人，三青团分队以上骨干分子 36 人；有国民党旧职人员 94 人，旧军人 19 人。全乡 10 个行政村的主任中，没有一名贫雇农。二是剥削阶级盘削农民的手段繁杂、苛刻。主要剥削形式有三种：一曰“鸡上架”，就是“驴打滚”式的以日计息。如日放债 1 元，隔夜利息也为 1 元。这类债账多为短期。二曰“大一分”，就是以月计息。如月放债 100 元，每月收息 10 元。这是最普遍的债务。还有“大二分”“大三分”，甚至“大五分”的，但不普遍。三曰“吃团稞”，就是以年计息，以粮代息。如放债 1 元，年交利息麦子 3 斗至 5 斗（当时每斗计 45 斤）。

经过土改运动，寇家桥乡共划定地主阶级成分 18 户，有人口 194 人。土改前，共占有土地 1911 亩，占全乡总土地面积的 6.6%，土改后占有土地 267.7 亩，占全乡总土地面积的 0.92%；共划定半地主式的富农 42 户，有人口 326 人。土改前其占有土地 3130 亩，占全乡总土地面积的 10.8%，土改后占有土地 3018.5 亩，占全乡总土地面积的 10.4%（其中 39 户富农的土地未动）；划定中农 518 户，有人口 3094 人，土改前占有土地 18834.9 亩，占全乡总土地面积的 65%，土改后占有土地 18915.2 亩，占全乡总土地面积的 65.2%；划定贫雇农 503 户，有人口 2245 人，土改前占有土地 4688.3 亩，占全乡总土地面积的 16%，土改后占有土地 6171.8 亩，占全乡总土地面积的 21.3%；划定小土地出租和其他劳动阶级 28 户，有人口 86 人，土改前占有土地 67 亩，占全乡总土地面积的 0.2%，土改后占有土地 19 亩，占全乡总土地面积的 0.07%。在土改中，寇家桥乡还对 5 个行政村的部分土地作了调整，共 360 亩。

寇家桥乡的土改试点工作是分三个步骤进行的。第一为组织发动贫雇农群众。1951 年 10 月 14 日，参加土改试点工作的 54 名干部来到寇家桥乡，分成 5 个工作小组，每组约 10 人左右，领导机构设在该乡扁都村。整个工作是从发动群众入手的。工作组集中的当天下午，就召开了全乡干部及农会会员座谈会，并听取了乡长作的情况介绍。第二天，各工作小组就分别进村，开始了 40

天的发动群众工作。工作小组针对各村的具体情况，进村后首先召开村干部会、村民会和农会会员会议，说明来意，讲明土改政策。其次，全体下乡干部深入群众，进行访贫问苦、扎根串连、调查摸底工作，并与群众打成一片，坚持同吃、同住、同学习、同劳动，以纯朴的阶级感情和深入实际的工作作风，赢得广大贫苦农民的信赖，很快打开了工作局面。但由于土改是一项新工作，难免出现一些问题。刚开始时，有的干部只注意发动贫雇农，忽视了对中间力量的教育和争取；有的干部产生了急躁情绪，在群众还没有完全发动起来之前，就盲目召开各种诉苦会，而且被诉对象面广、量多，使部分农民之间产生了不团结的现象。县委发现这些问题后，立即于1951年11月1日召开了为期9天的土改工作干部扩大会议。会上，对前15天的工作进行了检查总结，又组织土改干部重新学习、讨论了有关土改政策和文件，并强调指出民族杂居地区搞土改的一些特殊政策和方法。会议结束后，全体工作组的同志又深入各村，挨家逐户走访群众，组织广大农民认真学习党的土改政策。同时，各工作组还特别向群众宣传强调党的“区别对待”的政策。即对地主阶级采取说服教育与斗争、镇压相结合的方法，争取多数，打击少数。对回族地主的土地、财产，先保留，后没收（对藏族富户不划地主成分，通过协商，采取自愿原则）。对汉族地主的土地、财产，则先没收，后分配。对富农阶层，着重贯彻党的“保护富农经济”的政策，其出租土地一般保留不动，要求他们安心生产，同情农民土改，不与地主相勾结。对中农，教育他们懂得“贫雇农与中农是一家”的道理，解除他们思想上存在的“打乱平分”的顾虑。对广大贫雇农，除了让他们掌握、了解土改的目的外，还使他们懂得只有团结中农，壮大农民队伍，才能彻底打垮地主阶级的道理。在深入进行思想政治工作的同时，工作组按照群众意见，撤换了一些民愤较大的村干部，并及时召开贫雇农、中农及土改积极分子会议，整顿和壮大了原有的农会组织，使贫雇农占了绝对优势。另外，还建立了乡、村的妇联、青代会、民兵组织等，分别召开了各种会议。与此同时，工作组发动广大青年建立了识字班、夜校等，组织他们讲故事、唱歌曲、扭秧歌等，活跃了农村的文化生活。

第二是划定各类阶级成分。群众发动起来后，为了准确掌握各家的土地、财产，做到不错划农民成分，从 11 月 27 日至 12 月 12 日，各村工作组从社会调查入手，做了大量的调查研究工作，基本掌握了各家各户的土地和主要生产资料。在此基础上，按照先贫雇农，后中农，再富农，最后定地主的工作步骤，采取自报公议、民主评定和出榜公布的“三榜定案”方式，划定阶级成分。每划一个阶层，工作组就及时进行总结，认真检查划分是否准确，群众是否满意，继而安排下一步的工作。由于惩治了一些顽固对抗土改运动的地主分子，加强了对农民的集体教育与个别教育，使各阶层都程度不同地理解、掌握了土改的政策和目的。因此，群众自报成分很积极，也较为准确，加上民主公议和张榜公布，只用了短短 15 天的时间，就结束了划定阶级成分工作。

第三是征收、没收财产和分配胜利果实。从 12 月 15 日至 12 月 31 日，在全乡土改积极分子的带动下，许多农民表示不自私、不受贿，严密监视地主非法转移财物。各行政村都成立了“征收、没收、分配委员会”，下设登记、搬运、检查、没收四个组，并对工作人员进行思想教育和业务培训。整个没收、征收工作从加强民族团结的目的出发，贯彻执行“区别对待”的方针，先让地主写出自家土地及财产清单，然后由“征收、没收委员会”进行核对，核实后就按清单予以征收和没收。为了掌握群众对此项工作的思想动态，工作组及时深入各个阶层进行了解，结合具体情况，讨论研究没收、征收的具体原则、方法及注意事项，并对每户征、没对象的征收、没收、保留与照顾部分，都定出了具体方案，然后按照先处理土地，后处理耕牛、农具、房屋、粮食的顺序，在各村农会的监督和协助下，逐一开展工作，使全乡征、没收工作进行得较为顺利。

在分配时，工作组和乡农会号召“农民要互让、互谅”“天下农民是一家”和“干部不自私”，并提出了“分配要合理，方法要民主”的原则，既注意先满足贫雇农的需要，又适当照顾中农的利益，大体按人口进行分配，但又不搞绝对平均主义。对土地的分配，一般以村为单位进行，全乡只作必要的少量调剂。分配方法是：坚持照顾原耕，抽多补少，抽肥补瘦，缺什么补什么，不缺不补，注意照顾烈军属。尽可能地做到公平合理，使大家满意。对地主分子分配与农民同样的一份土地，使其在劳动中自食其力，改造自新。对耕牛、农具等生产资料的分配，在工作组和村农会的领导下，经过群众充分协商讨论，在广泛听取各方面意见的基础上再研究分配，确定方案，然后贯彻执行。

由于寇家桥乡是个多民族杂居区，所以在分配时，特别注意贯彻执行党的“区别对待”和“放宽”的政策，给少数民族地主分子所留的土地不仅多于汉族地主，而且还给清真寺的阿訇也分了土地和财产，赢得了民族宗教人士的信赖。

全县的土改经过

临潭县是个汉、回、藏民族杂居之地区，解放初的农村经济十分薄弱和落后，旧城市（区级市）虽以商业为主，但全县还是以农业为主要产业，因而封建经济占着主导地位。一些富商和地主，不但掌握了相当数量的钱财，而且还控制着千百亩良田。他们出租放债，重利盘剥，给广大农民和其他劳动群众带来了严重困难和痛苦，极大地扼杀了新社会赋予贫苦农民的生产积极性，束缚了生产力的发展。只有彻底摧毁封建社会的地主阶级土地所有制，才能解放生产力，使广大劳动人民真正从经济上翻身作主人。临潭县解放后，经过建立基层人民政权、减租减息、抗美援朝、镇压反革命、生产自救等运动，旧社会遗留下来的汉、回、藏民族之间的纠纷和紧张关系，也逐渐趋于缓和，各民族开始走向团结互助的道路。他们迫切要求消灭地主经济，共同呼吁“土地还家”，废除千百年来的封建桎梏，实行土地革命，这就形成了当时临潭县全面进行土改的政治思想基础。

在取得寇家桥乡土改试点经验的基础上，经中共临夏地委批准，成立了“临潭县土地改革委员会”，县委书记高增汉任主任，县长范怀银、副县长马富春任副主任，康连怀等10位同志任委员，指导全县土改工作。县土改委员会的工作方针是：“从民族团结出发，依靠贫雇农，团结中农，中立富农，有分别地消灭封建剥削制度，并在封建斗争和发展生产中，更进一步的加强和巩固各民族间及本民族内部的团结。”

根据中央有关土改文件规定的精神，县土改委员会结合临潭县的实际，决定土改运动只在汉、回两种民族中进行，对全县365户藏族一律不实行土改。其理由为：一是居住在临潭境内的这365户藏族是卓尼杨土司的属民，杨土司对他们实行的是“兵马田地”。即土司将土地以每个兵马田为10亩出租给农民，平时耕耘，战时自备枪马去打仗，农民只有土地使用权，而无转让和买卖的所有权。二是这些藏族农户每家耕种的田地数量不等，难以统一划分。三是杨土司实行的“兵马田地”，租种者只对土司履行兵马和“乌拉”（差役）、缴纳粮钱柴草等各种义务，只准转佃，人死后归还土司。四是1950年初，杨复兴已宣布废除土司制度。这样，临潭县的这些藏族农户所种的“兵马田地”，无形中已变为己有，而且人均土地占有量大致相等。因此，为了正确贯彻执行党的民族政策，在临潭县的365户藏族农户中未搞土改。

鉴于临潭县的民族、宗教和与卓尼县毗邻交叉的特点，县土改委员会专门就寺院和交叉地区的土改作了实施规定：一是对伊斯兰教寺院的土地一般不动。如教方自愿拿出一部分土地时，也可以接受。又如当地土地奇缺，群众有强烈要求时，经双方协商同意，报经县委批准后，方能接收分配。对于藏传佛教教寺院的土地一律不动。二是对杨土司已实行“兵马田地”的藏族农户，不论其当时属临潭或卓尼管辖，也不论其交叉居住，均不进行土改，也不发动群众进行减租、反霸斗争。但对不属卓尼杨土司“兵马田地”，而系临潭县管辖的极少数藏族农户，可以实行土改。三是参加土改的极少数藏民中，有确系达到地主成分条件者，不划定其成分，先采取协商的办法，动员他们自愿拿出部分土地、粮食和耕畜等，然后分配给其他贫苦农民。对其房屋一般不动。

土改工作全面铺开后，县土改委员会认真分析全县的实际情况，针对临潭县汉族占多数但民族杂居的特点，除了坚决执行中央制定的一系列土改方针、政策外，还实行了不同于内地汉族地区的三条土改政策：第一，发动群众，充分揭露恶霸地主和不法地主的罪行，没收其财产。采取以“本民族为主，其他民族支援”的办法进行。第二，对地主分子，以现实表现为主，参照其剥削量和罪恶的大小，予以区别对待。允许他们对剥削量计算有出入的部分进行申辩，并吸收他们参加民主人士参观团，在县内外进行参观；对一些开明地主，则采取协商办法，在征得本人同意的情况下，照顾性地留给其较好的土地和农具，然后再进行没收。对于那些罪大恶极的地主分子，以他们的罪恶事实为依据，先划定成分，然后将其土地及财产全部没收，最后根据广大群众的意见分给其适当的土地、耕畜和生活资料。做到争取多数，打击少数。第三，对富农出租的土地，一般坚持保留不动的原则；对半地主式的富农，则按照有关土改规定办理。并召开会议，向他们讲明党和政府关于“保护富农经济”的政策，不进行征收和没收。对每户原有的土地不动，只要求他们安心生产，同情农民土改，不与地主勾结。

临潭县的整个土改过程，除了全面推广试点乡的经验、方法和步骤外，还组织了有 42 人参加的土改参观团，赴县内外考察学习，取得经验，以指导本地区的土改工作。经过“三榜定案”后，全县共划定地主 229 户，其中：回族 58 户，汉族 171 户；富农 215 户，其中：回族 23 户，汉族 192 户；中农 4425 户，其中：回族 364 户，汉族 4061 户；贫农 3689 户，其中：回族 337 户，汉族 3352 户；雇农 1712 户，其中：回族 177 户，汉族 1535 户；其他劳动阶级（主要包括小土地出租、工商业者、宗教职业和自由职业者）2172 户，其中：回族 865 户，汉族 1307 户。

这次土改，全县共征收、没收土地 35265.25 亩，房屋 2867 间，庄基地 294.88 亩，粮食 789829 斤，牲畜 1372 头（匹），农具 16986 件，其他生产和生活资料 10794 件。在党的“团结互助，照顾烈军属，支援民族地区”的政策精神指导下，各工作组本着“照顾原耕，抽多补缺”的原则，进行了土改果实的合理分配。当时，全县分得土地的贫农有 1459 户，占本阶层总户数的 39.6%，共分地 7219.5 亩，占应分配土地总数的 20.5%，户均分地 4.94 亩；雇农有 1353 户，占本阶层总户数的 79%，共分土地 10934.29 亩，占应分土地总数的 31%，户均分地 8.2 亩；中农有 235 户，占本阶层总户数的 49.7%，共分地 3229.99 亩，占应分土地总数的 9.2%，户均分地 7.3 亩；其他阶层（小土地出租、工商业家、半地主式富农）有 44 户，占本阶层总户数的 31.2%，共分土地 7530.51 亩，占应分土地总数的 21.4%，户均分地 9.9 亩；地主有 229 户，占本阶层总数的 100%，共分地 3859.16 亩，占应分土地总数的 10.9%，户均分地 5.9 亩；全县留有公地 368.64 亩，占应分地总数的 1%；还有分配剩余土地 2122 亩，占应分土地总数的 6%。

在这场轰轰烈烈的农村生产资料大变革运动中，在党的政策感召下，卓尼土司杨复兴主动捐献出了在临潭境内所辖的“兵马田地”，并动员在临潭县居住，确实达到地主成分条件的藏族群众，自愿献出了土地5000亩。临潭西道堂也主动献出土地1700多亩，耕牛150头，牛车50辆和部分粮食及白洋两万元，推动了全县土改运动的顺利进行。

在土改对敌斗争阶段，全县共控诉和斗争恶霸地主24名，不法分子17名，惩处恶霸9名。对于教派头目，则严格按照党的民族宗教政策，贯彻执行“团结、利用、改造”的方针，采取不诉苦，不斗争的精神。通过说服群众、放宽政策，劝其立功赎罪和安排职务等办法，争取团结民族中上层人士，扩大统一战线。在土改中，由于县委、县政府认真贯彻执行党的民族宗教政策，不但团结争取了民族宗教界人士，而且赢得了全县各族人民广泛的支持和拥护。

在土改运动中，通过组织整顿，全县普遍建立、健全了各级群众组织，成立了68个读报组，参加3566人；建立学习小组299个，参加28900人；开办夜校242个，参加16000人；发展民兵256人；农会会员13030人。各乡村都进一步巩固和加强了青年团和妇女组织。同时还普遍建立了党的基层组织，吸收了一批农村党员。

历时近三个月的临潭县土改运动，彻底摧毁了封建剥削制度，把广大农民从封建地主阶级的长期统治下解放出来，使农村土地所有制发生了根本变化，从而激发了广大农民建设新中国的政治热情和生产热情，促进了农村生产力的迅速发展。在土改积极分子的带领下，全县建立了210个变工队、互助组，出现了临潭史上农业公有制的最早合作雏形，从而也调动了广大农民的生产积极性。他们信心百倍，干劲倍增。土改当年，全县的农业生产就获得了好收成。

本文选自中共甘南州委党史资料征集办公室:《甘南党史资料》，第二辑，1989年9月。

夏河县阿木去乎三乡社教述略

张玉香

1964年秋，中共甘南州委决定在夏河县甘加乡社会主义教育运动试点工作取得初步经验的基础上，又在该县的科才、牙利吉和阿木去乎三乡继续进行第二期牧区社会主义教育运动的试点工作。这次社教团是由西北局和省、州、县、乡各级干部以及大专院校学生、积极分子共763人组成，受中共甘肃省委直接领导。甘南州副州长王如东任工作团总指挥，甘肃省民委副主任沙里士和夏河县委书记郭发永任工作团副总指挥。工作团下设三个工作队，分别进驻三乡。此次社教试点，为以后甘南地区全面开展社会主义教育运动总结积累了经验，解决了民主革命遗留问题，培养了一批立场坚定、革命意志坚强、思想作风好、能够忠实执行党的方针政策的干部队伍。

一

阿木去乎、牙利吉、科才三乡，共有14个公社，64个生产队，1525户，7002人。三乡中科才乡是纯牧业乡，牙利吉和阿木去乎是半农半牧区，都属藏族聚居地区，解放前系拉卜楞寺院政教合一统治的直属部落。1958年虽然经过了平叛和反封建斗争，但是，由于基本群众还没有真正发动起来，封建势力没有彻底打垮，并在不少群众中还有很大的影响。劳动牧民在思想上、政治上、经济上还没有得到彻底的翻身，劳动牧民的阶级优势没有树立起来。因此，要在这次社教中，以完成民主革命遗留问题为主要内容，建立劳动牧民的阶级队伍，在干部中开展“四清”运动，整顿和建立健全党团组织和社队组织等工作。

工作团于 1964 年 11 月进驻三乡。首先以 15 天的时间训练工作团干部，主要学习中央“双十条”“六十条”“四十条”“贫下中农协会组织条例（草案）”及中央有关划分阶级成分的文件和甘加社教经验材料等。通过学习，要求工作队员深刻领会文件精神，认识社会主义教育运动的伟大意义，了解牧区民主革命不彻底的严重性和民族、宗教及阶级斗争的复杂性，达到提高干部的政治觉悟和思想认识。在此基础上，工作团从以下几个方面为主要内容开展第二期牧区社会主义教育运动。

（一）宣传政策、安定人心

阿木去乎、牙利吉、科才三乡，尤其是阿木去乎乡是 1958 年的全叛地区，这里的很多工作不能深入下去。工作组刚进村时，遇到了很多困难，基层干部抵触情绪很大，有些坏人还在煽动造谣，多数群众心怀疑惧；有的地方不让工作团进村吃、住；有的把干部搬进帐篷的行李扔出来；有的连工作组干部背来的水都不喝。面对这种情况，工作组召开乡、社、队三级干部会议，交待政策，全面系统地讲解“双十条”，访贫问苦，坚持“四同”，深入联系群众，再三说明来意，把党中央和毛主席的政策精神直接传达交给群众，发现和培养积极分子，进行阶级启蒙教育，帮助提高群众的觉悟。同时狠抓当年的收益分配，安排生产、生活，解决群众迫切需要解决的问题。通过一系列艰苦细致的工作，工作局面逐步打开。尤其群众对 1964 年度的收益分配工作很满意，说这是公社化以来最好的一年，如果没有工作组的干部，不可能有这样好的分配结果。广大劳动农牧民开始理解工作组，并掌握了解了党的有关方针、政策，思想转变很快，各生产队涌现出一批积极分子。同时，各生产队建立劳动牧民临时组织，帮助工作组开展各项工作。

（二）公开划分阶级成分

甘南牧区和半农半牧区，在民主改革中，没有公开划分阶级成分。1958 年反封建斗争中以“内部掌握”的方式划分的成分也很乱，影响了正确贯彻执行党在牧区的阶级路线。这次牧区社会主义教育运动中主要解决阶级界线混乱的问题。阿木去乎、科才、牙利吉三乡，在划分阶级成分中，根据西北局第一次民族工作会议纪要中关于划订牧主的标准和 1964 年夏河县甘加乡社教试点情况，首先在阿木去乎的三个生产队进行摸底试划。从试划的情况来看，牧主达不到《纪要》规定的“牧主阶级应该掌握在总户数的3%—5%”的比例。工作团经甘肃省委和西北局请示同意后，从实际出发，灵活运用，降低划分牧主阶级成分的标准。降低后的划分办法是：凡占有大量牲畜（按人口计算超过当时全乡人均占有量的一倍以上，或者按户计算超过当时全乡平均每户占有量的一倍以上），在解放前 3 年或 1958 年前 5 年中任何连续 3 年内，其剥削收入超过全家总收入的 30%以上的划为牧主；凡是拥有封建压迫剥削特权、依靠对广大牧民进行剥削为生、封建统治实权比较稳定、统辖百户以上的部落头人，拉卜楞寺院派往其他寺院的赤哇，统辖教民在百户以上的寺院掌权活佛和他们的主要管家，拉卜楞寺院派往部落的政教代表（郭哇、更察布）等，都划为封建主。另外，占有大量牲畜，经济剥削达到牧主标准，拥有封建特权进行超经济剥削的；封建主在解放前已经失掉封建职位和实权或者本人在 1958 年前已死，如果其家庭仍然不参加或很少参加生产劳动，依靠敲诈勒索等剥削为主要生活来源的，也划为封建主。

科才乡是牲畜比较集中的纯牧区，牙利吉和阿木去乎乡是以牧为主、兼营农业的半农半牧区。因此，按情况的不同，对划分牧主的具体标准也不同。科才乡：凡是占有牲畜折羊 600 只以上，剥削量在 50%以上的划为牧主，有的占有牲畜折羊达 1000 只以上，剥削量达不到 50%，而超过 30%也划为牧主。在牙利吉、阿木去乎乡，凡是以牧为主，按户计算，占有牲畜超过全乡平均数的两倍以上的；凡是以农为主，占有土地超过全乡平均数的两倍以上，占有牲畜折羊超过全乡平均数的一倍以上的，剥削量在 30%以上的划为牧主，单纯经营畜牧业的牧主，按照科才乡划分牧主的标准划分。

对于富裕牧民的划分标准是：一般占有较多牲畜和其他生产资料，有轻微剥削，生活富裕，有的虽然没有剥削收入，但占有牲畜和其他生产资料较多，生活富裕，还有的虽然租入少量牲畜或受一些地租剥削，但占有牲畜和其他生产资料很多，生活富裕，群众要求划为富裕牧民的，也划为富裕牧民，通过以上标准划分，阿木去乎、牙利吉、科才三乡的农牧主阶级占总户数的 4.4%以上。

（三）清理各种政治帽子

1964 年 1 月，甘肃省委印发了《关于少数民族牧区开展社会主义教育运动若干问题的意见（草案）》。《意见》指出：在牧区社会主义教育运动中，必须做好以下工作："清理和审定过去戴叛乱分子帽子和其他政治帽子问题，清退错没收的牲畜、财物和确定畜股、定息"工作。社教团对三乡的各种政治帽子进行了全面的清查和重新登记。同时主要清理 1958 年叛乱中的反革命分子（叛乱分子）。通过清查以下人员被定为反革命分子。

①凡是组织、策划、公开参加武装叛乱，或主动、大量、积极支援、窝藏武装叛匪的封建主、牧主分子，定为反革命分子。对虽然不是封建主，但过去是头人、活佛、管家，而且在1958年组织策划武装叛乱或公开参加武装叛乱，后来又有严重的复辟、破坏活动的，仍定为反革命分子。

②牧主阶级家庭其成员，不是叛乱骨干分子，罪恶不大的，未定其为反革命分子，但对叛乱中有较大罪恶活动，后来又有严重复辟破坏活动的，定其为反革命分子。

③牧民阶级中，参加了叛乱，充当百人以上匪首和相当于以上职务的骨干分子，坚决与党和政府为敌的分子，也定其为反革命分子。

通过以上办法清理出来的反革命分子，依照法律手续公开戴上反革命分子的帽子。同时对参叛的封建主、牧主分子中，罪恶轻微，回来后又安分守法，参加生产劳动，没有复辟破坏活动的；牧民阶级中参加叛乱的骨干分子，如果本人已死，或者服刑释放后一直积极参加生产劳动，表现好的，经群众讨论同意后，摘掉其叛乱分子或反革命分子的帽子。

1958年平叛和反封建斗争中，阿木去乎、牙利吉、科才三乡，属“没收面太大”的地区之一。在这次清理清退错没收财产中，原则上参照了甘加乡社教试点中拟定的《关于清退错没收牲畜、财物的规定（草案）》。同时按照阿木去乎、牙利吉、科才三乡的具体情况，凡是没收的财产，被倒算回去的，要求一律如数退回。没收了寺院、昂欠的土地、牲畜、房屋及其他财产，一律不变动。没收的牲畜和财物，过去已经分配处理了的，不变动；没有作分配处理的和这次社教中新没收的，以生产队或公社为单位，分配给贫苦牧民和不富裕牧民，重点扶持生活比较困难的贫苦牧民，其中牲畜作为入社的畜股，享受畜股报酬。没收的其他财物按入社的生产资料全归集体所有。没收的寺院、昂欠的房屋，社、队能够使用的，都归集体所有。对没有参加叛乱的牧主的牲畜和财物，1958 年被没收了，但本人后来有严重破坏活动的，不清退。错没收了的爱国守法牧主的牲畜，经过折价后归集体。如已分配给贫苦牧民的，记上畜股，享受畜股报酬，国家付给牧主定息。

(四) 结合实际，开展“四清”

1963 年 2 月，中央在北京召开工作会议，会上毛泽东主席总结湖南、河北等地的社会主义教育运动的经验时，提出在全国农村进行以“四清”(清理账目、清理仓库、清理财物、清理工分) 为主要内容的社会主义教育运动。嗣后，中央连续制定出《前十条》即《关于目前农村工作中若干问题的规定 (草案)》；《后十条》即《关于农村社会主义教育运动中一些具体政策的规定 (草案)》；《二十三条》即《农村社会主义教育运动中目前提出的一些问题》。《前十条》是农村开展社会主义教育运动的纲领性文件，要求重新组织革命的阶级队伍，开展大规模的群众运动，打退资本主义和封建势力的进攻。《后十条》强调要“以阶级斗争为纲”，同时又指出团结 95%以上的农民群众和农村干部的重要性，规定了依靠基层干部，以及正确对待地主、富农子女等政策。《二十三条》规定：城市和乡村的社会主义教育运动，今后一律简称“四清”，即清政治、清经济、清组织、清思想。同时肯定干部的多数是好的或比较好的，要尽快解脱他们，逐步实行群众、干部、工作队“三结合”，要走群众路线，不搞神秘化，不搞人海战。甘南牧区社教团在阿木去乎、牙利吉、科才三乡的“四清”工作中，向广大牧民群众广泛宣传、讲解《二十三条》内容，提高广大群众对党的“四清”政策的认识，使广大群众懂得干部“四不清”就不能有效地巩固无产阶级专政，就不能有效地进行社会主义革命和建设。同时要求按政策规定一分为二地看待干部，本着“惩前毖后、治病救人”的政策，实事求是地揭发干部的问题。要求基层干部，解除思想顾虑，“洗手洗澡”“放下包袱”“轻装上阵”。通过宣传教育，绝大多数人自觉交待出政治思想、封建迷信、经济账目、多吃多占等方面存在的问题和错误。如阿木去乎乡黑里宁巴公社，通过两天的会议，绝大多数基层干部放下包袱，交待问题，积极退赔多吃多占的财物，共退现金 121.13 元，退物折合人民币 1819.39 元，占应退金额 2058.18 元的 95%，其中有些人一次就退清了。随着干部的觉悟程度，以团结 95%以上干部的原则，对只有多吃多占者，只要本人主动检查交代改正了的，经群众讨论同意，一般没有追究，也不退赔；个别数量大，情节恶劣，群众有意见的，让他们酌情退赔。对有一般性贪污盗窃，投机倒把，只要本人坦白交待，积极退赔，保证不再重犯的，基本上不给处分；对有严重贪污盗窃、投机倒把活动的，只要彻底坦白交代，积极退赔，确有悔改表现的，从宽处理，坦白交代不好的，从严处理。对清理出来的财物，抽出 20%照顾给困难户，其余均按现有人口（除封建主分子、牧主分子、反革命分子和戴帽子的贪污盗窃分子、投机倒把分子外），分配给社员群众。群众的积极性大大提高，主动帮助工作组查清历年来的收支、分配以及畜产品等项账目，共同建立健全各项财务制度。达到了“四清”不是激化干部之间的矛盾，而是干部更加团结的目的。

（五）开展对敌斗争

中共八届十中全会以后，中央认为：“各少数民族中还存在着阶级和阶级斗争，存在着社会主义和资本主义两条道路的斗争，存在着把民主革命进行到底和封建复辟的斗争，存在着祖国统一和民族分裂的斗争”。因此，在这次牧区社会主义教育运动中，彻底完成民主革命补课任务的同时，坚决打退封建势力和资本主义势力的猖狂进攻是一个重要任务。从阿木去乎、牙利吉、科才三乡的实际来讲，封建势力在这个地区历来十分强大。1958 年的平叛、反封建斗争，封建势力并没有被彻底打垮。社教开始以来，还有一些顽固分子在不断地扰乱社会治安，进行破坏活动。因此，通过社教运动，必须挖掉封建势力和资本主义势力的根子，“再不能留下民主革命不彻底的尾巴”。各工作组继续深入发动群众，用“双十条”武装群众，启发广大群众自觉起来革命。进一步壮大劳动农牧民的阶级队伍，切实形成劳动农牧民的阶级优势，在社教中参加劳动牧民协会的贫苦牧民和不富裕牧民逐步达到 60%左右。同时，团结两个“95%”，狠抓富裕牧民和封建主、牧主子女的教育，逐步实现“三结合”，保证了对敌斗争的顺利进行。经过发动群众、划定阶级成分、“四清”等工作，各工作队基本上确定了三乡的斗争对象，即几年来有严重封建复辟活动的封建主、牧主、反革命分子和严重贪污盗窃、投机倒把分子，对他们的罪恶事实，先查证落实，形成事实材料，经乡工作队党委审查后报工作团党委审批。同时组织积极分子、苦大仇深者和知情者，先从生产队开始层层批斗，最后三乡联合召开大会进行重点批斗。在斗争中根据他们的罪行、民愤和影响大小，进行区别对待，以不同情况，在不同的范围内进行批斗，并建立监改小组，制定必要的制度，就地监督改造。

(六) 建立健全党的基层组织

阿木去乎、牙利吉、科才三乡，1964 年底社教前，只有 7 个党支部，44 名共产党员，3 个乡大多是全叛区，这对建立健全党的基层组织带来了一定的困难。1961 年 2 月 14 日，中央对西藏工委的批示《对社会上建党工作一些带政策界限问题的意见》中规定："不仅对叛乱分子不得吸收入党，即对劳动人民中真正是逼迫、裹胁参加叛乱的胁从分子，也必须经过十年以上的长期考验，而且具备入党条件之后，才能考虑其入党问题。"社教团在贯彻执行这一规定的同时，分析甘南的实际情况。阿木去乎、牙利吉、科才三乡在叛乱中，有些劳动牧民，开始被裹胁参叛，而中途逃跑回来，没有参加战斗，或者是战斗刚一打响，就被击溃跑回；有的回来后又参加了民兵，协同解放军进行平叛；有的是反封建斗争中的积极分子，后又被选拔为干部，表现很好。根据这一实际情况，对以下四种人作为培养对象：①叛乱中敌我分明，敢于同敌人进行顽强斗争，坚决不参加叛乱，表现一直很好的。②没有参加叛乱，又是这次运动中的积极分子。③裹胁参叛，没有参加战斗，中途逃回，或在叛乱中被击溃跑回，并无任何罪恶，从反封建斗争的历次运动中，一贯表现积极，对叛乱认识明确，立场坚定，坚决跟着共产党走社会主义道路的。④ 1958 年前还俗的贫苦和尚，还俗后一贯参加生产劳动，对宗教的反动本质有明确的认识，立场坚定，历次运动中都表现积极，能坚定地走社会主义道路的。对达到以上标准的培养对象，在调查清楚他们的政治历史的基础上，工作团专题报告请示省委及西北局后，由工作队党委以"更高更严"的要求进行审批。与此同时，工作组调整乡级领导班子，选举社、队干部，建立民兵组织。通过半年多的社会主义教育运动，三乡基本上健全了基层组织。

二

阿木去乎、牙利吉、科才三乡，解放后在党和国家的大力扶持下，牧民群众的生产、生活有了一定的改善。但是 1958 年的反革命武装叛乱中，这里是重灾区，对生产造成了极大的破坏，牲畜总头数大幅度下降，到 1964 年虽有上升趋势，但牲畜质量仍在下降，畜群组成不合理。有些社、队幼畜多，成畜少，甚至出卖宰食幼畜和适龄母畜；有些队缺少役畜，搬运帐篷也有一定的困难，加之贫苦牧民原来的经济基础很薄弱，1958年反封建斗争中直接分得的财产也不多，入社畜股很少，生活仍很困难。经工作组调查了解，约有三分之一的人没有帐篷，或者帐篷很破烂，没有防寒皮袄，无钱买粮的人更多。针对这种情况，工作组自始至终，坚持扶助贫苦牧民和以恢复发展畜牧业生产为首，改善经营管理，巩固和发展集体经济。同时，为减轻牧民负担。首先减少国家的收购任务，不收购适龄母畜和幼畜。其次，提高牧民的口粮供应定量，由每人每月22斤提高到25斤，对无钱买粮的贫苦牧民，每年由国家拿出一部分资金，给予补贴。再次，为了帮助贫苦牧民尽快地改变贫穷面貌，仿照农业区合作化时给贫农发放股份基金的办法，给贫苦牧民发放入社牲畜股份基金，以使他们能够达到当地平均每人入社牲畜的股份数。三个乡在社教运动后期，以平均每户（贫苦牧民）发放股份基金180元。这种方法不仅帮助了贫苦牧民增加收入，而且有利于加速牧区生产建设，发展集体经济，也有利于帮助贫苦牧民在政治上树立起领导优势，实现当家作主，更有利于扩大党在牧区少数民族劳动牧民中的影响，进一步提高了党的威望。

本文选自中共甘南州委党史资料征集办公室：《甘南党史资料》，第六辑，1995年。

卓尼县人民公社化运动梗概

朱克勤

1958年，甘南州出现的人民公社化运动，是在“大跃进”的浪潮中掀起的农村生产体制大变化的改革运动。1958年8月17日，党中央在北戴河政治局扩大会议上，讨论了“关于人民公社问题”，并作出了“决议”。全国各地闻风而动，掀起了大办人民公社的高潮。在此期间，中共甘南州委于8月20日召开电话会议，25日电报指示，立即在全州掀起轰轰烈烈的宣传、建立人民公社的群众运动。中共卓尼县委于8月29日发出“在全县掀起宣传、建立人民公社运动的紧急指示”，要求：“八乡一镇”于8月底实现公社化；录竹、北山、上迭、下迭区在9月5日前实现公社化。之后，在不到一个月的时间里，全县共建起人民公社33个。一般一乡建一社，乡社合一，乡（镇）长担任社长，乡（镇）党委（支部）书记担任公社书记。从11月份开始，小社并大社，全县合并成柳林、纳浪、洮南、洮北、新堡、录竹、北山、上迭、下迭9个人民公社。人民公社设党的委员会、监察委员会和管理委员会。党委设办公室、组织部、宣传部。管委会设办公室、农林部、工交部、基本建设部、文教卫生福利部、财政贸易部、武装保卫部。各部（室）配专兼职部长（主任）和干事（秘书）各一人，处理分工范围内的日常工作。公社以下设生产大队和生产队。生产大队管理生产，也是进行经济核算的单位。盈亏由公社统一负责；生产队是组织劳动力的基本单位。全县共组建生产大队37个，生产队130个，有总人口58651人，耕地272927亩，各类牲畜162512头(匹、只)。

卓尼县建立的人民公社具有以下几个特点：

一、政社合一的体制，“一大二公”之特征

人民公社化运动是受全国大气候影响的“左”倾错误的产物，是在各地连续不断地批判所谓的“右倾思想”，提倡“大跃进”，开展大鸣、大放、大辩论以及“拔白旗”“双改”等一系列政治运动中进行的。农村人民公社的建立，使农牧区各个方面发生了极大的变化。

政社合一的人民公社，不仅是农牧民群众集体所有制的合作经济组织，也是农村、牧区基层政权机构。这种体制，使农牧民的集体经济直接受控于国家政权，为行政干预经济搭起了桥梁，更加便利于公社领导，用行政手段指挥一切，助长了当时已经盛行的“瞎指挥”和强迫命令等作风。

“一大二公”的所有制，不但使人民公社的组织规模加大，而且公有化程度也提高了。卓尼县初期的人民公社大体是由10个左右的农牧业生产合作社并为一个公社的，后又由附近4个小公社并为一个大公社。平均一个公社有6500多人。最大的上、下迭和录竹公社各有万余人。这样大的规模，与公社基层干部的管理水平很不适应，一度造成了生产、经济管理等各方面的极度混乱。至于公有化程度高，除将原高级社的一切生产资料全部归公社所有，实行单一的公社所有制外，还为了“消灭资本主义的残余”，把社员的家庭副业和自留地、自留畜全部取消，家禽、家畜全部归集体饲养，锅、碗、勺、筷、坛坛、罐罐大都无偿地收归食堂；

有些社员的房屋被无偿占用；把多余的衣物、被褥、毛毡等捐献给托儿所、敬老院；许多群众家里被搬夺一空。

劳动组织军事化，行动战斗化。全县各公社把16岁至40岁的男女劳动力，按军队编制，组成班、排、连、营、团，由公社统一领导，统一指挥。采用大兵团作战的方式从事劳动生产，全县共编7个团，38个营，125个连。在统一调动下，兴修水利，大炼钢铁，深翻土地，积肥造田，进行秋收打碾等突击性的生产。另外，全县还搞“共产主义大协作”，领导指挥到哪里，群众就大干、夜战到哪里，完不成任务“不准收兵”。

二、全县实行供给制的分配制度，不论到哪里吃饭不收钱

伴随着人民公社的建立，全县各地纷纷办起了公共食堂。从县城到农村及牧区共建公共食堂430个，全部实行伙食供给制，吃饭不收钱。与此同时，全县还办起幼儿园138所，入园儿童3837人；托儿所72个，入托儿童2159人；敬老院48个，实行生活集体化。

“巧妇难为无米之炊。”办好公共食堂最根本的物质基础是粮食，当各食堂刚办起时，由于动员社员把家中积存的“双改”运动中没收的粮食、面粉、食油、肉食统统拿到食堂，使食堂里的“大锅饭”一度调济得很不错。一般在三五天内不吃重饭，有的一周内不吃重饭，吃多、吃少不限量，并且对外开放，让过路行人吃了饭，还要留下“满意不满意”的意见再走。可是好景不长，从10月全县食堂化到12月，两个月的大吃大喝，加之刮起了“吹牛”“浮夸风”“高指标”“高征购”，粮食问题就越来越突出，公共食堂的大锅饭也越来越稀了。到1959年以后，各公共食堂实行按人定量，“低标化、瓜菜化”，粮菜混吃。到1960年初，口粮标准每人每天只吃半斤（一市斤为16两）左右，甚至三四两。很多

食堂濒于无面粉下锅的困境，顿顿“清拌汤”，清得能照见人影，这样导致以后出现了饥荒和人畜非正常死亡的现象。

大办公共食堂，并非出自广大农牧民的真正愿望，而是形势所迫、大势所趋。当时，在“上逼、下压”的情况下，广大群众被声势浩大的吃食堂大潮席卷而入。而且组建食堂速度之快令人惊异。大都在三、五天内就建成开灶，有的一夜之间就搭起了架子。当时组建食堂的宗旨是“便于领导，便于群众，有利于生产、工作、学习，有利于培养社员的集体主义思想”。可是在建食堂时，为了完成任务，不顾条件差、底子薄、社员居住分散等实际情况，一哄而上，硬性组合拼凑，致使食堂规模太大，少则几十人，多则几百人，在一个食堂里吃大锅饭。有的社员去食堂吃饭得走二三里路。这样做结果恰恰是阻碍了生产的发展，影响了社员的生活，成为群众的巨大精神负担。

当时，实行伙食供给制或粮食供给制，否定了按劳分配、等价交换的社会主义原则，挫伤了农牧民的生产积极性。全县各地不论“超产队、平产队、减产队，社员口粮都是一个标准”，“无论人多劳少、人少劳多、劳动好坏都一样吃饭”。这样不顾客观条件的可能，人为地拉平队与队、人与人之间的差别，大搞平均主义，尤其把富裕队的粮往穷队调拨。把社员结存的粮、面、油、肉收归食堂，名为平价处理，实则“平调”的做法，群众十分不满。生活资料实行供给制。由于供给比例过大，有的反而“把人供懒了”，再加上干活不记工分，也不考勤，使不少人产生了“干不干，都吃饭；干不干，都吃一样的饭”的懒汉思想。

三、全县压倒一切的中心任务是大炼钢铁

伴随着人民公社化运动，卓尼全县各行各业“大跃进”，大办工业，大炼钢铁，这是当时压倒一切的中心任务。县委提出：“全

党动员，全民动手，全力以赴，大办地方冶炼工业。要组织万人兵团，家家采矿，户户冶炼，人人动手，个个上矿（阵），边采边炼”，并要求“政治挂帅，思想领先。抓重点，带一般，以全面保重点”。“责任到人，任务到乡、矿、户，以大带小，以小辅大；以小土炉为主，先肥后瘦，万斤不嫌多，一斤不嫌少”。

此后，全县掀起了大炼钢铁的群众运动，统调5500多劳动力，到卡日山、加麻沟（现洮砚乡境内）、石拉路（现临潭县石门乡境内）、马旗沟（现临潭县陈旗乡境内）、大山神（现卓尼县城北面）开挖铜、铁矿石，到年底时才炼出生铁4吨，粗铜3.2吨。同时开采下拉地（现恰盖乡境内）铅矿石4500吨，小沟（现申藏乡境内）锑矿石150吨，在上迭亚安、新堡的田家寺、鸡儿沟采煤2600吨。

这次全民大炼钢铁运动声势浩大，规模空前，范围广泛。参加的有工人、农牧民、干部、学生近万余人。从农村到牧区，从机关到学校，到处火焰熊熊，车水马龙。此外，全县还大搞水利建设，大搞深翻土地，大搞积造肥料，大搞农具改革等运动，什么都在“大搞”。

以大炼钢铁为中心的“大搞”“大干”，在“左”的思想指导下，不顾客观条件，过分夸大主观能动作用，结果事与愿违，欲速则不达，顾此失彼，造成了国民经济的严重失调。由于耗费了大量的人力、物力，致使1958年因缺少劳动力，把到手的丰产粮食和其他作物弃置在田地里，白白遭受损失。当时，不从实际出发，片面强调“以钢为纲”，超越了当时的物质基础和生产技术水平，虽然经过人民群众近两个月的日夜奋斗，在年底炼出了7.2吨钢铁，但大都质量低劣，不能使用。各地为了早出“成果”，按期向上级“献礼”，把各家各户交的铁器、铜器等用具砸碎回炉冶炼，变成了废品，有的连门扣子都塞进了炼铁炉充当了“成绩”。如此劳民伤财的蛮干，严重地挫伤了干部群众建设社会主义的积极性，给各方面的工作造成了极大的损失和困难。

从 1961 年以后，通过认真贯彻执行中共中央制定的《农村人民公社工作条例（修正草案）》，调小了社队规模，降低了公社化程度，恢复并扩大了社员自留地、自留畜和其他家庭副业，解散了公共食堂，取消了供给制，加强了劳动定额和评记工分制度。特别是 1962 年恢复卓尼县制后，县委遵照中共中央《关于改变农村人民公社基本核算单位问题的指示》，进一步调整缩小了社队规模，实行政社分开，全县设立 20 多个乡，1 个镇，99 个人民公社，427 个生产队。基本核算单位全部下放到生产队，实行“三级所有，队为基础”，这样调动了广大干部群众的生产积极性，各项生产和人民生活逐步得到改善。

本文选自中共甘南州委党史资料征集办公室：《甘南党史资料》，第六辑，1995 年。

英明政策　果断措施

——土改运动轶事

彭尚义　遗稿　　彭明[①]　整理

解放初，临潭归临夏专署领导。1952年土改运动中，临夏中级人民法院对旧城地区土改中诉苦斗争时逮捕的地主分子苏仕元、赵老二、马德良、马全喜、长川尔不都等五名以“血债累累”之罪定为死刑，定于“五一”国际劳动节在旧城宣判并执行死刑。是日早八时前，城内南城根操场周围设岗戒严，有关亲属也做好了领尸埋葬等准备工作，参加大会的群众十时前已整队进入会场。

大约十一时，城头及操场周围的戒严岗突然撤走，接着范怀银县长作了庆祝“五一”国际劳动节的讲话后，大会结束。人们的紧张情绪在茫茫然中得以缓解。事后才得知宣判执行前三小时，社会处接到上级政法部门“停止执行”的电报。范怀银县长当即令通讯员急驰新城通知，到达时县政府已做好准备，拟上街张贴判决布告，于是停止。但“五一”那天，临夏市已将布告贴出。如此重大事件，为何突然间改弦易辙呢？

据说是当时在旧城专门从事社会工作的省公安处社会处处长董宏杰在工作中了解到所谓“累累血债”纯属冤案，是诉苦斗争

---

① 彭明，甘肃省玉门市供销社原副主任，玉门市日杂公司原经理，已退休。

中，群众将历史上地方变乱中遭惨杀的无辜之罪责强加在这几个地主分子的头上。董处长深思熟虑，认为这违背了党的实事求是的原则和民族政策精神，更不符合多民族地区开展土改时，党中央强调的“慎重稳进，缩小打击面”的方针政策，对民族团结不但毫无补益，反而贻害很大，给匪特以种种反宣传口实，影响甘南地区的剿匪、镇反工作（那时马良、敏海峰、边仙桥等股匪正在碌曲、迭部、若尔盖等地活动，党和政府正开展政治瓦解和争取工作）。基于此，为了维护共产党的尊严和伟大形象，从革命的整体利益着想，以高度负责的大无畏精神，据实驰电反映，建议停止执行。经上级政法部门研究，认为意见正确，便电复同意。从而未铸成大冤案，对剿匪争取工作也起到了积极的作用。

（原稿未注明写就时间，估计完成于 1991 年下半年）

2013 年 8 月整理于玉门市

解放初洮河木材的采运

陈星[①]

我是个学艺术的，解放前当过教师，办过刊物。为什么会跑到卓尼搞木材生产呢？

在西北人民革命大学，我用马克思主义、毛泽东思想确立了无条件服从组织分配、全心全意为人民服务的人生观。特别是毛主席的“越是艰苦的地方越是要去，这才是好同志”的教导鼓励了我。四十多年来，我和卓尼地区各族人民建立了良好的感情，并向他们学习了不少东西，也和所有的人一样在风风雨雨里经受着人生的悲欢离合、酸甜苦辣的考验。

二十世纪就要过去，一个五光十色的新纪元即将出现，但我并未忘记洮河的森林和人民为祖国的建设做出的巨大贡献。今将我亲身经历的五十年代初木材采运作如下记述，以飨读者。

收购木材

甘南蕴藏着丰富的森林资源，绝大部分森林生长在卓尼辖区，尤以上、下迭部（那时亦属卓尼县管）的原始森林材质上好，蓄积量大。我曾随省林业调查队步入白龙江林区，这里可谓山大沟深，

① 陈星，甘肃省洮河林业局干部。

不仅无车道，悬崖峭壁上的坎坷小路连牲畜亦难通过。我们像探险队员一样背负着生活资料攀登在崇山峻岭之中，俯瞰奔流直下的白龙江在狭窄的山谷中咆哮，仰视一线蓝天在云雾中缭绕，稍有不慎便会跌入奔腾的江水之中。

而洮河林区山势平缓，土壤肥厚，宜林宜牧亦宜农，大沟小岔炊烟袅袅，靠山傍水寺庙挺立，依依杨柳护卫着清澈的洮河水缓缓东流，它为木材提供了低廉的运输条件，解放前即吸引了公私木商云集于此。

我于1950年底到洮河林场，正是国家颁布对木材统一收购、统一采伐和统一运输的“三统”政策之后，在当地除洮河林场外任何单位和个人无权经营木材，国家建设需材时由省财委向洮河林场下达生产任务，由洮河林场接收了共和公司和林木公司的成品材和林权。当地群众和木商业已采伐的木材，限期拉至洮河或小河岸边，由我率领收购组下起纳浪上至俄河巡回收购。当时的木材价格不仅有利于当地群众而且也有利于木商。

那时木商经营木材有两种方式：一种是向各庄头人购买有限期的森林采伐权，或者根据林木大小以根数计算树胎，自行雇工采伐和拉运；另一种即是以枪支、子弹、豹皮、水獭皮甚至系腰、礼帽和砖茶火柴之类进行成品交换。所以按照国家收购价他们仍有50%的利润。

这里我特别要提到的是，那时的干部是廉洁的，人民群众更是诚实可信的。例如我们收购时牲畜驮着银元现收现付，收购单据也只是由我们自己写张白条，由群众在上面摁个指印，然后将木材交给本庄头人代管，水手编筏运完了事。如此简便的手续，群众完全可以将铁号削去再卖二遍。干部若要从中贪污更是容易，当时有位号称“何十万”的木商见我一张纸条便能领来三万五万，故送我一张五千元的支票（那时的一元钱可以在市上买30斤上好的陇西面粉），我气愤而又耐心地批评了他，并向组织作了汇报。

这不是敢不敢贪污受贿的问题，而是代表了那个时代每个干部的品德。

既然实行了“三统”政策，收购也只能是限于1950年以前采伐的，之后的采伐当由洮河林场以利用和保护相结合的统一原则进行。所以，要保证百废待兴的建设需材，其任务是十分艰巨的。当时的森林所有权还在各庄群众手里，但又不许他们自己采伐。只有向群众买树胎，经过号树进行间伐。然而洮河沿岸已无可采之林，沟沟岔岔交通不便，远水难解近渴，若在洮河边强行作业等于收割尚未成熟的庄稼，无异于杀鸡取蛋。

对洮河森林蓄积量分布情况只有工程师杨耀池了若指掌，他指出洮河沿岸能采伐1万立方米的只有最上游双岔原始林。然而那是毛里土司阿采管辖的十二旗下共有的神林。

解放前，许多木商不止一次出过大价，送过厚礼，但未能跨进林区一步。

“神林”二字给人以神圣不可侵犯的畏惧，然而买“神林”也不是没有先例。大峪沟旗布寺对面的神林早在解放之初即被共和公司买得，采伐权已移交洮河林场，当时只因树大山险交通阻塞，不易开采搁置至今。

杨耀池工程师对阿采土司了解后介绍说：“阿采是位豁达大度，性格开朗，重义气，好朋友的土司，必须以统战方式做好阿采的工作。”省林业局崔步嬴局长亲来共同商讨此事，一致认为必须选一位外表精干、谈吐不凡的干部作为省局代表前往与阿采交友谈判，场长王杰指着我说：“非他莫属”。

我作为省局代表承担了这项任务，以杨耀池、殷建德、张正州等作为随员，又聘请了阿采的好友作为翻译与引见之人。1951年底前，那里尚未去过共产党干部，故为我们配有20多人的武装，携带厚礼，前去拜访。

阿采土司果然热情好客，他那健壮的体形、毫无拘束的性格、直爽的语言、朗朗的笑声，给我留下了一个藏族领袖人物的良好印象。他召集了二十多位僧侣及土官头人，摆了七个昼夜的舌战。他们都能说会道，引经据典，长篇大论地一说就是个把钟头，中心意思就是神林是神圣不可侵犯的。而我则以生物新陈代谢规律、间伐之后有利于更新和森林必然国有化的政策以及支援国家建设的重大意义来说服他们卖比不卖好，同时还得维护党的威信和民族之间的感情，这实在是项艰苦的工作，几天的舌战也辛苦了翻译安扎什。阿采很少发言，当大家思想有所松动，他便当机立断拍板定案。最后以每棵树六个大洋的价格成交，预付十二万元（那时他们还不相信人民币）。

这里的木材质量为洮河林区之冠，每棵树平均材积在两立方左右。双岔河以上还有最后一片森林即唐龙神林，不久也以同样的价格收购了。内地土改后这里也陆续宣布森林国有化，当地群众便向阿采翘起大拇指称赞他的明智和远见。

冰雪滑道

五十年代洮河林区成材林还不少。主要难题是陆地运输不便，缺乏建路资金。大峪沟旗布寺神林，在解放前木商就采伐过，但伐倒的树依然躺在原地难以挪动，解放后也就不敢再采。然而每年都下达着新的采伐任务，为了完成采伐任务，一九五三年便在这里动了斧锯，采伐了两万立方米左右。一九五四年派李广贤去大峪作业所，要他把这批材弄到小河边。但直到一九五五年连一根材也没有翻个身，全部躺在原地未动。原因是木材长而大，且要求全尖下山，全尖运输。二牛抬杠吧，材的直径比牛高，何况坡陡无法修路；若用串坡的办法，山沟窄狭，十根木材就能堵住沟口，下面又是深涧峡谷，无回旋余地，两万立方材集于何地？沟口西面有处荒滩，可以辟为楞场，但必须翻个小山梁，如此大的木材叫它翻山越岭岂不是痴人说梦。

我自一九五〇年进入林区以来，每年都是夏秋在河，冬春在山，每个春节只有寒风作歌，飞雪伴舞。一九五五年洮河伐运任务完成得较早，我欲回家探视久别的高龄老母，但上级把旗布寺集材任务以鼓励性的口气交给了我。我像爬惯杆的猴子一样，只要戴上高帽子，等不得锣响就动作起来。

往年采伐时，工人搭的是窝棚，干部住的是布帐篷，刮起大风像吹火的羊皮胎，生火烟熏得眼里直流泪，一遇暴风雪我们便被压在下面，半夜起来跑步御寒，天亮了又重新支起它。我从水运队和当地群众中组织了三百多位素质较好的工人，三个石头支起一口锅，当天伐木割竹造窝铺当天住，中间挖个深坑架堆火，晚上卧在湿漉漉的地面上，就这样热火朝天地干了起来。

冰雪滑道集材，这在冰冻期较长的东北是惯用的，我也只是耳闻，谁也不曾目睹，但我确信这一理论是可信的。实践出真知，若用三百多人去作实验，一旦失败岂不是劳民伤财，然而再三思考，除此外别无他法。

三公里的滑道，必须通过深涧、山隈、陡坡，尤其要使大材翻越一座小山，这就需要凿山、架桥、填沟、移石，而且要在冰冻前的一月内完成。如此复杂的地形连一架水平仪也没有，仅凭一双肉眼、两只脚和微不足道的一点物理常识去摸索，把数百人安排在不相见的丛林之中同时施工，不允许有丝毫的误差和返工，这是极不容易的。时间之紧迫、经验之不足、物质之贫乏、任务之重大，千斤重担压在肩上。但职工们仅凭一把镐、一张锨、一条锯、一个榔头就如期完成了滑道和楞场的基建工程。当第一根木材宛如游龙，恰似飞箭般冲进楞场时，一股热流在职工们心中翻滚，顿时欢声雷动，兴奋的泪花也在我眼帘闪动，幸福的滋味不亚于新婚之乐！

为什么不值得高兴！直径一米多粗，身长二十余米的庞然大物，二十多人才能使它翻个身，如今它驯服地在滑道中飞行，又乖乖地在楞场停下，工人们像降龙伏虎的英雄，把它滚上了楞堆。

然而困难仍然不少，大材速度高，在急弯处像一枚导弹腾空而起，飞过峡谷射向山坡，如同荆轲刺秦王那把匕首扎在铜柱上颤颤发抖，它如跌进深沟便顷刻自我爆炸。小材速度低易卧轨，一遇大材从后追来，立即粉身碎骨。这一道道难题在职工们大脑中画出无数问号，但又在智慧中溶解了。

光阴，不管人们如何珍惜它，留恋它，从不在你身边停留一秒。真正能够利用的冰冻时期也只有三个月，满山遍野的木材需要翻身、打枝、剥皮后向滑道集中，它们在滑道中还要保持相当距离，使楞场工人可以移动其位置。在这三个月中还有一个传统的节日——春节，工人们宁肯不挣工资也要回家玩社火，一来一去就要丧失一个月的黄金时代。若推迟到来年冬季再滑，不仅工棚、滑道需要重新修整，更重要的是会耽误国家建设工地用材。

机不可失，时不再来。我征得上级同意，提前置办年货，杀猪宰羊，租来戏装和乐器，搭起舞台，职工们自演自看自评论，并请附近农牧民及寺院僧众前来同乐。三天假日工资照发，所宰牛羊一律报销。深山峡谷中的锣鼓声特别响亮，青松白云是天然的布景，使人赏心悦目、心旷神怡，这个春节过得别有一番风味。

时间过去了一半，一座座楞堆日日增高，劳动号子声一浪高过一浪，但能否如期完成任务绝不能“到时再看”。林里到底还有多少木材必须心中有数，要达到此目的，必须走遍每个山梁沟壑、坡面计算所剩木材的数量。于是一步一个黑窟窿，踩进没膝的雪毡，像狗熊般四爪爬行，多次掉进深涧被雪埋着，踩在看不见的冰面上滑下山坡，然后又像蜗牛爬墙一样向前攻。当把剩余的数量摸清后与以往的进度一比较，再分配给剩余的时间，不仅吓出一身冷汗，时间发生“赤字”是永远讨不回来的。

晚上无论如何睡不着，徘徊在一丝丝红柳之中，雪被月光照得如同白昼，山河流水，清澈照人，它从山涧、地下钻出累得直冒热气，却又发出清脆的低唱。露出水面的石头都戴有一顶白帽，像朵朵白莲浮在水面。一棵棵青松驮着厚厚的白雪，昂首挺胸，偶然刮过一股寒风扫落雪尘，它的枝条便摇曳起来，惊得灰喜鹊拍打着懒得张开的翅膀。雪夜、空气是新鲜的，环境是静谧的，是一个美丽而神秘的银色世界。

我信步走进了楞场，踏着新铺的“白毡”一直走到滑道的顶端，似乎看到工人们仍在战斗，山谷仍在怒吼，木材正在向楞场奔驰，我找到了稍纵即逝的时间。

第二天我们组织了夜战队。一堆堆篝火，像古战场上的烽火台，鼓舞着昂扬的斗志，一声声哨音像将军的号音传递着严肃的军令，一阵阵寒风像体育赛场上的加油声。山岳在颤抖，松林在狂舞，高亢的号子、婉转的山歌和欢声笑语，以及隆隆的木材飞驰声，汇成了一章雄壮的交响曲。职工们情绪激昂，精神倍增，搅得山猪难以入睡，它在咒骂我们是一群傻瓜。

越是下雪，就越要战斗，雪是油、是力、是效益和速度。干部和工人早晨揣着同样的两个干馒头，一出汗就把棉衣脱在雪地上，中午再去啃就像铁饼一样，渴了抓把雪润润嗓子。晚上回来像个落汤鸡似的，什么臭鞋湿窝窝在地炉周围挤得严严的，不管干不干早晨又塞进一把青根草套在脚上，谁也没有怨言，唯恐春光早临。

出工时我从不落在后面，收工从未走在前边，在工地上总是不住的往返巡视。一次我正在滑道检查铁轨情况，忽然一根木材减速停了下来，我怕后面来材造成两败俱伤，不知不觉跳进轨道摇了几下，它走了我却滑倒了，正在此时，隆隆的木材滑行声渐渐逼近，我来不及爬起来，只得向滑道内弦一滚，一根木材就从我身边飞驰而过，撕去我棉衣一角，我刚刚爬了起来又跌倒，工人贾正明正好赶到一把把我拽了出来，又一根木材从我腿边呼啸而过，要不是贾正明我会被飞驰而下的木材搓成肉泥。

一天，我正在山顶与顺材入轨工人一起劳动，随时提醒他们防止滑入轨道。雪越下越紧，工人们的情绪也愈加高涨。忽然楞场传来停止入轨的信号，我预感到发生了什么意外事故，连跑带滚进入窝棚，只见检尺员王长生直直地躺在一块木板上，七窍出血，杨医生向我摇着头，摊开两手表示无能为力的悲叹！

王长生是大峪沟扎那村人，二十多点年纪，是位极诚实而肯干的新吸收的干部。出事地点是经常跑轨的危险地段，所以划为禁区，滑材时不许进入。但这天自早到晚从未跑轨，他便进去检尺，忽然一根木材从高空落下，在枕木上飞滚，其余人向两边躲避，他在木材前面奔跑，被飞滚的木材撞上半空，落下来七窍出血，为工作献出了他宝贵而年轻的生命。

采伐时，也有一位工人被树打伤了左腿，本人也没有意识到骨折，在窝棚里休息了多日不见好转，负责人张明轩便将其送往医院，伤好后留下了残疾，张明轩被处两年徒刑。

有人把这些归咎于神在显灵，众说纷纭莫衷一是。就此我请教过旗布寺梁高僧，他是纳浪人，在佛学上很有造诣。梁高僧生就佛体仙骨，品貌不凡，谈起佛教口若悬河。他认为佛祖即是佛门弟子心目中的偶像，是做人的典范，具有宽厚仁慈之美德、护善罚恶之功能，但不能把世间一切不幸归咎于佛祖的惩罚。日本也是佛教国家，挑起战争的是天皇裕仁，死的却是广岛、长崎的百姓，更不能把美国的行为称为替天行道。他的高论使我常去讨教，我们从此成了无话不谈的好友。

小河流送

“小河撵运”和“小河流送”一词是我来到卓尼首次听到。

一九五一年初夏我还在收购木材，场长王杰让我与大峪作业所主任张春华对调，说那里的小河流送任务急、难度大，张表示无能为力。我想张春华是黄埔生，曾在国民党军队中任过营长、团副。他若无能为力，我岂有回天之力。但无条件服从组织分配是共产党干部的起码准则。

不看不知道，一看吓一跳。云江峡位于大峪沟口上行五华里，宽不过两丈，两山对峙，崖壁如削，清澈的河水从弯弯曲曲的石缝中挤出。上峡口河床开阔，乱石林立。水流分散。木材横七竖八堆积如山，延绵五华里只听哗哗之声，不见流水。要搬掉这两万多立方米木材，只有一根根抬出峡口，怪不得前人望洋兴叹，张公口称“无能为力”。

这些木材是共和、林木两公司和个别木商在解放前生产的。那时的小河撵运，是一个揽头包一批木材，找一帮人赶这一群“羊”，所以也称小河撵运为“赶羊”。一到撵运季节便有几十位揽头率领数以千计的工人各赶各的“羊”。

一九四九年这两个公司分别把木材承包给若干揽头，各打各的号，争先恐后推入河中。正在抢运之中，一场大水把所有的木材堆在云江峡中连绵五华里，各位揽头宣告破产，一去不回。一九五〇年两公司联合再次向外承包，请来的揽头一看一摇头，也表示无能为力。

省上决定把共和、林木两公司的木材全部接收下来。洮河林场收到的是一堆账本移交，人用手往云江峡一指便扬长而去。一九五一年省上就指望用这批材打发各需材单位，但这群“羊”安然自得地卧在云江之中，不肯迈出一步，这怎不叫场长王杰着急呢。不仅要把卧在河中的这批“羊”赶出去，沿小河两岸还有一堆堆未推入河中的木材延伸五十余华里直到阿角。这些材也是当年要完成的任务之一。

我没有经过这样的战场，也不是诸葛亮，只能照葫芦画瓢。请来几位知名揽头，动员他们承包，工资优惠，他们感到人多用不上，人少何时能取完，包烂了，公家的话好说，工人拿不上钱，我们连家也不敢回。总之，是怕担风险。

计件工资的承包制度，无疑是优越而先进的，但我感到必须对症下药。揽头怕风险，风险由我担，怕拿不到工资，我以民主评议分级按月发工资。工头拿特等，由直管干部评定。这一协议达成后当天就来了近百人。立即租民房、备炊具、派人搞后勤。

工人分取闸、撵运、捞材三组，每组根据工作量定人员，分为两班。从早晨六点至晚八点，每班只许干一个小时即换，休息时也有任务，除喝茶吸烟外便是唱民歌，讲笑话，为劳动者加油，这样一来争取了时间，激发了劳动热情，可以说一天能干三天的活儿。

下雨天，大家进屋避雨，我还在闸堆上琢磨下一步先取哪部分。材被浸湿了光滑得连脚也站不住，平常几十人扯不动的材，我用手一搬就呼噜噜地转。这个启示非同小可，于是我们每天派人给要取的木材上不断泼冷水，下雨也不停，加补贴。这点窍门又提高了工效若干倍，越取越加人，不到五十天，这些材都乖乖地被编成木筏顺洮河东流去。

五十多里长的大峪沟河已完全畅通无阻，许多揽头要求承包未推河的木材，我便告诉他们："大揽头我当定了，你们当小工头吧。"当天推河的木材，无论远近都要在洮河边捞完，小河中不存一根，免得再被云江峡"掐住脖子"。

洮河边捞材的控制设备是把几根木材串成"长龙"，称为"滤子"，从小河出来的材便乖乖地顺着它转弯。这又给了我一大启示，根据每段河床地形、流速去架设"滤子"，而且在收工时还能关住，控制夜行材。在不能架设的地方设专人把关，收工前他们的地段若停有木材，将成为扣工资的理由。我经常夜半从多坝出发，凌晨五时即到阿角，那里的干部许忠信已督促工人起床，六点开始将木材推入河床。十一时即休息。只有这样，最远的材，当日才能捞完。然后我又沿河检查回来，这种突然出现的检查有助于加强职工的责任感。

沿岸推河工段，以不同色油漆打上标记，以远近区分，按时按量推材入河，根据出河上岸统计便知河中尚有多少存材。

最后几天的工作是在极其艰苦的情况下完成的，洮河上的春风总是姗姗来迟，而秋风夹白雪却早早降临。日历还只到九月，这里已是寒风怒吼、雪花飞舞。小河撵运工人身着棉衣，但裤脚又得卷得高高的，河风顺着水面吹来，刺骨的疼痛使人难以形容。工人们抱着木杠、搭勾，顺着小河东一根西一根地把最后一批木材赶着，水小了，木材淌不了多远就又靠边“休息”了，像一群没有领头的绵羊一样，你不赶它，它就不走。而工人，赤脚不敢落下，生怕脚掌和石头粘在一起。见此情形实在于心不忍，但又不能终止。我是“大揽头”，岂能在岸上指手画脚，只有脱了鞋，从工人手中接过搭勾，一咬牙跳进水里，忍着刺骨的疼痛，把河心、沙滩上的一根根木材送向中流。每个职工都和我一样，只要想起这批木材能解建设需材之急，想起完成任务后的喜悦，心里就涌上一股热流，把一切艰难困苦抛于脑后。

洮河筏运

“大漠风尘日色昏，红旗半卷出辕门。前军夜战洮河北，已报生擒吐谷浑。”王昌龄这首诗说明早在唐代，卓岷一带的洮河两岸已是重地。数千年前各民族便在洮河流域繁衍生息，它是一条有益于人类、造福于人民的河流。在近二百年来它又成为木材销往外地的主要流通渠道。

木材由洮河进入黄河，有三个咽喉地段。在入黄河口有牛鼻峡，中游有九甸峡，上游则是野狐峡。这三段峡道都是两岸高山形成的峡谷，崖壁高耸，河中巨石林立，水流湍急，咆哮之声震撼山岳。故木筏经此必须拆开单灌，尤以上游野狐峡更须两拆两编。

野狐峡地处岷县南部，与卓尼接壤，它全长只有三公里，但有上、下两处瀑布，人们称它为上、下浪（又称曹家浪和刘家浪），这里在八十年代已修建了刘家浪水电站。

由于有了上、下浪，木筏至此必须两拆两编。木筏接近野狐峡时即在田家堡靠岸，然后由技术熟练者转至上浪口，拆开单根灌入，又在野狐桥下一根根捞出编成木筏，再由技高胆大的工人转至下浪口，再次拆开单灌，出峡后再次捞出编筏下运。这是两百多年来的传统操作程序，而且每年少不了有十多个工人在此捐躯。一九五一年洮河实行了统一管理，不仅未能如期完成任务的百分之五十，且依然死了六名工人。

一九五二年，场长王杰要我来此工作，其任务一是要完成全年任务；二是不能发生死亡事故；三是负责卓尼至九甸峡全段的筏运工作。

初来乍到，只能沿袭成规，边干边想边改。工人死亡的主要原因是转筏时不能准确靠岸，跌入浪口，筏散人亡；还有河中失捞木材堆成大闸，取闸时落水进入瀑布。如果能做到不转筏，同时不使灌浪木材坐闸，便能避免死亡事故，若能把两拆两编改为一拆一编即可提高效率百分之百。如要达此目的，就要能使每根木材按人的主观愿望循规蹈矩地航行。然而洮河不是大峪沟的小河，尤其野狐峡是个地形十分复杂的河道。洮河木材都是全尖运输，长有二十多米，只要有一根木材横在峡道中间，霎时间就堆成一座木山，多日取不开，随时都会造成重大事故。

干任何事，一怕没决心，二怕不用心，三怕不齐心。如果有了决心，用心地去想办法，齐心干起来，眼前的困难通过努力是能够克服的。岷县的一位老红军王家发同志是我的得力助手，他能吃苦，肯动脑子，办一切事情都十分认真，我们无私无畏互相合作得很好，这是搞好工作的基础。

其实灌浪等于撵大河，以撵小河的理论为基础来解决撵大河的问题是能够办到的。但当地有些老工人则认为那是痴人说梦，洮河的流速流量高于小河数十倍，小河里堵几根木头或一根滤子，木材就能乖乖地转弯或停止。这里堵不成，拴不住，谈何容易。然而以小堵变大堵，以小拴变大拴又有何不可？

凡是需要架设滤子（也称浮漂）的地段都是坡度大、流速高，一百多根材做成的三百多米长的滤子没有直径较大的钢丝绳如何能拴住它？但那时不仅资金短缺而且无处买，就是拴住了，它只能长长地靠岸边躺着，怎能固定到河的主流上去阻挡流动的木材？以流动力学原理在滤子外侧多加不同斜度斜撑，利用水的动力把滤子的尾端逐渐推向中流是能办到的，但这样将给滤子本身增加不堪负担的压力，所以最后以长而粗的多条麻绳将这条“长龙”固定在水面上。然而要把一根大绳从数十米的悬崖上引向洮河彼岸，不仅艰难而且十分危险，稍一疏忽就会造成重大事故。滤子上的数十条麻绳给人又带来难题，天阴下雨便自然收缩，天晴又自己拉长，使滤子离开理想位置。于是又在每根绳上设计绞盘，下雨即放，天晴即收。一处实验成功，即能用于多处，当年便实现了一拆一编的目的，使工效提高了百分之百，避免了一切重大事故。

无论怎样，下峡口木材失捞的现象是不可避免的，以往对此视为事物的必然，任其流去，每天损失十多立方米材是正常现象。我和王家发决心要克服这一缺点，在下峡口以下水势平缓处架一大而长的滤子，派职工多人守候。然而横在水面上的多条绳索又阻碍木筏下行，于是又苦思冥索绘图实验，终于搞成了悬空架索法，不但白天能稳捕失捞木材，夜晚还可关闭，同时也成为两岸群众来往的一座浮桥，于是大大降低了失捞木材的流失。然而有些木材在水中浸泡已久浮不出水面，往往从滤子底下钻了出去，虽感痛惜，却对它奈何不得。王家发便建议从兰州雇来一位划羊皮筏子的工人等候在这里，每天便能捉到十多个“逃兵”，于是把木材流失降低到最低。

如果你存心要把一件事做好，总会发现缺陷和不足之处。当天灌浪的材绝对捞清，河里不存一根。但上面小河口的失捞材、被撞散的木筏，还有突然发水冲下来的材往往在夜间进入峡口，一遇大水全都堆在最后的滤子上，必然会出危险。于是我们又在刘家浪以上的桥下设了一个闸门，以堵夜间洪水推来的大量木材。

有天夜间大雨不停，我一直担心洪水冲来的木材把闸门推开，下面最后的一道滤子也难保得住。天刚亮便和王家发叫了几个工人去，一看果然危在旦夕，如果放开闸门，下面的滤子全都保不住，只有冒着大雨一根一根地往出抽。我也拿着三丈多长的搭钩共同奋战，不料一根木材把我拖进咆哮的波涛之中，我不但是个旱鸭子，还由于在大峪沟撵小河得的关节炎，穿着薄棉裤，就坠入水底，一口一口喝着黄泥浆。往下不远就是几丈高的刘家浪瀑布，数十米长的木材下去半天不见踪影，有时又正好被漩涡把它直直的竖了起来，像根电杆立在水中，堪称一大奇观，如此险境就是蛟龙进去也休想生还。此刻我是怎样的紧张心情可想而知，于是憋了一口气用力向上浮，可是棉裤拖住我出不了水面，仰头一看，似有一条黄色横杠，猛一伸手果然摸着一根木材，然而此材特大，拖它不住，两手只能扒在上面，我终于伸出头一看这木材竟是这条“长龙”最后的第二节，我被急流不断往下拖，十根指头一寸一寸地往下挪，离木材末尾只剩下几寸了。岸上的人也都束手无策。工人贾正明两手握住搭钩追赶，我的一双手离木材的末端只有几寸了，他当机立断使出那百发百中的搭钩，正好扎在我两手之间，于是我小心翼翼地抓住搭钩，但不敢使劲，因为它入木也不过一寸，如果搬掉，贾正明只得丢掉搭钩，否则他也要被我拖入波澜进入瀑布，当此千钧一发之时，王家发从岸边扔来一条细麻绳，我也正好抓住了它，这才被拖上岸来。

洮河上的木筏，是在木材大头凿一牛鼻形方孔穿上桦木杆，由十二根左右的木材串成底排，在底排的二分之一处缆根腰绳，然后再拉上二层三层乃至四层，再以麻绳捆住，前方正中凿孔镶桅桩，套上长长的桨片作为舵，由水手掌握，这便是洮河木筏，也叫排子。

灌浪时，便将所串桦杆砍断，木材一根根推入河中，在下峡口又再次用桦杆串成木筏。这是延用几百年来的成熟方法，现在有人要改变这个陈规旧例。

木材大头的牛鼻孔，并不是因编筏子而凿，而是在林区拨茬时就凿好了的。林里伐倒的树需要以二牛抬杆的方法从林里一根根拉出来，这个孔是为了拴绳在每根材上凿的，编筏时把它作为底排的孔用斧子再扩大。

一九五三年工程师杨耀池提出如果不在大头凿孔，每根材便能提高利用率百分之五到十，这个意见立即得到场长王杰的全力支持。

首先要解决的是拔茬时绳子拴在何处，别看此事简单，杨工日思夜想，搞了个环钉让拨茬工人试用，但上坡时就拔脱了，木材一打滚也就掉了。如果做大了会把木材钉劈，小了又不顶用。杨工是个很有修养、尊重科学的知识分子，他耐心地千百次和王杰同志实践，于是在它的长短、宽窄、薄厚和弯曲度上作文章，终于成功了，这在历史上第一次克服了木材大头凿孔的弊病。

然而摆在眼前的是如何编筏？由于我是搞水运的，这个任务义不容辞地落在我的肩上。我和王家发等同志商讨的方案是用马蹄形的铁马簧代替孔，以圆钢代替桦木杆。圆钢虽然一次可以用到兰州，但其价格高于桦杆若干倍，若仍要运回又无运输车辆，有些地方还不通车路。若仍用桦杆，就得增加马簧的重量，当时钢材也奇缺。总之，林区不打眼能把木材运到河边，我们怎忍心在木材的大头凿孔，于是又用麻绳把材绑在桦杆上，但行驶中底排木材常常窜出一两米长，妨碍搬桨造成事故。只得用大马簧和桦杆来试行，然而不能为工人所接受，他们担心由于波浪的起伏、岩石的撞击，不是桦杆被折断，便是马簧脱落，将会造成不可收拾的局面。

以往在筏运工作中也常有筏散人亡的事故发生，主要是在急弯、暗礁、巨浪中割断腰绳，木材向两边散开，人无立足之地造成的。于是我决定编这样一种筏子：用桦杆、铁马簧连接底排，中间五根材的二分之一处再连接一道，如果腰绳断了，这五根材依然是一个整体，只要水手握住桨柄便能安然无恙，取名叫作“安全筏”。我想把这座筏子由一位艺高胆大的工人从上浪门驶入，如果桦杆不断马簧不脱便可正式投入运行，同时上浪口在这几年的枯水期进行过多次爆破，九十度的瀑布已成为五十度的斜坡，所以是可行的。然而近百年来无数水手都是由于木筏未能准确靠岸葬身鱼腹，所以要在这个鬼门关搞试验，人人谈虎色变。

有个工人叫魏神仙保，身长体健，技高，四十岁左右，他冲我说：“你敢站在上面我就敢闯这一关。”我只说了一句“说话算数！”

第二天开筏前，我也觉得此事虽有把握，但毕竟人命关天非同小可，要胆正、冷静。如果胆怯便有危险，所以我暗暗派人去上浪口等候，准备必要时抓筏。当我们由大庙滩解去缆绳，木筏调头到中流，老魏已面有惧色，渐渐脸色发白，这样便会出问题。快到浪口时我便着他向岸边驶去，准备靠岸，谁知扔出的缆绳，岸上工人由于慌乱竟未抓住，正是船到江心难回头，如今身不由己，再怕也得前进。眼前就是鬼门关，魏神仙保脸无血色，口中不住地喊：“龙王爷一个羊……”我觉得此时最重要的是冷静、轻松，便向老魏笑道：“不要紧，你有神仙保，我有安全筏子保，你紧握桨柄，我抓住安全筏桦杆，保证没事。”只见他用力搬正筏身，筏子箭一般地向浪口冲去，两岸挖洋芋的群众疯了一般向河边奔来。进入浪口后我再也看不见一切，只觉得头、脸、胳臂被木材乱撞，一口口喝着冰冷的水，但我心里仍很镇静，蹲在安全筏上死死攥住桦杆。没有多久我和筏子都浮上水面，睁眼一看神仙保老魏稳稳站在他的岗位上，一手握着桨一手在抹从头上流到眼里的水，我大大地松了一口气，一股热流涌上心头。再看筏子腰绳已断，底排两边的材像老母鸡的翅膀散开，我和神仙保都只站在这五根材上，但马簧钉的桦杆却一个没脱。我脸上仍在滴水，用手一抹才知是鲜红的血。两岸群众欢声雷动，有些同志抱怨我太主观、太冒险了。

此后，在王杰和省领导支持下，逐渐以圆钢代替桦杆，钢丝绳代替麻绳，由汽车运回，桨片也同样得以循环使用，达到了节约木材、提高利用率的目的。

野狐峡的灌浪工作在六十年代末，又在王杰、王家发等同志的努力下花了大量投资，于上、下浪另辟筏釜，从此结束了拆筏单灌的历史。

总之，我认为洮河林场在五十年代初以当地群众做季节工进行采运的方式是正确的，它有利于国家，有利于林区群众。

本文选自政协卓尼县委员会文史资料委员会编:《卓尼文史资料》，第四辑，1993年10月。

甘南各族人民支援抗美援朝

龚国栋

1950年，朝鲜战争爆发。10月8日，中共中央军委主席毛泽东发出了《给中国人民志愿军入朝作战的命令》，并任命彭德怀为志愿军司令员兼政委。10月19日，中国人民志愿军进入朝鲜前线。11月4日，中国共产党和民主党派联合发表宣言："誓以全力拥护全国人民的正义要求，拥护全国人民在志愿基础上为着抗美援朝保家卫国的神圣任务而奋斗。"于是，全国各族人民以实际行动投入了抗美援朝运动，支援志愿军出国作战。当时，地处甘南藏区的夏河、临潭、卓尼、西固（今舟曲县当时属武都专署管辖）4个县（工）委和县人民政府，积极响应党中央的号召，并根据中共中央西北局和中共甘肃省委关于开展"抗美援朝、保家卫国"的指示精神，认真研究部署各县开展抗美援朝的措施。首先建立了各级抗美援朝分会组织，切实加强党对这场运动的领导。其次，全面、广泛地开展宣传教育活动，使各族人民明确认识抗美援朝的重要意义，动员各族各界人士踊跃参加轰轰烈烈的抗美援朝募捐活动，并以实际行动掀起了大规模的群众性增产节约高潮。同时，广泛开展了拥军优抚和送子参军上前线活动，有力地支援了志愿军出国作战。向甘南各族人民进行了一场生动、具体的国际主义和爱国主义教育运动。从1950年11月4日至1954年12月，甘南藏区4个县的各族人民为支援抗美援朝捐献了大量的人民币、白洋、金银首饰等，折合人民币53.08万元，其中飞机两架（当时每架为15亿元，折合现币15万元），同时，有314名青年光荣入伍参战。

一

自1950年11月，抗美援朝运动在甘南藏区开始后，夏河、临潭、卓尼、西固4个县委和县政府，立即派出工作组，分别深入基层农牧区、企事业单位和学校，向全体人民宣传抗美援朝的重要意义。夏河、西固两县还组织学生，以抗美援朝为内容，编排了许多文艺节目，到本县附近的农村去演出，进一步向群众作宣传工作。西固县中学的团支部，就如何支援抗美援朝召开支部大会，进行专题讨论，并制订了具体活动计划。西固县城关小学的少先队员们，联合向学校和县抗美援朝分会写出保证书，提出："要在学习上打先锋，学好功课，练好身体，时刻准备着为建设伟大祖国而奋斗！"夏河县各机关单位的干部和藏校师生，也分别给党中央、毛主席发致敬信，表决心："要加倍工作，努力学习，以优异成绩来支援抗美援朝。"1951年4月初，省委和省抗美援朝分会向各地、县发出了关于在"五一"节举行大规模示威游行的指示。4月2日，夏河县拉卜楞地区的藏、回、汉、撒拉等民族的群众，与拉卜楞寺院的喇嘛600余人，举行抗美援朝大会，用本民族的文字在缔结世界和平公约的宣言书上签名。到4月5日，夏河县签名的各族各界人士达6626人。同年5月1日，临潭县举行了盛大的群众集会和游行，有27000多名各族人民参加，并有15，337人在反对美帝国主义武装侵略和拥护缔结世界和平公约宣言上签了名。卓尼县禅定寺的全体僧侣也在"五一"节进行了示威游行，并在缔结世界和平公约宣言上签了名。

"五一"节示威游行后，进一步提高了甘南藏区各族人民对抗美援朝重要意义的认识，激发了自觉支援抗美援朝的爱国热情。各县的区、乡、村和企事业单位都先后制订了爱国公约。夏河县于 1951 年 7 月 7 日，正式成立了抗美援朝夏河分会。临潭县的抗美援朝运动起初是由县团结委员会领导的，因而宣传工作没有及时赶上，部分群众对抗美援朝的意义认识比较模糊，各区、乡的发展也不平衡。对此，县委和县政府于 1951 年 7 月 28 日召开了有县直机关各单位负责人、各区乡村基层领导干部和各族各界代表及民族、宗教界中上层人士参加的座谈会，就全县抗美援朝运动情况进行了总结和分析讨论，肯定了成绩，找出了缺点，明确了任务。会议决定把原临潭县团结委员会并入新成立的抗美援朝分会，并重新安排部署了全县的抗美援朝工作。在一区（区公署驻地在新城）还成立了捐献委员会，下设了 3 个组，一组到一乡（城关），二组赴二乡（寇家桥），三组去三、四乡（资堡和总寨）。接着，县抗美援朝分会的同志紧密配合各区、乡干部深入农村，向群众进行宣传教育，采取大小会动员、布置和个别走访等形式，广泛发动群众。同时，旧城市（区级）的工商系统还组织了秧歌队，向本行业的商贩进行了抗美援朝宣传教育，动员他们踊跃交纳税款，以实际行动支援抗美援朝运动。从而使广大工商户们又一次受到了深刻的抗美援朝教育，仅在 7 天内就完成了春季税收入库任务，并订立了“爱国公约”，保证不投机倒把，不贩卖违禁物品，不使用白洋等。

二

在向各族群众普遍进行抗美援朝的宣传教育，进一步提高认识的基础上，甘南藏区的 4 个县抗美援朝分会，认真贯彻执行甘肃省抗美援朝分会于 1951 年 6 月 11 日发出的“关于动员全省各民族、各阶层人民，做好制订爱国公约、捐献飞机、大炮。优待军烈属等三项工作的决定”，号召全省人民尽快行动起来，积极投身到这三项工作中去。为了防止出现摊派和强迫命令等倾向，省委和省抗美援朝分会又强调指出：“捐献运动一定要完全自觉自愿，防止任何形式的强迫摊派，特别在少数民族地区更为重要，这是关于运动能否健康发展的关键，各地务须予以极大注意。”这样，在甘南藏区很快掀起了一个群众性的自觉自愿的捐献热潮。临潭县各族人民提出“为捐献团结号战斗机而努力奋斗”的口号，反映了各民族人民的共同心愿。为了把募捐活动推向新的高潮，临潭县还在村与村、乡与乡、区与区之间，展开了捐献挑战和竞赛活动。如旧城西道堂，原来捐献 3000 块银元，在竞赛的推动下，增加到了 10000 元，县抗美援朝分会副主任彭尚义带头捐资，委员袁相臣先后两次共捐出银元 900 块，并给学校赠送了一大批书籍，同时，他还积极动员说服自己的亲属参加捐献。各区、乡、村和机关单位充分利用板报、墙报等，及时表彰在捐献中涌现出的好人好事。如旧城南关乡农民丁来折布，是个靠驮柴卖炭过日子的贫苦人，他的钱来之十分不易，但听了为抗美援朝捐献的宣传后，他主动将卖柴得来的两块银元全都捐献了。西关乡四村有位姓张的 80 多岁的老太太，把卖牛奶积蓄下的钱全捐了出来，并说：“在朝鲜战场上，我们的志愿军架上祖国人民捐献的飞机，把美帝国主义打败了，我们才能平平安安地过好日子哩！”还有一位农民马新三的老母亲马丁代，把私放多年的埋葬费（一锭白银五两）拿出来捐给了国家，并对县分会的委员们说：“现在解放了，回族人民在党和毛主席的领导下，过上了幸福日子。我捐出这一锭银子，会增加一份打败美国侵略者的力量。”资堡乡摆仁村有一位靠乞讨为生的，名叫朱六十九的人，也捐献了一块银元。随着捐献工作的不断深入，许多第一次捐资了的人，又增加了数目。就连那些小学生也把父母给的零花钱和春节积存下来的“压岁钱”都交给了学校。如西固县中学的团员高维岳，将省吃俭用下的 1.2 元捐给了学校。临潭县10所中小学校的师生，共捐资达6423元。还有些回族妇女因一时拿不出现款，便把自己心爱的首饰，如金耳环、金戒指、手镯都捐了出来。像这样踊跃捐资的事例各县都十分突出。临潭县共捐献了179788元，超额完成了省上下达的15万元捐献任务。其中仅新城和城关两个区的7个乡就捐献了人民币16737元，银元30668块，白银457两，金戒指13个，金耳环6对，银手镯9522件，其他金银首饰共208件，总计折合人民币46878元。1951年7月7日，夏河县在成立抗美援朝分会的群众动员大会上，县长黄祥当场捐献人民币1000元，并在会后亲自跋山涉水，深入乡村动员群众捐资。在他的带动下，藏族商人当知布也捐资800元，全县工商户共捐献了两万多元。截至1954年底，夏河县共捐献飞机两架（价值约30万元）、长短枪12支。拉卜楞寺院的僧侣们也主动参加抗美援朝示威游行和签名运动，并捐献银元47000块。卓尼县共捐献人民币19898元，同时开展了交纳爱国粮的群众运动。西固县共捐献人民币31127元。捐资结束后，各县抗美援朝新分会根据省抗美援朝分会的指示和要求，将募捐的款、物进行了清理和核对，并当众公布，书面向省抗美援朝分会作了专题汇报。

三

在全世界爱好和平人士和中国人民的全力支持下，由于中、朝军队的并肩奋战，朝鲜战场捷报频传，极大地鼓舞和振奋了国内各族人民建设新中国的志气。特别是满怀爱国热情的青年人，当了解到志愿军在朝鲜战场上英勇作战的一件件动人事迹后，心情格外激动，时刻等待、盼望着上前线，抗击美国侵略者。在1952年度的征兵开始后，甘南藏区各县的广大青年，踊跃报名，积极要求参军参战。临潭县和西固县曾一度形成了送子参军的热潮。仅临潭县要求参军的青年就有几千人，县中学的青年中，半数以上的学生报名要求参军。在验兵时，又有许多青年因身体、家庭成分等条件不合格，闹得大哭一场。有的人还托靠亲友向当地兵役局说情，设法让自己的亲属参军。这年征兵，临潭县共选送了 128 名，西固县选送了 186 名青年光荣入伍。送兵的那天，这两个县的各族人民像过节一样，不论男女老少都笑逐颜开。县直机关单位的干部和群众自觉地组成了欢送队伍，排在街头，敲锣打鼓地为新兵送行。许多学生还为新兵披红戴花，敬献礼品和纪念品。县民政部门和区、乡政府及时向入伍青年的家庭送去了光荣匾。这样，“一人参军，全家光荣”的新风尚首次在甘南大地上蔚然成风。

四

优抚工作也是抗美援朝运动的一项重要内容。前线作战将士的情绪好坏，是与后方的优抚工作好坏分不开的。省抗美援朝分会和省民政部门先后对开展优抚工作作了多次指示，为了搞好这一工作，甘南藏区的 4 个县在 1951 年底先后成立了优抚委员会，每逢“五一”“八一”、元旦、春节，各县就组织专人慰问优抚对象，并让文艺演出队为军烈属专场演出。各级人民政府还根据军烈属的实际困难，在生产、生活等方面给予照顾。临潭县凡是在有军烈属的村子，都建立了优抚小组，分工包干帮助军烈属解决实际困难。夏河拉卜楞藏校和西固县中学等学校的学生，每逢节假日就开展为拥军优属争做好人好事的活动，同学们帮助军烈属抬水、锄草、洗衣服等。1952 年，临潭县政府将 5870 元社会事业费、三千斤粮食和解放军 11 师赠送的 16 匹战马，分别送给了在生产、生活方面较为困难的军烈属，使他们真正感到党和人民政府的亲切关怀。为了加强后方人民与前方作战亲人们的联系，鼓励他们英勇杀敌，保家卫国，省抗美援朝分会还专门发了“关于给中国人民志愿军和朝鲜人民军写慰问信、寄慰问品的通知”，各县抗美援朝分会立即在县直机关单位和学校等进行了布置。西固县的中小学生，坚持给志愿军和朝鲜人民军以及西北军区公安11团写慰问信、寄慰问品达四年之久。有些少先队员为了表达自己对志愿军的敬爱，将自己的红领巾也寄给了“最可爱的人”。据1951年的统计，西固县中、小学的少先队员和青年团员们，给朝鲜人民军写慰问信25封，给中国人民志愿军写慰问信38封，同时给西北军区公安11团写慰问信158封。为了向志愿军表达家乡人民对他们的深情厚爱，西固县直机关单位、学校和农村的男女老少制作了许多具有民族特色的慰问品，如烟袋、茶缸套、手电筒套子以及绣花鞋垫等。截至1954年，西固县共制作慰问带1060个，布鞋622双，烟袋171个，茶缸套115个，手电筒套子134个，都先后寄给了“安东志愿军办事处”。

在大力开展优抚工作的同时，甘南藏区的4个县积极响应党中央的号召，在各部门、企事业单位和农村区、乡、村全面开展了增产节约运动。提出了“节约光荣，增产光荣，浪费可耻”“增产节约就是支援抗美援朝的行动”等口号，厉行节约，促进了生产和各项事业的迅速发展，增强了国力和财力，为取得抗美援朝的最后胜利，创造了一定的物质条件。

五

在朝鲜战场上，由于志愿军和朝鲜人民军并肩作战，英勇杀敌，取得了5次战役的重大胜利。在国内，全国各族人民在踊跃捐献飞机大炮等武器支援前线的同时，还开展了大规模的慰问志愿军和朝鲜人民军的活动。省抗美援朝分会先后组织了三届赴朝慰问团。在第三届慰问团的成员中，有甘南藏区的两名藏族青年干部韩志华和杨景华参加。1954年1月16日，中国人民保卫世界和平反对美国侵略委员会向全省各县抗美援朝分会发出了通知，要求第三届赴朝慰问团归国后，奔赴全省各县向各族人民传达赴朝期间慰问中、朝军队的情况。是年 2 月 14 日，参加全国第三届赴朝慰问团的甘南代表杨景华、韩志华和甘肃省第三届赴朝慰问团秘书长杨蓉城同志来到甘南。与此同时，省第三届赴朝慰问团的另一组代表，也到达西固县，受到了甘南各族人民的热烈欢迎。代表们分别在夏河、卓尼、西固等县向各族各界人民，以及民族中上层人士和驻军作了传达报告，详细生动地介绍了志愿军在朝鲜战场上的英雄事迹，向各族人民进行了一次生动、深刻的国际主义和爱国主义教育。传达结束后，韩志华和杨景华还分别写出了赴朝观感和慰问期间的见闻录，再次向甘南各族人民介绍了朝鲜战争情况。总之，通过在甘南藏区全面开展抗美援朝的宣传教育活动，进一步提高了各族人民的爱国主义和国际主义觉悟。甘南人民以实际行动热情地投入了轰轰烈烈的抗美援朝运动，在党中央的正确方针指引下，既支援了朝鲜前线的战争，又推动了甘南藏区的社会主义改造和经济恢复工作，为开辟藏区工作的新面貌创造了条件。

本文选自中共甘南州委党史资料征集办公室：《甘南党史资料》，第三辑，1991 年 4 月。

我参加解放战争和抗美援朝战役的回忆

杨秉茂[①] 口述　　施万明[②] 整理

我叫杨秉茂，男，汉族，出生于1928年8月15日，甘肃省临潭县龙元乡草场门沟村（现临潭县王旗乡草场门村禾阴社）人。本人曾先后参加过解放兰州战役及抗美援朝战争。

大约是1944年初，我还不满16岁，就被国民党抓了“壮丁”。1949年农历七月，当时我21岁，随部队投诚，被编入中国人民解放军第六十三军894部队565团一营一连，随即开赴兰州投入解放兰州的战役。那年闰七月，我们部队一到兰州就和其他解放军部队一起发起对兰州的全面攻击，打了三天攻不下，上级在了解到马步芳部的“凶猛”后，全线停止了攻击，并召开会议总结经验，进行调整部署。几天后彭德怀司令员在军长郑维山的陪同下，视察了我们的前沿阵地，我们六十三军受命攻下窦家山，打开兰州的东大门。郑维山军长表态一定完成任务。接下来，我们先后在窦家山、狗娃山整整和敌人打了七天七夜，我军大获全胜。此次战役使马步芳部全军覆没，随后残兵败将仓皇外逃。1949年8月，兰州正式解放。彭德怀夸我们六十三军打得好，是铁军。这次战役后上级授予我纪念章一枚，正面印有“解放西北

---

① 杨秉茂，甘肃省临潭县王旗镇草场门村农民，已故。

② 施万明，甘肃省卓尼县柳林中学教师。

纪念章”和“西北军政委员会颁”字样，背面标有纪念章颁发时间，是1950年。

解放兰州战役我军损伤也很惨重，同志们子弹打完就和敌人拼刺刀、肉搏，场面十分惨烈。那年冬季，部队撤到了平凉、金川修整并扩充兵力。在此期间，部队组织开展了军事技能培训，为下一次战斗做准备。大约到了1950年，我军开赴陕西省黄龙山进行大规模的军事大生产。当年9月粮食收割后，部队来到陕西省西安市，在此休息了5天。随后就撤到河南郑州过春节。但中央军委紧急命令我军参加抗美援朝战役，部队命令战士们将携带的行李物品邮回家。1951年农历正月初三，我军紧急开到东北，一个星期后跨过鸭绿江到了朝鲜的平壤。那时的朝鲜首都被炮火炸成一块平地，情景极为惨烈，我们六十三军参与了五次战役和以后的坚守防御作战。当时，敌人的炮火密集封锁，临津江附近设有无数道的铁丝网，害得我们部队近三分之一同志伤亡。五天后部队到达三八线，敌人用飞机轮番轰炸，在地面不断围追堵截，加上我军后勤难以保障，此次战役伤亡极其惨重。

战斗期间，美军飞机如同苍蝇一样在我们的上空飞来飞去，对我军狂轰滥炸，如入无人之境。我的右肩被敌人的飞机炸成骨折，脑部被炮弹震为脑震荡。于是我被送到河北省里山县接受治疗，两月后痊愈，再次回朝参加战斗。

当时，我们志愿军是“小米加步枪”的“骡马化”，人家是“联合国军”，是装备精良的“机械化”。但我们每个同志都顽强作战，上下一心，互相鼓励！后来胜利的时候，同志们身上的衣服已成了一根一根的布条，有的同志身上仅剩下一条沾满血迹和烟痕的内裤。大家的脸都是黝黑黝黑的，眼睛中满是血丝，一脸的疲惫，互相搀扶着，彭德怀见到我们部队时说：“祖国感谢你们！”大家都彼此拥抱着哭了。同志们有的想起了那些牺牲的战友，有的感慨这一仗打得不容易，有的庆幸自己能活着坚持到胜利。1953年，朝美双方停战，美军撤出朝鲜，我军光荣回国，上级授予我“抗美援朝纪念”章一枚。尽管这次战役在我右肩膀上留下了难以消去的伤疤，但我觉得能为祖国及朝鲜国家安全做出个人贡献不仅值得，而且意义深远。

为加强国家社会主义建设，从朝鲜回国后我就复员回家。回到家里后，我又参加了1958年甘南剿匪，担任过生产队大队长。经我申请，1992年5月22日，临潭县民政局给龙元乡人民政府下发文件，批复我享受定期定量补助，并从1992年7月1日起供给。这说明党和政府没有忘记我，我享受到了国家对我们老兵的关爱与照顾。国家现在各方面发展这么好，真的不容易呀，我们都要好好珍惜！

2008年12月于临潭草场门村

城乡记忆

草原新城——合作

王淑兰　苗志礼

甘南藏族自治州首府合作，在党的民族政策的光辉照耀下，二十多年间，发生了日新月异的变化。今天，宛如一颗灿烂明珠，镶嵌在美丽富饶的甘南草原上。

解放前的合作，是一片泥泞的水草滩。靠北面的山脚下，住着百户左右的人家，东北角有一座喇嘛寺，当地群众把这里称作“黑错”（藏语：羚羊出没的地方）。那时候，“黑错”一片荒凉。在政教合一的封建制度下，这里是活佛、土官的天堂，劳动人民的地狱。广大人民遭受着骇人听闻的压迫和剥削，经常有盗贼出没，人民的生命财产受到威胁，很多人被迫流落异乡。

东方升起红太阳，草原人民得解放。1954 年，“黑错”被音译为象征着民族团结的“合作”，并选定为自治州首府。从此，在人民政府的领导下，藏、回、汉各族人民意气风发，团结战斗，用自己勤劳的双手，在一片水草滩上开始了大规模的建设。现在，合作已经变成了一个繁荣兴旺的草原新城。城区面积由解放前不到 1 平方公里，扩大到了 12 平方公里，人口已达 28000 多。当你登上环绕城区的山顶俯瞰合作全景，草原新城尽收眼底；蜿蜒曲折的祖历河两岸，一幢幢高楼拔地而起，宽阔平直的街道两旁绿树成荫，汽车在伸向草原的公路上川流不息。每到夜晚，全城灯火辉煌，犹如繁星降落人间，把草原新城点缀得更加美丽。

解放前，合作没有一点工业，仅有几家手工业作坊。解放后，随着农牧业生产的发展，工业生产也得到了迅速发展。现在，合作已建成了农业机械、砖瓦、印刷、木材加工、火柴、制药、汽车修配、乳品加工、电力等中、小型工厂三十多个，主要产品达二十九种，工业总产值八百多万元。甘南乳品厂是我国的现代化乳品厂之一，从鲜奶过滤、消毒到出粉、包装，整个生产过程，都用机械操作，自动化程度达到了90%以上，它生产的“彩云牌”奶粉畅销全国各地，试制成功的乳油、炼乳、水果糖及冰棍等产品，也受到人民群众的欢迎。随着工业建设的发展，很多过去被人们看不起的“拉哇”（藏语：长工）走上了工业建设的岗位。如今，他们当中有的已成了技术能手，有的被选进了各级领导班子，在生产建设中发挥越来越大的作用。

过去这里农业生产十分落后，当地群众根本吃不上蔬菜，有些蔬菜连见都没有见过。现在农业生产有了较大发展，郊区合作大队的大型温室内，能生产辣椒、茄子、黄瓜、西红柿、龙豆等蔬菜，除了解决社员自食外，还供应了市场。

过去的合作，人烟稀少，交通闭塞，长期生活在这里的藏、回、汉等各族人民，几乎与外界隔绝。从合作步行到兰州得七八天。如今公路交通四通八达，全省公路干线之一的兰郎路经过这里，从兰州到合作只要七八个小时。与州内各县和临近地、州每天都有来往班车，以合作为中心通向各县、社的公路交通网已基本形成。合作每天过往的长途汽车达二百多辆，它们满载着日用百货及生产资料，运到我州各地，又将大批的畜产品和农副产品运往内地。

解放前，合作的日用百货奇缺，一些奸商趁机牟取暴利，高利盘剥牧民。那时，一张羊皮只能换一盒火柴。现在，以州贸易公司百货商店为中心的商业网遍布全城，各类货物繁多，花色品种齐全，吸引着成千上万的顾客，较大的商店内还设有民族商品专柜，丰富多彩的民族商品琳琅满目，供少数民族群众选购。

解放前，合作地区没有什么文教卫生设施。广大牧民有病不能治，大批青少年没有学文化的权利。现在仅合作就有中小学十所，三千多名学生在校读书；两百多名医务人员分布在自治州的两所大型医院和专业医疗所、站，群众就医十分方便。创办了藏、汉两种文字的《甘南报》，并设有播送藏、汉两语的甘南人民广播电台，及时宣传党的方针、政策，报道各族人民在四化建设当中的英雄模范事迹。另外，这里还有体育场、电影院、影剧院、电影发行公司、文化馆、图书馆、新华书店和民族歌舞团、秦剧团等，这些文化机构开展经常性的活动，大大地丰富了人民群众的文化生活。

合作，这座新型城镇，似千万朵鲜花中初绽的蓓蕾，在党的民族政策的光辉照耀下，将会变得更加绚丽多彩!

本文原载《甘南报》，1979 年 9 月 19 日。

合作的新集日

孙储元

早晨，太阳刚从二郎山露出脸的时候，合作市街道上的人们就忙碌了起来，铺门都已打开，门框边挂的国营贸易公司经销或代销店的牌子，发出亮光，货架上五光十色的物品摆得整齐美观。饭馆、馍铺和压面铺，显得比平日更加活跃、繁忙。7 月 26 日（农历六月十九日）是合作市附近农牧民群众赶集的日子。有很多的人要在集市上卖农牧产品和土特产品，买米、面、盐、蔬菜、布匹和喜爱的东西。过去，这里的惯例是每隔五天一次集，自治州领导机关迁来，完合公路通车，这座草原上的城市，人口在大量的增加，五天一次的集日，已不能适应合作市物资交流的需要了，现已改为每隔三日一集了。

这天，虽然是改变集日后的第一次，但来自美武、博拉、扎油、上下卡加等半农半牧区和临夏、临洮等附近县赶集的农牧民仍然不少。吃过早饭，合作大街上就摆上了有名的唐汪川的桃杏、金塔寺的金蛋和甘谷的辣子等水果蔬菜和柴、油、盐、布匹、铁器、瓷器等日用品，买柴的、买菜的、称盐打油的、扯布的、到饭馆尝新鲜的……来来往往的人们，在新的集日里，把合作市装饰得繁荣而又美丽。

本文原载《甘南报》，1956 年 7 月 26 日。

春到卓尼

杨述炯

一

一条笔直的马路，用石子铺成鱼脊形。这马路穿过了城中心直通到河沿，沿着马路的两旁，长着翠绿而古老的大白杨树。这马路从城市到河沿来往的距离不过一箭之地，走起来使人感到轻松愉快，如果你随便散步，不知不觉就会到城市或是到河沿。每到早晨，这马路上就有很多的人——男女老少都在来往忙碌着，男人送粪，女人挑水，幼童放牧，年轻人背柴，三三五五，成群结队，热闹非凡。这种景象，充分显示了在解放后的今天，在毛主席的光辉照耀下，藏族人民都在孜孜不倦地劳动着，并认识了劳动是光荣的、伟大的。直至更深夜静，这条马路才会归于平静。

二

千百棵葱绿的柳树，遮掩着城市，映绿了洮水，这就是全区胜景“柳林”。柳林中长满了各种嫩绿的杂草，开放着各色的鲜花，好像是天然的地毯，并有十字交叉和弯曲旋转的小道，也有一座座的屋舍、碉楼。每到夕阳西斜，就有许多男女学生和革命工作人员等，在这儿活动。风景优美的“柳林”，给广大人民在工作上、劳动上、学习上、生活上增添着无限的力量。

三

洮水围绕着柳林，向东奔流，南山的翠影倒映在河水里，成了天然的照片。这碧绿的洮水，把每个人的“杂乱心思”，都清洗成了纯洁一致的革命思想，全心全意为藏族人民谋幸福的思想。每到晴天特别是礼拜天，就有很多人在这儿沐浴、洗衣，欢乐而愉快的笑声，震荡着水波，人们感到只有在共产党和毛主席的领导下，才有这样幸福、美满、自由的生活。

本文原载《甘南报》，1953年6月5日。

草原上新兴的玛曲城

段耀

在黄河玛曲，一望无际的草原上，出现一座新兴的城市——玛曲城。玛曲县人民委员会就设在这里。

玛曲城四周的景色，美丽如画。城背面是一座大草山，山腰有座寺院。城南是我国著名的母亲河——黄河，河水闪闪耀眼。城西有一条清澈见底的小河，人们在上游挑水，下游饮牲口、洗衣。城周围是水草丰美的草原，放牧着成千上万的牛羊。特别是夏初，一片碧绿的牧草，星布着黑、白色的牛羊，好像一块精致的大地毯。

这座草原上新兴的城市，诞生在1954年的冬天。城墙是用草皮砌成方块垒成的，坚固美观。城墙四角修有岗楼，保卫祖国草原的中国人民解放军，日夜警惕地守护这座城和草原。东西两个城门对开着，两边扎着各式各样的帐篷，形成一条宽大的街道。城内有贸易公司门市部、畜产收购处、人民银行营业所、邮电局营业处、卫生医疗组等机构，仅1954年贸易总额就达15万5千多元，给牧民治疗疾病2200多人次。城中央的广播收音站，早晚播送着中央人民广播电台的新闻和祖国各方面建设的喜讯，使住在祖国边远地区的人们和全国人民在精神上建立了密切的联系，通过这些新闻和喜讯，鼓舞着人们建设祖国草原的热情和信心。

城内有一个运动场，机关干部和解放军战士们，每天工余都在这里进行各种活动，为建设祖国的草原而锻炼身体，同志们把这个广场叫作“中央广场”。贸易公司门市部高大的帆布帐篷，显得很突出，同志们也给它起了个名字叫作“贸易商店大楼”。这些好听的名字，不但反映了同志们建设草原的美好理想和决心，而且也是将来必然会实现的愿望。这座新兴城市的面貌，正在改变着，城内已经出现了一排排土木结构的新房子，而且还在不断地增加。

这座新兴的草原上的城市，已经成为玛曲县的政治、经济和文化中心，它将在我国过渡时期起着繁荣牧区经济、改善和提高当地藏族人民生活的巨大作用。

本文原载《甘南报》，1955 年 7 月 11 日。

繁荣的临潭旧城

李维纲

旧城是甘南藏区临潭县的经济中心地区，也是甘南各民族商人进行贸易的地方。这里有来自江西、陕南的瓷器、茶叶商；有来自天津、张家口的皮毛商；有来自甘孜、松潘等地的藏商；有来自陇南、临夏一带的布商和小摊贩。每到夏季以后，生活在深山草原上的藏民，都要赶上成群的牦牛，驮上大宗的土特产，从各处来到这里换回他们生活和生产用品，因此，这里的商业比较旺盛，市场上显得活跃繁荣，它对周边藏民经济生活起着很大的调剂作用。

解放后，在毛主席、中国共产党、人民政府领导下，为了逐渐改善提高人民生活水平，先后设立了临潭贸易支公司、畜产收购组、盐务推销组等国营企业，建立了供销合作社，并扶助正当工商业发展，合理地提高土特产价格，扩大土特产收购量，大力廉价供应藏区人民生活必需品，改善藏区人民生活。据统计，1951 年全年公私合营收购了各类皮 82000 多张、羊毛 8 万余斤、肠衣 2 万多根、木材 13 万 7 千余根、大黄 57800 多斤；供应了面粉 95 万多斤、青稞 270 万斤、各种布匹 2700 多匹、食盐 36 万多斤。私营工商业在这三四年中，也得到了发展，1951 年初有工商户 612 户，到今年六月已增加到 694 户。改造教育了投机倒把的不法商人，废除了旧的牙纪剥削制度，统一了度量衡器。去年人民银行为扶助正当私营工商业发展，发放了贷款八亿多元；今年五月间，又对批零差价作了调整。因此，现在市场上一片繁荣气象。广大群众，特别是藏族群众在合理的交易下，生活已得到改善，经济也在逐渐走向繁荣。

1953 年 7 月 16 日

本文选自甘南报社编:《芳草地》，2003 年 8 月。

打破语言的界限

克俭　王钊

甘南藏族自治区的各级外来干部，为了加强与藏族群众的联系，搞好工作，在中共甘南工委的领导下，掀起学习藏文、藏语的热潮，各机关都定出一定的学习时间，并建立了检查、汇报、测验制度，印发了3500多册藏语文课本，配备了藏文藏语教员。

在学习藏族语文方面，曾出现了不少积极分子。中共甘南工委副书记赵子康同志，坚持了藏文藏语的学习，并经常督促其他同志们的学习。夏河县六区区委书记张光清同志和慈智木区长（藏族）互教互学，慈智木教他学藏语，他教慈智木学汉语，经过三年多的学习，现在他已经会说流利的藏话了。夏河县人民政府张秉仁同志，现在能用藏语宣传政策，他学习藏族语文的经验是：多念、多写、多听教员说、多问。在学习时他注意听教员的发音，并把学习藏文和藏语结合起来。很多干部还能将学会的藏语运用到工作中去，因而进一步加强了与藏族群众的联系和藏汉干部之间的团结。

1954年4月21日

本文选自甘南报社编：《芳草地》，2003年8月。

今日柳林

——卓尼县首府纪行

洪渊[①]

我站在洮河大桥南端的郭哇川（今称古雅山）山头，鸟瞰柳林新貌，那紫色的雾霭萦绕在山间，似一条轻纱披在金发女郎的肩上，把整个原野妆扮得分外妖娆。上游那亭亭玉立的白塔与下游挺拔秀丽的青石孤峰，更如牛郎、织女隔河遥望，含情脉脉。再抬头朝对面眺望，金碧辉煌的禅定寺经堂屹立在山峦半腰，光彩夺目。不禁使我想起了关于卓尼地名的传说和解放前县城的概貌：传说，早在元朝代，元世祖曾请了八思巴大师到各地讲经。当大师行到洮州地面时，便令其弟子在这一带选址修寺。一天，这位弟子来到卓尼大山时，发现有两株马尾松并排生长，笔直苍劲。于是他灵机一动，就决定利用这两株松树做大经堂的前柱，并定寺名叫“交乃”。今天的“卓尼”一名就是由此音演变而成的。然而，令人惋惜的是，原来那座负有盛名的禅定寺经堂，早在五十多年前遭浩劫火焚，成了一片废墟。眼前这座禅定寺经堂，是1982年重新修建的，它已成为全县藏族人民宗教活动中心。

解放前的卓尼县城，由于地处穷乡僻壤，交通闭塞，经济、

① 洪渊，甘南州政协文史委原主任，已故。

文化十分落后，商业、手工业极为萧条。县城最高的学府就是杨土司（指卓尼第十九代土司杨积庆）于 1922 年建成的柳林学校。商业仅有三五户私商，以经营布匹的为上等商户。在今上河村有两户外来的工匠，专为藏族群众加工日用铜器，堪称手工业之魁。

解放后，卓尼县城的面貌有了很大变化。如今呈现在我眼前的是一座崭新的山城，簇簇杨柳，遮盖着卓尼县城，洮河水像一条银练穿过县城，时而涟漪碧波荡漾，时而激流飞珠。南北两岸各有一条长达千米的防洪大堤，绵延伸向远方。一座全长 154 米的水泥大桥，犹如彩虹凌空，飞架在洮河激流上面，把县城南北紧紧地连接起来，沟通了城乡政治、经济和文化，为卓尼人民提供了极大方便。

洮河南岸的郭哇川（今称古雅川）里，笔直的公路旁边，杨树成行，国营商店、职工住宅鳞次栉比。今年初，县人民政府从洮砚乡等地组织了八名民间艺人，在这里建成了卓尼县第一个洮砚工艺厂，专门从事砚石雕刻。根据甘南开发会议确定，洮砚加工将成为卓尼县的一项重要开发项目，这将对促进本地对外贸易，搞活经济发挥巨大作用。

透过洮河北岸的柳林，可以看到县文化馆那两幢各具特色的新楼。平时，这里设有图书阅览室、象棋、球类娱乐室，每天都吸引着男女老少前来光顾。一到六月盛会，更有一番热闹，柳林中帐篷连营，人欢马叫，露天剧场被围得水泄不通，商摊茶馆星罗棋布，络绎不绝的人流彻夜不止。

沿街道往上，公路两侧是民族贸易、食品等门市部，以及县级党政机关。一排新疆白杨遮盖着县人大常委会、县政协办公大楼，把旁边那座五十年代最时髦的建筑——人民大礼堂比得更为逊色了。街道东侧是 1982 年底建成的影剧院，设计新颖大方，容量达千人以上。再从这儿往东，可以看到在一幢黄绿相间的大楼周围，还有许多建筑物连成一片，这就是卓尼县第一中学。随着党的工作重点转移，近年来，卓尼县的教育事业也在蓬勃发展，各族群众日益重视起教育来了，积极筹集资金办学，主动送孩子上学求知。目前，仅县城的三个学校就有学生 1500 多人，教职工 115 人，同时，各校校舍、教室在不断增加。另外，今年初，县妇联等部门还筹资创办了一所幼儿园，不仅使一批幼儿享受到了学前文化启迪，还为部分干部、职工解除了后顾之忧。

卓尼县的山山水水最美丽，生活在这里的各族人民更幸福。

（1983 年 11 月 5 日）

本文选自甘南报社编：《芳草地》，2003 年 8 月。

上海来的姑娘

李维纲

这些天，到夏河县供销合作社门市部买过东西的人，都会遇到几个操着上海口音的女营业员，她们的服务态度给人一种愉快的感觉。她们就是不久以前从上海来甘南的商业人员中的四位年轻姑娘。一个偶然的机会，我采访了她们。

“甘南地方好，祖国的每一块土地都是美丽的、可爱的。我们刚到甘南，在生活方面是有些不习惯，不过，这没有什么，以后我们会习惯的。”一个名叫朱秀珍的姑娘对我说。其他的三个姑娘也点点头，表示同意。

当我们谈到她们的家乡上海的情形时，四个姑娘顿时把话匣子打开了，边说，边笑，还带比喻，弄得我不知听谁的话好。潘蕊娣说：“上海当然比甘南好，如果甘南比上海好，那就用不着我们来参加甘南的建设了，正因为甘南赶不上上海，所以我们才来甘南参加建设。”

这时我问：“你们对供销合作社工作有兴趣吗？”

她们四人齐声回答：“工作都是一样。组织上分配啥工作，我们就干啥工作。当然，在工作中，困难是有的，像业务不熟，不懂藏语，但我们有信心克服这些困难。”

后来，我从社主任张崇义同志那里了解到了一些她们的工作情况。在短短的一星期中，陈苓英记熟了一百多种布匹的价格；负责副食的朱秀珍也记熟了四十余种商品的价格；负责百货的黄柏鹍，记熟的商品价格也有一半多；潘蕊娣在同志们的帮助下已能单独担负出纳工作。有一次，一个机关干部买了电池，又买了许多别的东西，走时忘了拿电池，黄柏鹍发现后，急忙拿上电池赶去，送给了顾客。还有一次，一个藏民老乡买东西后，应找给他两分钱，他没等待就走了，当时朱秀珍就跑出去，把钱交给了这个老乡。藏民买东西时，她们不懂藏语，就把商品摆好，让顾客挑，用手势比划价格，使藏民都能买到喜爱的商品。

1956 年 9 月 1 日

本文选自甘南报社编：《芳草地》，2003 年 8 月。

五十年代末甘南牧区大办农场纪实

刘奎

甘南是一个以畜牧业为主的自治州，农业生产主要分布在白龙江、洮河、大夏河流域，仅有耕地面积117万亩，占全州总面积的2%。由于地处青藏高原的边缘地带，甘南草原大部分地区常年气温低下、无霜期短，基本上不具备大办农业的自然条件。1959年，为了安置河南支边青年，甘南州创办了24个国营农场。受当时“大跃进”思潮的影响，在办场方针上过分地强调了“以粮为纲”、大面积开垦荒地，在将近两年中开垦草原437100多亩。这种不顺应牧区自然规律的做法，不仅严重妨碍了畜牧业生产的发展，而且也使各国营农场在生产经营上陷入困境，最终走上了自行倒闭的结局。

创办农场

1958年8月，中共中央在北戴河召开政治局扩大会议。这次会议对“大跃进”造成的高指标、浮夸风等现象正式加以支持。并作出了“关于动员青年前往参加边疆和少数民族地区社会主义建设”的决定。甘肃、河南两省积极响应号召，通过协商，决定在甘南大量安置前来参加建设的河南支边青年。

1958年11月28日，首批750名河南青年到达甘南。1959年1月甘南州作出了关于在德吾鲁、洮江、临潭、龙迭等四县（市）建立22个工、农、牧业点的计划，并决定将一部分支边青年安置在农牧区，着手创办国营农场。1959年春，甘南州先后创建国营农场10个，安置河南支边青年18700余人。德吾鲁市的甘甲、美武、桑科三个农场有职工8238人。临潭县的城关、洮北、碌竹三个农场有职工9467人。龙迭县的武坪、洛大两个农场和八楞公社有职工3071人。洮江县的阿木去乎农场有职工976人。在办场过程中，各农场积极进行生产建设。到1959年6月10日，共开垦荒地42242亩，播种53505亩（内有一部分熟地）。随着支边青年的增加，到1959年底，甘南州共创办农场24个，职工总数达到了24900余人。农场的具体分布是：德吾鲁市建有美武、阿木去乎、甘甲、德吾鲁、加尕、桑科、加门关等7个农场；洮江县建有欧拉、尕海、赛银滩、乔科、卓格尼玛、西仓、双岔等7个农场；临潭县建有洮北、卓洛、长川、北山、沙冒、牙路、新城等7个农场；龙迭县建有大峪沟、电尕寺、洛大等3个农场。根据各场的自然条件，州上将美武、阿木去乎、甘甲、洮北、卓洛、长川、北山等7个农场划为粮食基地；将欧拉、尕海、乔科、卓格尼玛、大峪沟等5个农场划为牧业基地；将德吾鲁、沙冒、牙路、西仓、双岔等5个农场划为农、牧、副业综合基地；将赛银滩、加尕、桑科、加门关等4个农场划为油料基地；将电尕寺、洛大、新城等3个农场划为蔬菜、种子基地。

在草原上大办农场，在当时的历史条件下是一个创举，得到了全社会的大力支持。甘肃省计委支援钢铁30吨、拖拉机油料28吨、大油桶116个；省农林厅支援拖拉机80个标准台、机农具298件，调拨蔬菜种子17592斤；省商业厅支援胶轮大车44辆、架子车210辆、中小型生产工具7913件、灶具和生活用具5974件、棉布177243尺；兰州军区还配备了26名军官和一部分枪支弹药；卫生部门精心抽选了医生和大批医疗器械。河南省曾多次派工作组深入各农场进行慰问，并支援小型生产工具 1 万余件，蔬菜种子 4000 多斤。甘南州对支边青年前来创办农场非常重视，不但在财力物力上进行大力支持，而且还向各族群众大力宣传了支边工作的政治、经济和国防意义。群众自动借出房屋、用具，打扫街道院落，张灯结彩，欢迎青年前来办场。1959 年上半年，全州通过优先供应、群众支援和就地加工等形式，为农场职工解决生产工具 13610 件、生活用具 40773 件、耕畜 3898 头、房屋 8620 间。

在农场的创办过程中，甘南州及时制定了“边建场、边开荒、边生产、边积累、边扩大”的“五边”方针，各农场在创建的同时积极进行生产。到 1959 年底，全州各农场累计开荒 161400 亩，播种 53000 多亩。其中播种粮食作物 29900 亩，总产粮食 560 多万斤；播种油料作物 19100 亩，总产油籽 123 万斤；播种甜菜 1000 亩、收获甜菜 128 万斤；种植蔬菜 2300 亩，总产 234 万斤；种植饲料 4700 亩，收草 73 万斤。有些农场通过积极努力，在半年时间里实现了自给自足，如龙迭电尕寺农场，1959 年生产粮食 23 万余斤，平均每人生产粮食 5123 斤，除留足口粮、种子、饲料外，还有一部分盈余。临潭县卓洛农场 1959 年人均有粮 600 余斤，也基本上达到了自给自足。

艰难步履

大办农场，1959 年虽然在局部取得了一定成绩，但由于各方面条件的制约，农场在发展的过程中困难重重。

首先是和畜牧业的冲突问题，甘南是一个以畜牧业为主的地区，发展农业需要大面积的土地。农场一般都设置在气候适宜、地形平坦的地带，这正与牧区的冬春季牧场相冲突，因此出现了牧场搬家、牲畜上山的局面。大面积开垦草原，引起了当地牧民群众的强烈不满，产生了怕被赶上山、怕换掉冬春季牧场、怕杀掉牲畜的“三怕”思想。大面积的开荒，严重影响了畜牧业生产的发展。当时，全州共开垦草原120多万亩，许多地区的冬春季草场几乎被开完，生态平衡也遭到了严重破坏。“以粮为纲”、大量开荒给甘南的畜收业生产造成巨大损失。1962年，全州各类牲畜头数下降到1107000头，比1957年的1684000头少了34.3%。

第二，甘南地处偏僻，交通不便，生产条件和生活条件都十分艰苦。大办农场，一下子到来那么多支边青年，给安置工作带来巨大困难。长期以来，甘南地区农业生产落后，粮食不宽裕，大规模安置支边青年需要从外面调运大批的粮食。两万多名青年每月需要口粮110多万斤，经常用10部汽车连续运输还不能保证正常供应，有些农场有时出现断粮现象。另外，在牧区办农场必须解决住房和燃料问题。由于交通闭塞，建筑材料和燃料运不回来，许多农场职工住无房、烧无柴。玛曲县有四个农场甚至要从百里以外的四川江岔一带拉柴烧。交通运输上存在的问题直接影响了农场职工的生活，助长了不安定因素的形成，有些农场在建立不久就出现了职工逃跑的现象。

第三，在草原上大办农业，违背自然规律。受当时“大跃进”思潮的影响，在办场工作中只图数量，盲目设场，不顾当地的自然条件。有些场子由于选址不当，受气候条件的制约，所种作物不能成熟，造成了很大浪费。加之，以高指标、浮夸风和瞎指挥等为主要标志的“左”倾错误泛滥，使本来就危机四伏的农场又添祸患。1959年以后，这些严重脱离实际的做法更加发展，终于把农场推向了绝路。

1960年春，由于指导思想上的错误，甘南州制定了“以开垦荒地为主，高速度发展农业”的生产方针，确定了全年开荒100

万亩的高额指标。为此，全州在1960年掀起了一个以农场为主的开荒高潮。各国营农场计划开荒781500亩，连同原有土地，总耕地面积达到942900亩，职工人均占有土地38亩。计划播种粮食作物327600亩，亩产350斤，总产量11466万斤；播种油料作物50万亩，亩产200斤，总产量1亿斤。为了实现这一目标，农场组织了两万多人的开荒大军，调集拖拉机129个标准台，耕畜1万头、小型农具2万余件，种子1250万斤，全力以赴，向荒滩要粮田。垦荒运动开始后，各农场大插红旗、大树标兵，掀起了“学先进、赶先进、超先进、帮后进”的劳动竞赛。随着美武农场向拉卜楞垦荒团应战时提出的“三定、四比、十上工地”等措施在全州的推广，各垦荒点在劳动中纷纷定任务、定劳力、定时间，比思想、比干劲、比措施、比实效。为了节约时间，一时间干部办公上工地、人兽医上工地、喂耕畜上工地、营房扎上工地、农具修理上工地、商店营业上工地、邮电银行上工地、文娱宣传上工地。开荒大军就地住宿，就地开荒。真可谓群山沸腾，万马战犹酣。有些农场还开展了连、排、班和个人之间的劳动竞赛。妇女们不甘示弱，同男子挑战，组织了许多刘胡兰、穆桂英、向秀丽突击队。例如：西仓农场有个青年妇女创下了日开荒1.6亩的纪录。阿木去乎农场机耕队开展劳动竞赛，每台拖拉机日开荒达到200亩，其中一台创下了日开荒413亩的最高纪录。通过这种艰辛的努力，1960年各农场共开荒273000亩，播种各类作物34万亩，比1959年增长了6.8倍。

1960年这种不顾当地自然条件，过分追求“高指标”，竭尽全力大面积开荒的做法带来了严重的后果。全州各农场虽然播种了183000亩的粮食作物，但总产量只有416万斤，平均亩产23斤；播种的145000亩油籽的总产量也只有54万斤，平均亩产仅3斤。农业生产歉收，广大农场职工的生活发生了严重困难，断粮现象普遍发生。由于大搞垦荒运动，居住条件未能得到改善，有三千多职工一直住在帐篷里，就是借用的寺院房屋和民舍，也是缺门少窗，不避风雨。生活条件的日益恶化，迫使大量的支边青年自动返乡。他们或是请假探亲不归，或是结伙逃跑，有些农场干部不但自己逃跑，而且还带走大批的职工，为了稳定局势，有些农场甚至站岗放哨，派人追赶，在重要路口设卡阻拦。面对如此严峻的局势，甘南州于1961年春开展了全面性的整场运动，但是广大农场职工的衣、食、住等基本生活问题还是没有得到根本性的解决，收效甚微，职工大量返乡的情况愈演愈烈。到1961年9月，各农场累计逃跑职工13196人，占安置总数的52%；请假不归者2366人，占9.4%，二者合计达到了61.4%。24个农场仅剩职工9871人，生产基本上处于瘫痪状态。

自动解体

职工的去留关系着农场的生死存亡，引起了各级领导的高度重视。1961年11月，甘肃省委和甘南州委派出联合调查组，对农场职工进行了详细的调查摸底，尚存的职工仍有70%左右的人想回去，不愿留在甘南。面对这种情况，甘南州委及时作出了“与其开小差和请假不回，不如公开登记，有组织地送回原籍为好”的决定。计划于1961年12月初进行公开的摸底调查，愿走的分四批走完，每批1500人左右，不愿走的由州上统一调配。根据各场的秋收打碾进度，洛大、电尕、西仓、阿木去乎、德吾鲁、双岔等6个农场，于12月初进行摸底，月底分两批走完；加尕、加门关、沙冒、洮北、桑科等5个农场，12月中旬进行摸底，到1962年1月上旬走完；尼玛、甘加、美武、牙路、卓洛、长川、北山等7个农场，1962年1月上旬进行摸底，作为最后一批，于1962年1月底走完。

甘南州大办农场前后经历了两年多的时间，耗费了大量的人力物力，最后以失败而告终，尤其是大量垦荒对草原造成的严重损害无法弥补，留下了深刻的教训。

本文选自中共甘南州委党史资料征集办公室：《甘南党史资料》，第六辑，1995年。

卓尼县农牧村生产关系的变革

杨永毅[①]

卓尼农业生产历史悠久，生产关系和生产方式发生了多次巨大变革。明代移民充边，部分中原人迁移境内，将内地先进的耕作技术带到境内，对促进当地农业生产的发展起到积极作用，中华人民共和国成立前，境内实行封建土司土地所有制，限制和束缚了社会生产力的发展。生产技术落后，农业生产发展较为缓慢。中华人民共和国成立后，经过土地改革在中国共产党的领导下，生产关系发生巨大变革，通过实行农田水利建设、改革耕作方式、推广优良品种等一系列有效的生产方式和措施，农业生产有了较快的发展。

一、新中国成立前卓尼县农牧村生产关系

新中国成立前，卓尼县农牧村生产关系主要以土司所有制、寺院所有制和个体农民所有制为主。

（一）土司所有制

土司所有制分为兵马田、户世田和衙门田。

① 杨永毅，卓尼县农牧局畜牧师。

“兵马田”是卓尼土司制度赖以建立和存在的主要生产关系和经济基础，境内全部土地的所有权属于土司。土司实行“兵马田”，将所有土地按所属旗或村为生产单位，分配给个体农户耕作。由于每个旗、村的土地占有面积、户数不等，所以土地分配数量亦不等，主要分布在土司辖区的四十八旗。耕种“兵马田”的农户，必须为土司提供地租和军士劳役，规定每户要有一马一枪，实行上马为兵、下马为民的寓兵于农的制度。耕种“兵马田”的农户从来不是土地所有者，只有生产、纳税、服役的义务，对土地没有转让更没有出卖权。遇有迁居他乡或绝户人家时，允许继承和代租，但需经旗长上报土司批准后发给尕书（执照）耕种。“兵马田地”租赋分实物、劳役、货币三项。实物缴纳粮食、农副产品、林副产品等；劳役除应调出征外，还须定期担负筑城、修路、建寺、防守隘口和卡子等义务。货币地租，也叫“官钱”，土司辖区迭部桑巴旗（今之迭部县桑坝乡）产黄金，规定每年向土司缴纳黄金十二两，无金可交者，折交白洋600块（元），多儿、阿夏等旗每户需交“官钱”200文。此外，如遇土司生辰纪念、婚丧嫁娶等大事时，需得照例拿钱送礼。

“户世田”是朝廷册封给土司的土地，所有权和占有权属土司。主要分布在土司衙门周围十六掌尕内部。具体由小头目负责管理。“户世田”的耕作形式，由十六掌尕农户提供剩余劳动力，每年轮耕一半，土司提供籽种和肥料，农户自带工具、口粮，从运输、播种、除草、收割、打碾以至入库等全部生产流程均由他们负担和完成。生产劳动方式属集体耕作的性质，生产的粮食除提留次年籽种外，其余全部上交土司粮仓，由义仓贮存，以备荒灾；另一方面用作战争、祭祀、进贡以及土司的其他所需费用。耕种“户世田”的农户不具有任何所有权，没有产品的再分配权以及土地的转让和买卖权，只有祖祖辈辈担负劳作的义务，而且紧紧地依附在这块土地上不能外迁。此外，土司还拥有一部分自留田，也叫作“租粮田”。将这部分土地采用租佃的形式出租给十六掌尕中耕种“户世田”的农户，作为土司生存的主要生活资料，除此之外，通过大量的劳役创造剩余产品为土司提供地租。承担土司衙门的诸如传信、护卫以及挑水、做饭、饲养等其他事物性杂役，凡此种种，都属劳役地租形式。

“衙门田”。卓尼土司衙门所在地周围为十二掌尕，附近还有博峪力赛掌尕；木耳、杰巴山掌尕；锁藏、柳旗沟、冰角掌尕；出录、哇录掌尕，是土司的近亲及其下属百姓，称“外四掌尕”，主要担负土司“衙门田”的耕作和土司近亲的其他差役。但没有给土司交纳地租的义务。另外，土司将“衙门田”的一部分土地以份地的形式分配给农民耕种。锁藏衙门将其占有土地分为两部分，其中作为份地分配给农户（百姓）耕种的计 12 户，共 21.6 石（每石约 10 亩），平均每户占有 1.8 石，这部分土地的所有产品归农户己有。土司自营 48 石，而实际属锁藏衙门四老爷所有。这部分土地由西路沟 12 户百姓代耕，提供无偿劳役，所有收益均归锁藏衙门四老爷。除此之外，还要为锁藏衙门担负各种无偿的杂役。

此外，在卓尼土司土地所有制中还保留了一种较古老的土地制度残迹，那就是所谓的“水伕田”和“香火田”。租种“水伕田”的百姓，主要担负土司衙门的日常用水。在当时共有 8 户，每户租地 8 亩，共 64 亩，每户提供水伕 1 人，轮流供水，以劳役来代替地租。租种“香火田”每户 5—6 亩，主要担负为土司看守坟园，负责土司在春节、清明时为其祖宗奠祭扫墓等事宜，以此劳役代替地租，所不同的是，年底土司给租种“香火田”的百姓额外付给粮食 6 斗，作为报酬。

（二）寺院所有制

寺院所有制土地主要指“香火地”和“尚书地”。这部分土地的来源主要是卓尼杨土司为了取得寺院对他的信任，借以达到巩固和维持他的统治地位，将所属的一部分土地连同农户献赠给寺院所有；一部分是所属农户因欠寺院高利贷债务无力偿还，将土地抵债给寺院；另一部分因天灾人祸，农户将土地送给寺院。据调查，仅禅定寺就占有土地2400余亩，境内其他寺院和禅定寺属寺都占有一定数量的土地，这些土地的所有权属寺院。寺院将土地租给农户耕种，然后收取1/4或1/3的地租。

（三）个体农民所有制

随着历史的变迁和社会发展的不断推进，封建土司土地所有制中，个体农民所有制开始萌芽，日渐趋于历史的必然。在土司统辖的属民中，逐渐形成部分特殊的农户，他们拥有少量的“祖业田”（永业田），这些小块土地的所有权属农户己有，可以自由买卖或典当。由于战争和自然灾害等，由异地迁入境内的流动人口，当时叫作“尕房子”，他们没有土地，没有林权，生活贫困，社会地位低下。他们为了生存，开垦荒地，逐渐有了土地。这种私有土地的出现，导致了土地自由买卖，出现了农户开始购置私有田产的现象，逐渐成为土司统治下的富裕农户。

二、新中国成立后卓尼县农牧村生产关系（1949年—1976年）

新中国成立后至改革开放以前卓尼县农牧村生产主要以互助合作社和人民公社化为主。

（一）互助合作社

1949年10月，中华人民共和国成立，1951年3月，卓尼县废除了封建土司制度。党和政府为了加快少数民族地区的发展，进行了全面的社会主义改造和社会主义建设，使农业生产进一步适应国民经济的发展和人民生活不断提高的客观形势；根据广大农民走互助合作道路的要求，1951年3月，开展互助合作化的宣传教育，引导农民组织起来，搞互助合作，发展生产。结合本地区的实际，因地制宜，采取亲帮亲、邻帮邻、工换工、以余补缺的形式将个体农户组成变工队，并根据季节和农活情况组织了“农忙干，农闲散”的临时性互助组，并逐步向长期性互助组过渡和转化。至1954年，全县共组织互助组800多个，约千余户。互助组的土地和其他生产资料所有权、经营权未变，仍属一家一户的个体所有制经济。1955年2月，根据甘南工委“卓尼农区积极为互助合作创造条件，牧区贯彻‘牧工牧主两利’，重点试行‘不分不斗’的过渡形式，半农半牧区以牧为主，兼顾农业”的方针，根据办社规模宜小不宜大的方针，组建农业生产合作社，迈出了个体经济走向社会主义集体经济的决定性步伐。农业合作社实行农民土地、牲畜等主要生产资料入社，并给每户社员留有一定数量的自留地的自主权。按照每个合作社由20—30户组成的原则，至1956年3月，境内新堡、柳林、洮南、洮北等4个区，在互助组的基础上，组织建立了初级农业生产合作社（简称初级农业社）27个，入社农户1017户，占4个区农业户总数的20%。至年底，全县共建立初级农业社43个，社员1854户，占全县农户总数的15%。其中民族社（藏族）2个，78户。至1957年4月，全县共建立农业生产合作社60个，2300余户。至1958年1月20日，全县实现了农业合作化，共建立农业生产合作社314个、14391户，占全县总户数的99.9%，其中高级农业合作社243个。高级农业生产合作社的普遍建立，标志着农业由生产资料私有制转变为社会主义公有制，完成了农业的社会主义改造，确立了社会主义劳动群众集体所有制的经济制度和生产体系。

（二）人民公社化

1958年8月27日，中共卓尼县委发出《关于在全县掀起宣传和建立人民公社的紧急通知》，要求“全县8个乡1个镇，在8月底一律实现人民公社化”。随之，境内录竹、北山、上迭、下迭于9月5日率先实现了人民公社化。至年底，全县共建立人民公社9个，生产大队37个，生产小队130个，共58651人，其中少数民族36677人。

在人民公社化运动中，由于缺乏经验，对经济发展的规律和当地农业经济的基本状况认识不足。在全国“大跃进”形势的影响下，急于求成，提出和制定的任务指标过高，导致浮夸风气盛行，曾一度实行了“吃饭不要钱，劳动不计报酬，出工一条龙，干活一窝蜂”的混乱局面，使农业生产和其他经济发展受到了严重损害，给人民生活带来了很大困难。

1962年1月，随着卓尼县建置的恢复，逐步纠正1958年以来“左”的错误，对国民经济提出了“调整、巩固、充实、提高”的方针。重新调整了生产关系和社队规模，下放核算单位，贯彻《农村人民公社工作条例》（60条），对全县牧区和半农半牧区的人民公社实行政社分开，建立了乡人民政府，撤销了大队，实行了以生产队为基本核算单位的两级集体所有制。

三、党的十一届三中全会以来卓尼县农牧村生产关系

1978年，党的十一届三中全会以后，党在农村的各项方针、政策得到进一步切实贯彻和落实，生产关系发生了历史性的转变。中共卓尼县委、县人民政府，认真贯彻落实党的各项农村政策，把工作重点真正转移到经济建设方面。调整和不断充实完善了农村经济体制和农业生产关系，建立和实行家庭联产承包责任制。1979年7月，全县农区普遍实行了分组作业联产计酬的生产责任制。全县15个公社，351个生产队共划分为1075个作业组，其中农业组895个。

1980年全县实行联产计酬、超产奖励责任制的生产队有195个，作业组466个；实行大包干到作业组的生产队共113个，作业组582个；以生产队作业的168个，实行责任田大包干到户的生产队17个。

1981年，在坚持土地等基本生产资料仍属集体所有的原则下，将生产队的耕地按人口和劳动力的比例划分承包到户。随之，耕畜和农具固定到户，国家农业税征购任务，集体提留也分别分解落实到户，通过经济合同的约束保证承包任务的完成。至年底，全县453个农业队，实行大包干到户的452个，分组作业的1个。

1984年，中共中央“1号文件”下达后，从实际出发，更进一步明确和确立了家庭联产承包责任制，耕地承包期为15年，三荒地、小区域治理承包50年不变。

呼儿村的岁月

陈朝阳[①]

那场“史无前例”的运动使我倒了大霉，我写了一篇未发表的文章被造反派视为“毒草”，以后上纲上线越来越厉害，他们将我“下放”到甘南草原某县的半农半牧藏族村寨——呼儿村劳动改造。

走的那天，是一个深秋的早上，北风呼啸，夹杂着飞舞的雪花。我背着行李，翻过阿拉山，沿河谷跨过一座座小桥，当时我的心情坏极了，直到牛羊收圈的傍晚，才赶到呼儿村。呼儿村建在一个背风的山坡上，排列零乱的一座座藏式土楼，居住着三十来户人家。站在楼顶土台上，可远远望见洮河。村周围长满了沙棘刺，田里放着一捆捆没来得及驮回的青稞，牛羊在山冈上啃着半干枯的野草。村后仅有一眼山泉，常有藏族妇女背着大木桶汲水。牛粪火烧出的袅袅炊烟笼罩在村子上空，散发出浓浓的牛粪味。

费了好大劲，才找到呼儿村生产队队长拉毛加。他看起来有四十来岁，穿着一身打满补丁的旧藏袍，衬衣已由白色变为黑色，藏袍上身掖在腰间，光着两只脚。黝黑的脸上闪着一只眼，另一只眼却瞎着。听人说，他早已入了党，为了防止生产队的一头牦牛掉下悬崖，被牛抵瞎了一只眼。孩子们都叫他“独眼阿爸”。拉毛加用一只眼睛看着我，用半藏半汉的话和我打招呼：“加不楞

---

① 陈朝阳，《甘肃交通报》原记者，已退休。

(藏语：汉民娃)，啊，好……”其实，听说拉毛加汉话说的不错，不过藏民习惯在招呼人时藏语加汉话，特有意思。他引我沿圆木头锯成的楼梯上到楼顶，见土房平台上又用柳条和木板搭起两间篱笆小屋，为挡风寒，墙上用湿牛粪抹过。拉毛加指着一间对我说：“你就住这房子吧。”我跟他一起走进小屋，见到房中央放了一个大糌粑盒，地板的一角铺了些干青稞草。

面对着煤油灯，我吃着随身带来的干饼子，一种孤独的感觉涌上心头。大约后半夜，我被“叮咚，叮咚……”的响声惊醒，就起了床，顺着声音下楼看看究竟。在楼下房子里，一个赤裸着上身的中年藏族妇女，站在一个大木桶旁打酥油。她双手抱着木棒，反复在桶里上下搅动，发出“叮咚……”的响声，随着木棒搅动的节拍，她嘴里还哼着很好听的古老藏歌。房子中间的藏式锅台上，牛粪火正旺，大铁锅里正炒着青稞，发出“劈啪，劈啪”的炸裂声。拉毛加和他的小女儿，不停地拿苏鲁刷子搅锅里的青稞，见我下楼来，拉毛加说：“我炒青稞，老婆打酥油，给大队交任务。”

高原上的夏季是短暂的，转眼间满山遍野的绿叶已变成黄色。到打场的时候了，村外场上的木架上挂满了青稞捆子，藏民们天不亮就把青稞摊晒在场上。从早到晚，场上和土房平台上不停响着“啪啪，劈里啪……”那原始的连枷声，伴着连枷声的节拍，人们还不停地哼唱着“哎呦，洋劳哎（藏语：预备，起）……”的劳动号子。拉毛加把我领到了青稞场上，交给我一把连枷。我打了几下，不是打在头上，就是打在脊梁上，大家都朝着我笑。拉毛加看我实在不行，只得叫我去干别的活。

当时藏族生产队一天的劳动价值才三毛多钱，藏族群众经常连酥油也吃不上。青稞打完场，生产队安排我和几位藏民一起去秀拉林里打松塔（松子），把松塔卖给林场，好给生产队挣几个钱。在当时，这事也得偷着干，要不然，就说是搞“资本主义”。去的那天，我们的行李都驮在牦牛背上，向深山老林里走去。在下一座陡峭的山坡时，牦牛被突然蹿出树丛的野狼惊吓，不停地蹦跳着、奔跑着。等把牦牛拉住时，我的被子已被树枝剐成了几块。天快黑时，我们到了一个背风的山坳里，拉毛加说我们今晚就在这里住。我们赶快把帐篷支起来，找三块石头支锅，点着火烧茶。善做针线活的几个男藏民，好心地帮我缝补被子。突然天上刮起一阵大风，接着又飘起了雪花。拉毛加怕我天冷住不惯帐篷，硬拉着我到小河上水磨房想找个住处。我俩来到水磨房，见酥油灯下坐着一位白发苍苍的老人，手里摇着转经筒，嘴里呢喃地念着藏经。老人家看见我们，马上停止转经筒和念经。拉毛加向老人家说明来意后，他马上表示同意。我们看到磨房里地方很小，到处是装满青稞的牛毛口袋，就把口袋整理了一下，我就在毛口袋上睡了一晚。在老林里，我学会了上树打松塔。

回到呼儿村，有个汉族小伙子来找我。他说他姓于，大学毕业后，县革委会安排他到这里接受贫下中农再教育。虽说我们俩来这儿劳动的性质不同，可因语言通，不免在一起的时间多些。这一段时间，生产队农活已不多，就叫我放几匹马，小于放几头驴。有一天后半晌，天西边突然升起了块块黑云，很快扩散开来，遮住了阳光，一会儿，雨夹雪从天而降。我大声吆喝着，甩起鞭子，把放的几匹马赶回圈里。我刚喘了一口气，见小于上气不接下气、满身湿淋淋地跑回来，一屁股坐在地上。我赶紧问他出了啥事，他喘着气说：“驴，不见了，咋办呀?”我赶快回房里倒杯开水，叫他喝两口后说：“走，咱们找去。”冒雨走了几条山沟，不见驴的一根毛，当我们转身朝相反的方向上到一个半山坡时，竟在两个大山洞里找见了驴。

过了严寒的冬季，又迎来了高原上的春天。草根发出的嫩芽，与寒冷顽强地搏斗着，终于又将广阔的高原变成绿色世界。这时，大队办起了藏药厂，厂房简陋，只是两间作坊，有一口大铁锅、一个碾槽、一个箩，还有不少玻璃瓶。我和其他四个藏民都被抽到藏药厂干活。每天我们在藏医老旦巴的指导下，熬药膏，筛药粉，装药瓶。老旦巴一天到晚忙得很，从四面八方来看病的人整天围在门口。我看到老藏医用水把糌粑和成面团团，捏成铜钱大的圆片片，先放在病人的穴位上，再用艾叶搓成塔状，放在面片上，用火柴点着艾叶。每一次在一个病人身上放十几根艾叶灸完后，又给病人吃制好的藏药粉末，竟然治好了不少人的病。许多治愈的病人伸出拇指夸赞老旦巴："曼巴沙格！沙格（藏语：医生好，好）！"到傍晚，制药厂上山采药的人都回家了，老旦巴也常住在制药厂，跟我一起喝茯茶吃糌粑，还用不太流利的汉话跟我聊天。他说，他早年在拉卜楞寺曼巴扎仓（藏语：藏医学院）学过藏医，藏医和中医是"两兄弟"，有些药名叫法都相似，比如：中药的当归，藏医叫当更，秦艽藏医叫晋木……中医跟藏医如能取长补短，能治好多病哩！在这个山沟沟，我竟学到了不少藏医藏药的知识。

一天，大队支书和拉毛加几个人来找我，说接到县上的通知，让我回县工作。他们也为我高兴，拉毛加取出他买来的几个烧饼、一瓶青稞酒，大家共同为我祝贺。拉毛加握着我的手说："这一年，你吃不到汉族人的饭，快吃个烧饼吧！你回县上当勒希巴（藏语：干部），可不要忘了我们呀！"我把酒给大家倒在藏碗里，和大家碰杯："我忘不了，忘不了！"

好多年了，我一直想念着呼儿村的藏族朋友。我想，他们一定会在开发大西北的浪潮中，改变着故乡的面貌。因为，改革的春风早已吹到了草原上。

本文选自《格桑花》，2003（2）。

留居夏河的尼泊尔人

陈世明[①]

18世纪末，拉卜楞寺第二世嘉木样董·久美旺吾，遵照第六世班禅华丹益西的法旨，依照后藏地区江仁钦宗弥勒佛殿款式，在拉卜楞寺大经堂之西北隅亦修建了一座弥勒佛殿（俗称大金瓦寺，也叫寿禧寺），聘请了数名尼泊尔国手艺高超的金属工匠，来铸造高达八米的鎏金弥勒佛大铜像。这些工匠当时住在夏河塔哇，即现在被人称作“个尔浪哇”（藏语意为铜匠沟）的地方。现夏河县气象站所在地就是当时铸造大佛的作坊。1791年（清乾隆五十六年）弥勒佛殿建成，佛像也铸造完工。尼泊尔工匠妙手铸造的弥勒佛像造型端庄，气度娴雅，阔额高鼻，方颐薄唇，沉静而安详，坚定而有智慧，栩栩如生。大佛造成后，他们没有回到自己的祖国，而是落户到拉卜楞寺东方约8公里处的火尔卡加村。到如今，200年过去了，人们也许忘记了这些尼泊尔工匠，但他们铸造的弥勒大佛仍然屹立在大金瓦寺内，享受着人间的香火供奉。尼泊尔工匠的子孙后代居住在夏河县达麦乡火尔卡加村，日出而作，日入而息，用勤劳的双手建设着自己的家园。当地人称他们为“瓦吾仓”（藏语意为“尼泊尔人家”）。

火尔卡加村现住有13户尼泊尔工匠的后裔，分属九个家族，

---

① 陈世明，中共夏河县委宣传部报道组原组长，已退休。

他们是：大贡保杰、周茂加、扎勒玛三兄妹；老斋、小贡保杰、拉毛杰吾三兄弟；勒尕；才让扎西；桑考；大尕普藏；当知布加；桑吉加措；尕斋。他们没有家谱，不知道自己的祖先姓名，也不知道在此地生活了多长时间，但代代相传，始终牢记着自己是“瓦吾仓”的后代，并为出生在这个家庭而骄傲。

这13户人家，总人口72人，但因为有“瓦吾仓”这个共同的称号而团结得像一家人。一家死了人，其余12家不分男女老幼，都去奔丧，戴孝；谁家有了男婚女嫁、修建房屋等喜事，都去庆贺、帮忙。他们当中的大多数人不识字。他们的衣、食、住、行等风俗习惯，都和当地藏民基本相同。

这些“瓦吾仓”们，解放前以租种拉卜楞寺院的土地为生，生活条件极为艰苦。十一届三中全会以后的这些年里，他们以牧为主，兼搞农业和劳务输出，生活逐渐富裕起来。

本文选自《甘肃文史资料选辑》，第四十四辑，兰州，甘肃人民出版社，1996。

在引洮工地上

闫继祖[①] 口述 范学勇[②] 整理

引洮工程，全名叫甘肃省引洮上山水利工程，它是1958年2月中共甘肃省委第二次扩大会议研究决定，同年6月17日在定西专区岷县古城坝举行开工典礼后开始修建的。此间，为了这一福泽全省、影响全国的庞大水利工程得以具体实施，省上着手筹建了职如专区级别的引洮上山水利工程局党委和行政局机构，组成人员依据修建工程的需要，从省上行政、文化、科技等部门抽调。

我是1958年6月28日从西北民族学院图书馆抽调来的，到工程局报到后分配在党委宣传部工作，历时三年，基本与工程相始终，因而对工程局机构的设置、人选的来源、组织的构成、施工的概况和工程下马后人员的分流情况，都比较清楚。虽然时间过去快60年了，今天回忆起来还历历在目。

引洮上山水利工程局定址临洮县会川镇后，省上立即调配局党委和行政部门任职人员，充实各部门办事机构。第一任局党委书记兼局长由来自甘肃省水利厅的张建纲厅长担任；二把手书记，由来自平凉军分区的魏屏藩政委担任；后来的书记由来自临夏州

① 闫继祖，甘南藏族自治州统计局原副局长、甘南藏族自治州审计局原副局长，已退休。

② 范学勇，卓尼县柳林中学高级教师。

的韩某（记不清了）担任；工程下马前的书记是折永清，他原是省纪律检查委员会的副书记；副局长有原定西地区专员常友仁、定西军分区副司令员高步仁等。

工程局党委下设宣传部、组织部、秘书处、资料室、工会、团委、公安局、检察院、法院等机构。工程局下设财务、人事、勘测设计、水利、计划、施工、运输、办公室等“八大处”。工程局的下级单位是引洮工程涉及县份派出管理施工人员及民工的工局，也有党委和行政的区别。常务局长一般由各涉及县份派出的一名副书记或副县长担任，从古城坝到渭源长达600公里的第一期作业线上，陇西、平凉、庆阳、天水、秦安、武山、通渭、会宁、榆中、靖远、定西、渭源、临洮、岷县等14个工局分段展开。各工局下设大队，大队下设中队，中队下设小队（作业组）。各工局都有宣传、技术、施工等科室。甘南州没有工局，但支援过肉类食品。临夏州在工程第一次截流前后派来一支由党团青年积极分子组成的279人“老虎队”参战，一月后撤回。

和我一起到任的有来自兰州医学院的徐忠德，省教育厅的张本海，西北师范大学政治教研组的助教李云晋，兰州工业学校的刘培强，甘肃省高等法院的贺汉池。当时抽调定西地委宣教处的副处长石峰代理宣传部长，后来宣传部的宣传、教育、绘画、行政和《引洮报》社等机构设全，宣传部长由来自省委宣传部宣传组的雷健英组长担任。1959年下半年雷健英调走后，调来原省委宣传处副处长范培雄任部长。宣传组由省委宣传部的安全、孟岳云，省作协的作家兰占奎组成。行政组由徐忠德、贺汉池等组成，负责来人接待、上传下达、开介绍信等事务。绘画组由畲国刚、芦世汉、兰州师范的牛乐濂3人组成。摄影组由赵芙蓉、胡至诚2人组成。

我们教育组由我、张本海、李云晋3人组成，任务是编写民工识字课本。根据形势需要，准备在施工之余以夜校的形式，对广大民工进行“扫盲”教育，具体要求是：课本难度高于初级小学水平，内容涉及时事政治、工程地域及施工意义等方面。后来由于时间不一、地点零散及民工的劳动强度等影响，最终没有实现。

我们宣传部工作的主要内容有三：一是根据省委的要求和局党委的安排，做广大民工们的政治思想工作；二是了解工局带队干部的工作作风；三是草拟各类文件和报告，特别是工程局党代会的报告。这些工作都是在各工局所设的宣传科的配合下进行的。记得1958年11月的一天，大雪纷飞，我在施工处长王合群的带领下去了地处古城坝陇西工局的两个大队了解情况，发现有队长骂民工脏话和偶尔有拳脚相加的现象。汇报材料如实交上去后，因内容太少，又无典型性而没有印发。

最繁忙的要算接待各种类型的文化机构。如作家团、诗社、报社、绘画、摄影、歌舞、剧团等写作和演出的机构。作家李季发表在1959年第8期《红旗》杂志中的《在高山运河工地上》一文，就是在工地上体验生活后写成的。艺术团体除在工程局驻地演出外，有的还奔赴基层工局演出。前来慰问演出的较大团体有临洮秦剧团、陇西秦剧团、定西秦剧团、甘南歌舞团，最大的就是1958年7月来自河南省的常香玉豫剧团，他们演出了《花木兰》等剧目，这些文艺活动都给奋战在引洮工程第一线的民工留下了深刻的印象。

通过《引洮报》的报道和自己不时到一线调查了解，这项工程的确艰难险峻。石门峡到九甸峡，一连18个转嘴峰，鬼门关、雪崖山、转角崖、野虎崖、玉皇峰、老虎嘴，一处比一处险恶。这段工地长42公里，渠道设在离河面高出180米的悬崖峭壁上。靖远工局的共产党员康映辉，共青团员李珍，两人各自腰拴一根长达100多米的绳子从悬崖顶上吊下来，像壁虎一样贴在峭壁间。他们一人拄住钢钎，一人抡起12磅大锤轮砸。一锤砸下去，身子要在空中来回晃荡许多次才能打上第二锤。半个月后，才在悬崖上劈开一条半尺宽的小径。而这样的作业点又何止一处呢？这一时期带着“大跃进”烙印的豪言壮语及诗歌，有代表性的被选在我们宣传部编辑、敦煌文艺出版社出版的《引洮工程诗歌选》上。至1960年4月，出版了3期。

20万人苦干三年，先修平台，再下渠道，艰苦奋战的结果，在第一期作业线上三次截流引水都告失败，劳民伤财，损失惨重。失败的原因有省上领导的狂热蛮干，也有技术条件的极不成熟，更有施工方案的随意改动。留到今日的只有可资修路的“平台”和“一脚踢开石门峡”的空洞标语。自1960年起，随着我国国民经济发展比例的严重失调和全省经济困难程度的不断加深，闻名全国的甘肃“大跃进”工程开始慢慢降下帷幕。

1961年4月，通渭发生“饥民灾难”，省政府从引洮工程局和工地上抽出4000多人去“抢救人命”（主要做思想工作），这便是工程局遣散人员的开始。我和郭晋春因身体健康原因留了下来，在省委组织部办公室做整理档案的临时工作。同年8月份，我被调回西北民族学院组织部干部科工作。引洮工程下马后，工程局除专业人员调回原单位工作外，剩下的大多数干部成了当时新成立的临洮专区的班子和下属各机构工作人员。待临洮专区撤销后，大部分干部又调往甘南，充实和填补了甘南藏族自治州各部门的人才缺额。

2016年12月17日于兰州陈家巷子

牧业“赶贡巴”始末

罗爱昌[①]

20世纪六七十年代，全国上下掀起了“农业学大寨”的热潮，甘南也不例外，当时以碌曲县的贡巴最为典型。1974年，省委召开全省牧区工作会议，正式树立碌曲县贡巴大队为全省“牧业学大寨”的一面红旗，发出了在全省牧区“学大寨，赶贡巴”的号召。1975年，中共甘南州委又做出《关于进一步推广贡巴学大寨经验的决定》。

贡巴是个藏族聚居的纯牧区，是碌曲县郎木寺镇的一个大队。这里海拔在3000米至4000米之间，长年处于寒风飕飕、雨雪交加的季节。1961年，贡巴正式建立生产大队，大队领导班子和藏族女共产党员才让卓玛，带领广大牧民坚持“自力更生，艰苦奋斗”的原则，发扬“一不怕苦，二不怕死”的精神，与艰苦环境和自然灾害作斗争，使畜牧业生产迅速恢复和发展。1964年，毛主席发出农业学大寨的伟大号召后，才让卓玛日夜琢磨：贡巴牧区也要学大寨，以大寨人为榜样，使高寒草原换新天。1965年，她参观了农业战线红旗昔阳县大寨大队，参观了天津、西安等地的工厂，受到极大的教育和启发。回来后，她下决心要像大寨人那样，为国家多做贡献，改善牧民群众生活。她把大寨和贡巴作了

① 罗爱昌，碌曲县县志办原主任，已退休。

比较，教育广大牧民学大寨人战天斗地的经验，带领群众立足草原，大胆地实践种植饲料和科学养畜，加快牧业机械化和畜圈及牧民定居点等的建设进程。贡巴牧民们认真学习，大家认识到，要迅速发展畜牧业生产，就必须打破因循守旧，靠天养畜的依赖思想。此后，贡巴党支部广泛深入地发动群众，进一步开展学大寨运动，并制定了牧业学大寨的具体规划。他们的经验很快传遍全州各县。1970 年，在实现农牧业双飞跃的奋战中，甘南州革委会认真总结贡巴大队在发展畜牧业生产方面的先进经验，及时推广，在贡巴大队召开全州牧业工作现场会，号召全州农牧区社、队向贡巴大队学习，实现农牧业的共同发展。这样，学贡巴的群众运动在全州各牧区广泛开展起来。那么贡巴党支部是怎样发动群众，开展学大寨运动的呢?

加快草原基础建设，改变畜牧业生产的基本条件。草场的好坏直接影响着畜牧业的发展。人民公社化时，州、县一再号召种植饲草，但成效不大，有的牧民说:“咱们这地方气候冷，不宜种草。”有的说:“我们牧区历来就没有种草的习惯，种上草也解决不了问题。”党支部一边教育广大牧民转变观念，一边先在帐房附近试种了几亩饲草。在第二年春季，接连下了几场大雪，牲畜不能出牧，就用收割的饲草补喂瘦弱病羊，这一做法抢救了 170 多只羊。在事实面前，有的社员说:“想不到饲草的作用真大。”于是，牧民们自发地提议生产队种草。党支部组织全体牧民对种植饲草制定了计划，进行专门的讨论，统一思想认识。1965 年种植饲草 47 公顷，秋后割草 14 万公斤，另外又组织群众收贮野青草 40.5 万公斤，为保畜抗灾奠定物质基础。当牲畜进入冬季牧场后，提前将膘情差的牲畜挑选出来，单独补饲，使 1200 多只弱瘦羊复壮，大大减少了当年的春乏死亡量。为进一步种好饲草，党支部组织牧民总结经验，取长补短。大家认为，去年的饲草肥料不足，耕作不细，所以产量还不够高。针对存在的问题，他们组织劳力、畜力，积肥运肥，平整土地。为达到像种庄稼那样种好饲草，他们将大量牲畜粪肥送到地里，还挖取居民点附近多年的垃圾粪堆，增加施肥量。党支部书记才让卓玛，亲自带头挖冻实的粪堆。缺少工具时，牧民们从自己家里拿来挖蕨麻和药材用的小镢头照样干。往地里运送肥料，运输力量不足，他们把社队拥有的胶轮车、架子车都利用起来。找不到拉胶轮车的马，就用几头牛，由人牵着轮换拉车。他们还用人背等办法往地里施。这年的饲草获得了大丰收。被大寨精神所鼓舞的贡巴牧民，显示了他们的聪明智慧和干劲。他们并没有以此为满足，认为“这只是草原建设的开始”。贡巴人豪迈地说：通过不断地保护和建设草原，我们的生产就一定能比现在搞得更好。我们对社会主义建设，对国家的贡献也一定比现在更大。建设草原，要从根本上除掉旧思想和旧习惯的影响，才能把草原建设成为名副其实的新牧区。建设草原的担子虽重，但有了党的领导，有大寨精神，再大的困难我们都不怕。今后，要更好地团结在党的周围，把建设社会主义新牧区的任务承担起来，搞到底。

1966年3月，贡巴草原上下了两场大雪，整个草场被白皑皑的春雪盖得严严实实。大雪威胁着上万头牲畜，要是在过去人们只有听天由命了，但现在，风再大，雪再厚，也要战胜风雪灾害，保住牲畜。贡巴党支部针对这个问题，在干部、牧民中展开了讨论。他们说：“大寨人能愚公移山，改天换地地种庄稼，我们也有两只手，一定要克服困难，坚决战胜风雪灾害，保住集体牲畜。”接着，各队组织劳力和驮牛，向畜群驮运储备的饲草、饲料和加固棚圈的木板、绳索。并向各畜群增派劳力，清除圈内积雪，将地处潮湿的畜群转移到别的草场，把有问题的畜群特别是羊群，全部迁移到草好、干燥的地段放牧。交巴生产队，还根据幕物藏地区的草虽好，地势干燥，但风大，易在棚圈周围堆起雪塄的特点，及时向畜群运木板，在棚圈设立防雪带，减少风雪对牲畜的侵害。3月7日，雪虽然停了，但天还是阴沉沉的，还有可能降大雪，党支部研究决定，立即到各畜群和放牧员一起，战风雪，顶严寒，抗灾保畜。交巴队队长、共产党员贡却乎加，一到幕物藏牧场，就不顾疲劳地投入到修复棚圈和清除积雪的战斗中；西日卡娃队会计俄项，发现祁格塔放牧的羊群还没搬出尕海附近的潮湿地带和不愿转移牧场的情况后，与党支部书记才让卓玛迎着风雪，亲自说服祁格塔，使其很快地把羊群转移到地势干燥、有水草的地方放牧。为战胜风雪，有的放牧员彻夜不眠地巡视看护羊群，天亮后还积极修复棚圈和扫除积雪，补饲羊只。放牧员桑丑，怕雪夜冻坏改良羊，把皮袄脱下来盖在棚圈上。西日卡娃队派去帮助尕海湖一带畜群扫雪的人，一到畜群看到落雪不厚，便折转到四川边界的幕物藏去帮助扫雪。就连交巴队60多岁的五保户阿才老汉，也积极参加这次抗灾保畜。他仅用一天的时间，就做了十多把推雪用的木耙，为抗灾保畜尽了自己的一份力量。在这场抗灾保畜斗争中，冬贮饲草料起了很大的作用，深深教育了群众，同时改变靠天养畜、不建设草原的懒惰行为，保住牲畜的安全，获得了抗灾保畜的胜利。鉴于雪灾教训，党支部带领老牧民和草原建设的技术人员，走遍全大队每一条山沟，踏遍每一块草场，对贡巴的整个草山进行实地勘察，分类制订了草原建设规划，并总结羊群“小搬圈”和培育收割草场的经验，把种植饲草和培育割草结合起来，并给大面积的草场施肥，为恢复草原植被、提高饲草产量开辟了路子。在进一步扩大饲料基地后，大队党支部带领群众在干旱的赛尔尕次瓜草滩上，修渠引水灌溉草原。

5月的贡巴草原，正逢挤牛奶、剪羊毛和牲畜分群，准备转场的大忙季节。本来畜多劳少的贡巴大队，在抓好畜牧业生产的同时，全大队仍然抽出40多个劳力，投入到水利建设中去，由大队党支部副书记杨旦带领去修渠。哪里艰苦，他就出现在哪里，经过20多天的大干快干，修通了一条长达5.5公里、可灌溉5336

公顷草原的水渠，为争取牧业生产大丰收创造了条件。

科学养畜、防疫治病是促进畜牧业生产发展的保障。开始掌握自己命运的贡巴人，在向生产的深度和广度推进中，打破“靠天养畜”的旧观念，树立科学养畜的新思想，取得了一项又一项成果。他们加强畜疫防治工作，严格控制牲畜的主要疾病，引进大批牲畜改良品种，解决近亲交配、品种退化和繁殖率低的问题。同时建立基础畜群，保证畜牧业生产的优质、稳产和高产。早在1964年，贡巴大队就引进新疆细毛羊，第一代改良羊成活率达90%以上，已在全大队广泛推广。可是二代改良羊，却成了一个很大难题。1970年产羔时，400多只二代改良羊只活了10多只，这个消息传开后，人们都震惊了。党支部书记才让卓玛等人到各个接羔点，调查研究，同牧民群众一起大搞科学实验，从中找出二代改良羊大量死亡的原因，采取火墙育羔、合理补饲、接羊拴绳定位等办法，1971年成功地接育了400多只二代改良羊。此后，他们没有满足已经取得的成绩，还培育成活了美利奴细毛羊与当地土种羊杂交的一代羊羔100多只。为克服自满情绪，党支部在放牧员中进行思想教育，发扬大寨人的革命精神，教育放牧员从最坏处着想，向最好处努力，在他们中间开展互查互比、互教互学活动。50多岁的放牧员达毛热合巧，不但关心自己的畜群，有空儿的时候，骑上马，到其他畜群查看，学习交流经验。风雪天，有的放牧员在扫完自己畜圈旁的积雪后，拿上扫帚、刮雪板到邻近畜群帮助扫雪，翻晒圈中羊粪。1966年，国家决定在甘南建立一个培育细毛羊的羊场，需要大批当地土种适龄母羊，贡巴大队主动承担了这一任务，仅这项就支援国家羊场适龄母羊2700多只。还为郎木寺大队及部分农业县的畜牧业和农业生产贡献了羊只与耕牛。

为解决劳力不足问题，贡巴大队提出大规模地推广使用牧业机具和生产工具改革的计划。除了继续使用机器剪羊毛和已确定购买的部分奶油分离机外，还在打酥油和割草方面，全部采用半机械化。在条件较好且费工不大处，营建牲畜固定棚舍点。铺设一些简易道路，用犏力巴牛和黄牛驾车运输替代背送运输，用缝纫机代替手工缝制，等等。采取这些措施后，改善了绝大部分笨重的体力劳动，提高了劳动效率。在贡巴大队的定居点上，机声隆隆，人欢马叫，呈现出一派社会主义新牧区的繁荣景象。一幢幢牧民住房，整齐地排列在草原上。居民点的中心地带有大队办的小学、卫生所、兽医站、面粉加工厂，还有发电机房和商店。贡巴大队基本结束了有史以来逐水草而居的游牧生活，4个生产队实现了定居放牧。大队学校里歌声嘹亮，书声琅琅。晚上，在各生产队办的政治夜校里，牧民们学政策，学文化；在大队卫生所里，道吉才让等4名“赤脚医生”，热情地接待就诊看病的牧民群众；商店里摆满了各种商品，牧民们拉来畜产品出售，又买回各种日用品；在面粉加工厂里，马达轰鸣，机声隆隆；50多座牲畜棚圈整齐地分布在冬季牧场上，温暖如春的火墙育羔室内，育羔员们在成功地接育着上千只改良羊种；8名“赤脚兽医”采集多种中药材，自制药物，在畜群中防疫防病，杜绝了10多种牲畜疾病的发生。牧民定居点的房子里积存了面粉、酥油、曲拉、肉干；箱子里放着新皮袄、新靴子，银行还有存款，真正实现了家家有存款，户户有余粮。牧民们说：“过去人工剪羊毛，全大队的强劳力集中起来剪两个月，现在马达轰鸣，电剪闪光，不到半个月就全剪完了。”拖拉机手们说：“夏天，这里丰盛的牧草绿浪滚滚。深秋，铁牛拖着割草机在草原上奔驰，过去一个月也割不完的饲草，铁牛只用30多个小时就割完了。”牧业机械化不仅是生产上的革新，而且是思想上的革命。刚开始，人们对实现牧业机械化的认识不一，有守旧思想的人说：“熟悉了性格的马好骑，用惯了的工具好使，用不着搞什么机器。”为了克服思想上的阻力，党支部做深入细致的思想工作，引导教育大家：他们一边在奶油分离器里装上50公斤鲜奶，由一个人轻松地摇动着手柄；另一边在旧式木桶里倒进50公斤鲜奶，由两个打酥油能手轮番操作。半小时后，奶油分离器里分出了无杂质、味道好的一大块酥油。4个小时过去了，用木桶打酥油的两个强壮汉子擦着汗，捞出了一块水分杂质较多的酥油。当场一称，比机械制酥油少了0.6公斤。这样，连那些守旧思想严重的人，也朝机器伸出了大拇指，人们开始对实现牧业机械化有了新的认识。大家说，要建立社会主义的畜牧业，就必须搞机械化。于是，大队革委会集中群众智慧，掀起了自力更生、土洋结合、大搞牧业生产机械化的热潮。

牧业学贡巴在甘南的实施，不仅加快了牧业生产的发展，而且推动了生产力的合理利用。贡巴人以大寨精神为榜样，突破传统观念，实行科学养畜，改变畜牧业生产条件，为建设甘南草原勇于实践，开拓创新，做出了卓有成效的贡献。

2010年3月

本文选自《碌曲史话》，兰州，甘肃文化社出版，2010。

初到碌曲

陈朝阳

2014年12月26日，甘肃的多家新闻媒体报道临（夏）合（作）高速公路建成通车，标志着我省14个地州市全部通了高速，这是国家在甘南藏族自治州投资兴建的首条高速公路。这条高速公路建成通车后，兰州到合作的车程由4小时缩短至2小时左右，真正实现“香巴拉不再遥远”的愿望！可是，朋友，你知道当年去甘南“难如上青天”的情景吗？你了解50年前的甘南吗？

1959年初夏，我17岁，从甘肃省邮电学校报务专业毕业后，一行7位同学被分配到甘南工作。我和一位姓李的同学被分配到更偏远的碌曲（藏语：洮河）县工作。那时的人思想单纯，不像现在可以自由选择职业和地方，哪里需要就到哪里去，组织分配没商量。

一、敢问路在何方

从兰州出发的那天清晨，我们告别亲人，来到兰州汽车东站，7点来钟准备进站时，手提铁喇叭的女站务员，大声广播着：因路况不好，发甘南和临夏的轿车全改成卡车。听到广播后，我们争先恐后地往卡车车槽里爬，因为人多，我们只得用自己的行李，垫在屁股下面当座位，卡车摇晃了一下，总算开动了。第一次上七道梁，看着山高沟深的盘山公路真吓人！卡车在上山时水箱容易发热，加了不少次水，发动机还是大声吼叫着，挂上一档，才算爬完了七道梁。过七道梁后，车速快了许多，我想，再不会停车了吧？中午时分，卡车又突然停在了康家崖，汹涌澎湃的洮河又挡住了我们的去路，在河边，不少汽车和旅客，吵吵嚷嚷在等待渡船摆渡，个把小时后，卡车和旅客终于渡河到对岸。虽然这里的公路比较宽，可坑槽连片，卡车挑拣着路面，躲过坑槽，颠簸着艰难前行，直到日头映红了西山头，天麻麻黑时，才到了临夏。汽车站很“破烂”，附近还没有旅店，我们只得将大一点的行李寄存到车站行包房，提上提包到城里的旅店住宿。还在一家用马灯照明的清真小饭馆，吃了一顿烩面片，买了几个锅盔准备路上吃。饭馆外边坐着一位头戴回民小白帽的白胡子老人，捋着白胡子，直笑我们这些坐过卡车的“土人”。

次日，天刚蒙蒙亮，就听见临夏城的马路上有不少赶集的马车在街上行走，时而夹杂着车户们沙哑的“花儿”歌声：“阿哥的白牡丹呀……尕马儿拉回者，哎哎哟……”我们小跑着来到汽车站，赶紧坐上车继续南行。约摸走了两个来钟头，卡车到了“土门关”，同车的旅客说，这里是内地进藏的关口。我抬头望去，只见前方群峰矗立，似将倾倒，左侧大夏河水在哗哗流淌，真是“一夫当关，万夫莫开”的险要关口。过了土门关，突然觉得空气凉了许多，我也只得把毛衣穿上，路边的藏民还穿着厚厚的藏袍。我好奇地看着他们。噢！这就是藏民呀！卡车越过清水，穿过红墙，停在完尕滩（现王格尔塘）车站，这时上来了几位藏民，大家挤了挤，给他们让出了位置，藏民们皮袄上的酥油味，当时我真有些闻不惯。这时我觉得口渴，赶紧下车要了杯开水，刚喝了几口，车要开，我匆忙跳上车。下午 4 点多钟，汽车终于到了甘南藏族自治州首府——合作。

到合作后，去各县的班车因故停运，各县的旅客只得自找门路，改乘企事业单位和其他车辆去各县。我和同学找到州邮电局，准备搭乘邮政车去碌曲，一打听，才知道根据上级安排，必须集中 15 辆车才能出发，主要原因是社会治安不好，个别地方发生草山纠纷，前几天，货车行驶到尼马龙上坡时，还有毛贼偷卸货物，路况因水毁也很难行。我们只得住在旅店里焦急等待。逗留在合作的这些天，我们对一切都感到新鲜。比如：合作藏语叫黑错，当时还是夏河县的一个镇，黑错的意思是羚羊栖息的丛林之地。还有如藏民吃的酥油啦，架的牛粪火炉啦，都从来没听说过。整整等候了 11 天，集中了 10 来辆车，我们终于坐上闷罐子一样的邮政车向碌曲进发。合作到碌曲不过百余公里，可走到下午三四点钟才到距离碌曲县 3 公里的桥头，虽然离县城近在咫尺，可又一座险峻山峰挡住了我们的去路，邮政车挂在一档上，大声吼叫着艰难地爬坡，翻过大山后，首先看见驻军在山坡上挖的窑洞和搭建的营房，远处可看见建在山坡上冒着炊烟的排排平房。

二、县城如同一村庄

碌曲桥头的桥是通往四川与青海的必经之地，它的战略位置非常重要。桥的右侧是崇山峻岭，桥下是滚滚东流的洮河。从桥头顺洮河向碌曲县走大约 3 公里，只见洮河两岸群峰对峙，岸边是一条窄长的街道，大约走 2 公里时，还得爬一个大坡，上得这一公里左右的坡上，只见几十排平房展现在眼前。人们告诉我：这就是“点一根火柴可以绕县城转三圈”的碌曲县。这里海拔 3180 多米，全县两万多人，县城大概有一千余人，除了机关单位和企事业单位工作人员外，居住的老百姓很少。虽说是初夏，各个平房上还冒着牛粪火的炊烟，大多数人还穿着厚厚的毛衣，路过县城的藏民还穿着老羊皮袄。

县城有三家比较高大的建筑：银行、民贸商店和邮电局。除此之外，全都是清一色的平房，各单位都没有院墙，简陋得根本不像是县城，不过像是内地的一个村庄。但在这里工作多年的老干部却说，原来刚成立碌曲县时，是在离这里8公里远的西仓村，当时，只是几十顶帐篷，一个单位几顶帐篷。不管房子多少，这总算在藏区建起的新生政府所在地，她是属于人民的。

我到邮电局报到后，局长分配我到电报房工作，有两位师傅，一位姓赵，一位姓常，他们辅导我实习电报业务。县城北边小山头上还架设了无线电台，每天定时和师傅上山与部队和有关单位联络。

当时，这个小县才成立6年多，百业待兴，邮电通信条件很落后，县邮电局有一台百门电话总机，除了通省、州和重点乡外，藏族村寨大都不通电话。碌曲邮电局根据上级政府安排，在科才（当时归碌曲县管辖）、双岔、阿拉和郎木寺等主要乡镇架设了无线电台，定点定时与有关部门和驻军联络（电台专用语为：定时会晤）。在当时，这种55型电台还算是最先进的通信工具，可非常笨重，包括收报机、发报机、电池箱和手摇发电机4大部分，如去野外作业，得一匹好马才能驮动。这种电台在收发电报和通无线电话时，必须有人不停摇动手摇发电机。电台可发电报，可通无线电话，大部分时间都是县上领导用无线电话向乡镇领导发布指令，对老百姓来说还是望尘莫及。哪像现在通信如此发达，手机一按可通天下，那时真是白日做梦。

我是个才出校门不久的小青年，工作上边向师傅学习边工作，吃饭可在食堂买，衣服脏了拿到洮河边去洗，因天气凉，无法洗澡，身上都生了虱子。刚开始工作的头一年，生活上还可以。到1960年，国家处于困难时期，碌曲小县也是一样，每人每月粮食定量27.5斤，工资转正后70多元，后又降到40.5元，每天都在饿肚子。县上领导为了叫大家安心工作，由豆腐厂加工生产豆腐渣点心，一月每人供应 5 斤，当 5 斤点心买回后，一顿能把一半吃完。

1961 年夏天，上级决定碌曲玛曲两县合并，改称洮江县。碌曲县搬迁到尕海草原，玛曲县旧址由州县政府常派工作组驻扎。尕海草原地势开阔，四周围高山连绵，西边可遥望水波荡漾的尕海湖。“尕海湖”藏语为“姜托措干”，即高寒湖的意思。这里海拔 3600 多米，接近西藏阿里地区的平均海拔，年平均气温 3 摄氏度左右，气候多变，只要看见头顶有一块黑云，不一会儿就会下起瓢泼大雨，可远处的草原还是阳光明媚。常年在这里工作的人换季时就会流鼻血，个别人还会手脚浮肿，因高寒缺氧，晚上睡觉会醒几次，有时还会呼吸困难。我当时还不到 20 岁，也时而感觉头脑会昏昏沉沉。在这里烧开水不到 90 度就开了，但煮面条煮不熟。

草原上漫长的冬季来了，大雪覆盖了草原和山冈。东北风呼呼地吼叫着，好似锐利的尖刀，刺穿厚厚的皮袄和棉衣，暴露在外的脸和皮肤，被寒风一吹，如同刀割，疼痛难熬。我去深井里打水，井沿周围结了冰，几乎把水井冰封了，打不出水，只得跑到一公里外的尕海湖打冰取水。这时气温降到零下 30 多度，开房门时，手能粘在把手上。我住在电报房里，火炉烧的是牛粪，晚上得值夜班，要不停地添牛粪，白天要去很远的草山上拾牛粪，用麻袋背到单位。粮食定量越来越低，县政府食堂按规定不准从牧民手里买牛羊肉（因是公社集体财产），只能从牧场买来些羊油，炼好后，装在大缸里，存久了就变质了，食堂用变质羊油炒米饭，加上用黄豆皮磨的面粉煮汤，饭后不到一小时，大家得排着队拉肚子。厕所是大家挖草皮垒起来的，经常被牦牛推翻。后来，有藏民趁晚上偷偷把羊头卖给我们，可我们又不知道咋个吃法，好心的藏民就教我们架起牛粪火和柴草，用几根棍子把羊头挂在上面，一边火燎，一边刀刮，直到羊头变成金黄色，就用水清洗干净，将羊头的上下腭拉开，割下舌头，刮掉舌苔，放进锅里用慢火煮熟，锅里的羊肉汤飘着油花，大家喝着羊肉汤，觉得这是世界上最好的美味！可这样的机会很少，因为一旦被公社或大队发现，就得对这位藏民在批斗大会上割“资本主义尾巴”！

高原上的春天姗姗来迟，厚厚的积雪开始融化，坚强的草芽用劲顶破冻土探出头来，一群群天鹅、黑颈鹤、斑头雁等鸟类也从四面八方飞到尕海湖，在这里孵蛋繁殖，当时也没有野生动物保护法，个别胆大的人踩着湖边的沼泽地，冒险去尕海湖心小岛上掏鸟蛋回家煮着吃，幸好没人掉进湖中。翌年，各单位都开了些荒地，想种些洋芋萝卜芫根之类的蔬菜补充伙食，谁知海拔太高，到秋后只收获一些鸡蛋大小的芫根，邮电局大约收获了300来斤芫根，集中放在局长办公桌下，每逢在局长办公室开会，大家你一个我一个擦擦浮土生吃，没几天就生吃光了。县上还在尕海湖边成立了林场，专门抽调一名科长管理林场工作，他带领几名职工家属挖了地窝子，在湖边露天做饭，整天忙着栽树苗，结果一棵也没成活。

县上领导为了安定人心，在广阔的草原上用白灰洒了白线，并写上这里是中心广场，那里是××街道。并且还放出话说，将来要修两条铁路，一条是兰州到成都，一条是西宁到成都，交汇点就是尕海，所以，大家要热爱尕海，热爱甘南。1963年初夏，上级决定碌曲县和玛曲县两县分开，碌曲县搬回桥头附近的老县城，这里比尕海草原海拔低几百米，县城街道和山坡上栽种了不少树木，田野里种上了洋芋白菜等蔬菜，黄灿灿的油菜花竞相开放，人们的心情也好多了。

三、电报为什么那么多

20世纪六七十年代，电报作为主要通信方式之一，每日发电报多一些也是正常现象。可有一个时期，我们昼夜不停地接收密码电报，字数多的数万字，少则几千字，不停地抄收电报，抄得人头昏脑胀，还常饿着肚子坚持干，电报抄收完毕后按“时限”及时送递到县委机要组翻译，我们虽是报务员，但并不知道电报内容。后来，我们发现，每逢抄收完密电后，县委宣传部就要召开干部职工大会，传达中央九评苏共中央的公开信，我们就猜想，原来这些文件都是我们抄来的密码电报呀！

在碌曲高原，我有两次带着电台下乡工作的经历。第一次是1959年秋季的一个傍晚，县邮电局接到县政府通知，说科才山口架设的电台损坏，必须尽快派报务人员送一部电台过去。这个重要任务就落在我这个才从学校毕业几个月的年轻人身上。次日拂晓，淅淅沥沥的霆雨不停地下着，在科才公社书记桑吉的带领下，我们都骑着马，由3名武警战士护送，另有一匹马驮着电台的各个部件，穿过蜿蜒的山间小路，越过汹涌滚滚的洮河，半路上在一个藏族老阿妈的帐篷外，冒雨准时进行了与部队和有关部门的联络。后又继续向科才山口前进，在科才小寺院二楼走廊上架好电台，进行了联络；为了保密，第三天又把电台位置改架在后山的一座神秘的寺院后院大经堂楼上，按时准确地在这里完成了联络任务。在这里工作一个月，电台不停地变换位置，不停地进行联络，每次都顺利地完成了任务。

第二次是1962年秋，局长派我去郎木寺邮电支局执行电台联络任务，在这里也是工作一个多月。郎木寺是碌曲县的一个小镇，地处甘、川、青三省交界处，自古有“一唱雄鸡听三省”的说法。特殊的地理位置，造成这一带社会治安状况比较复杂。邮电支局有一台几十门的电话总机，但跟不上社会需要，所以需要电台和上级联络，可以随时向上级汇报情况，上级也可以掌握这里的社会动态。

郎木寺近几年旅游业发展很快，那里是白龙江发源地，优美的自然风光和淳朴的民族风俗，吸引着无数旅游爱好者前来这里观光拍照，人称“小瑞士”。可当时这里旅游尚未开发，我只觉得镇子很小，窄窄的街道两旁老百姓盖了不少低矮的篱笆房，较大建筑除了商店、邮局、粮店外，还在西山腰建有一个比较大的中心气象站，时而有牛羊穿街而过，行人稀少。一条小溪（实为白龙江）顺山脚流淌，街道上横七竖八都有潺潺流水，水清见底，小鱼在水中游来游去，自由自在。街道两边的山峰松柏掩映，郎木寺寺院建在半山腰的红崖青松中。下得山来，越过小小的白龙江，就到了四川地界，走过小木桥，听着水磨声，很快就看见规模宏大的格尔底寺。两座寺院不时有穿着红袈裟的藏族喇嘛在忙碌，许多藏族信徒围着寺院或嘛呢塔在虔诚地磕着长头……另一件有趣的事是：郎木寺与格尔底寺中间还建一座清真寺，三座寺院紧相毗邻，各族群众关系融洽。溯水而上，走不多远，就可看见一处水草丰美的开阔地，一条约有十几米宽的河从松柏青翠的峡谷间流出，这就是白龙江之源。在白龙江发源地的西山边有一山洞，藏族老乡们告诉我，这就是虎穴仙女洞，因虎穴中的一座岩石与古代美女相似而得名。另一说法是，古代有一美女，为躲避封建包办婚姻而逃难于此，老虎并未伤害她，她后来化作女神，保佑草原人民吉祥平安。这个洞洞口不大，仅可容一人进出，洞内比较宽敞，可容三五人，几十盏酥油灯在洞内闪烁，香烟缭绕，洞外有不少信徒在磕着长头。郎木寺藏语为“德合仓郎木”，意即“虎穴中的仙女”之意。

我在郎木寺的主要工作是，每天保持和县中心电台并与附近驻军电台联络，驻军在哪里，到现在我也不知道。另外就是不断拍发民用电报。我住在电台房里，为保护电台，上级给支局长和我配发有一支驳壳枪，谁值班谁用，但从未用过，实际上我也不知道枪该咋用，不过是用来吓唬吓唬人，给自己壮壮胆而已。

四、县里来了河南人

1959 年 9 月，碌曲县城秋雨连绵，秋风萧瑟，在省城正是菊花盛开、水果飘香的季节，可在这高原上竟有了冬季的寒意。

这天，天空突然放晴，太阳就像害羞的少女一样露出了少有的笑脸。一贯寂静的碌曲县城，从早上起就是锣鼓喧天，鞭炮齐鸣。原来是河南支建青年来到了碌曲，据说，甘南州其他县也来了不少支建青年。他们是响应国家号召，来支援大西北建设的。这些年轻人大多来自豫东地区的永城、兰考、太康、上蔡和东明（后划归山东管辖）等县。

年轻人胸怀壮志，想在甘南干一番事业，从心里想着要做出一些贡献，要把甘南建设好，可事与愿违，因为气候条件的差别使他们的想法难以实现。你听，在河南临出发前，有关领导召开动员会时说的一番话："年轻人啊！您（你）支援甘南建设可是老光荣！甘南那块地方可是块宝地，满山遍野都是牛羊，想吃啥肉都中，您（你）要骑马蹚一次河，好多鱼都被踏死了，拿背斗一捞一背斗，回家煮着吃、炒着吃都中！那里的土地没种过庄稼，要种上小麦，还愁吃不上白面馍！到甘南能挣钱（发工资），能吃白馍，您（你）看多美呀！"动员会说得年轻人心里痒痒的，大家争先恐后报名去甘南。

这些年轻人信心十足，告别亲人穿上黄制服，坐上西去的火车和汽车，千里迢迢来到甘南，来到碌曲县。农场总部设在碌曲县城，在西仓、双岔、阿拉和阿木去乎（现属夏河县管辖）等乡（当时叫公社）办起了农场，每个农场数百人或上千人。开始时，各农场都在召开战前动员会，叫职工们树雄心，立壮志，保证完成开垦任务，并且下了开垦硬性指标。在生活上，白面馍、大肉、白菜炖粉条管饱吃，还不断改变饭菜花样，叫职工们吃好睡好，大家干劲十足，任务完成得很好。

河南人热爱故乡，酷爱家乡戏豫剧，农场总部抽调人员，在碌曲县城办起了业余豫剧团，他们搭建起戏台，每逢周末河南梆子的音乐和唱腔就会在县城的上空飘扬，剧团不断变换剧种，豫剧《铡美案》《三上轿》《花木兰》《穆桂英挂帅》等戏的唱腔因为听得多了，哪怕不是河南人也能哼唱两句，远在8公里外的西仓农场职工踏着月光，步行到县城前来看戏，深夜返回时他们还边走边哼唱着："刘大哥讲话理太偏，谁说女子不如男……穆桂英我五十三岁又管三军哪……"据说，在州府合作也成立了专业的"甘南豫剧团"。

碌曲县各单位和公路养护道班都招收了一批农场职工参加工作，当时，不管你走到那里，都可以看见河南人的面孔，都能听到"中不中"的河南口音。人们说，碌曲县真正成了"小河南"。

各农场职工不辞辛苦，开垦了大量耕地（现在看来是破坏生态平衡），种上了小麦、青稞和洋芋等，头一二个月长势不错，绿油油的禾苗招人喜欢，时间不长，也就是小麦快扬花时，高原上乌云密布，雷电交加，瞬间，雨夹雪纷纷落地，气温突降，将小麦扼杀在摇篮之中！好歹还收割了一些青稞和洋芋，职工们每天把青稞晾晒在用木棍绑成的青稞架上，天蒙蒙亮就把青稞从架上取下来，趁着高原上宝贵的阳光晒几个钟头，再用自制的碌碡，套上牦牛或马抓紧时间碾场、扬场、晾晒后颗粒归仓。

国家给农场初办时期供应的细粮逐渐减少，职工们只得把青稞拉到碌曲县城的磨坊磨成面粉，用青稞面蒸成黑面馍或做面片吃。时间久了，国家停止给农场供应细粮，职工们只得全部吃青稞面，凑合着过日子，职工们的干劲减少了一半。也有人意识到，高原牧区适合发展牧业，农业在高原不适应。这时河南省派出慰问团来到碌曲，大唱几天豫剧，并且带来了花生、柿饼和糖果，向支建青年表示家乡人的关怀。可是这些慰问品到职工手里所剩无几。职工们的情绪逐日低落。到后来，农场的日子一天不如一天，收成减少，青稞面磨不出来，又遇上国家三年困难时期，职工们只得拿囫囵青稞煮着吃。这些年轻人来时生龙活虎，现在是面黄肌瘦，有人还浮肿了。农场职工思想混乱，无心生产，个别人还偷跑回到河南老家。

到 1962 年底，上级决定停办碌曲所有农场，剩余职工随总场全部搬迁到庆阳董志塬。总场领导又作动员报告："大家听好了，咱们要搬到董志塬，那里也是个好地方，您听说过吗？陕西八百里秦川，可它还顶不上董志塬半边！咱们在这里受苦了，到董志塬就好了，大家高兴高兴，中不中？"

我也是个河南人，我的故乡在豫西，当年我看到老乡们受苦十分同情。"老乡见老乡，两眼泪汪汪"。我是个普通职工，帮不了老乡们的大忙，只是在我住的宿舍里经常有老乡在跟我诉说衷肠，我只能安慰安慰他们。五十多年过去了，这些老乡们怕都已是七八十岁的老人了，也许有的人已不在人世了，我在这里问一声：老乡，你们在改革的大潮中，过得还好吗？现在甘南各单位工作人员中，河南人还不少，应该说，他们大多数是河南支建青年的后代，真是"献了青春献子孙"，河南支建青年对国家也是作出了不少贡献的，朋友，你说对吗？我早就想把支建青年的这段历史详细地写出来，苦于各种原因终没写出来，再加上他们现在年龄已大，比较分散，我找不到他们也无法采访，真是后悔莫及呀！

五、县里有好多光棍汉

走遍当年的碌曲县，干部职工多半是光棍汉。为什么呢？首先是这个县才成立不久，上级向这里分配人员时并未考虑到"男女搭配，干活不累"的道理，大多是以分配男的为主。再就是县城除了各单位工作人员外，居住的老百姓很少，更谈不上有待嫁的姑娘。其次是县上规定必须满两年才可以享受一次20天的探亲假，这样，多半工作人员的妻子都在故乡，就是想来碌曲也报不上城镇户口，大家就只有过着“牛郎织女”一样的两地分居生活。牛郎织女每年七月七还能相会，可在碌曲工作的人必须两年才能与妻子和家人见上短暂一面。我曾去过几个公路养护道班，都是清一色的光棍汉。就拿花格道班来说吧，十几个养路工，只有一人因年纪大带着老婆，其他人都是“光杆司令”。人们给班长起的外号是“大光棍”，副班长是“二光棍”，炊事员是“三光棍”，因为叫的人多了，他们也乐意应答，叫他们真实姓名还不太习惯了。汽车站的班车是几天一班，每逢班车到站，不少人就去看看班车上有没有大姑娘小媳妇下来，看是不是自己的家人，也顺便过过“眼瘾”。偶尔有家属从农村来探亲，也不能常住，当时粮食定量很低，一家人吃一个人定量也维持不了多长时间。

已经是阳历5月初了，碌曲的春天姗姗来迟。冻土开始苏醒，空气湿润起来，县城街道旁的杨柳发出了新芽，山坡上的苏鲁花和格桑花先后开放，粮站沟的冰雪融化后，一股细流一直淌到街道上的边沟里，空气十分清新，人们享受着春天的嫩草清香。碌曲县卫生院和邮电局是近邻，因为没有院墙，如同一个院落。卫生院早已有几个漂亮的女医生，最近又分配来一位临夏籍的藏族女医生小莲。她二十三四岁的年纪，中等身材，虽说常穿着一件白大褂，在衣领处却露出红色毛衣，裤角处露出当时最流行的毛蓝布裤子，穿着一双棕色皮鞋，大辫子齐腰，白皙的皮肤，红扑扑的脸蛋，有神的大眼睛，一说话就露出洁白的牙齿。她那迷人的魅力，吸引着邮电局和其他单位的光棍汉总想多看她几眼，光棍汉们总不能老在附近瞭望，就找个借口去卫生院开上一盒感冒片，要上一盒山楂丸，回来后，就给光棍汉们吹牛：“我看到小莲了，真美，真美！”时间长了，小莲也知道光棍们来看她，就逗笑说：“又来开山楂丸？不开药也可以来转转嘛！”她说话的眼神充满着温情，这种妩媚的神态几乎使光棍汉们醉倒！但谁也不敢提出和她交朋友，因为都觉得配不上她，只有饱饱眼福。

有一天，我师傅去商店买东西，看到一位新来的高个子女营业员朝他一笑。他回单位后，给我们说，营业员老朝他笑，我们去商店买东西时，也看见了这个女营业员，打听后，才知道她叫小荣，是支建青年抽调上来在商店工作的。她个子有一米七，长着黑里带红的脸蛋，配着一双大眼睛，穿着蓝色的大褂，说起话来总带着微笑，真是当营业员的材料。最使人羡慕的是她早在农场时已入了党。邮电局的同事们都给我师傅打气："你胆子放大点，向她提出交朋友，怕啥！"我师傅说："怕不行吧，人家是党员，我还没入党呢！"之后，我师傅总借故去商店买东西，哪怕是买一支牙刷也要去看看小荣。可师傅总是很腼腆，不敢和人家搭话。其实我的赵师傅长的也不差，他是天津人，说起话来还有些普通话的味道，他中等稍高的个头，白皙的皮肤，端正的五官，眼睛大而明亮，毕业于天津邮电学院报务专业，配小荣绰绰有余。有情人终成眷属，后来，经人撮合，交朋友几个月后，我师傅真的结婚了。我的另一位师傅姓常，毕业于河南邮电学院报务专业，他和赵师傅年龄差不多，都是快三十岁的人了，在高原上工作多年，一直打光棍，他老在电话里跟我说，老睡不着觉，心里着急，他父母也多次来信催他赶快结婚，他多次请假批准后，在回家探望父母时结了婚。

师傅们都结婚了，一两年后也生了孩子。就剩下我这个小伙子了，师傅对我很关心。一天，碌曲商店会计的女儿小鸾从河南来碌曲看父亲，刚好被我的赵师傅看到了，赵师傅心里就想，小鸾姑娘能介绍给我徒弟多好啊！事又凑巧，小鸾的父亲刚好要出差，她父亲就求我师傅，叫小鸾在师傅家吃几天饭，师傅满口答应。当时我还在尕海电台工作，师傅带话叫我来一次碌曲，翌日，我安排好工作后来到了碌曲，我也在师傅家吃饭。中午吃饭时，我见到了小鸾，她一进门我眼前突然一亮，我看到她白里透红的瓜子脸上，闪着一双美丽的大眼睛，满脸堆着亲切的微笑，她留着黑亮的齐耳短发，穿着一件花格子外套，下穿一条蓝条绒裤子，脚穿一双黑布鞋。她先客气地叫了声叔叔婶婶，等主人叫她坐下后，她才落座，她可能是太渴了，未等主人给她倒水，就端起我的茶杯喝了几口说：“渴死了，渴死了，给我爸洗了一上午衣服，也没顾上烧开水。”说话间，我心里“扑通扑通”直跳，接着师娘又给她端来一碗小米稀饭，她就着包子吃起了饭。翌日，我到女话务员小张的宿舍里闲聊，巧得很，不一会儿，小鸾也来到小张宿舍，谈到故乡的生活习惯的话题。以后四五天时间里，天天都能在小张宿舍和师傅家见到小鸾。有一天，我趁小张去外边提水的空隙，壮着胆子问小鸾：“你家里有对象吗？”小鸾羞答答的没有正面回答我，倒还反问我：“你问这个干啥呀？”“我……我……”我不知道该咋回答。我在碌曲待了整整一星期，事情没有进展，师傅也看出来了，他通过师娘问了一下小鸾，答复是，暂时不考虑找对象。师傅告诉我后，我当天下午就坐上邮政车回到尕海。第三天，最爱看《大戏考》《金陵春梦》和唱青海花儿的师傅怕我有思想负担，心里想不通影响工作，竟给我发过来一份电报，我一看，是一首劝解我的《采格桑》诗：

烧火棍子手中拿，一头热来一头凉。
你在西边她东方，鸾阳成凤两茫茫。
只待他年缘分到，放歌携手采格桑。

看到师傅费尽心机写的诗歌，我心里安稳一些，我也反复想着，我年龄还小，我前面的路还很长很长，以后有的是机会。想到这里，我走进电报房，一看时间，再有五分钟就到联络时间，我赶快调好频率，戴上耳机，手扶电键……几分钟后，“滴滴，答答……”的无线电波又响彻在尕海草原的上空。

2014年8月份，我又回到了阔别了几十年的碌曲草原。啊！碌曲！我的第二故乡，你好吗？我思绪万千，不由得流下了激动的热泪！秋到碌曲，一幅绚丽的画卷呈现在眼前：湛蓝的天空上飘着白云，青草宛如绿毯在辽阔的草原上铺展，五彩缤纷的野花点缀在一望无际的草原，成群的牛羊在草原上悠闲地啃着青草……

在途中就有人告诉我，碌曲已建设成了一座非常美丽的小城。桥头和县城已连在一起，宽广的街道两旁漂亮的新式楼房拔地而起。有着民族风格的藏医院和中小学建筑特别惹眼。在县城中心新修了一座礼堂，礼堂前是中心广场。从礼堂向南看洮河上架起了一座永久性桥梁，结束了洮河无桥的历史。洮河南岸的藏族牧民定居点也和县城连为一体。最引人注目的是在洮河岸边新修了一个藏族风格的公园，人们在公园里休闲娱乐，也可以在这里划船，更可以在藏式佛塔前磕头念经。

现在，碌曲县畜牧业、金矿开采、水电和旅游等行业得到了快速发展。则岔石林、尕海湖和郎木寺都已开辟为风景旅游区，不少海内外游客从遥远的地方坐飞机、走高速公路来到碌曲，享受着草原风光给人们带来的乐趣，吃着藏餐和高原温室里种植的各种新鲜蔬菜。现在，兰（州）合（作）铁路已开工建设，西（宁）合（作）铁路也正在筹划中，人们几十年前就想着“坐着火车去甘南”的梦想就要实现！让我借用一首《草原恋歌》作为本文的结尾：

青青草原一片蓝天，
雄鹰飞过我的家园。
牛羊满山坡，花儿正鲜艳，
微风吹拂你的脸庞，
敞开胸怀拥抱未来，
雪山草原是我们幸福的源泉……

完尕滩的今昔

严浩

从拉卜楞沿着大夏河东行七十里，再到河的右岸，就是完尕滩了。这里在解放前住着回、汉、裕固族共十一户人家，都是为躲避国民党反动统治“抓壮丁”和民族压迫流落到这里来的，但在这里他们照旧得不到安宁的生活。夏河县完尕滩区民政助理员孔庆德回忆起当时的情况，痛苦地说：“过去完尕滩十一户中够吃够穿的没一家，但是反动派的官员还是经常来，捏造是非，挑起回、汉族住户的纠纷，从中弄钱。人们被官款、差事逼得没法活下去！”

解放前，村里的街道高低不平，中间是沟，水沟两边到处是牛尿马粪，几间房子东倒西歪着。村西尚格河和大夏河汇集的三岔路口上还经常有抢劫事件发生，这里虽是由临夏往甘南藏区的通道，但过去来往的人和脚户却很少。

解放后，多少年来笼罩在人们心头的阴云消散了。在中国共产党的民族政策照耀下，工农牧物资交流大大开展，村里久已关闭了的店门重新开了，大路上无论白天夜晚都有运入工业品与运出皮张绒毛的脚户走动着，人们愉快地劳动着。

现在，完尕滩简直是一个繁荣的小市镇。自 1952 年 11 月 14 日夏临公路通车后，过去滩上来往的小毛驴车一天比一天少了，代之而起的是一队队满载货物、大米和白面的拉拉车和飞跑着的汽车。村里的住户由十一家增到三十九家，新修建起四十多间铺面房屋。贸易公司的门市部里堆满了各色布匹、百货，到中午，从三四十里外赶来的藏民，都来选购自己喜爱的物品。

街道东头新修的一所学校，玻璃窗闪闪发光，两间教室里坐着七十多位藏、汉、回族小学生，正愉快地学习。从学校向西走不远，就是人民银行的营业所，这里的工作人员们紧张地工作着，先后把人民政府发放的种畜、籽种、副业等种种贷款发放给群众。接着走过去是完尕滩区人民政府和区卫生所，卫生所免费给藏族群众治病，一年有几百人经治疗恢复了健康。

本文原载《甘南报》，1954 年 9 月 1 日。

新币发行的第一天

段琳

三月一日早上，拉卜楞许多企业单位像节日一样，扎起了彩门，张贴了巨幅对联。人民银行门口挂着数幅藏、汉两文写的有关发行新币的标语，彩旗迎风招展。各兑换处都贴着兑换的手续和办法。国营贸易公司和合作社换上了新币牌价。广播站播送着“歌颂祖国”“各民族大团结”的歌曲，各族人民都以欢欣的心情，迎接新人民币的发行。

兑换开始了，宣传员们耐心地用藏话讲解新币的好处。一位换到新币的藏族妇女高兴地念着新币上的藏文，喇嘛们看到新币，连声赞好。甘加乡的一些牧民，把卖了皮毛的钱，全都换成新币带回部落去。

贸易公司和合作社都很热闹。牧民们用新币一元买到了过去一万元能买到的东西，拿着旧币的人们也买到同过去价值一样的东西。

市场上物价和以往一样稳定，新旧币都在流通。群众一致反映说：人民政府说啥是啥，发行新币对咱们各族人民都有利，没让咱们吃一点亏。

1955 年 3 月 11 日

本文选自甘南报社编：《芳草地》，2003 年 8 月。

洮河放筏

赵新峰

有人赞美碧波涟漪的洮河水色，有人赞美神奇美妙的洮水流珠。然而，我却赞美洮河放筏，更赞美那些常年驭筏前进的木材水运工。

盛夏的一天清晨，我去河边散步。朝阳从山巅冉冉升起，放射出耀眼的光辉。青松苍翠欲滴，碧绿的洮水腾着晨雾。忽然，“花儿”声声，由远而近，夹杂着“哗啦”和“扑通、扑通”的响声。我循声望去，只见片片木筏从山后顺流而来，身姿潇洒的放筏工，面迎早霞，身披晨露，高卷裤腿，背携救生衣，赤脚站在木筏上。他们时而弯腰拨桨，时而抓桨顺滑，轻轻盈盈踏水破雾，优美的歌声此起彼伏。此刻，木筏一架追一架，水珠激起团团雪白的浪花。多美的一幅放筏图！

“不见九甸峡，不知放筏难。”这是熟悉洮河的人们对艰险的水运工作的描述和概括。八月中旬的一天，我有幸到了九甸峡的入口——燕子坪。这里绝壁陡立，险关狭隘几十处，十二里雾浪一线天，木筏一点随流穿，“好险哪，要小心！”我关切地对放筏勇士说。“水大正好抢运哩，驭筏工人不怕险……”这声音洪亮激昂，压浪涛，震峡谷，气吞山河。

傍晚的九甸峡，夜色早已很浓很浓了。我站在巨石上举目向河面俯瞰，皎洁的月光洒满峡谷，洒到撑在木筏上的白布帐子上，显得格外素净、美丽。那无数雪白雪白的帐子在河湾里不停地浮动、摇晃，犹如朵朵水莲花，怒放在水石上、峡谷里。此时，我好像看见了放筏工圣洁的灵魂、朴实的品格、和善的笑脸。他们就是这样的质朴、憨厚、豪爽，从不计较工作条件的险恶，成年累月地放筏，把木材运出林区，把栋梁送到四化建设的前哨。

本文原载《甘南报》，1980年10月22日。

童年时的故乡

敏建新[①]

自从参加工作，离开了家乡，三十多年很少回去，即使偶尔回去一趟，也是匆匆而去，匆匆而回。于是乎，家乡的人和事，便在我的记忆里渐渐淡去，有些甚至像磁盘被格式化了一样，彻底从我的脑海里被抹去了。今年冬天，本家的一位侄儿结婚，堂弟邀我参加婚礼，借此机会在老家多住了几天，看到我熟悉的山山水水，见到已苍老的童年时的玩伴，听到他们家长里短的闲聊，我的记忆像打开了水闸般泛滥弥漫，童年时的经历便似浪花一样变得明朗鲜活起来……

“忠”字的记忆

到老家的第二天，下了点雪，不算多，但山川皆白，素装如银，不免有点心动。由于堂弟家来的亲戚多，我又被推到长辈的行列，诸事我也帮不上忙，何况众侄儿侄女也不让我帮，于是便有了出去走走转转的想法。吃过早点，天也放晴了，我便出门沿着童年时常走的小道登上了庄前的庙儿嘴山，搜寻儿时的印象。我发现三十多年来，老家变化还是挺大的，村庄变大了，村庄上

① 敏建新，临潭县党史县志办干部。

下两头的耕地里，修建了不少房屋，记忆中的土平房大多变成了灰瓦白墙，甚至出现了十几座二层小洋楼，有的院中停着小车。曾听堂弟说过，今年村里买了二十三辆小车，我在想，虽然人口增加了不少，但乡亲们的生活却发生了天翻地覆的变化，不止一个“富”字能概括了。当然也有美中不足，让人遗憾的是庄前的那条水流充沛的河完全干涸了。那时，我们常到河边帮母亲洗菜洗洋芋，夏天与同伴们用带草皮的土块将部分河水拦堵起来打跤水（游泳），冬天坐着冰车沿河道滑冰，何其快乐。可现在河中一滴水也没有了，只有那宽宽的河道还彰显着她昔日的身姿。

当我将视线移向庄后的山上时，惊喜地看到，山中间的雪融化出一个大大的“忠”字来，这个字在十多年前就因雨水冲刷及植被覆盖而看不到了，今天却因雪而看见了。关于造这个“忠”字的记忆便逐渐清晰起来。

那时我很小，还没有到上学的年龄，成天跟在父母身边，所以对父母参加劳动的事记得的较多，也常能回想起来。造这个“忠”字，是全大队人的事，首先由公社干部带人测量，用白灰画出“忠”字的轮廓，再由大队派地主富农等四类分子沿画出的轮廓线挖出半米深的凹槽，在后山上阴刻出一个“忠”字来。然后全大队的劳动力放下手中的农活，分成三组，投入填充挖好的“忠”字凹槽的工作中。第一组全是男性壮劳力，他们的任务是在后山背面的母子湾顶采挖石灰石，乡人称为白奶奶石。采挖这种石头极为不易，因此矿矿脉只有薄薄的一层，生在坚硬的红土中，要想采到此石，就必须挖掉其周围的红土，劳动量之大是可想而知的。我父亲就在采石组，记得他每天放工回家累得倒头就睡，有时吃饭也叫不起他。第二组是背石组，大多为女性劳力，就是将第一组采挖的白奶奶石用背篓背到后山挖出的“忠”字那里。这也不是容易的事，虽只一公里多的距离，但全是很陡的山坡，之前并没有路，到“忠”字造成时，采石场到“忠”字之间硬生生踩出了一条羊肠小道，背石人之多，用石量之大，由此可以推断了。第三组大多为老年人，他们负责将第二组运来的白奶奶石垒填在凹槽中。记不清用了多少天时间，只记得“忠”字造成时，大家都很高兴，一种自豪感在全村人心中漫延开来。占据大半个后山的白色忠字，从很远的地方就能看到，它向外人展示着这片土地对党、对领袖的纯朴感情。

“忠”字造成之后，又在牌坊下建起了“忠”字台，台后的墙上也写了一个大大的白色“忠”字，同时全村街道两旁只要能写字的墙壁上也都写上了大大小小的“忠”字。“忠”字台下早晚最热闹，每天出工前、收工后都要在台下集中，人人手拿红宝书，就连不识字的妈妈也拿着，大家高举红宝书摇动着，高喊着口号，在我们小孩眼中，那场面是很狂热的。

挖洋芋的记忆

下山回家的途中，遇见了儿时玩伴刘家明，说他家里中午煮洋芋，热情地邀我到他家吃洋芋，我欣然接受。说是吃洋芋，可端上桌来的是四样小菜，一盆鸡蛋西红柿汤，一盘洋芋。“孩子们不知你来，你将就着吃点吧。”看着桌上的菜，听着他说的话，我的思绪飞回到小时候。那时，刘家明家孩子多，生活十分困难，他常常吃不饱饭，只要我家烙馍馍或煮洋芋，我都会悄悄偷一些给他吃。今天，看到他家的生活，一顿简单的午饭，竟然是四菜一汤，感慨之余，真为他生活的好转感到高兴。

“这会儿（方言，现在）吃啥也不香，小时候你给我的洋芋吃着比肉还香。”

“那是因为少的缘故，安资个（方言，现在）想吃啥就有啥，当然就没有那种感觉了。”我只能随口附和。

他又突然问：“你还记得上学时帮生产队挖洋芋吗？”

怎能不记得呢，那是我上小学三年级时的事。那时候“以粮为纲”，所有的事都要围绕农业生产进行，学校也不例外。一到秋天，学校基本不上课，帮各生产队拾麦穗、捡洋芋，天天干农活。对我们学生来说，干农活要比上学快乐多了，不仅能从田埂上采到像草莓、樣子等好吃的，而且还能吃上生产队给我们的煮洋芋。那是生产队对我们学生的特殊优待。给生产队拾了那么多洋芋，唯有给南沟生产队拾洋芋的那一次印象最深刻，现在回想起来心中还有一丝的酸涩。

那天早晨空气清新，太阳从阳坡山顶露出笑脸时，我们打着红旗，每人背一个背篓，排着队、唱着歌向南沟进发。当我们到达目的地时，大人们已开工了，他们身后全是白晃晃的洋芋，老师便组织我们捡拾。因为挖洋芋既是力气活，也是技术活，稍不注意，一镢头下去，就会将洋芋挖烂，所以挖的活全由大人们干，我们学生负责将大人挖刨出来的洋芋，抹去上面沾的泥块，拾入背篓。一篓拾满后，再由大人们装上架子车，运回生产队仓库。拾满头两车洋芋后，生产队长安排人拉到村里去煮，这是为学生们准备的午饭。学生们便一面拾洋芋，一面盼望着。

那天天气特别热，天空一丝云也没有，太阳火辣辣地照着，晒得人浑身不舒服，尤其脸上像针芒刺般难受。就连大人们都受不了，他们一边擦汗，一边大声说“这秋老虎歪得很（方言，很厉害）！”于是学生们便喊口渴，三三两两到山泉边喝水，实际上大多是找借口到田陇上找野果子吃。

洋芋煮熟拉来时，早过了吃午饭的时间，饿急了的学生们像疯了一样向洋芋车扑去，还没等车停稳，洋芋便被抢光了，年龄小没抢到的同学便哭起来，刘家明将自己抢的分了两个给我。老师和生产队长看到此情景，便将学生组织起来，收回了大家所抢的洋芋，然后让学生们排成队，由队长和老师每人发两个洋芋。

大家如此喜爱洋芋，不只是因洋芋好吃，而是因为它是那时人人赖以维生的主粮。所以每到星期天，我都要跟着大孩子们去“拚洋芋”，就是在已挖完洋芋，犁翻了二次的田地里用镢头挨次翻挖，找出社员们丢弃的小洋芋或漏捡的洋芋，每当拚出一个大点的洋芋时，就会向同伴们欢呼雀跃地宣示一番，心中充满成就感。因多拚点洋芋，晚上的拌汤就能稠点，一天的辛苦，也就是为了实现这个小愿望。

我家建新房的记忆

回到堂弟家时，堂弟正请人在院子里搭好的帐篷里砌临时灶台，是专门为从外边请来的厨师准备的。匠人我认识，是堂弟的邻居。灶台砌好后，堂弟给了匠人 200 元工钱。看到此情景，我的心里一颤，没想到现在的农村，邻里之间竟是如此的生疏，由此又使我想起了小时候我家盖新房的事来。

我家盖新房是在包产到户后的第三年，四月份打围墙圈庄窠，这时间雨水少，空气干燥，夯打的墙比较坚固，但此时也是农忙时节。我家打墙时，全村壮劳力都来相混（方言，帮忙），有一家来一个的，也有一家来三四个的，挖土的挖土，换墙板的换墙板，特别是杵墙的青年们，唱着打墙号子反复踩踏杵筑，粗犷而豪放的号子声整天在村子上空回响。我家七分地的庄窠，竟然四天时间就完工了。为了不给事主家增添负担，相混来的人只在我家吃午饭，早晚饭都在自己家吃，想留也留不住。六月份立房的那天，全村人又来相混，立房的、砌墙的、上土的、盘炕的、砌灶台的……分工协作，我家七间土平房竟在一天时间全做好了，没有花一分工钱，而且还你家拿来一把挂面、一笼洋芋，他家送来几个鸡蛋、一把葱以示贺喜，所以我家没费多大力气便住上了新房。

那时候谁家盖新房都像我家一样，邻里间团结互助成为一种规程，只要一家有事，全村人都去帮忙，不分贫富，不分民族，邻里关系非常和睦，真正能使人感到“远亲不如近邻”这句话的沉甸甸的分量。特别是，我要到好多邻居家拜年，我们的尔德节，也有许多汉族邻居们来祝贺。虽然礼品只有两把挂面或两盒饼干，但邻里间在相互走动中建立了深厚的友情。我想，在大力建设社会主义新农村的今天，这种邻里间团结互助、相敬相惜的村风还应回来吧!

2017 年 3 月

1968年，我到博峪藏乡当知青

刘启舒[①]

人生岁月像一条小河，每一朵浪花都吟唱着昨日的歌谣。人生岁月如一棵大树，每一片树叶都写满昨天的日记。

岁月的风儿，曾吹淡多少记忆，然而50年前我作为一名知青在藏乡插队劳动锻炼的情景，却根深蒂固地留在了记忆的屏幕上，不仅没有被岁月的风雨侵蚀淡化，反倒越来越清晰。

那是我人生刻骨铭心的“青春记忆”。

也是我一生最值得深情回眸的“华丽乐章”。

更是奠定我一生都植根于人民群众，一生都热爱脚下这片黄土地，一生都愿为社会无私奉献的“精神财富”。

走进博峪藏乡

“知识青年到农村去，接受贫下中农的再教育，很有必要。要说服城里干部和其他人，把自己初中、高中、大学毕业的子女送到乡下去，来一个动员。各地农村的同志应当欢迎他们去。”

1968年，伟大领袖毛主席一声令下，轰轰烈烈的知识青年上山下乡运动在全国范围内迅速展开。我这个文县一中“老三届”高

① 刘启舒，甘肃省文县县委报道组原组长，已退休。

中六六届毕业生，就像一朵浪花，也汇入了知青上山下乡运动的滚滚洪流。

命运之神，将我抛到了文县最边远偏僻的博峪藏族乡。这是一个地处文县西北角，距县城85公里，历史上属甘南州舟曲县管辖，1964年划归文县管辖（1984年复归舟曲管辖），全县唯一的少数民族乡。一个黄叶飘落的秋日，我踏上去藏乡的行程，同行的还有4名比我低一级的学弟。刚步入人生旅途，怀着对未来生活的憧憬，还有对神秘藏乡的好奇之心，我用想象在脑海里描绘着要去的藏乡：那里既然是藏区，一定是一个风光无限的好地方，“蓝蓝的天上白云飘，白云下面马儿跑……”

然而，当我身临其境，一番审视过后，现实版的藏乡与先前的想象，大相径庭。

这里自然条件恶劣，山峦叠嶂，植被稀疏，山石裸露。全公社15个藏家村寨，都显示古老沧桑，或坐落河谷，或地处山坡，或屹立山巅。每个村寨，皆由一座座古老得像出土文物一样的榻板房组成，屋顶上盖着榻板，上压一个个比碗大的石头，那是为了抵御狂风“卷我屋上三重茅”。每个寨子都有高耸沧桑的燕麦架，上面架放着收割后尚未来得及打碾的燕麦、青稞、豌豆等农作物。

这里仿佛是一片文化荒漠，识字人寥若晨星。全公社十五个村寨的会计，全都从汉族地区聘请，大多一人兼两寨，是寨子里唯一的文化人。有的山寨竟无一人识字，公社下达的文件不知所云，不得不跑十几里山路，让别村识字人“破解”。

沟壑纵横，道路难行，一条条羊肠小道如绳似带，或蜿蜒峡谷，或飘挂山前，成了藏家人出行的唯一通道，群山禁锢使多数藏家人一辈子也没有走出大山。

饮水之难，超乎寻常。藏家人生活用水需到几里外的山沟里取水，妇女用水桶背水，男子用木桶挑水，山道上不知留下了藏家人多少艰辛的脚印。

一根点燃的竹棍斜插在瓦的小孔里，将瓦片挂在室内柱头或墙壁，竹棍燃完再点燃一枝。这就是藏家人用于驱散黑夜的“竹灯”，除此而外，只有靠松枝火把照明。

藏家人难见白米细面，只能用燕麦、青稞、玉米等五谷杂粮填充饥肠。用野菜煮的酸菜装在木桶里，是藏家唯一的蔬菜，整整要吃一个春夏秋冬……

藏乡，就像是一块未开垦的蛮荒之地，写满贫穷、落后和愚昧。

我先前的那股狂热劲和海阔天空的遐想梦幻，被眼前残酷现实的潮水，荡涤殆尽。

然而，既来之，则安之。藏家人祖祖辈辈能在穷乡僻壤繁衍生息，我有什么理由拒绝这块高天厚土呢？

直面现实，笑对人生。一个做了多少大学梦、以全班第一名成绩毕业的莘莘学子，一个为未来人生编织了多少彩色梦幻的翩翩少年，从此将与憨厚的藏胞为伍，与连绵大山作伴，在云飘雾绕的天涯海角，在这块古老原始的黄土地上，面朝黄土背朝天，在春耕夏锄的交替中从土里刨食，像藏胞一样匍匐耕耘，度过美好的青春年华，以至走完人生之路……

做藏家人的儿子，和藏家人一起耕耘这块黄土地，和藏家人一起建设藏乡，改变藏乡贫穷落后的面貌，让青春在藏乡闪光，让我学到的知识为藏乡同胞服务。

我暗暗下定了这样的决心，开始在古老的藏乡，书写一个知青的插队日记。

那间小木屋

我被公社分配到阳坡寨插队，这是一个坐落在半山坡的寨子，32 户人家。我的到来，使全寨户数增至 33 户、152 人。

我被安置在村头社员王欧拉西家。我住的房屋，是个上下两层的小木楼，我住楼上，几头牲畜住楼下。它们是这里的老住户，不知住了多少代，决不会因我的到来而乔迁新居。当然，也不能说人畜共室，毕竟有楼上楼下之分，且我高高在上。

这是一个名副其实的小木屋，四面墙壁是木板，脚下是楼板，屋顶盖的是榻板。小木屋四面透风，秋风阵阵吹进丝丝凉意。我找来燕麦草，扎成一个个草把，把屋顶和木板墙连接处的缝隙塞得严严实实，以抵御隆冬寒风侵袭。

小木楼的斗室只有十多平方米。靠里有一个土炕，毫不客气地霸占了房屋的近一半面积。炕眼处盘着个土圈，那就是锅灶，既可做饭，又可烧炕，一举两得。

最为奇特的是，土炕旁的楼板上有个洞，碗口大小。我起先纳闷极了：好端端的楼板上，为何有个洞？向房东打听，方才疑云顿散：原来这是特意而为，与我的生活息息相关，大小便就通过这个洞就地解决。我欣喜这是世上最简易的厕所，欣喜之余又有些担心，大小解时，楼下的那些“伙伴”会不会遭受“淋浴”和“炸弹”之苦。还好，我的担心成了杞人忧天，伙伴们心有灵犀，知道该怎样躲避“淋浴”和“炸弹”。楼上楼下，和平共处，相安无事。

我睡的土炕，是个货真价实的草铺。土炕上铺上燕麦草，燕麦草上铺一条带补丁的床单，没有褥子，仅有一床单薄的被子。

木屋，土炕，草铺，组成了我的家，一个伴我在藏乡度过春夏秋冬的家，虽简陋无比，我却无怨无悔，心满意足。接受贫下中农的再教育，首先应迎接艰苦的挑战，就像古文所云：必先苦其心志，劳其筋骨，饿其体肤，空乏其身。

小木屋里，更多的是欢乐，是藏汉青年“青春在歌唱”，情感在交融。

我在学校便学会了拉二胡，插队藏乡派上了用场。多少个夜晚，我的小木屋成了藏家俱乐部。只要琴声一响，眨眼间，小木屋里挤满藏家姑娘、小伙子。在我的琴声伴奏下，藏家儿女引吭高歌，既唱当地的藏族山歌，也唱当时的流行歌曲，如《翻身农奴把歌唱》《毛主席的光辉》等。悠悠的琴声，伴着悦耳的歌声，飘出小木楼，溶进茫茫夜色，给古老的藏寨带来一片生机，也驱走了劳动一天的疲惫。

小木屋也成了传播文化知识的场所。闲暇时，我在小木屋里给藏家人读报纸，教唱歌，教识字，教拉二胡，放收音机，海阔天空地讲山外的那些事情，用知识的泉水浇灌这片文化荒漠。

小木屋，成了阳坡寨人气最旺的地方，记满我的插队日记，伴我度过那个年代。

风雪梯田

知青之路，并非鲜花铺就，恶劣的自然环境，艰苦的生活条件，繁重的生产劳动，各种意想不到的困难，考验着知青意志。和我一起来的 4 名知青，不到一月便在艰难困苦面前打了退堂鼓。我却不改初心，义无反顾地守望着藏乡，并立下铮铮誓言：这里就是我的家，天大的困难也要战胜！

接受藏乡贫下中农再教育，广阔天地练红心，要和藏家儿女一起在黄土地上“摸爬滚打”，把自己摔打成“铁疙瘩”，还必须学会各种农活，攻克劳动关！

隆冬，过早地降临。清晨，我扛着铁镐走出小木楼，迎着扑面飞雪，去山坡上修造梯田。积雪盈尺，覆盖坡地。需把高处的土运到低处，再筑起地埂墙，把坡地修成平地。工地上，妇女和老人挖土、铲土，小伙子推“鸡公车”（一种独轮车）运土，往低处垫。

起初，我不会推鸡公车，只能像妇女、老人一样，用铁镐挖土，或挥锨往鸡公车里上土。严寒使坡地变成一块铁板，我憋足劲，一镐挖下去，虎口震得生疼，换来的只是地上一个白点。再一镐挖下去，白点仅扩大一点。虎口震裂，手掌磨出血泡，手指冻裂一道道口子，渗出鲜血。疼痛，钻心般的疼痛，我咬咬牙，坚持住。

看着藏家小伙子推鸡公车的潇洒劲儿，我也想试试。工地上的藏家男女老少，仿佛料准我这个城里来的知青会出洋相似的，都把目光对准我，还发出惊呼声——“啊拉默！”

我暗暗告诫自己，沉住气，别慌张，千万别在人群广众面前出丑。明知把握不大，却偏要逞能，我双手握住车把，学着藏家小伙子的样子，用尽浑身力气把装满土的鸡公车往前推。谁料，鸡公车在我手里变得死沉死沉，任凭怎样用劲，鸡公车纹丝不动。看着大伙都望着我，我心想不能就此罢休，既然是男子汉，就要会推鸡公车，藏家小伙子能干的，我也能干。我再次憋足劲推鸡公车，却依然心有余而力不足，鸡公车不但没有前进一步，反而车身一歪，倒在原地，车上的土倒得一干二净。

“轰”一下，工地上，大伙笑弯了腰，我被笑成了大红脸。

“让我再试试！”我的好胜心占了上风。

这一次，我双手握住车把，尽量保持车身平衡，用力往前推。鸡公车的轮子终于开始转动了，尽管鸡公车在行进中像醉汉一样东倒西歪，但大方向还是朝前走。这车土虽然也倒在中途，但总算掌握了些要领，耳畔虽还有“啊拉默”的声音，似乎比刚才小了很多。

藏家有句格言：蓝天再高，白云也要飘过哩。我思谋，鸡公车再难推，我也要学会！

冰冻三尺，非一日之寒。梯田工地上，我天天练习推鸡公车，循序渐进；中午休息，别人在地头吃干粮，我却练习推鸡公车。

几天后，我推鸡公车的本领，令人刮目相看了。

装满一车土，我和藏家小伙子比谁推得快。车轮滚滚，你追我赶，结果嘛，互有胜负。

梯田工地上，朔风怒号，雪花狂舞。

我的鸡公车，在漫天风雪中穿梭……

高高的燕麦架

每年七八月，是阳坡寨收割燕麦的季节。每到这个季节，虎口夺食，全寨子的人都忙碌开了。男女老少挥镰收割，人背畜驮把收割的燕麦运到寨子里的麦场上。这里不像汉族村寨，夏收小麦时，边收割边打碾，半月左右地净场净。藏家肯定是由于劳力稀缺的缘故，若边收割边打碾，人手肯定不够，于是全村人都先忙收割，将收割的燕麦架放在燕麦架上，待秋天或冬闲时再摊场打碾。

阳坡寨的燕麦地，离寨子有五六里远。收割燕麦是重活，割一阵子还要往寨子里背燕麦捆。阳坡生产队长王胖九，怕我跟不上趟，便让我留在寨子里，跟随他往燕麦架上架燕麦。他架，我给他递。胖九队长双腿骑在燕麦架的木杆上，我站在打麦场上，把地上的一捆捆燕麦，扔递到他的手中。架燕麦时，依次而上，先架最下面一层。架满一架杆燕麦，胖九队长便往上面再上一杆。依次而上，越架越高。

一捆燕麦，少说有二十斤，架下面的几杆燕麦轻而易举，越往上架越吃力，尤其是架顶层的几杆燕麦，至少有两三层楼房高，更显得力不从心。

我憋足浑身劲往上扔燕麦，但麦捆还没有扔到王队长跟前，便中途一跟头栽下来。

几捆燕麦倒栽葱，恰逢割燕麦的人背着燕麦捆到场里，引起一片哄笑声：“啊拉默，小刘皮木去厄（藏语，没扔上去）！”

胖九队长走下燕麦架，把那些嘲笑我的人训斥了几句："其面里，其干得（藏语，笑啥呢）？"

接着，胖九队长耐心地给我讲扔燕麦捆的要领，还一次次地示范给我看。只见他抓起一捆燕麦，左手在上，右手在下，对我说："小刘，手拿稳，出大劲！"

话音刚落，嗖——一捆燕麦如离弦之箭，射向蓝天，不偏不斜，不高不低，刚刚射到燕麦最顶层的木杆上。

接着，胖九队长爬上那层最高的燕麦架，对我喊："小刘，特比坡（藏语，往高处扔）！"

按胖九队长的指点，我鼓足了劲，再往上扔。但终因力气不足，燕麦捆在空中虽不左右摇摆了，可就是差那么一点点扔不到胖九队长手里。

功夫不负有心人。迎难而上，熟能生巧。月光泻银，星星点灯，月光下，我独自一人在麦场上扔燕麦捆，一遍又一遍，汗水湿透了背心，干脆赤膊上阵，胳膊甩肿了，咬咬牙坚持住。

两三天后，高高的燕麦架，终于被征服了！

我的燕麦捆飞出了手，就像一只金色的大雁，飞上了高高的蓝天……

深山采药

我在博峪藏乡当知青时，正是农村"大集体"年代，"以粮为纲，其他砍光"，多种经营被当成资本主义的尾巴而遭禁止。尽管禁令如山，但农民却最讲现实，冲破禁令搞副业。阳坡人靠山吃山，山上挖野药找钱路，全村人称盐、做衣服、就医看病等，全指望挖野药换来的钱。

这一年，秋收结束，农活闲下来，生产队挑选了 20 多个壮劳力，组成采药队，进山采药，我却"名落孙山"。胖九队长解释说，采药山高路远，且又危险。但经不住我死缠硬磨，终于“恩准”，被采药队“破格录取”。出发那天，乡亲们聚集村口送行，敬壮行酒，唱敬酒歌，大有“风萧萧兮易水寒，壮士一去兮不复还”的意味。

我们一行人背着行李、灶具，向人迹罕至的深山老林进发，逢山开路，遇水搭桥。有一道深涧，深不见底，上面搭了一根长满青苔的木头，权当独木桥，一位藏家小伙子刚要贸然而过，被胖九队长一把拽住。胖九队长轻轻抬起木头的一端，只听“咔吧”一声，朽木断裂。好险啊！一场惨剧避免了。大伙林里砍倒一棵大树，重新搭了一座独木桥，一个个依次而过，征服了采药路上第一道天堑。

一路上险象环生，又一道天堑挡住去路，陡峭的悬崖峭壁上，连一条巴掌宽的路都没有。大伙解下身上的羊毛腰带，结成一条长带当保险绳，脚踩岩石缝，越过“鬼门关”。轮到我过鬼门关了，面对眼前悬崖峭壁，眼望脚下万丈深渊，我双腿打颤。阳坡队王支书鼓励我别害怕，我嘴里答应着，双腿还是没有停止哆嗦。支书、队长把我夹在中间一起过，藏家小伙子也为我壮胆。我只有破釜沉舟，豁出去了，双手抓住保险绳，一步一步朝前挪动，终于征服了又一道天险。

不知翻过多少山岭，越过多少沟壑，征服多少道天堑，傍晚终于到达目的地。我们在山林里用木杆和树枝搭起棚子，安营扎寨，生火做饭。

第二天，大伙背上背篓，开始四处寻觅采药。同行的藏家小伙教我怎样找药、认药、采药。我尽管东跑西颠，衣服被荆棘剐破了，手也被荆棘扎出了血，却背篓空空，还是在藏家小伙子的帮助下，方才实现零的突破。

有的野药长在陡峭的山崖上，不入虎穴，焉得虎子？在一座崖畔采野药时，我不慎脚下一滑，眼看就要滚下悬崖，双手急忙抓住一棵小树，身子早已悬空。身旁的藏家小伙子见状，不顾一切来救护我。我脱险了，他采下的药连同背篓滚下深渊。我十分愧疚，他反倒安慰我。那一刻，我心底涌起一种感激之情：多么憨厚的藏家小伙子啊！

夜幕降临，大伙钻进棚子，烧水做饭，吃干粮。偏偏天公不作美，突然间狂风大作，风雨交加，掀翻棚子，采药者皆成了落汤鸡，我们赶紧挪窝。天黑得伸手不见五指，火把在风雨中无法燃烧，大伙只有凭借手电筒的光亮在风雨地里摸索，终于找到一个躲避风雨的崖洞，度过漫漫黑夜。

深山采野药，往返十几天，翻山越岭，餐风露宿，虽历尽艰险，却满载而归，为阳坡寨的藏家人年终“分红”带来了希望。当采药队伍重新出现在村头时，乡亲们早已聚集村头迎接，欢迎我们的凯旋。

驴，我的哑巴伙伴

在藏乡阳坡寨“摸爬滚打”，驴成了与我朝夕相处的“哑巴伙伴”。春耕秋播往山上驮粪，夏收秋收往寨子里驮运收获的燕麦、青稞、豌豆，进山林砍柴禾，到山下供销社为生产队驮化肥，哪一回少了我和驴？

兴许朝夕相处太熟悉的缘故，驴在我面前无拘无束：有时驴屁股对着我的脸，毫不遮掩，“嘟嘟嘟”，一连串放几个驴屁；有时几个驴打滚，弄得眼前一片“云遮雾障”。

驴尽管在我面前孩童般的顽皮，干起活来却很卖力。它驮着满满两背篓粪，一路上坡，嘴里“呼哧呼哧”地喘着粗气，汗水湿透了浑身，驴蹄子却一刻也没有停闲，有节奏地敲打着山道。上陡坡时，驴低垂着头，稍稍歇息几秒钟，攒足劲，然后昂起头颅，扬蹄甩尾，奋力攀登。我手中鞭杆往空中一挥，喊声“得儿——

驾”，然后用双手使劲往驴屁股上推一把。驴对我的友好，嘴里虽没说一句感谢的话，但上过陡坡后走得更快了。我不让我赶的驴落在别的驴后面，驴也不让它的主人落在别人后面，驴给知青争光，知青也给驴加油。我和驴想到一起了，人通驴性，驴通人性。

我和驴同甘共苦。一次，往山上驮粪时，驴的一条腿不慎陷进了深坑，驴身顿时矮了半截，驴肚子贴在地面。它试图凭借一股驴劲，从坑里一跃而出。它昂起头颅，两眼炯炯，望着无垠蓝天，猛劲往上蹿，但挣扎了两下，只是徒劳而已，不得不偃旗息鼓。刚才在山道上还健步如飞、力大盖世的“壮士”，眨眼间像个跌倒无助的幼儿，驴的眼神里流露出求救的信号。

就在驴腿陷进坑里那一刹那，我心里咯噔一下，担心陷进坑里的那条细细的驴腿折了。这头驴可是生产队屈指可数的家当，万一成了废驴，我一个穷知青当不起“赔匠”。更要紧的是，驴是我的挚友，我不能让它损失一根毫毛。我本能地冲上前去，三下两下，卸下驴背上的“驮子”，拽住缰绳，就像大江上拉船的纤夫一样，几乎是手脚着地，使劲朝前拉，我宁愿自己变一回驴，也不让我的驴有个闪失。还好，驴终于摆脱了窘境，我担心的事也没有发生——它那细细的腿没伤一根毫毛。驴朝我打了两个响鼻，似在说“谢谢”。

在藏乡插队的岁月里，我和驴心往一处想，汗往一块流，劲往一处使。它虽不是“长得好看又善良，辫子细又长”的小芳，却是憨厚又朴实与我朝夕相处、同甘共苦的“小黑”，伴我度过那个蹉跎岁月。

参加工作离开藏乡前夕，我特意在山坡上放牧了一天驴，直到夕阳西下，驴肚子吃得滚瓜溜圆，我才把它牵回圈棚。次日清晨，我去驴圈跟我的哑巴伙伴告别，给它抱去一大捆青草，这是我献给挚友最后的早餐。我向驴挥挥手，做了个“拜拜”的手势。驴昂起头，对着我“嗷嗷”地叫了几声，那叫声似乎藏着几许含情脉脉。驴是不是情意缠绵、依依不舍，向我发出挽留的呼唤；它是在说“我不让你走”，还是在说“再见”，到底表达的啥意思，只有天知、地知、驴知。

露一手顶上功夫

上中学时，我就学会了理发，没想到这门手艺竟然在藏乡有了更大的用武之地。阳坡寨有个流落汉人，是村里唯一的刮刮匠(理发师)，刮一个“光葫芦”，藏家人须给他一碗面粉作报酬。自从我来后，村里男子都找我理发，我非但义务，且还“贴本”。理完发，我烧些热水，用自己的毛巾和肥皂，给他们洗得干干净净，一个个来时蓬头垢面，走时容光焕发。

不知是习俗还是理发难的缘故，这里的藏家男子任凭头发长成“参天大树”才“砍伐”。他们的头发格外茂密，且像钢针一样坚硬，不过，我也从实践中探索，总结出一套对付“参天大树”的办法。我先挥舞剪子，嚓嚓嚓，一阵大刀阔斧，狠劈猛砍。眨眼间，“参天大树”纷纷倒下，“茂密森林”不翼而飞。然后，我再用推子一点一点地过细，把保留下来的头发修剪得整整齐齐。若是推光头，我就一遍一遍地过细，推得干干净净。

单说理发手艺，轻车熟路，但也并非“一帆风顺”。也许先辈人没有留下洗头的习惯，也许缺水的缘故，或是农活太忙所致，他们的头发好像平时从未洗过，有时会散发出一股异味。有时拨开头发，便露出“庐山真面目”——垢痂明明白白地呈现在面前。只需指甲轻轻一抠，或用梳子随便一梳，头上的垢痂便如瑞雪纷飞。有的头上害过疮，疤痂历历在目。也许别人会觉得脏兮兮的，反胃或恶心，我却从来没有这种感觉。

我喜欢藏家人，也许是爱屋及乌的缘故，藏家人再乱再脏的头发，在我看来如同青草般鲜活，绿树般清亮，森林般蓬勃。即使他们头上的垢痂，或是疤痕，在我眼里也是“锦上添花”，五彩缤纷。我反倒觉得，越是这样的头发，越是这样的脑袋，越有理头，我越有用武之地，越能显示出我手艺高超。否则，脑袋上水土流失严重，甚至“聪明绝顶”，头发寥若晨星，轻描淡写几下，便万事大吉，那有多大意思？

每次我给藏家人理发，都是精雕细刻，“量体裁衣”，分头、平头、光头，投其所好。理完发后，我还给洗头，一盆水洗混浊了，再换一盆，三番五次，不厌其烦，直到洗干净为止。整个工序完毕，我拿面镜子让对方照。

镜子里的人露出了笑容，夸赞说：“小刘，手艺好的有！”

几乎每天收工回到小木屋，都有人找我理发。不管一天的劳动有多累，不管当时心绪怎样，我总是热情接待，随到随理，让对方旧貌换新颜。

小小推剪，不仅丰富了我的插队生活，解决了阳坡寨男子“理发难”的问题，也更加密切了我和阳坡人亲密无间的感情。

暖暖的火床

朔风肆虐，雪花飞舞。藏乡的冬天寒凝大地，漫漫寒夜更是出奇的冷，但藏家人自有抵御寒冷冬夜的床——火床。

你也许从未见过这样的火床：上面铺的虽也是床板，但床板下面四周用木板围着，就像一口大木箱。冬夜，晚上睡觉前，往火床里铲几锨火塘里带有余烬的火灰，烘热床板、被褥，任凭屋外寒气袭人，火床上却温暖如春。

火床，给藏家人带来了冬天里的春天，也把温馨送给一个飘流异乡的知青。

一个冬夜，患感冒的我，躺在小木楼冰冷的土炕上，冻得翻来覆去睡不着。

第二天清晨，房东阿妈来到我的小木屋，手伸进被窝一摸，冰冷冰冷。

“啊拉默，小刘，晚上冷得很，今晚你在火床上睡。”阿妈心疼地说。

“阿妈，不要紧，我不冷。”我知道，藏乡农家贫穷，家家没有多余的火床，要是我睡阿妈的火床，阿妈又到什么地方过夜呢？我执意不肯，但终究没有拗过阿妈的一番诚意。

那一夜临睡前，阿妈为我煮了一碗治感冒的草药汤，又加了两勺蜂蜜，看着让我喝下去。阿妈把火床烧得热热的，关切地说：“小刘，睡在火床上，被子盖严实，捂一身汗，感冒就好了。”

我躺在火床上，只觉得浑身暖洋洋的，平生以来我还从来没有睡过这样舒适的暖床。那一夜，我想了很多很多：滴水之恩，当涌泉相报。我一定会报答阿妈的。阿妈年迈时，我会为她颐养天年，即使我离开了阳坡寨，哪怕是走到天涯海角，我也会重返藏乡再来看望阿妈。

第二天清晨，我刚从睡梦中醒来，“吱咛”一声，房门开了，闪进一个雪人。我定睛一看，啊，是阿妈。阿妈双手在胸前来回地搓着，时而又把双手放在嘴上哈气，脸上冻得青一块紫一块。那一刻，我的眼睛湿润了。漫漫寒夜，阿妈把温暖留给了我，把严寒留给了自己，她不知到哪里住了一宿，饱经了寒夜之苦？

阿妈走过来，用手轻轻抚摸我的额头还烧不烧，我的泪水顺着阿妈的手滚淌。阿妈用手为我轻轻地拭去泪水：“小刘，农闲了，让我儿子到林子里砍些木头，找木匠给你也做一架火床。”我的感激再次涌上心头：多好的阿妈啊！

这年冬天，博峪公社领导抽派我，跟随公社干部到各村寨搞调查。数九隆冬，夜宿山寨，藏家人总是把火床让给我睡，他们自己到草楼上混一宿，或是在火塘边席地而卧。

多么憨厚的乡亲，多么耿直的藏胞！

我睡在火床上，浑身上下暖洋洋的，不知不觉进入温暖的梦乡。

藏家火床，铺满一个民族的真情，洒满人世间的关爱，伴我度过多少漫漫寒夜……

锅碗瓢勺交响曲

在阳坡寨，我和藏家儿女用汗水梳理着块块农田，我心想这样的生活会年复一年。却没想到，一年过后，“天将降大任于斯人也”——公社领导安排我管公社大灶，兼管公社电站。

公社大灶管理员，虽不是国家正式干部，却是公社“八大员”之一，多少人削尖脑袋钻不上，但我却高兴不起来。我已习惯了藏家田园牧歌式的劳动生活，舍不得离开朝夕相处的阳坡寨村民，也舍不得离开伴我度过春夏秋冬的那间小木楼，还有那洒满我辛勤汗水的块块农田……

但最终我还是选择了服从公社安排，下山“走马上任”。

博峪公社的大师傅，是个六十多岁的瘦老头，听说还是一位流落红军。大师傅给我印象最深的，莫过于他从寨子外的山沟里挑水的情形。老人挑着一担水，佝偻着腰，颤颤悠悠，气喘吁吁，一担水挑进灶房，佝偻的腰弯成一张弓。我心中不免涌起怜悯之心。按说，我当公社伙食管理员，只要卖卖饭票，管理好伙食账目就行了，别的都属分外。但我实在不忍心看到老人挑水气喘吁吁的样子，于是我干起分外，帮老人挑水、切菜，生火做饭。平时，我一天只需挑五六担水就够做饭、烧开水用了，但一遇公社召开队干部会，一天至少要挑十几担水，等于负荷走了近十公里路。年轻力壮的我，全然不在乎，我每天都把水缸挑得满满的。

那年月，一个公社干部，月工资只有四五十元，养活一家人，常常捉襟见肘。我接手当伙食管理员后，定下一个目标，减少干部的伙食开支。为了降低伙食费，我和公社干部在河对岸开垦了一块菜地，种上小白菜、包包菜等蔬菜。一有空闲，我就在菜地里拔草、浇水。伙食费终于降下来了，公社干部一天一人只需交两三毛钱的饭票就够了。

有时，有的公社干部下乡回来，饭已开过。哪怕是刚开过饭，或者夜已深了，都得重新做饭。我给大师傅当帮手，帮着切菜、架火，让下乡干部吃上热腾腾的饭菜。

那个年代，肉食供应紧张，公社大灶十天半月也难得吃上一顿肉。有一次，中寨食品站要供应肉，但往返七十多公里路，谁去买呢？我打算辛苦一趟，大师傅却不让我去，他非要亲自去。他蒸了两笼馍，又擀了一案板面，让我代理两天大师傅。我唯恐辜负了老人的厚望，天不亮就起床，生火、烧水、做饭，虽忙得不亦乐乎，但看到大家吃得津津有味，心里却乐滋滋的。

炊烟袅袅，日复一日的锅碗瓢勺交响曲，给我的插队生活增添了新的内容。

在朝夕相处中，我和大师傅也成了忘年交。多少个夜晚啊，大师傅和我把灶房里一切收拾停当后，他搬个小板凳坐在院子里，招呼我："小刘，来，我给你讲个打仗的故事。"

于是，我依偎在老人身旁，从他嘴里流淌出战争年代炮火连天、硝烟滚滚的画面……

骡铃叮当

博峪公社有一匹"麻骡子"，因毛为灰色，带有杂毛而得名。麻骡子长得膘肥体壮，是个大力士，驮两三百斤东西轻而易举。麻骡子的主要任务，是去 70 里外的中寨粮站，为公社大灶驮运面粉。赶骡的任务，自然落在了我这个伙食管理员的肩上。

头一次，我赶骡去中寨粮站驮面，便历尽坎坷。

清晨，我走进圈棚去牵骡子。它仿佛知道我要带它去中寨驮面似的，目光里流露出几分蔑视和疑惑，像是在问："城里来的小伙子，你能行吗？"

我赶着骡子，行进在山径小道上，没走多远，骡子放了一连串的响屁。针对骡子不友好的举动，我朝它屁股上抽了一鞭杆。谁知，正是这不经意的一鞭杆，埋下了祸根。骡子虽暂时没有反抗，却窝了一肚子气，伺机报复，让我难堪。它太熟悉这里的地形了，知道哪里是"打游击"实施报复的最佳地点。在一个岔路口，骡子乘我不备，挣脱缰绳，撒开四蹄，朝路旁岔道沟里狂奔。

这一切，发生在一刹那间。我急忙边追边高喊："站住！你给我站住……"

骡子非但没有站住，反而跑得更快了。

山沟沟里，展开了一场紧张激烈的人骡赛跑。比速度，我显然不是它的对手，我和骡子的距离越拉越远。骡子估算着我被拉远了，停下来回头朝我张望，那得意洋洋的神态，分明是在嘲笑我："一介书生，你来呀！"

我有点被激怒了："一定要抓住骡子！"

骡子正在兴头，见我追来，又是一阵狂奔，从沟里跑到了山坡上，低头悠闲地吃草。我穷追不舍，终于气喘吁吁的追到骡子跟前。我伸手去抓地上的缰绳，谁料在我即将触及到缰绳的那一刹那，骡子带着缰绳又撒腿飞奔。

我和骡子在山沟里"捉迷藏"。我跑快，它加速；我跑慢，它减速。累得我满头大汗，气喘吁吁。

眼看骡子越跑越远，我又是一阵猛追。我只顾追赶骡子，一不小心跌倒在地，鲜血染红了裤子。说来也怪，骡子见我跌倒摔伤，就停止奔跑，站在那里看着我。它似乎动了恻隐之心，恶作剧该收场了。在放羊牧童的帮助下，我终于抓住了骡子……

后来的日子，我开始驯骡，和骡子建立感情，把一腔热情和关怀倾注给它。我把饲草铡得细细的，拌上麦麸，再撒上些食盐，给骡子喂；一有空，我用一把铁梳子给骡子搔痒梳毛；傍晚，我牵着骡子去河畔溜达散步；夜半，我提着马灯到圈棚给骡子添夜草……

后来嘛，我成了地道的赶骡小伙子。多少次去中寨粮站驮面，或是给公社驮别的东西，我赶着骡子，行进在蜿蜒的山道上，轻轻地挥动手中的鞭儿，在空中画出一个美丽的弧形，嘴里还哼着小曲儿。

山道上，骡铃叮当，蹄声得得，清脆悦耳，把一曲欢歌洒在深山峡谷。

再见了，藏乡

插队藏乡，眨眼两个多春秋。我虽早已做好了今生今世在这块古老神奇的黄土地上耕耘的思想准备，谁料，命运再一次奏响交响曲——“县上招工了！”

我心中不免激起一阵波澜，这是“文化大革命”后第一次招工，虽主要对象是知青，但名额有限，不可能全县知青“齐步走”。面对父亲还在被批斗的家境，我对招工不抱一丝幻想。人生是一粒种啊，落地要生根，我人生的种子早已播进了藏乡这块黄土地!

然而，结局却是“戏剧性”的。

天涯何处无真情。在我人生又一个重大转折时刻，有多少正直善良的人，悄然伸出援助之手，为一个热血青年的未来奔走呼号。在县上，博峪公社党委书记田新民找到县招工办，动情地讲述我在藏乡的插队表现，竭力向招工办推荐。

我在博峪藏乡插队的事迹，在全县知青部落略有传闻，县一中还用我的事迹动员毕业班学生下乡插队，县知青办对我插队的表现也略知一二。博峪公社书记竭力举荐，知青办一路“绿灯”，直到上面的领导最终拍板定夺。

一张决定我人生命运的招工表，跨越关山重重，送到我手里。表上栏目很多，除本人基本情况外，还有插队的大队、公社加注意见。

阳坡寨的村民听说我要被招工，打心眼里舍不得我离开他们，但最终还是选择了让我远走高飞，说“小刘的前途重要”。面对前来调查的公社干部，阳坡寨的队干部和群众七嘴八舌，一个劲地为我评功摆好，一条一条地讲述着我的事迹，生怕漏掉了一星半点。

多么好的藏家兄弟啊！

在我人生道路的“紧要处”，有多少人为我伸出了援助之手。有公社书记，有公社干部，更有藏乡同胞。

我用汗水、真诚和执著，换来一张招工录取通知书。

要离开博峪藏乡了，相逢时难别亦难。朝夕相处，公社干部和我建立了深厚情意，有的送我一个笔记本，有的送我一支水笔。公社还为我开了一个欢送会，杀了一只羊，全体干部都参加，甚至下乡干部闻讯，也从十几里外的山寨赶回公社。学校、供销社、卫生所的干部也纷纷主动来参加欢送会。

消息传到阳坡寨，支书、队长下山，请我“回娘家”。村里也开了个欢送会，杀了两只羊，全寨子的人都参加欢送会。几位老阿妈眼眶里滚动着泪花，拉着我的手：“小刘，明年再到阳坡来，阿妈想你哩。”我哽咽着说：“阿妈，我会来看望你们的。”

博峪藏乡，在我人生的旅途中留下了多少难忘的记忆，有汗、有泪、有苦、有乐、有悲、有喜。虽然这里是一个地地道道的穷乡僻壤，但真要离开了，还有些依依不舍。我舍不得那间伴我度过春夏秋冬的小木屋，舍不得洒满我汗水的块块梯田，舍不得博峪公社和机关的干部，更舍不得朝夕相处、憨厚纯朴的阳坡藏家兄弟……

博峪藏乡，永世难忘的两年多插队生活。回首往事，我虽然没有干出惊天动地的业绩，但却实实在在地在这块古老的土地上播种希望，播种理想，披荆斩棘开拓人生道路，创造人生价值。七百多个日日夜夜，我与藏家人朝夕相处，结下了一辈子的情缘，留下了多少回味无穷的往事，令人魂牵梦萦。

人生的坎坷和磨难，磨练了我的意志，给了我一生最大的收获，使我在精神上成为一个富有者。我深深地感悟到：农村也是大学，苦难也是大学，我学到了很多在学校里、在书本上学不到的东西。两年的藏乡插队，也算圆了我儿时的“大学梦”。

我尤其感到欣慰的是，我用汗水和心血在藏乡收获了一个比金子还贵重的人生真谛：人生之旅无坦途，苦难也是一种财富，是一种催人奋进的助推器；没有苦难的人生，是不完整的人生。

我完全可以这样评说：博峪藏乡两年多的知青插队生活，看似平淡无奇，却是我一生中最为波澜壮阔的岁月，留在我的记忆里，永不褪色。

次日清晨，阳坡寨的副队长王龙主，还有赶牲口的把式王金半，赶着牲口，驮着我的行李，沿着我来时的路，一直把我送到中寨。

分手了，我又沿着去博峪藏乡的路，把龙主副队长和金半送了很远很远，方才挥手告别，顿时心头涌起一阵不可名状的眷念和茫然。

望着龙主队长和金半越来越小的背影，泪水模糊了我的双眼。

我忘情地高喊：“再见——再见——”

大山回音：“再见——再见——”

侧耳听，那依稀可辨的骡铃声，叮当叮当，飘向那遥远的深山峡谷，飘向那魂牵梦萦的藏乡山寨……

2017年3月于甘肃文县

扫描关注公众号
回复 5 位书号 16937
阅读电子书

百年甘南实录．4 卷

策划：李万瑛　才让加　罗焰
责任编辑：张国兵
字数：392 千字
印张：30